新 大学社会福祉・介護福祉講座
社会福祉・介護福祉講座編集委員会

# 日本の福祉行財政と福祉計画

村川 浩一・澤井　勝
田中 秀明・蟻塚 昌克
編著

第一法規

# はじめに

　われわれの目の前には、東日本大震災の惨状・荒野がある。一千年の時を超えて日本列島を襲った巨大地震、かつてない30～40数メートル規模の巨大津波、東京電力・福島第一原子力発電所のメルトダウンという、世界史的な視点からエポック・メイキングを示す事象が継起的に進行している。直接の被災者として、死者1万6千人・行方不明者8千人超（2011.6.11現在）、避難所で生活する人びと、仮設住宅に移るも不安や生活困難を訴える人びと、放射能汚染から他地域へ避難している人びと、各地域で家族・住宅・職業・学校・友人等を失った人びとなど、極めて深刻な社会情況が出現している。

　一方、2007（平成19）年に米国で発生したサブプライムローン問題、2008（平成20）年秋の大手証券会社の倒産・三大自動車会社等の経営危機が進行し、世界的な規模での産業・経済の行き詰まりや労働者の大量失業をはじめ、経済的停滞が広範なものとなっており、EU諸国は財政破綻の危機や深刻な失業・雇用問題を抱えている。日本では生活保護受給者が200万人規模となり、第2次大戦終結後の混乱期に並ぶ規模というべき段階にあり、「子どもの貧困」を含め、貧困問題が社会的に全般化している。しかし私たちはこの事態を悲観的にだけ捉えてはならない。社会的状況を正しく把握し、社会システムの危機を回避し、問題解決に向かって漸進的な改革の道すじを明らかにすることが重要である。

　社会福祉の基本的な方法は、生活の水準と質（QOL）の向上と、サービス利用者の尊厳の保持であるとともに、政策上の課題を措定し、問題解決に向けての新しい方向性を提起することである。戦後の日本が着実に展開してきた社会福祉サービスと社会保障制度の成果と課題をふまえ、少子高齢化と国民のニーズの多様化に対応すべく21世紀的改革においては、冷静かつ着実に日本社会の再生と復興を見通し、次世代の育成支援と地域社会の再生、介護と保育を含む社会福祉の担い手の養成・確保を具体化させていかねばならない。

　本書の主題である「社会福祉の行財政と福祉計画」は、少子高齢化や障害のある人びとをはじめ多様なニーズに対応して、各種サービスと社会資源をシステムとして構築する現代的な課題に挑戦する学問領域である。

　本書は、(1)福祉行財政の基本的構成を明らかにして、(2)福祉計画の課題を提起するものであり、さらに(3)福祉計画の事例、(4)関連する積極的なプログラムを収録している。社会福祉士を目指す諸君の基本テキストであることはもとより、最前線で取り組む福祉リーダーのポリシーと立脚点を確かなものにする指南書となることをも企図している。

２０１１年６月<br>
編集を代表して　日本社会事業大学教授　村川浩一

# 目次

はじめに

## 序章　福祉行財政と福祉計画

### 1節　はじめに――日本の社会福祉を取り巻く背景 …… 2
### 2節　社会福祉行財政の焦点 …… 2
1. 歴史的局面 …… 2
2. 財源確保 …… 2
3. 計画による社会政策的対応 …… 3

### 3節　社会福祉計画に求められる課題 …… 3
1. 計画とは何か …… 3
2. 計画の総合性・具体性 …… 4
3. 政府間関係と「公共と民間」 …… 4

## 第1章　社会福祉行財政システムとその構造

### 1節　社会福祉行財政システムの骨格 …… 8
1. 三権分立と政府の役割 …… 8
2. 国と地方自治体の関係 …… 8
3. 行財政改革の動き …… 10

### 2節　社会福祉行政の組織 …… 12
1. 社会福祉行政の実施体制 …… 12
2. 国の役割と組織 …… 14
3. 地方自治体の組織 …… 18

## 第2章　社会福祉と財政

### 1節　社会保障と予算 …… 24
1. 社会保障の各制度と国の予算 …… 24
2. 社会保障と地方財政 …… 25
3. 経済社会の変化と財政 …… 26

### 2節　社会保障給付 …… 27
1. 給付の支出面 …… 27
2. 給付の財源面 …… 29

### 3節　社会保障財政の国際比較 …… 32
1. 支出面 …… 32
2. 財源面 …… 35

i

4節　少子高齢化と社会保障の財源 …………………………………37
　5節　まとめ ………………………………………………………………41

# 第3章　地方分権改革と地方自治体

## 1節　地方分権改革と自治体の在り方 …………………………………48
　1　地方分権改革と福祉行政 ……………………………………48
　2　改正地方自治法と国と自治体の関係 ………………………48
　3　自治事務と法定受託事務 ……………………………………49

## 2節　義務付け・枠付けの緩和と条例委任 ……………………………51
　1　義務付け・枠付けとは ………………………………………51
　2　条例によってどのようにナショナル・ミニマムを確保するか ………………………………………………………………52

## 3節　自治体における「市場化の流れ」と「新しい公共の流れ」の併存 ……………………………………………………52
　1　PFI（Private Finance Initiative）法の制定 …………52
　2　指定管理者制度の導入 ………………………………………52
　3　市場化テストの導入 …………………………………………52
　4　独立行政法人化とエージェンシー …………………………53
　5　これからの地方自治をめぐる課題 …………………………53

# 第4章　地方財政と福祉予算

## 1節　地方財政とは ………………………………………………………56
## 2節　地方財政がかかわる社会保障施策の範囲 ………………………56
## 3節　社会保険と地方財政 ………………………………………………57
　1　国民健康保険の財政 …………………………………………57
　2　介護保険の財政の仕組み ……………………………………57
## 4節　公的扶助と社会手当の財政 ………………………………………58
　1　生活保護の財政 ………………………………………………58
　2　児童手当、子ども手当 ………………………………………60
　3　児童扶養手当 …………………………………………………60
　4　特別児童扶養手当 ……………………………………………60
## 5節　地方の福祉財政＝民生費とその財源 ……………………………60
　1　民生費の動向 …………………………………………………61
　2　民生費の構成 …………………………………………………62
　3　民生費の財源構成 ……………………………………………64
　4　おわりに ………………………………………………………65

## 第5章　老人保健福祉計画の策定

### 1節　高齢者ケアシステムにおける計画の意義 …………68
1　老人保健福祉計画の意義………………………68
2　老人保健福祉計画作成の基本方針………………70

### 2節　老人保健福祉計画の法令的側面 …………………71
1　福祉8法改正等と老人保健福祉計画の関連………71
2　第1次の老人保健福祉計画………………………74

### 3節　介護保険の導入・展開と老人保健福祉計画 …………74
1　介護保険事業計画と第2次以降の老人保健福祉計画………74
2　第2次以降の老人保健福祉計画の内容……………75
3　第4期計画（2009〜2011）の課題−2014（平成26）年度に向かって………77
4　今後の課題−地域におけるサービスの基盤整備………77

## 第6章　介護保険事業計画−地方自治体と介護サービス基盤の整備−

### 1節　介護保険事業計画の枠組みと課題 ………………84
1　背景………………………………………84
2　介護保険事業計画の意義…………………………84
3　介護保険事業計画（第1期）に係る基本的指針………85
4　市区町村における現状の把握……………………85
5　サービス必要量の設定について…………………85
6　市区町村介護保険事業計画に盛り込むべき主要事項（第1期）………86
7　介護保険事業計画策定への住民参加………………87

### 2節　老人保健福祉計画との関連 ………………………87
1　老人保健福祉計画の意義…………………………87
2　介護保険事業計画と老人保健福祉計画の関係………87
3　市区町村介護保険事業計画（第2期）の参酌標準………88

### 3節　介護保険制度の改革（2005）と高齢者保健福祉施策 …………90
1　制度改革の概要…………………………………90
2　第3期介護保険事業計画を取り巻く状況と課題………91
3　3年を1期とする計画期間と中期的展望……………91
4　第4期計画の課題−2014（平成26）年度に向かって………92
5　第5期計画の課題−2025年・地域包括ケアシステムの構築に向かって………92

### 4節　介護保険制度改革と地域政策の課題－地域包括ケアシステムづくりに向かって－ ………………………………95
 1　介護保険制度改革への若干の視点…………………95
 2　保健・医療分野計画との調和…………………95
 3　住宅・まちづくりをめぐる諸課題と地域福祉計画…………96

## 第7章　障害者を支援する社会計画

### 1節　障害者計画 ………………………………100
 1　障害者基本法に基づく障害者計画 …………………100
 2　市町村障害者計画の動向…………………101

### 2節　障害福祉計画 ………………………………102
 1　障害者自立支援法に基づく障害福祉計画の意義・枠組み…………………102
 2　障害福祉計画策定をめぐる課題 …………………104
 3　市町村障害福祉計画作成に関する数値目標と諸問題 …………104
 4　市町村障害福祉計画作成をめぐる課題 …………………105

### 3節　関連する福祉計画と今後の課題 ………………………………108
 1　障害児・障害者と各分野の福祉計画等 …………………108
 2　障害児・障害者と保健・医療計画等 …………………108
 3　第3期障害福祉計画と以降の政策課題 …………………109

## 第8章　地域福祉計画策定の視点と方法

### 1節　社会福祉法の理念と地域福祉計画の目的 ………………………………116
 1　地域における社会福祉の推進 …………………116
 2　地域福祉計画に関する規定と経緯 …………………116

### 2節　地域福祉計画の基本的構成 ………………………………118
 1　地域福祉計画の性格づけ …………………118
 2　各分野の諸計画との関連 …………………118
 3　計画の範囲と留意すべき要素 …………………119

### 3節　住民参加と民間社会福祉の役割 ………………………………121
 1　地域住民・市民の役割を第一に …………………121
 2　福祉活動を行う人びとの役割 …………………121
 3　社会福祉事業を経営する者の役割 …………………122
 4　社会福祉協議会に期待される役割 …………………123

### 4節　地域福祉計画策定を取り巻く政策動向と計画視点 ………………………………123
 1　市町村合併等をめぐる地域主体の計画視点 …………………123
 2　当面する政策課題 …………………124

### （補論）　地域福祉計画策定に向けての構想力 ………………………………127

# 第9章　次世代育成支援計画の枠組みと課題

## 1節　計画の意義 …130
## 2節　計画の枠組み …130
## 3節　次世代育成支援行動計画・前期計画の策定指針 …131
　1　前期計画の策定指針（抄） …131
　2　市町村行動計画等の内容に関する事項（抄） …132
　3　一般事業主行動計画の策定に当たっての基本的な視点 …134
## 4節　『子ども・子育てビジョン』と今後の課題 …134
　1　『子ども・子育てビジョン』の趣旨・目的 …134
　2　次世代育成支援行動計画をめぐる課題と政策的視点 …138

# 第10章　隣接分野の諸計画

## 1節　医療計画 …142
　1　医療計画策定をめぐる背景 …142
　2　医療計画の主な内容 …142
## 2節　健康増進計画 …145
　1　健康増進計画策定をめぐる背景 …145
　2　健康増進計画の主な内容 …145
　3　健康日本21 …146

# 終章　福祉行財政の展望と福祉計画の課題

## 1節　21世紀型「大恐慌」時代の社会政策 …150
## 2節　人口減少社会における地域再生・地域福祉の方向づけ …151
## 3節　社会福祉・社会保障の展望と計画の課題 …152
　1　対人社会サービスの充実 …152
　2　年金改革・雇用促進を軸とする＜所得保障＞の新しい展開 …153
　3　福祉財源の確保＜福祉目的税への転換＞ …153
　4　福祉計画の現段階 …153
　5　社会福祉の目指すべき理念とソーシャルワークの現段階 …154

## 計画編
　Ⅰ．市民の誰もが健康で安心して暮らせるまちをめざして …158
　Ⅱ．伊丹市地域福祉計画（第2次）（抜粋） ……………………172
　Ⅲ．和光市長寿あんしんプラン …………………………………192
　Ⅳ．高齢者が暮らしやすいまちをめざして ……………………202
　Ⅴ．ライフステージに応じた切れ目のない支援の実現に向けて ……………………………………………………………210
　Ⅵ．第3次かわさきノーマライゼーションプラン ……………219
　Ⅶ．「子育てって楽しいな！」と思えるまちに …………………230
　Ⅷ．資生堂の次世代育成支援行動計画 …………………………245
　Ⅸ．高齢者の居住安定確保プラン（抜粋） ……………………252
　Ⅹ．「地域福祉市民計画策定マニュアル―市民の福祉活動計画・○○（仮称）をつくろう！―」（抄）／生活クラブ運動グループ福祉事業連合 ……………………………………266

## プログラム編
　Ⅰ．在宅生活を支える夜間対応型訪問介護の取り組み ………276
　Ⅱ．市民の協力を得て悪徳商法を撃退し、福祉後見サポートセンターで財産や生活を守る ……………………………280
　Ⅲ．地域における孤立死ゼロの取り組み ………………………289
　Ⅳ．障害者雇用・特例子会社の現状と課題 ……………………295
　Ⅴ．障害児・者の地域生活支援 …………………………………302

## 索引 …………………………………………………………………306
## 編集・執筆者一覧

# 序章

# 福祉行財政と福祉計画

1節　はじめに──日本の社会福祉を取り巻く背景
2節　社会福祉行財政の焦点
　　1　歴史的局面
　　2　財源確保
　　3　計画による社会政策的対応
3節　社会福祉計画に求められる課題
　　1　計画とは何か
　　2　計画の総合性・具体性
　　3　政府間関係と「公共と民間」

# 1節　はじめに──日本の社会福祉を取り巻く背景

　21世紀日本の社会福祉の課題は何か。

　第1には、周知のとおり、少子高齢化という不可避な社会的トレンドがあり、高齢者福祉・介護問題等への政策的対応の推進、並びに子育て支援を軸に少子化傾向を転換する政策を確立すべき重要な段階にある。

　第2に、障害のある人びとの地域生活支援を軸として、国連・障害者権利条約の示す差別禁止の徹底とともに、障害者政策の新しい枠組みを構築し、ケア・サービスの充実を具体化していかなければならない。

　第3に、青年層及び中高年齢者の不安定雇用・失業問題、ホームレス問題、犯罪被害者への支援さらには在住外国人への支援など、多様なニーズに対する社会福祉、及び関連する雇用・住宅等の社会保障政策の課題がある。

　最新かつ喫緊の課題として、2011（平成23）年3月の東日本大震災（巨大な地震・津波、原子力発電所のメルトダウン）への対応、とりわけ被災者支援における社会連帯・地域福祉の視点に立った問題解決を志向し、同時に地域防災・環境保護を明確にする安全・安心の『まちづくり』を推進することである。

# 2節　社会福祉行財政の焦点

　2025年以降〜21世紀中葉に至る社会情勢において、日本の国民は福祉国家としての針路・福祉社会としてのあり方を明確にしつつ、次世代に継承されるべき福祉国家の展望・地域福祉の持続性が問われている[1]。

## 1　歴史的局面

　第2次世界大戦後、段階的に形成されてきたわが国の社会福祉システムは、1990年代以降、各種制度の抜本改革等が問われてきた。この間、介護保険法（1997⇒2000年）や社会福祉法（2000⇒2003年）、さらには少子化対策推進法（2003⇒2005年）が制定・実施された一方、合意形成や実施方法に問題があった障害者自立支援法・高齢者医療法（後期高齢者医療制度）については抜本見直しが求められている。

　改革のプロセスはジグザグとしているが、次世代育成支援対策にみられるように、子育て支援を軸としながら、地域社会・産業界・自治体を挙げての問題解決志向と国民の合意形成が不可欠となっている。

## 2　財源確保

　冒頭でふれたように、わが国を取り巻く社会福祉の課題は多様かつ巨大なものであり、これらの対応には、持続的・安定的な基盤としての財源の確保が重要であることは明らかである。2011（平成23）年6月現在、「社会保障と税のあり方」が政府周辺で集中的に検討が進められ

ており、妥当な結論・方向づけが早急に提示され、合意形成に向かうことは極めて重要である。ヨーロッパ諸国の先行例を見ても、福祉国家・福祉社会建設への強い指向性と、付加価値税（税率20～25％程度）等を軸とした国民負担の合意形成に基づく展開となっている（第2章ほか参照）。

### 3 計画による社会政策的対応

　以上のような社会的背景・社会経済的基盤とその変容をふまえて、社会福祉の計画は社会計画の一つとして、その役割・課題が問われている。

　第2次大戦後の日本社会では、戦後復興と高度経済成長を方向づけた、経済計画（～社会経済発展計画）や国土開発計画・土地利用計画などがあり、都市計画、環境計画など、社会計画は多次元的な展開を遂げている。

　こうしたなかで、社会福祉分野においては、社会福祉施設緊急整備5ケ年計画（1970年）や1989（平成元）年のゴールドプラン（国）が展開され、1990（平成2）年の社会福祉8法改正に基づく老人保健福祉計画（市町村・都道府県）が全国的に推進されてきた（第5章参照）。さらに2000（平成12）年以降、高齢者・障害者・子ども（次世代育成支援）など各分野の展開があり、かつ、地域社会レベルでの総合的な取り組みと市民参加（地域住民の自覚的な活動参加）が求められており、社会福祉分野における計画的対応は、ますます重大な位置と役割を明らかにしている。

## 3節　社会福祉計画に求められる課題

### 1 計画とは何か

　計画とは、国並びに地方自治体において、その政策課題をふまえた政策上の目標について実現すべき事項（制度・事業・サービス等）を公表し、ひろく国民（地域住民）の合意形成を図る重要な政策手法の一つである（なお、これとは異なる次元の計画として、企業や法人において、経営計画や事業計画が作成・展開されていることは言うまでもない）。

　また、国または地方自治体を策定主体とする計画においては、政策目標が掲げられ実施にうつされるが、計画は単なる作文ではなく、この際目標を実現していく目標管理という強力な意思（権力作用）を明確に生じていることも重要な要因である。そして、計画が示した計画期間や年度区分などに応じた評価・分析も重要な事項である。

　ところで、国民生活に関連のある社会的分野における計画化、つまり社会計画（Social Planning）は、19世紀末の議会制民主主義を基盤とする「社会国家」の構想に関連して議論があり「社会化」などの概念が提起されていた[2)3)]。より本格的には1929（昭和4）年の世界大恐慌からの脱出過程で提起された、完全雇用と福祉増進（生活水準の維持・向上）を掲げた福祉国家路線の登場である。当時は、1930年代のソビエト社会主義政権による計画経済路線への対抗などを背景に[4)]、現代資本主義の停滞・混乱を回避して政府部門による「有効需要」創出・計画的投資による社会経済の安定化・雇用拡大による失業者の救済等を図る「混合経済」（Mixed Economy）システムが確立されたのである。1930年代のスウェーデン社会民主労働

党政権の樹立・長期政権化、アメリカ合衆国のニューディール政策の推進・社会保障法制定（1935年）、これに次いだニュージーランド、第2次大戦後の英国（1942年のベバリッジ報告を嚆矢とする）における国有化政策・NHS（国民保健医療サービス）の制度化など、社会福祉サービスを含め、社会政策と計画をめぐる顕著な展開があった。

1970年代以降の経済成長の停滞・財政緊縮化を背景に、英国サッチャー政権による民営化政策や米国レーガン政権による福祉予算の縮減など、福祉国家路線を見直す動きが展開された一方、ドイツ（旧・西ドイツ）ではアルテン・プラン（Alten Plan）という高齢者計画が地方自治体で策定され[5]、1990年以降の英国で保健福祉計画づくり（NHS&コミュニティケアプラン）が地方自治体で推進され、また、わが国におけるゴールドプラン・高齢者保健福祉計画以降の展開過程を含めて、先進工業国の社会計画は新しい段階を迎えている。

## 2　計画の総合性・具体性

社会福祉分野の計画において、その策定主体が国または地方自治体であることから、計画に盛り込まれる諸事項についての、総合調整機能と、財源管理機能が重要な要因となっている。

また、社会福祉計画においては、社会資源管理の視点から各種サービスの点検（過不足）や開発機能が問われることとなり、多くの場合社会福祉分野の計画は社会資源整備計画として、各種サービスを具体化する充足機能を持ち合わせている。

ところで、日本社会は合計特殊出生率などの現在のデータが大きく変更されない限り、21世紀を通して人口減少社会というトレンドが不可避である。そこで介護・保育などの専門職員の確保を軸に、人材の確保・育成が重要な課題となっている。従来の計画に散見される財源や施設等の資源のほか、ヒューマン・リソースの管理にどこまで言及できるのかも問われている。

## 3　政府間関係と「公共と民間」

社会福祉分野の計画は、その策定主体が国または地方自治体であることから、国及び地方自治体（市町村・都道府県）間の役割関係、政策課題の整理、役割分担が問われている。法の制定や全国共通の基準設定など国の役割・機能と、制度の実施・サービスの普及など地方自治体の役割・機能と大まかに区分されてきたが、今後は地方分権改革の潮流のなかで、国と地方自治体の役割関係については、再編成・再構成される段階にあり、今後の行方が注目される（第3～4章参照）。

福祉計画においては、すべてが国や地方自治体の権力作用によるものばかりではなく、具体的なサービスの提供と利用、つまり事実上の需給関係においては、社会福祉法人などの非営利法人民間団体と企業の役割など、民間事業体の関与する領域が次第に拡大している。また、次世代育成支援行動計画にみられるように、一定規模以上の事業主・法人に計画策定等が課せられており、「公共と民間」の役割関係についても考慮すべき事項は少なくない。

■引用・参考文献
1）村川浩一編著『地域福祉計画ハンドブック』第1章、第一法規、2004年
2）上条　勇「R. ヒルファーディング」、『経済思想・第6巻』所収、日本経済評論社、2005年

3）カール・マンハイム「第2部　民主的計画と制度の変化」、池田秀男訳『自由・権力・民主的計画』所収、未来社、1971年
4）シュンペーター「一方にスウェーデン、他方にロシア」、中山・東畑訳『資本主義・社会主義・民主主義』所収、東洋経済、1995年（新装版）
5）古瀬　徹「西ドイツの老人福祉」、『西ドイツの社会保障』所収、東京大学出版会、1987年

# 第1章

# 社会福祉行財政システムとその構造

　わが国の社会福祉を担う組織は、大別すれば行政組織と民間組織に区分され、事業や組織が関連法令によってこと細かく規定されているという特徴がある。本章では主として社会福祉に関する行政組織を取り上げ、国と地方の関係、その基本的な考え方と役割分担、関連する社会福祉関係法について明らかにして、福祉事務所や児童相談所などの実施機関、保健所などの関連機関をみていこう。

# 1節　社会福祉行財政システムの骨格

## 1　三権分立と政府の役割

　わが国の社会のルールを定める日本国憲法では、近代立憲主義に基づき、国家権力を「立法」「行政」「司法」に分割し、これらの権能を相互に抑制して均衡を図っている。この三権分立という考え方は、単独の意思への権力の集中を避け、権力が互いに打ち消しあうことにより、恣意的な権力行使を防ぐことを目的としている。

　これらの背景となる思想は、かつてヨーロッパで市民革命時代の思想家たちが君主や官僚による暴政をいかに制約し、国民のコントロール下におくかということに重きをおいて案出したものであり、「法による行政」を原理とする。すなわち、主権者である国民によって選ばれた代表者からなる議会が制定する法律によって行政活動が行われるのであり、政治が政策を決定し、行政がそれにかかわる施策を実施する形をとるのである。日本国憲法においても、国民の代表機関（第43条）、国権の最高機関（第41条）、唯一の立法機関（第41条）として、国会はその地位を規定されている。

　しかし、このような原理があるにもかかわらず、一般的には、行政権の属する内閣を指して「政府」という場合が多い。言葉の用い方としては、「立法」「行政」「司法」を総合した広義での政府に対して、狭義での行政機能に着目した「政府」である。実際には、それだけ内閣に権力が集中しているということでもあるが、これはいったいなぜなのだろうか。それは、内閣が政策の決定を担い、政策の実施にあたることが多い、つまり、内閣の行政機能が大きくなっているからなのである。

## 2　国と地方自治体の関係

　同時に、こうした内閣を頂点にした国家全般の行政にかかわる政府に対して、憲法の規定により特定の地域で自治権を行使する組織として地方公共団体がある。この地方公共団体は地方自治体とも呼ばれ、地方自治体は都道府県や市町村などを総称したものである。日本国憲法第92条では「地方公共団体の組織及び運営に関する事項は、地方自治の本旨に基づいて、法律でこれを定める」としている。これら国家の行政組織を階層という視点からみれば、内閣による中央政府と、地方公共団体の地方政府という区分も可能であり、わが国ではこれらを国と地方自治体、あるいは国と地方と呼んでいる。ここではさしあたり国と地方自治体としておこう。

　では、この国と地方自治体にはどのような役割や関連があるのだろうか。その法律の中心になるものが1947（昭和22）年に制定された地方自治法で、同法は国と地方自治体の基本的な関係を整理している。そのなかでは、国はもっぱら国際社会における国家としての存立にかかわったり、全国的な規模や視点で処理すべき事柄を重点的に扱い、住民に身近な行政はできるだけ地方自治体にゆだねることを基本にして、その自主性及び自律性が発揮されるようにしなければならないとしている（第1条の2）。すなわち、国は外交や国防、司法、通貨、金融、国民生活のナショナルミニマムなどに関する事項を、地方自治体はそれ以外の住民生活にかかわる事項を担うという役割分担である。これは社会福祉の行財政を考えていくうえで重要な視

点となるものである。

　このような国と地方自治体の関係は、平成の地方分権改革のなかで形成されたもので、1999（平成11）年に制定された「地方分権の推進を図るための関係法律の整備等に関する法律」（以下地方分権一括法）で規定された。地方分権一括法とは、先の地方自治法をはじめとする関連法を見直したもので、それまでの国が上級で地方自治体が下級というわが国の中央集権的な行財政モデルを抜本的に転換し、国と地方は対等な関係にあるとした。中央集権的なモデルは明治期に形成されて日本の近代化を促進してきたが、国による一律の画一的な行財政モデルでは、今日の国際化をはじめとする多岐に流動化するわが国の社会経済に柔軟に対応して支えることができないとして、平成年代に入って大幅に見直されたものである。そのキーワードの一つが地方分権であり、地方自治体による自主的で創造的な取り組みが求められるようになっている。

　かつての中央集権的な行財政モデルでは、国の仕事を機関委任事務で地方自治体に代行させ、国はまた、国庫補助金による道路整備などで地方自治体に関与してきた。機関委任事務は、主務大臣の命により都道府県知事、市町村長に、いわば国の出先機関として事務を行わせるもので、社会福祉に関連する施策の大部分も全国一律の機関委任事務で実施されてきた。その背景には、わが国の社会福祉の第一段階である戦後占領期の福祉三法体制のもとで社会福祉関係法は国によって一元的かつ厳正に運用することが重要であり、小規模な地方自治体は社会福祉関係法の専門的事項への対応が困難といった判断などがあった。

　しかしながら、福祉需要の増大などを背景に1986（昭和61）年のいわゆる整理合理化法（地方公共団体の執行機関が国の機関として行う事務の整理及び合理化に関する法律）で社会福祉行政が見直され、福祉サービスに関する事務は地方自治体の団体委任事務となり、社会福祉法人の認可、生活保護法や福祉関係手当の支給などは引き続いて機関委任事務として再編成された。

　地方分権一括法は、この機関委任事務を廃止し、地方自治体の仕事を自治事務と法定受託事務に区分している。この場合の法律で使われる事務とは、仕事といった意味である。法定受託事務は第一号と第二号に分かれ、第一号は、国が本来実施すべき仕事を自治体が受託するもので、国政選挙の実施や旅券の発行などがその例である。第二号は、市町村が都道府県から委託されて実施する仕事で、都道府県議会選挙関連などがその例である。法定受託事務については、地方自治法第2条第9項に規定がおかれ、第一号及び第二号法定受託事務の内容は同法別表第一・第二に列挙されている。

　こういった地方自治体の社会福祉行政では、法定受託事務とされるのが社会福祉法人の認可、生活保護法による保護、福祉関係手当の支給、福祉施設の認可、自治事務が児童福祉法などの社会福祉関係法による措置、福祉サービス利用者からの費用徴収、そして単独事業となり、自治事務の比重が大幅に高まることとなった。（図1-1-1）。

　このような地方分権と連動して地方の財政主権を確立するために、2002（平成14）年より三位一体の改革が取り組まれ、①国庫補助金の整理、②税財源の移譲、そして③地方交付税交付金の見直しが進められた。これは前述の中央集権的な行財政モデルを見直すもので、2005（平成17）年より国の社会福祉施設等施設整備費補助金は「補助負担金」と「交付金」に再編され

た。「交付金」は地域介護・福祉空間整備等交付金、次世代育成支援対策施設整備交付金となり、地方公共団体が創意工夫を発揮して活用することとなった。

図1-1-1　地方分権一括法施行後の福祉行政事務の例

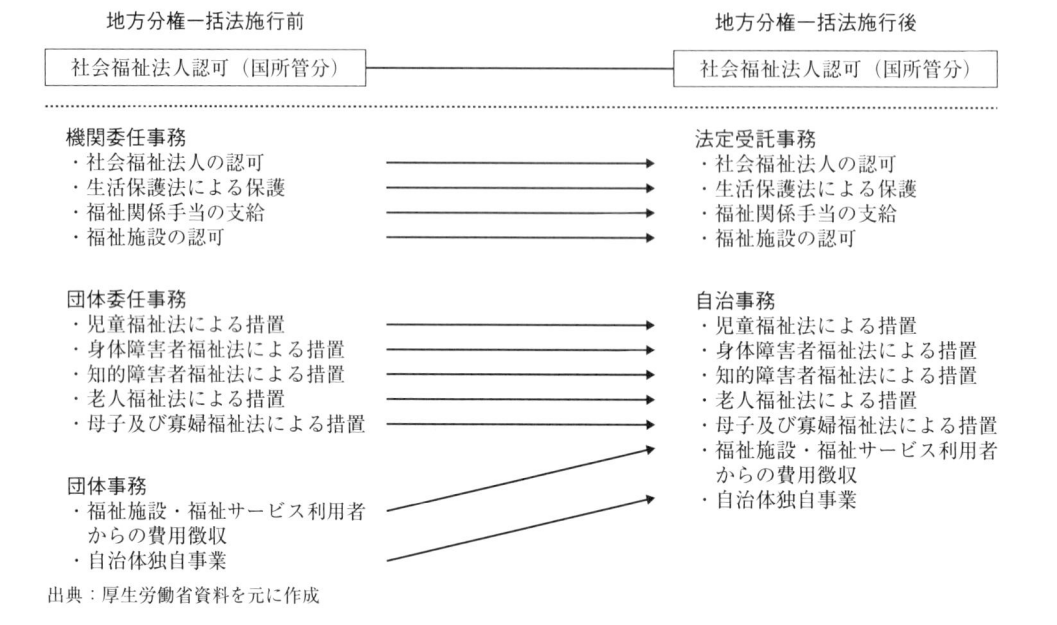

地方分権一括法施行前

社会福祉法人認可（国所管分）

機関委任事務
・社会福祉法人の認可
・生活保護法による保護
・福祉関係手当の支給
・福祉施設の認可

団体委任事務
・児童福祉法による措置
・身体障害者福祉法による措置
・知的障害者福祉法による措置
・老人福祉法による措置
・母子及び寡婦福祉法による措置

団体事務
・福祉施設・福祉サービス利用者からの費用徴収
・自治体独自事業

地方分権一括法施行後

社会福祉法人認可（国所管分）

法定受託事務
・社会福祉法人の認可
・生活保護法による保護
・福祉関係手当の支給
・福祉施設の認可

自治事務
・児童福祉法による措置
・身体障害者福祉法による措置
・知的障害者福祉法による措置
・老人福祉法による措置
・母子及び寡婦福祉法による措置
・福祉施設・福祉サービス利用者からの費用徴収
・自治体独自事業

出典：厚生労働省資料を元に作成

## 3　行財政改革の動き

　1980年代にかけて展開したわが国の社会福祉の第3段階は、「福祉見直し」がキーワードとなり、ノーマライゼーションの理念の確立や在宅福祉導入などの社会福祉関係者の見直しと、財政当局からの予算編成の際のシーリング（天井）設定という2方向からの見直しが交差することとなった。特に後者については「増税なき財政再建」をスローガンにして第二次臨時行政調査会が設置され、社会福祉、社会保障のみならずさまざまな分野でのコストの削減、国と地方の行政組織の改革が俎上にのぼることとなった。この結果、政府系資本である国鉄（現・JR）、電電公社（現・NTT）などの民営化が図られるとともに、3次にわたる臨時行政改革推進審議会がおかれ、肥大化した官僚機構見直しといった視点で省庁再編に連続していくこととなった。

　2001（平成13）年に誕生した小泉政権は、これらの流れを受けて「構造改革なくして景気回復なし」「官から民へ」を掲げて、規制改革、小さな政府を目指すこととなった。なかでも2005（平成17）年度「年次経済財政報告」は、「官から民への様々な手法」についてふれ、公共財の概念が変化しているなかで、NTTの民営化のような民間事業者の競争策が導入された。ユニバーサル・サービスへの民の参入による競争促進、そして公共サービスの民間開放（PPP；Public Private Partnership）の手法として民間委託、PFI（Private Finance Initiative）、国立大学や国立病院などの独立行政法人化などがあり、これらは公的サービスの供給に競争原理と民間の経営ノウハウを導入する試みであるとした。

特に官の業務については公共サービスの提供について官民で競争入札を実施し、価格と質の面でより優れた主体が落札する市場化テストの考え方を示し、従来どの業務を民営化や業務委託にするのかを官が判断していたのに対して、官民競争入札を実施して官が価格と質の面で優れていることを示すことが必要であるとした。同報告では「官から民へ」移管すべき分野が決まれば、その具体的な手法としては民営化（所有権移転）、業務委託、民間事業者への施設の管理の委託などの指定管理者制度、PFI、社会投資ファンドなどがあるとし、図書館、博物館などと並んで社会福祉施設については保育所、養護老人ホームを指定管理者制度の対象と例示した。指定管理者の調査に基づいた分析によると、制度導入後に管理を行う現事業者は制度導入前の事業者と比べてサービスが改善し、「主体別では民間営利事業者が最もサービスの質が高い」としている。

このような「官から民へ」の公共サービスの切り分けは市場競争至上主義を信奉する小泉政権で整理されることとなったが、行財政改革は2009（平成21）年に誕生した新しい政権に特殊法人改革、公務員制度改革、地方分権推進などを課題として引き継がれた。他方で新政権は子ども手当の創設など従来の政権と異なる政策を志向するようになる。

このなかでも地方分権については、「三位一体の改革」を経て新たな段階に移行することとなった。2007（平成19）年には地方分権改革推進法（平成18年法律第111号）が施行されて内閣府に地方分権改革推進委員会が設置された。同法は、旧地方分権推進法（平成７年法律第96号）を踏まえ、地方分権推進の基本理念及び国・地方の責務を明らかにして地方分権改革の総合的かつ計画的な推進を目的とするもので、同委員会がこれらの作業を進めることとなった。

同委員会は、2008（平成20）年には第一次勧告「生活者の視点に立つ『地方政府』の確立」を提出して「基礎自治体優先の原則」のもとで市町村の自治権拡充を提起した。次いで同年の第二次勧告「『地方政府』の確立に向けた地方の役割と自主性の拡大」で国と地方の役割分担の見直しによる国の出先機関などについて、2009（平成21）年の第三次勧告「自治立法権の拡大による『地方政府』の実現へ」では国の地方自治体への関与の見直し、教育委員会、農業委員会の必置規制の見直しなどを求めている。

そして同年秋には最終勧告・第四次勧告「自治財政権の強化による『地方政府』の実現へ」が提出され、分権型社会にふさわしい「地方政府」には自治財政権の確立、地方税財源の充実確保策が不可欠と強調した。同時に、国と地方を通じた巨額の累積債務残高と社会保障支出の今後の増大を見据え、次世代に向けた持続的な発展を確保するため、いずれ消費税と地方消費税のあり方を中心に、国税と地方税を通じた税制全般の抜本的な改革の実施が不可避としている。世界に類例をみない深刻な国と地方の財政赤字が重くのしかかっているのである。

これら一連の勧告は地方分権改革の第二段階を画期するもので、同年末に政府は総理大臣を議長とする地域主権戦略会議を新設、地方分権改革推進の工程表が取りまとめられた。今後の去就が注目される。

## 2節　社会福祉行政の組織

### 1　社会福祉行政の実施体制

　わが国の社会福祉行政の仕組みは、厚生労働省を中心とする国、都道府県、市町村を軸に、それぞれの実施に必要な各機関が法律によって定められ、行政職員が配置されている（図1-2-1）。それぞれの詳細は次項で概括する。

　市町村は住民に福祉サービス提供するうえで住民と相対する第一線にあり、福祉6法にわたるサービスを供給している。都道府県は市町村では対応が困難な事務の支援や更生相談所、児童相談所による専門的な相談・判定、措置、さらに市町村の広域的な調整・支援を行っている。国はこれら地方自治体に対して、社会福祉に関する事務処理の標準的なガイドラインを作成し、地方自治体の求めに応じて専門的な助言を行う。こうすることで市町村が主体となって、都道府県、国がそれを階層的に支えるというわが国の社会福祉行政の実施体制が構築されている。

　同時に、社会福祉関係法は分野別のサービス給付に対する生活保護法、児童福祉法などの各法と、その共通する実施体制を規定する社会福祉法が基礎構造となる仕組みになっている。

　社会福祉法は1951（昭和26）年に社会福祉事業法として誕生した。先行して制定された生活保護法、児童福祉法、身体障害者福祉法の福祉三法はそれぞれ独自の実施体制を組んでいたが、社会福祉事業法はあらためて社会福祉事業の全分野にわたる共通的基本事項を、総合的・統一的に規定し、社会福祉を目的とする事業および社会福祉事業全般の運営の適正を図ることとなった。社会福祉法は社会福祉関係法の体系のなかで基本法の役割を果たしているのである。

　社会福祉法は、分野別のサービス給付の原理と組織を規定している。例えば、生活保護法は保護の原理や原則、保護の種類について規定しているが、肝心の実施機関である福祉事務所については最低限の事務処理の方法にしかふれていない。誰が福祉事務所をどのように設置するのか、その主体、組織、取り扱う事務や職員の要件は、すべて社会福祉法が規定しているのである。同様に保育所は児童福祉法に、特別養護老人ホームは老人福祉法に規定されるが、それを設置・運営する社会福祉法人の設立や管理の方法は、社会福祉法に詳細に規定されることになる。社会福祉法における社会福祉基礎構造とは、社会福祉の理念を明確にし、どのような経営組織で社会福祉事業を実施するかを規定したものなのである。

　同時に、社会福祉基礎構造を支える法律としては社会福祉士及び介護福祉士法をはじめ、民生委員法、独立行政法人福祉医療機構法などがある。社会福祉士及び介護福祉士法、民生委員法は人材に関する法として社会福祉基礎構造の一角を構成し、福祉医療機構法は資金融資、情報提供などを通じて社会福祉基礎構造を担っている。社会福祉法と社会福祉関係法の関係は図1-2-2のようになっており、これをみれば社会福祉法などが土台となって生活保護法以下のサービス給付に関する社会福祉関係法を支える関係になっていることがわかるだろう。

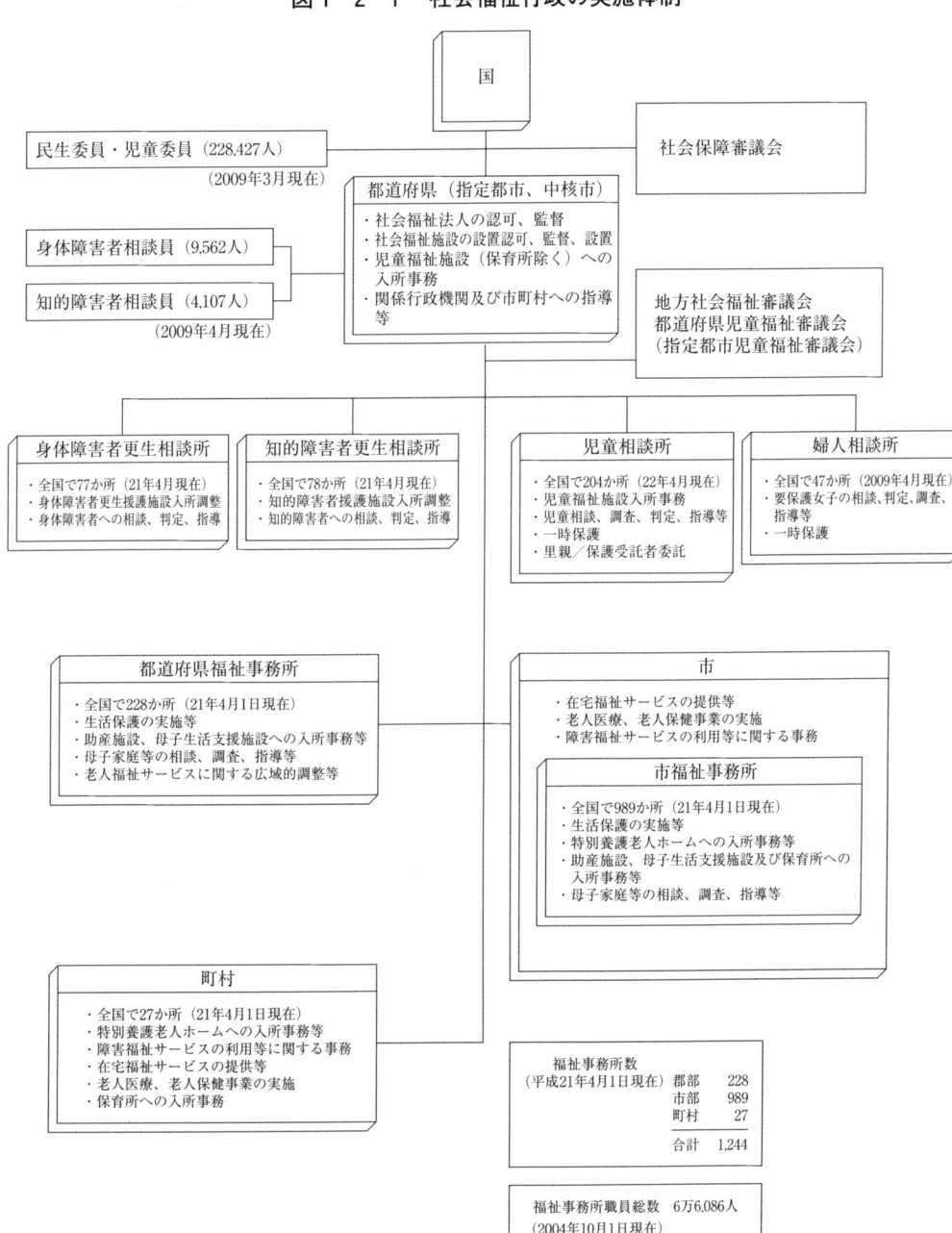

第1章 社会福祉行財政システムとその構造

## 図1-2-1 社会福祉行政の実施体制

```
                                    ┌─────┐
                                    │  国  │
                                    └──┬──┘
┌─────────────────────────┐            │            ┌──────────────┐
│民生委員・児童委員(228,427人)│───┐     │      ┌────│社会保障審議会│
│      (2009年3月現在)      │   │     │      │    └──────────────┘
└─────────────────────────┘   │ ┌────┴─────────┐ │
                               ├─│都道府県(指定都市、中核市)│
┌─────────────────────┐        │ │・社会福祉法人の認可、監督│
│身体障害者相談員(9,562人)│──┐ │ │・社会福祉施設の設置認可、監督、設置│
└─────────────────────┘   │ │ │・児童福祉施設(保育所除く)への│
┌─────────────────────┐   ├─┤ │ 入所事務 │
│知的障害者相談員(4,107人)│──┘ │ │・関係行政機関及び市町村への指導│
│    (2009年4月現在)    │      │ │ 等 │         ┌────────────────┐
└─────────────────────┘        │ └────┬─────┘───│地方社会福祉審議会│
                               │      │          │都道府県児童福祉審議会│
                               │      │          │(指定都市児童福祉審議会)│
                               │      │          └────────────────┘
```

**身体障害者更生相談所**
・全国で77か所(21年4月現在)
・身体障害者更生援護施設入所調整
・身体障害者への相談、判定、指導

**知的障害者更生相談所**
・全国で78か所(21年4月現在)
・知的障害者援護施設入所調整
・知的障害者への相談、判定、指導

**児童相談所**
・全国で204か所(22年4月現在)
・児童福祉施設入所事務
・児童相談、調査、判定、指導等
・一時保護
・里親/保護受託者委託

**婦人相談所**
・全国で47か所(2009年4月現在)
・要保護女子の相談、判定、調査、指導等
・一時保護

**都道府県福祉事務所**
・全国で228か所(21年4月1日現在)
・生活保護の実施等
・助産施設、母子生活支援施設への入所事務等
・母子家庭等の相談、調査、指導等
・老人福祉サービスに関する広域的調整等

**市**
・在宅福祉サービスの提供等
・老人医療、老人保健事業の実施
・障害福祉サービスの利用等に関する事務

**市福祉事務所**
・全国で989か所(21年4月1日現在)
・生活保護の実施等
・特別養護老人ホームへの入所事務等
・助産施設、母子生活支援施設及び保育所への入所事務等
・母子家庭等の相談、調査、指導等

**町村**
・全国で27か所(21年4月1日現在)
・特別養護老人ホームへの入所事務等
・障害福祉サービスの利用等に関する事務
・在宅福祉サービスの提供等
・老人医療、老人保健事業の実施
・保育所への入所事務

福祉事務所数
(平成21年4月1日現在)
| | |
|---|---:|
| 郡部 | 228 |
| 市部 | 989 |
| 町村 | 27 |
| 合計 | 1,244 |

福祉事務所職員総数　6万6,086人
(2004年10月1日現在)

出典:厚生労働省ホームページ

図1-2-2　社会福祉法と社会福祉関係法の構造

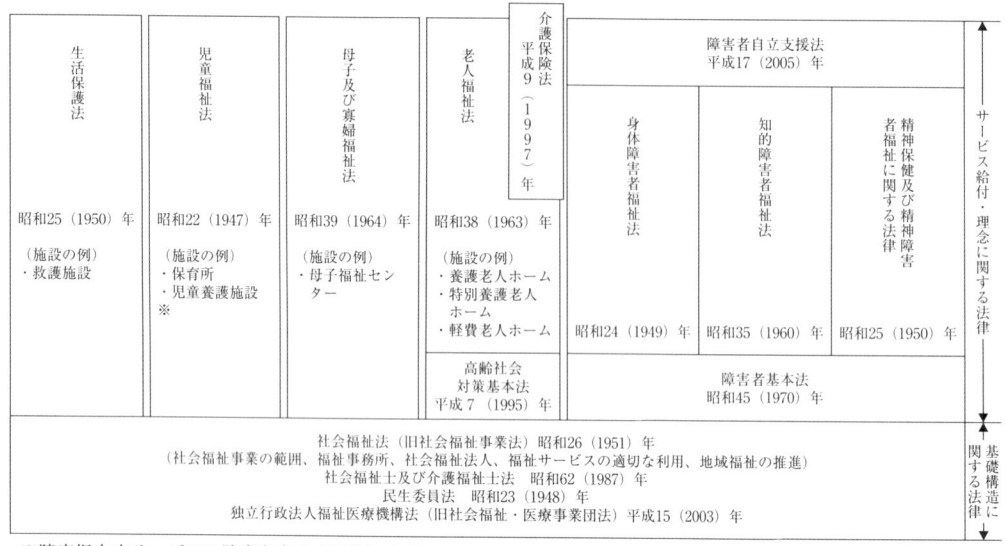

| 生活保護法 | 児童福祉法 | 母子及び寡婦福祉法 | 老人福祉法 | 介護保険法 平成9（1997）年 | 障害者自立支援法 平成17（2005）年 | | | サービス給付・理念に関する法律 |
|---|---|---|---|---|---|---|---|---|
| | | | | | 身体障害者福祉法 | 知的障害者福祉法 | 精神保健及び精神障害者福祉に関する法律 | |
| 昭和25（1950）年 | 昭和22（1947）年 | 昭和39（1964）年 | 昭和38（1963）年 | | | | | |
| （施設の例）・救護施設 | （施設の例）・保育所・児童養護施設※ | （施設の例）・母子福祉センター | （施設の例）・養護老人ホーム・特別養護老人ホーム・軽費老人ホーム | | 昭和24（1949）年 | 昭和35（1960）年 | 昭和25（1950）年 | |
| | | | 高齢社会対策基本法 平成7（1995）年 | | 障害者基本法 昭和45（1970）年 | | | |
| 社会福祉法（旧社会福祉事業法）昭和26（1951）年<br>（社会福祉事業の範囲、福祉事務所、社会福祉法人、福祉サービスの適切な利用、地域福祉の推進）<br>社会福祉士及び介護福祉士法　昭和62（1987）年<br>民生委員法　昭和23（1948）年<br>独立行政法人福祉医療機構法（旧社会福祉・医療事業団法）平成15（2003）年 ||||||||  基礎構造に関する法律 |

※障害児在宅サービスは障害者自立支援法による。
出典：蟻塚昌克『入門社会福祉の法制度第3版』（2009年、ミネルヴァ書房）

## 2　国の役割と組織

　国の社会福祉行政の中心機関は厚生労働省である。本章第1節でみたように、地方自治法では国の役割として全国的な規模や視点で処理すべき事柄を重点的に扱うとされ、全国的な施策の企画立案、施策のベースとなる統計調査、自治体への支援や財政的援助などが仕事となる。厚生労働省の社会福祉の業務にあたる具体的な組織は、厚生労働省設置法により規定されている。

　厚生労働省には11の局が設置されており、主に社会福祉を担当しているのは社会・援護局、雇用均等・児童家庭局、老健局の3局で、これらの局を中心にして関連する各局が連動して業務を担当している。厚生労働省は省庁改革関連法によって2001（平成13）年1月より厚生省と労働省が統合再編成されたもので、旧来の厚生省児童家庭局、労働省雇用均等局を雇用均等・児童家庭局に組織統合することによって雇用均等・子育て支援の総合化を図るなど、総合的一体的な施策の推進が期待されている。

　厚生労働省にはこのほかに、国立の社会福祉施設として、国立障害者リハビリテーションセンターなどがある。さらに、厚生労働省以外にも社会福祉に関連する業務を担う省庁としては、内閣府（少子化対策、高齢社会対策、障害者対策）、財務省（障害者、社会福祉法人等の税の減免）、法務省（少年法、更生保護事業、法律扶助制度、成年後見制度）、文部科学省（障害児教育、要保護児童への自立援助）、経済産業省（民間福祉サービス、福祉機器）、国土交通省（障害者の運賃割引、有料道路料金割引）など多岐にわたっており、社会福祉行政はこれらの省庁の連携によっても実施されている。

　その他厚生労働省には社会福祉に関連する審議会として社会保障審議会が設置されている。これは省庁統合前に設置されていた中央社会福祉審議会、身体障害者福祉審議会、中央児童福

## 第1章 社会福祉行財政システムとその構造

祉審議会、老人保健福祉審議会などの関連する審議会を統合したもので、社会保障制度の横断的な基本事項や社会保障各制度のあり方について厚生労働大臣の諮問に答え、関係行政庁に意見を具申することを目的としている。

厚生労働省が所管する現行社会福祉関係法令を整理すると、表1−2−1のようになっている。

### 厚生労働省の機構

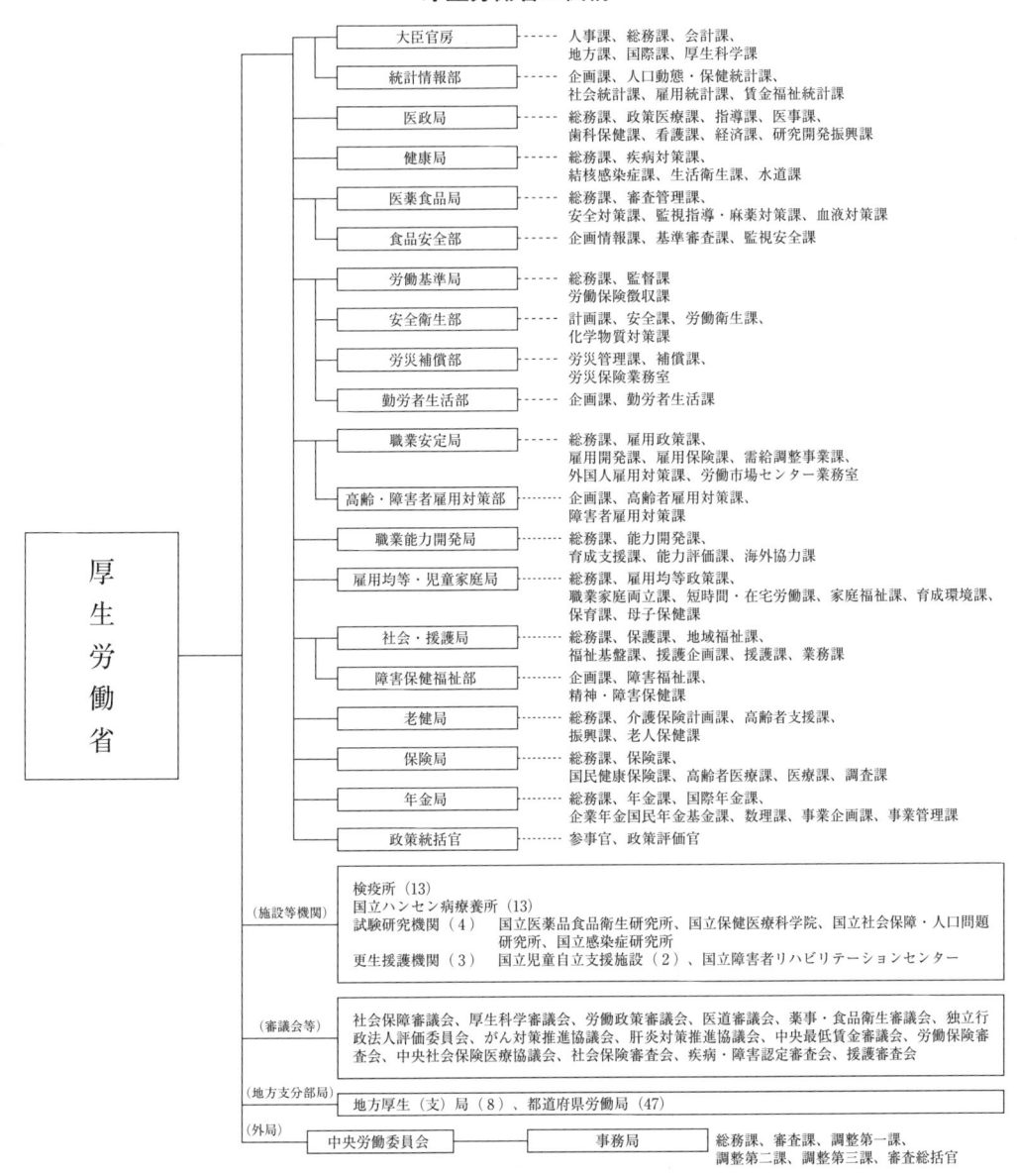

厚生労働省
- 大臣官房 …… 人事課、総務課、会計課、地方課、国際課、厚生科学課
- 統計情報部 …… 企画課、人口動態・保健統計課、社会統計課、雇用統計課、賃金福祉統計課
- 医政局 …… 総務課、政策医療課、指導課、医事課、歯科保健課、看護課、経済課、研究開発振興課
- 健康局 …… 総務課、疾病対策課、結核感染症課、生活衛生課、水道課
- 医薬食品局 …… 総務課、審査管理課、安全対策課、監視指導・麻薬対策課、血液対策課
- 食品安全部 …… 企画情報課、基準審査課、監視安全課
- 労働基準局 …… 総務課、監督課、労働保険徴収課
- 安全衛生部 …… 計画課、安全課、労働衛生課、化学物質対策課
- 労災補償部 …… 労災管理課、補償課、労災保険業務室
- 勤労者生活部 …… 企画課、勤労者生活課
- 職業安定局 …… 総務課、雇用政策課、雇用開発課、雇用保険課、需給調整事業課、外国人雇用対策課、労働市場センター業務室
- 高齢・障害者雇用対策部 …… 企画課、高齢者雇用対策課、障害者雇用対策課
- 職業能力開発局 …… 総務課、能力開発課、育成支援課、能力評価課、海外協力課
- 雇用均等・児童家庭局 …… 総務課、雇用均等政策課、職業家庭両立課、短時間・在宅労働課、家庭福祉課、育成環境課、保育課、母子保健課
- 社会・援護局 …… 総務課、保護課、地域福祉課、福祉基盤課、援護企画課、援護課、業務課
- 障害保健福祉部 …… 企画課、障害福祉課、精神・障害保健課
- 老健局 …… 総務課、介護保険計画課、高齢者支援課、振興課、老人保健課
- 保険局 …… 総務課、保険課、国民健康保険課、高齢者医療課、医療課、調査課
- 年金局 …… 総務課、年金課、国際年金課、企業年金国民年金基金課、数理課、事業企画課、事業管理課
- 政策統括官 …… 参事官、政策評価官

(施設等機関)
- 検疫所 (13)
- 国立ハンセン病療養所 (13)
- 試験研究機関 (4) 国立医薬品食品衛生研究所、国立保健医療科学院、国立社会保障・人口問題研究所、国立感染症研究所
- 更生援護機関 (3) 国立児童自立支援施設 (2)、国立障害者リハビリテーションセンター

(審議会等)
社会保障審議会、厚生科学審議会、労働政策審議会、医道審議会、薬事・食品衛生審議会、独立行政法人評価委員会、がん対策推進協議会、肝炎対策推進協議会、中央最低賃金審議会、労働保険審査会、中央社会保険医療協議会、社会保険審査会、疾病・障害認定審査会、援護審査会

(地方支分部局)
地方厚生(支)局(8)、都道府県労働局(47)

(外局)
中央労働委員会 — 事務局 …… 総務課、審査課、調整第一課、調整第二課、調整第三課、審査総括官

注1:2010年4月現在。なお、地方支分部局は、省庁の所掌事務を分掌させる場合に地方に設置される。厚生労働省には地方厚生局のほか、都道府県労働局が設置されている。
　2:施設等機関のうち、国立高度専門医療センターは、2010年4月1日より独立行政法人化。
　3:社会保険庁は2010年1月1日より廃止され、日本年金機構(公法人)が設立された。
出典:厚生労働省ホームページ　http://www.mhlw.go.jp

## 表1-2-1 主な社会福祉関係法令の一覧

●社会福祉基礎構造関連

| 1948（昭和23）年法律第198号 | 民生委員法 |
| 1951（　26）年　第45号 | 社会福祉法 |
| 1952（　27）年　第305号 | 日本赤十字社法 |
| 1987（　62）年　第30号 | 社会福祉士及び介護福祉士法 |
| 2002（平成14）年　第166号 | 独立行政法人福祉医療機構法 |

●保護・援護関連

| 1899（明治32）年法律第93号 | 行旅病人及行旅死亡人取扱法 |
| 1950（昭和25）年　第144号 | 生活保護法 |
| 1952（　27）年　第127号 | 戦傷病者戦没者遺族等援護法 |
| 1956（　31）年　第118号 | 売春防止法 |
| 1994（平成6）年　第30号 | 中国残留邦人等の円滑な帰国の促進及び永住帰国後の自立の支援に関する法律 |
| 1994（　6）年　第117号 | 原子爆弾被爆者に対する援護に関する法律 |
| 2000（　12）年　第31号 | 配偶者からの暴力の防止及び被害者の保護に関する法律 |
| 2002（　14）年　第105号 | ホームレスの自立の支援等に関する特別措置法 |

●障害者福祉関連

| 1949（昭和24）年法律第283号 | 身体障害者福祉法 |
| 1950（　25）年　第123号 | 精神保健及び精神障害者福祉に関する法律 |
| 1960（　35）年　第37号 | 知的障害者福祉法 |
| 1965（　40）年　第137号 | 理学療法士及び作業療法士法 |
| 1970（　45）年　第84号 | 障害者基本法 |
| 1971（　46）年　第64号 | 視能訓練士法 |
| 1987（　62）年　第61号 | 義肢装具士法 |
| 1993（平成5）年　第54号 | 身体障害者の利便の増進に資する通信・放送身体障害者利用円滑化事業の推進に関する法律 |
| 1997（　9）年　第131号 | 精神保健福祉士法 |
| 1997（　9）年　第132号 | 言語聴覚士法 |
| 2002（　14）年　第49号 | 身体障害者補助犬法 |
| 2004（　16）年　第167号 | 発達障害者支援法 |
| 2005（　17）年　第123号 | 障害者自立支援法 |

●母子福祉、児童福祉、老人福祉関連

| 1947（昭和22）年法律第164号 | 児童福祉法 |
| 1961（　36）年　第238号 | 児童扶養手当法 |
| 1963（　38）年　第133号 | 老人福祉法 |
| 1964（　39）年　第129号 | 母子及び寡婦福祉法 |
| 1964（　39）年　第134号 | 特別児童扶養手当等の支給に関する法律 |
| 1971（　46）年　第73号 | 児童手当法 |
| 1993（平成5）年　第38号 | 福祉用具の研究開発及び普及の促進に関する法律 |
| 1995（　7）年　第129号 | 高齢社会対策基本法 |
| 1999（　11）年　第52号 | 児童買春、児童ポルノに係る行為の処罰及び児童の保護等に関する法律 |
| 2000（　12）年　第82号 | 児童虐待の防止等に関する法律 |

| 2005 （　17）年 | 第124号 | 高齢者虐待の防止、高齢者の養護者に対する支援等に関する法律 |
| 2006 （　18）年 | 第91号 | 高齢者、障害者等の移動等の円滑化の促進に関する法律 |
| 2008 （　20）年 | 第44号 | 介護従事者等の人材確保のための介護従事者等の処遇改善に関する法律 |
| 2010 （　22）年 | 第19号 | 平成22年度等における子ども手当の支給に関する法律 |

●災害救助・消費生活関連
1947（昭和22）年法律第118号　災害救助法
1948（　23）年　　第200号　消費生活協同組合法
1961（　36）年　　第221号　災害対策基本法

●保険・年金関連
1922（大正11）年法律第70号　健康保険法
1939（昭和14）年　　第73号　船員保険法
1947（　22）年　　第50号　労働者災害補償保険法
1953（　28）年　　第245号　私立学校教職員共済組合法
1954（　29）年　　第115号　厚生年金保険法
1958（　33）年　　第128号　国家公務員共済組合法
1958（　33）年　　第192号　国民健康保険法
1959（　34）年　　第141号　国民年金法
1962（　37）年　　第152号　地方公務員等共済組合法
1970（　45）年　　第78号　農業者年金基金法
1974（　49）年　　第116号　雇用保険法
1997（平成9）年　　第123号　介護保険法
2000（　12）年　　第19号　年金資金運用基本法
2001（　13）年　　第88号　確定拠出年金法
2007（　19）年　　第109号　日本年金機構法

●衛生・保健関連
1947（昭和22）年法律第101号　地域保健法
1947（　22）年　　第233号　食品衛生法
1948（　23）年　　第201号　医師法
1948（　23）年　　第202号　歯科医師法
1948（　23）年　　第203号　保健師助産師看護師法
1948（　23）年　　第205号　医療法
1951（　26）年　　第96号　結核予防法
1960（　35）年　　第145号　薬事法
1965（　40）年　　第141号　母子保健法
1991（平成3）年　　第36号　救急救命士法
1997（　9）年　　第104号　臓器の移植に関する法律
1998（　10）年　　第114号　感染症の予防及び感染症の患者に対する医療に関する法律
2002（　14）年　　第103号　健康増進法

●その他
2003（平成15）年法律第120号　次世代育成支援対策推進法
2003（　15）年　　第133号　少子化社会対策基本法
2006（　18）年　　第85号　自殺対策基本法

出典：厚生統計協会編『国民の福祉の動向 2010／2011』317頁、2010. を元に作成

## 3 地方自治体の組織

　住民にとって身近な位置にある地方自治体では、介護保険制度の運営や保育所の経営、在宅サービス提供や社会福祉法人の指揮・監督などといったいくつもの事務が処理されている。都道府県と地域住民の基礎的自治体である市町村ではその対象とする事務の範囲が異なっていることはいうまでもない。都道府県は社会福祉行政の広域的調整、事業者の指導監督などにあたり、市町村はサービスの実施主体、介護保険制度における保険者となっている。

　市町村、特別区はその事務の一部を共同処理するために規約を定め、都道府県知事の許可を得て一部事務組合を設立することができる（地方自治法第284条）。市町村、特別区はまた、広域計画を作成し、その事務の連絡調整、処理のため都道府県知事の許可を得て広域連合を設立することができる。一部事務組合は原則として同種の事務を処理するために設立されたもので、事務の例としては消防や水道など、広域連合としては介護保険施行事務などがある。都道府県と市町村の関係は地方自治法により、都道府県は市町村を包括する広域的地方公共団体とされ、市町村間の連絡調整、広域的事務を担うこととされている（同法第2条）。また、都道府県が上級、市町村は下級という関係はなく、それぞれの福祉行政は以下のように実施されている。

**地方自治体における社会福祉行政の役割分担の考え方**

　一口に地方自治体といっても、都道府県と市町村、さらに一部事務組合などでは社会福祉行政の役割と分担が異なっている。

　例えば、都道府県（政令指定都市を含む）の社会福祉行政では、社会福祉法人や社会福祉施設の認可や指導・監督、各種更生相談所、児童相談所などの設置、補助金の配分などが主要な業務となっている。これに対して、市町村では介護保険制度の管理・運営、在宅及び社会福祉施設サービスの提供をはじめとする住民に直接かかわる業務を中心に構成されている。

　国と地方自治体の社会福祉を含む行政のあり方については1986（昭和61）年の「地方公共団体の執行機関が国の機関として行う事務の整理及び合理化に関する法律」によって基本的な枠組みが示されて今日に至っている。さらに、社会福祉行政の具体的な役割分担については1990（平成2）年の社会福祉関係8法の改正の際に整理されたものである。

　このなかでは、専門性、広域性、効率性に配慮すべきものを除いて、高齢者、児童、身体障害者などへの具体的なサービスに関する社会福祉行政は、住民の福祉需要を最も把握できる市町村において実施するという考え方が明確にされた。専門性、広域性、効率性に配慮すべきものとしては、例えば知的障害者福祉が考えられ、知的障害者福祉については町村の実施基盤が脆弱なために都道府県が実施するものとしていた。しかしながら、2000（平成12）年の社会福祉事業法等改正のなかで知的障害者福祉法改正が図られ、2003（平成15）年からは、市町村で支援費制度として、2006（平成18）年には障害者自立支援法で実施されることとなった。

　地方自治体の社会福祉行政関係の組織は、便宜的に区分すれば企画管理部門、措置・相談・判定部門及び臨床サービス部門に分けることができる。すなわち、社会福祉について①企画、制度や組織運営、財政を所掌する都道府県知事、市町村長とその事務を行う行政部門、②住民の相談に応じ、調査を行い必要な福祉の措置を行う福祉事務所、児童相談所、更生相談所など

の設置・相談部門、③社会福祉施設や在宅サービスのように直接住民にサービスを提供する部門に分けることができる。では、これらの社会福祉行政組織はどのような特徴をもっているのだろうか。もう少し詳細にみていこう。

**都道府県（知事）及び市（区）町村の部局**

　都道府県では、知事の部局として条例で民生部、厚生部、福祉部などの部局がおかれるものとされており、必要に応じてその分課として社会課、児童福祉課などの課がおかれている。近年の保健福祉の連携強化に伴ってこれらの部局の組織再編成が進み、保健福祉部、健康福祉部といった名称も多くなっている。

　また、社会福祉法により附属機関として地方社会福祉審議会などが設けられることとなっている。このほか知事のもとには、次項で述べるように社会福祉に関する専門の行政機関として社会福祉関係法に規定された福祉事務所、児童相談所、身体障害者更生相談所、知的障害者更生相談所、婦人相談所をおかなければならないこととなっている。

　市区町村では、市区町村長の事務部局として条例で社会福祉課などを設けることができることとなっているほか、市および特別区においては福祉事務所を設置しなければならないとされ、町村においては福祉事務所をおくことができることとされている（社会福祉法第14条）。ただし、政令指定都市においては、社会福祉に関して都道府県とほぼ同様の事務を処理することとされているので、その行政組織も一般の市とは異なり都道府県のそれとほぼ同様のものが要求されている。政令指定都市では、身体障害者更生相談所、知的障害者更生相談所は任意設置とされている。中核市ではこれらは設置しないとされている。

　社会福祉法に基づいて都道府県には地方社会福祉審議会の設置が義務づけられ、都道府県知事や政令指定都市、中核市の長の諮問に答えて関係行政庁に意見を具申することとされている（同法第7条）。政令指定都市は人口50万人以上の市であって政令で指定された都市であり、現在は北は札幌市から南は福岡市まで19市となっている。（2011年4月現在）。指定都市ともいわれ、都道府県から事務委譲を受けて社会福祉、保健医療など市民生活に関する仕事を行う。

　特別区は東京都23区を指し、基礎的な地方公共団体である。しかし、固定資産税の徴収、上・下水道、消防などの事務は特別区の連合体としての東京都が処理をする。

　中核市は人口30万人以上の政令で指定された市で、旭川市から鹿児島市まで40市となっている（2011年4月現在）。政令指定都市に準じて社会福祉関係法の事務処理や社会福祉法人への監督などに特例が設けられている。社会福祉法では、大都市特例として、都道府県の事務のなかで社会福祉施設の許認可など政令で定めるものは、政令指定都市、中核市が処理するものとしている（同法第126条）。

　さらに、人口20万人以上の市で環境行政、都市計画、建設行政などを処理することができる特例市もあり、八戸市から佐世保市まで41市となっている（2011年4月現在）。中核市は、1994（平成6）年の地方自治法改正により、特例市は1999（平成11）年の同法改正で創設されたものである。

**福祉事務所の設置形態とその業務**

　福祉事務所は社会福祉関係法で規定された社会福祉行政の実施体制の中軸になる組織であり、行政組織のなかでも直接住民とかかわることから福祉専門職の配置が期待されている。福祉事務所は社会福祉法第14条で「福祉に関する事務所」として、都道府県、市及び特別区は必置、町村は任意設置となっている。

　主たる業務は、福祉六法（生活保護法、児童福祉法、母子及び寡婦福祉法、老人福祉法、身体障害者福祉法及び知的障害者福祉法）に定める援護、育成、更生の措置である。1993（平成5）年には老人福祉及び身体障害者福祉分野で、2000（平成12）年には知的障害者分野で施設入所措置権が都道府県から市町村に移譲され、都道府県の福祉事務所は福祉三法を所管することとなった。

　福祉事務所には、次の職員が配置される（同法第15条）。①所の長、②指導監督を行う所員、③現業を行う所員、④事務を行う所員。このうち、②指導監督を行う所員、③現業を行う所員は、社会福祉主事でなければならない。所員の定数は条例で定めるとされ、現業を行う所員の概ねの標準は、都道府県は被保護世帯390以下の場合、6.65を増すごとに1が追加される。市は被保護世帯240以下の場合、3.80を増すごとに1が追加され、町村は被保護世帯160以下の場合、2.80を増すごとに1が追加される。

**相談・判定措置機関の設置と業務**

　社会福祉関係法の実施にあたっては、児童福祉や障害者福祉などの分野で専門的な相談業務や利用者の福祉需要を正確に判定することが必要となる。このため児童福祉法では児童相談所が、身体障害者福祉法では身体障害者更生相談所が、知的障害者福祉法では知的障害者更生相談所が規定されている。これらの相談機関は、都道府県に設置が義務づけられており、そこには専門的技術をもった職員が配置されている。児童相談所における児童福祉司などである。

　また、売春防止法に基づく婦人保護事業を推進するために婦人相談所の設置が各都道府県に義務づけられている。2001（平成13）年の配偶者暴力防止法（「配偶者からの暴力の防止及び被害者の保護に関する法律」）の制定に伴い、婦人相談所は婦人保護事業として配偶者からの暴力被害女性の保護も業務とすることとなった。配偶者暴力相談支援センターの業務を担い、暴力被害女性の早期発見、相談、指導援助などを行う。

　社会福祉関係法に基づく各種相談所は、市町村の福祉行政を専門的、技術的な見地から支援し、利用者の福祉需要の判定や専門的相談・助言のみならず、児童相談所では要保護児童について福祉の措置をとったり、婦人相談所ではドメスティック・バイオレンスからの要保護者への相談、支援を行うなど現業機関としての性格ももっている。

**保健所および市町村保健センター**

　社会福祉行政と連携をとる部署や各機関のなかに保健所及び市町村保健センター、精神保健福祉センターがある。

　保健所は地域保健法により設置され、地域住民の健康保持及び増進を図る第一線機関である。保健所は都道府県、政令指定都市、中核市及び特別区が設置するもので、設置にあたって

は保健医療や社会福祉施策との有機的連携を図るために都道府県の医療計画、都道府県介護保険事業支援計画などを考慮して所管区域を設定している。保健所の業務は、地域保健の推進をはじめ、環境衛生、医事・薬事など多方面にわたっており、社会福祉との連携では、母性・乳幼児及び高齢者保健、精神保健、治療方法が確立していない疾病などにより長期療養を必要とする者の保健に関する事柄などがある（同法第6条）。都道府県の設置する保健所は、所管区域内の市町村の地域保健対策実施の広域調整、技術的助言、研修などを行う。

市町村は、住民の健康相談、保健指導及び健康診査などの地域保健に関する事業を実施する施設として、市町村保健センターを設置することができる（同法第18条）。

精神保健福祉センターは、精神保健及び精神障害者福祉に関する法律により、都道府県が設置するとされている。主たる業務は、次のようなものである。①精神保健及び精神障害者福祉に関する知識の普及を図り、調査研究を行う、②精神保健及び精神障害者福祉に関する相談及び指導のうち複雑または困難なものを行う、③精神医療審査会の事務を行う、④精神障害者の障害者自立支援法などによるサービスの支給認定のうち専門的知識及び技術を必要とするものを行う、⑤障害者自立支援法により市町村が精神障害者へのサービス支給要否決定を行うにあたり意見を述べること、⑥障害者自立支援法により市町村に技術的事項についての協力などを行う。

**行政による民間社会福祉への監督と規制**

以上の福祉事務所のような行政組織による取り組みに加えて、社会福祉行政では民間組織に対する所轄庁の関与がある。例えば、社会福祉法人の設置認可と指導、社会福祉施設への補助金の交付、介護保険における民間事業者の許認可事務である。

■引用・参考文献
＊本章に関する初出論稿の掲載書籍は以下のとおりで、本章では加筆・修正を加えた。
　蟻塚昌克『入門社会福祉の法制度』（ミネルヴァ書房、2004年）。
　蟻塚昌克「第2章福祉行政」『新・社会福祉士養成講座10福祉行財政と福祉計画』（中央法規、2010年所収）

# 第2章

# 社会福祉と財政

　社会福祉サービスを国民に提供するためには財源が必要であり、その中心は、租税と社会保険料である。社会保障財政は、多様な財源、多くの会計や勘定などを通じて構成されており、複雑である。本章では、我が国の社会保障財政の特徴や問題点を、国際比較なども行いながら、学ぶ。また、社会保障充実の観点から、今後の財源のあり方についても議論する。

# 1節　社会保障と予算

## 1　社会保障の各制度と国の予算

　社会保障制度には、年金・医療・介護・福祉・保育など、様々な施策が含まれる[1]。こうした施策の実施は、基本的には、国又は地方の政府が責任を負っており[2]、それを裏付けるのが予算である。国の予算には、一般会計、特別会計及び政府関係機関の3つがあるが、社会保障に最も関係するのが一般会計である。一般会計を主要経費別にみると、最大の歳出項目は社会保障関係費であり、2008（平成20）年度決算ベースで約22.6兆円、一般会計総額の26.6％を占めている（図2-1-1）。そのうち約8割を占めるのが社会保険費の約17.9兆円である。

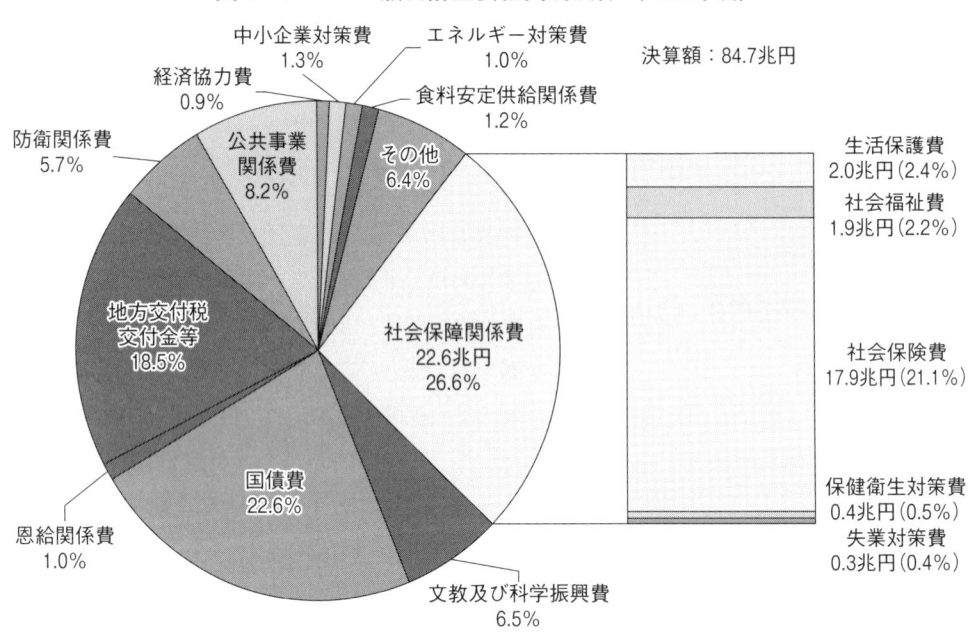

図2-1-1　一般会計主要経費別決算（2008年度）

決算額：84.7兆円

中小企業対策費 1.3%
エネルギー対策費 1.0%
経済協力費 0.9%
食料安定供給関係費 1.2%
防衛関係費 5.7%
公共事業関係費 8.2%
その他 6.4%
地方交付税交付金等 18.5%
社会保障関係費 22.6兆円 26.6%
恩給関係費 1.0%
国債費 22.6%
文教及び科学振興費 6.5%

生活保護費 2.0兆円（2.4%）
社会福祉費 1.9兆円（2.2%）
社会保険費 17.9兆円（21.1%）
保健衛生対策費 0.4兆円（0.5%）
失業対策費 0.3兆円（0.4%）

出典：財務省「財政統計」を元に作成

　社会保障関係費は、更に、生活保護費等5つの種類に分けられる[3]。生活保護費には、生活・住宅・教育・介護・医療扶助などがあるが、全体の約半分を占めているのが医療扶助である[4]。社会福祉費には、児童・母子・老人・障害者などに対して提供するサービスに要する予算が含まれる。具体的には、2008（平成20）年度当初予算ベースで、保育所運営費（3,276億円）、母子家庭等対策費（1,667億円）、障害保健福祉費（9,226億円）、社会福祉施設整備費（129億円）などが計上されている。社会保険費には年金・医療・介護といった社会保険に係る予算が含まれ、後述する特別会計へ繰り入れられる予算も多い。例えば、基礎年金拠出金（基礎年金の給付のうち一般財源で賄うもの）として、年金特別会計へ繰り入れられる予算は、74,258億円（2008（平成20）年度当初予算）である。これは、一般会計から国民へ支出されるのではなく、いったん特別会計へ繰り入れられて、国民が支払った年金保険料と併せて経

理し、年金が国民へ給付される。特別会計には多くの勘定があり、こうした勘定と一般会計の間で資金のやりとりがあり、我が国の社会保障関係予算の財務会計は非常に複雑になっている。このほか、社会保険費には、医療保険給付諸費（69,958億円、うち後期高齢者医療給付費等負担金23,251億円、国民健康保険療養給付費等負担金16,587億円）、児童手当・年金特別会計への繰入2,564億円、介護保険制度運営推進費19,236億円などがある。保健衛生対策費には、国立高度専門医療センター特別会計への繰入438億円、国立病院機構運営費512億円、原爆被爆者等援護対策費1,494億円、障害保健福祉費234億円、国立ハンセン病療養所費385億円などがある。

　社会保障関係費は、特別会計にも計上されている[5]。特別会計の数は、近年減少しているが、2008（平成20）年度では、21会計あり（2007（平成19）年度より7会計減少）、社会保障に関係する特別会計には、労働保険、船員保険、年金、国立高度専門医療センターの各会計がある。このうち、最も規模が大きいのが年金特別会計であり、基礎年金勘定、国民年金勘定、厚生年金勘定、福祉年金勘定のほか、健康勘定（政府管掌健康保険を経理）、児童手当勘定が含まれる。一般会計歳出と特別会計歳出の間には、繰入等の会計相互間のやりとりがあるため、これらを除いた純計ベースでは、社会保障関係費は約65.1兆円（2008（平成20）年度決算）になり、歳出純計（約204.8兆円）の31.8％を占める[6]。

　社会保障に関する財政は、歳出予算だけではなく、税制にも関係する。所得税に関して、扶養控除、社会保険料控除、障害者控除、寡婦（夫）控除、勤労学生控除などの所得控除がある。障害者である者・障害者である控除対象配偶者又は扶養親族を有する者については27万円（2011（平成23）年分の所得に適用）、特別障害者[7]については同様に40万円（特別障害者控除）、特別障害者である控除対象配偶者又は扶養親族と同居を常況としている者については75万円（同居特別障害者控除）が所得から控除される（住民税もほぼ同様）。また、公的年金所得については、公的年金等控除という特別の控除が適用される。これらの措置は、国民への支援という意味では、予算による支出と類似の効果がある。例えば、子どもの扶養に関する財政的措置としては、児童手当のように直接的な支出と所得税の控除を通じる措置がある。しかし、所得控除は高所得者ほど高い税率が適用されるため、控除額が大きくなることから、公平性や限られた資源の有効活用という観点から問題がある。

## 2　社会保障と地方財政

　社会保障は、国だけではなく、地方公共団体も大きな役割を担っている[8]。生活保護・障害・保育などに関する支出は、地方公共団体も一定の負担をしている[9]。さらに、地方公共団体が独自に支出する施策もある。また、分類としては、医療・介護・児童保護・生活保護などの給付費と社会福施設の整備費・保健所人件費・医療費助成・保育サービスなどの給付費以外の経費がある。

　地方財政における社会保障関係費は、目的別分類である「民生費」に相当する。2008（平成20）年度普通会計決算ベースで、都道府県の民生費は約5.5兆円、市町村の民生費は約13.9兆円であり、重複を除くと、地方公共団体全体の民生費は約17.8兆円である（図2-1-2）。民生費のうち、社会福祉費・老人福祉費・児童福祉費がそれぞれ約5兆円前後の支出になってい

る。
　以上は普通会計の状況であるが、地方公共団体は多くの地方公営事業を行っており、社会保障に関しては、国民健康保険事業、老人保健医療事業、後期高齢者医療事業、介護保険事業などがある。このうち、地方財政にとって厳しい状況となっているのが、国民健康保険の財政である。国民健康保険は、自営業者や農業者、年金受給者などが加入する医療保険制度であるが、保険者としての規模が小さいところが多く、また高齢者などの疾病リスクが高い加入者が多いことから、1,801の市町村のうち、763団体が赤字になっている（2008（平成20）年度事業勘定決算）[10]。

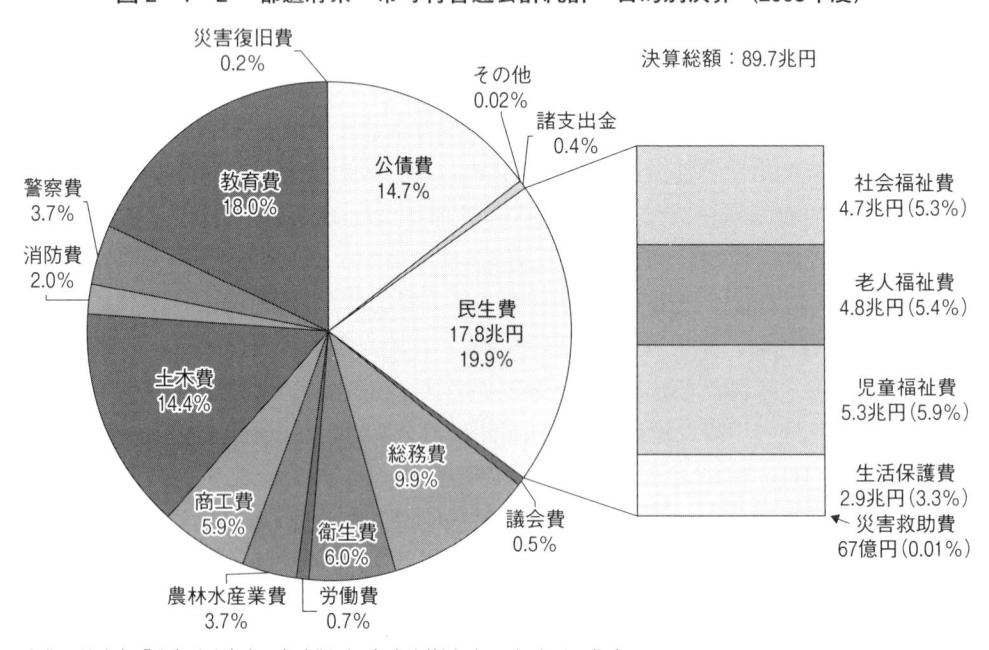

図2-1-2　都道府県・市町村普通会計純計　目的別決算（2008年度）

決算総額：89.7兆円

災害復旧費 0.2%
その他 0.02%
諸支出金 0.4%
公債費 14.7%
教育費 18.0%
警察費 3.7%
消防費 2.0%
土木費 14.4%
民生費 17.8兆円 19.9%
商工費 5.9%
農林水産業費 3.7%
衛生費 6.0%
労働費 0.7%
議会費 0.5%
総務費 9.9%

社会福祉費 4.7兆円（5.3%）
老人福祉費 4.8兆円（5.4%）
児童福祉費 5.3兆円（5.9%）
生活保護費 2.9兆円（3.3%）
災害救助費 67億円（0.01%）

出典：総務省『地方財政白書22年度版（20年度決算）』（2010）を元に作成

## 3　経済社会の変化と財政

　社会保障制度は、第2次世界大戦後の復興と経済成長、人口の急増（ベビーブーム）、産業構造の変化、少子高齢化など、経済社会や人口構造の変化を受けて、国民のニーズに応えるため、大きく変遷してきた[11]。こうした変化を反映して、一般会計における社会保障関係費は増加の一途をたどっている（図2-1-3）。
　1950（昭和25）年代は、戦後の混乱期であり、栄養改善と感染症予防、生活困窮者への生活援護施策が実施された。1960（昭和35）年代は、高度成長期に当たり、国民の生活水準の向上に伴い、社会保障の多くの制度が整備され、現在の社会保障制度の体系がほぼ整った。1961（昭和36）年には、国民健康保険法や国民年金法が制定され、保険制度の対象が全国民に広げられた。また、老人福祉法や児童手当法なども制定された。1973（昭和48）年は「福祉元年」と呼ばれ、年金給付額の改善や老人医療の無料化がなされた。この時期に社会保障制度は大幅に拡充されたが、そうした仕組みは高度成長を前提に作られたため、それが現在の社会保障財

政の膨張の遠因にもなっている。1980年代は、石油危機を経て高度成長期が終わり、社会保障制度の見直しが開始された時代である。1983（昭和58）年には、老人医療の無料化を見直すため老人保健制度が創設され、1984（昭和59）年には、被保険者本人の1割負担が導入された。1985（昭和60）年には、国民年金の財政を支援するため基礎年金が創設され、給付水準の適正化も実施された。この時期、在宅福祉サービスの拡充（1989（平成元）年「ゴールドプラン」、1990（平成2）年福祉8法改正）や育児対策の充実（1994（平成6）年「エンゼルプラン」）なども行われた。

　平成の時代に入ると、少子高齢化が進展し、1990（平成2）年には合計特殊出生率が史上最低の1.57を記録し、1994（平成6）年には高齢化率が14％を超え、2005（平成17）年には、ついに総人口が減少する時代を迎えることになった。経済がバブル経済の崩壊を受けて長期に低迷する中で、社会保障財政が悪化し、制度の改革が大きな課題になった。具体的には、厚生年金の支給開始年齢の引上げ（1994（平成6）年）、介護保険制度の創設（2000（平成12）年）、健康保険本人負担の3割負担（2003（平成15）年）、障害者自立支援法の施行（2006（平成18）年）、後期高齢者医療制度の創設（2008（平成20）年）などが行われた。

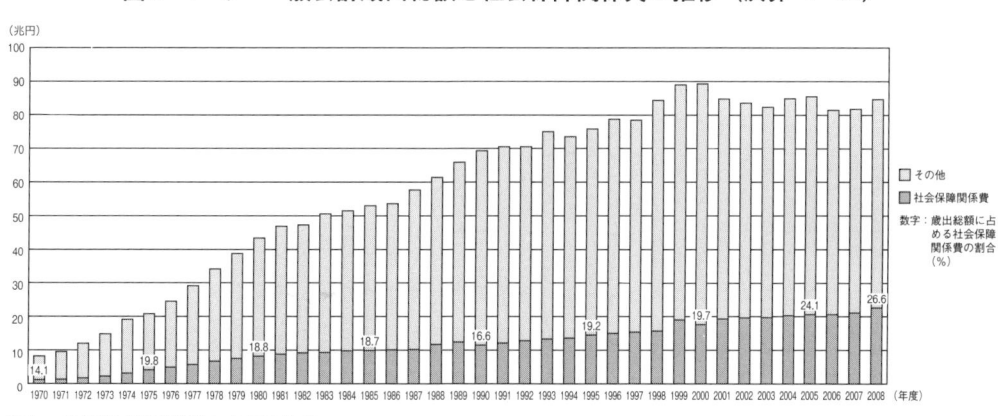

図2-1-3　一般会計歳出総額と社会保障関係費の推移（決算ベース）

出典：財務省「財政統計」を元に作成

# 2節　社会保障給付

## 1　給付の支出面

　第1節では、主として予算の観点から社会保障を捉えたが、社会保障の財源には税以外に社会保険料などがあり、予算に計上された額だけでは社会保障給付の全体は分からない。これを把握する基準が、国際労働機関（ILO）が定める「社会保障給付費」である。具体的には、高齢、遺族、障害、労働災害、保健医療、家族、失業、住宅、生活保護その他のリスクやニーズに対して給付するものである[12]。この基準に基づき、国立社会保障・人口問題研究所が社会保障給付費を推計している。

　2008（平成20）年度の決算ベースで、社会保障給付費の総額は約94.1兆円であり、そのうち約5割が年金、約3割が医療になっている（図2-2-1）。1970（昭和45）年度の給付費は、

約3.5兆円でGDPの3.5％であったので、その後の約40年間で、社会保障給付費は、GDP比で約4倍になったことになる。1970（昭和45）年度では、医療が約6割を占めていたが、高齢化と年金制度の成熟などにより、年金給付の割合が過半を超えるに至っている。社会保障給付を機能別にみたのが図2-2-2である。高齢が約5割を占め、保健医療と併せて約8割に達する。障害は約3兆円で、全体の3.2％を占める。次節の国際比較でみるように、我が国の社会保障給付は年金に偏っており、また医療の割合も高く、それ以外の育児や介護、職業訓練などの割合が非常に少ない。給付の財源負担をみると、社会保険料が56.6％、一般財源が32.2％を占めており、我が国の社会保障制度が社会保険中心であることを確認できる。

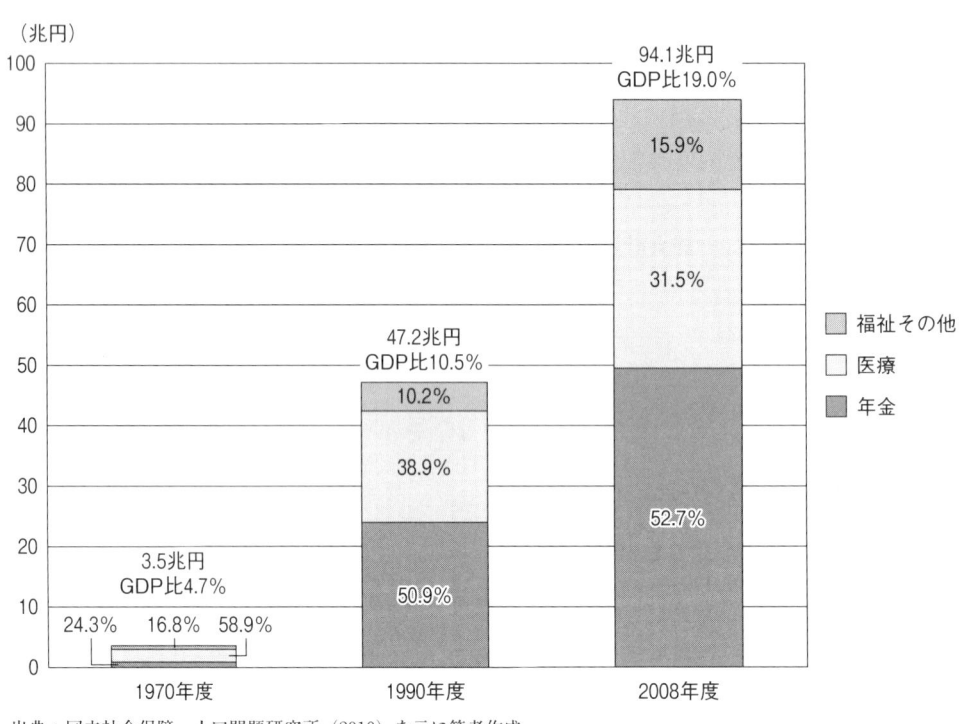

図2-2-1　社会保障給付費の部門別推移

（兆円）

1970年度: 3.5兆円 GDP比4.7％（年金24.3％、医療58.9％、福祉その他16.8％）
1990年度: 47.2兆円 GDP比10.5％（年金50.9％、医療38.9％、福祉その他10.2％）
2008年度: 94.1兆円 GDP比19.0％（年金52.7％、医療31.5％、福祉その他15.9％）

出典：国立社会保障・人口問題研究所（2010）を元に筆者作成

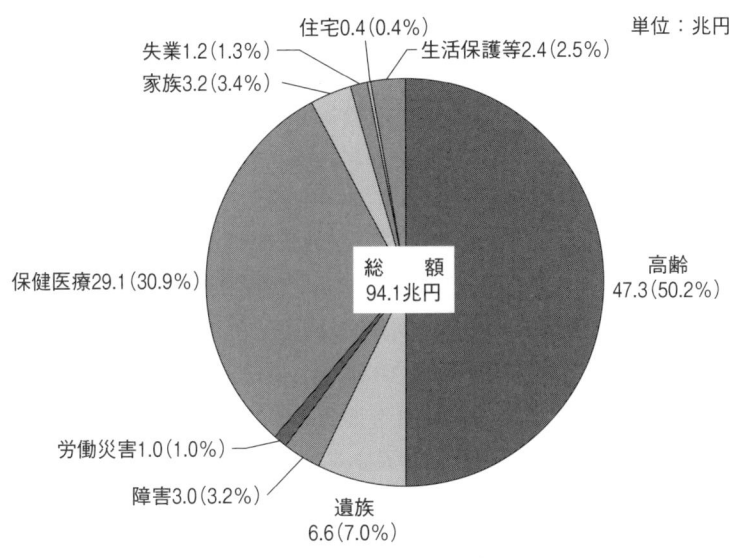

図2-2-2 機能別社会保障給付費（2008年度）

単位：兆円

- 住宅 0.4（0.4％）
- 失業 1.2（1.3％）
- 生活保護等 2.4（2.5％）
- 家族 3.2（3.4％）
- 保健医療 29.1（30.9％）
- 労働災害 1.0（1.0％）
- 障害 3.0（3.2％）
- 遺族 6.6（7.0％）
- 高齢 47.3（50.2％）
- 総額 94.1兆円

出典：国立社会保障・人口問題研究所（2010）を元に作成

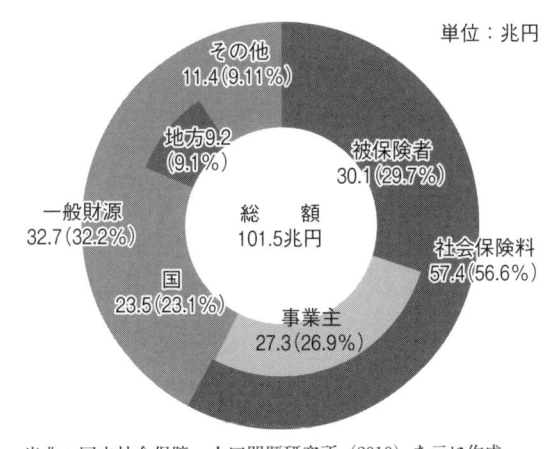

図2-2-3 社会保障財源（2008年度）

単位：兆円

- その他 11.4（9.11％）
- 地方 9.2（9.1％）
- 一般財源 32.7（32.2％）
- 国 23.5（23.1％）
- 被保険者 30.1（29.7％）
- 社会保険料 57.4（56.6％）
- 事業主 27.3（26.9％）
- 総額 101.5兆円

出典：国立社会保障・人口問題研究所（2010）を元に作成

## 2 給付の財源面

次に、社会保障給付の制度別に財源の状況をみたのが表2-2-1である。制度によって、社会保険料と一般財源の負担の割合に大きな差があることが分かる。生活保護や社会福祉は、そもそも社会保険ではないことから、全額一般財源で賄われている。しかし、社会保険であっても介護保険約70％、国民健康保険約50％、国民年金約35％のように、一般財源がかなりの割合で投入されている。一般財源が投入されていないのは組合管掌健康保険ぐらいである。

財源の割合を時系列の変化でみたのが、図2-2-4である。被保険者及び事業主の保険料負担の財源総額に対する割合は、1970（昭和45）年度以降趨勢的に減少しているが、他方で年金や医療等に関して、他制度からの移転が1985（昭和60）年度以降急増しており、その規模は事

業主拠出金に匹敵するようになっている。この資金移転の元は社会保険料であることから、保険料そのものの割合が低下しているわけではない。1976（昭和51）年度の社会保険料（他制度への移転を含む）の財源総額に対する割合は56.2％であったが、2002（平成14）年度には71.9％にまで達している（2008（平成20）年度では66.0％）。平成に入ってからは、一般財源の割合は、国・地方ともに増大傾向にある。

　一般財源（国・地方）がどの制度に充当されているか、その割合の推移を見たのが図2-2-5である。多くの制度のシェアは低下しているが、厚生年金及び老人保健のシェアが増大していることがわかる[13]。厚生年金へ投入される一般財源の一般財源総額に対する割合は、1970（昭和45）年度の2.0％から2008（平成20）年度の16.9％に増えている。老人保健の割合は、1982（昭和57）年度の0.6％から2008（平成20）年度の16.8％へと増大している。他方、国民健康保険の割合は、1970（昭和45）年度の23.9％から2008（平成20）年度の15.3％へと低下している。これらの変化の背景には人口高齢化があるが、相対的に豊かな人が加入する厚生年金（そして公務員の共済年金）に対して一般財源の投入が増えていることについては、検討が必要である。これは、基礎年金へ一般財源を投入しているからであるが、所得にかかわらず、一般財源を投入することは、税金の効率的・効果的な使い方として問題がある。

表2-2-1　社会保障給付の制度別の財源内訳（2008年度）

(%)

|  | 合計 | 政府管掌 | 組合管掌 | 国民健康保険 | 後期高齢者医療制度 | 介護保険 | 厚生年金保険 | 国民年金 | 雇用保険 | 児童手当 | 生活保護 | 社会福祉 |
|---|---|---|---|---|---|---|---|---|---|---|---|---|
| 社会保険料 | 56.6 | 86.6 | 88.3 | 34.4 | 14.2 | 26.0 | 69.6 | 31.8 | 83.0 | 26.5 | 0.0 | 0.0 |
| 事業主 | 26.9 | 43.0 | 48.4 | 0.0 | 0.0 | 0.0 | 34.8 | 0.0 | 49.8 | 26.5 | 0.0 | 0.0 |
| 被保険者 | 29.7 | 43.7 | 39.8 | 34.4 | 14.2 | 26.0 | 34.8 | 31.8 | 33.2 | 0.0 | 0.0 | 0.0 |
| 一般財源 | 32.2 | 13.0 | 0.3 | 48.5 | 85.6 | 70.2 | 16.9 | 35.3 | 14.2 | 70.5 | 100.0 | 100.0 |
| 国 | 23.1 | 13.0 | 0.3 | 33.2 | 55.0 | 30.8 | 16.9 | 35.3 | 14.2 | 21.5 | 75.0 | 49.9 |
| 地方 | 9.1 | 0.0 | 0.0 | 15.2 | 30.6 | 39.4 | 0.0 | 0.0 | 0.0 | 49.0 | 25.0 | 50.1 |
| 他の収入 | 6.8 | 0.3 | 6.1 | 16.5 | 0.1 | 3.7 | 3.2 | 29.7 | 2.7 | 2.9 | 0.0 | 0.0 |
| 積立金からの受入 | 4.4 | 0.0 | 5.4 | 0.6 | 0.0 | 0.0 | 10.3 | 3.2 | 0.0 | 0.0 | 0.0 | 0.0 |

出典：国立社会保障・人口問題研究所（2010）を元に作成

### 第2章 社会福祉と財政

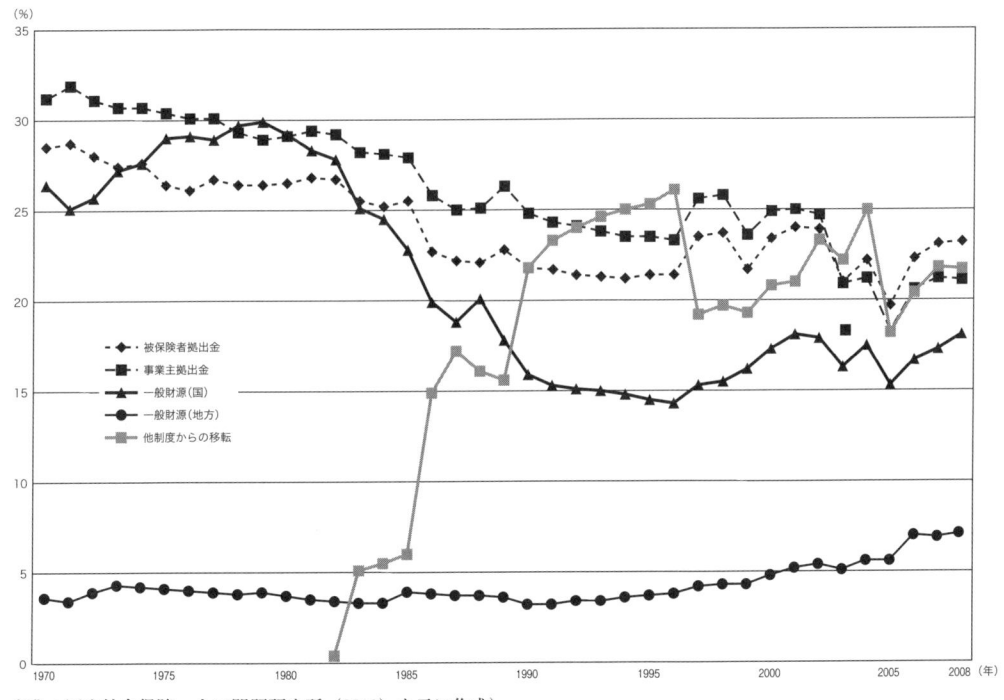

**図2-2-4　各社会保障財源の財源総額に対する割合の推移**

凡例：
- ・被保険者拠出金
- ・事業主拠出金
- 一般財源（国）
- 一般財源（地方）
- 他制度からの移転

出典：国立社会保障・人口問題研究所（2010）を元に作成

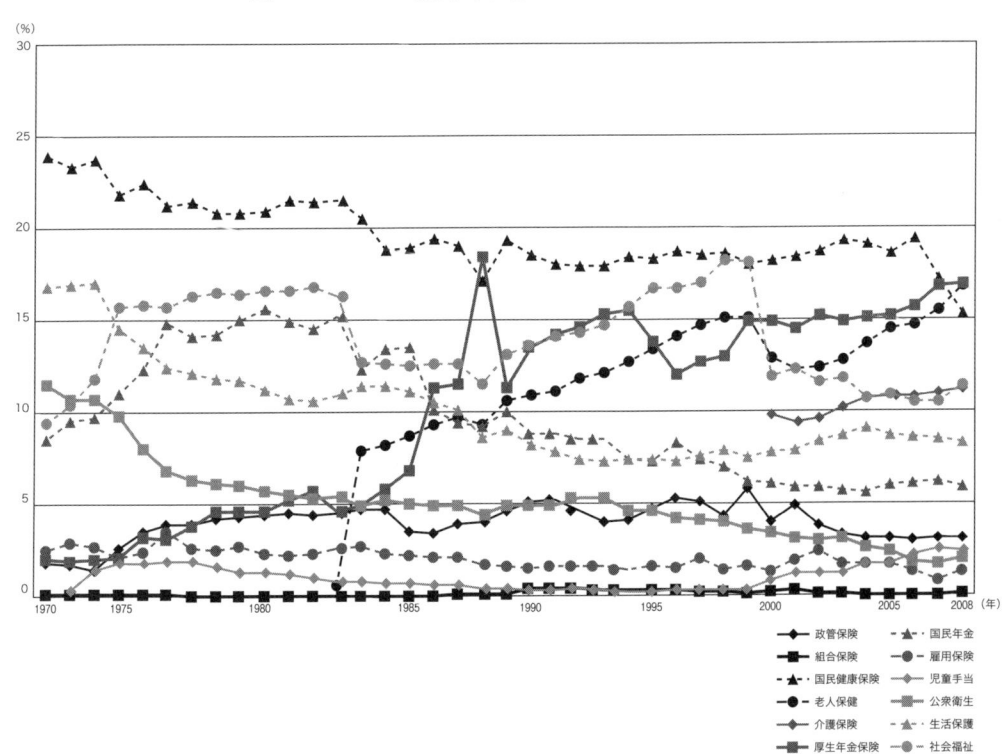

**図2-2-5　一般財源総額における制度別シェア**

凡例：
- 政管保険　　国民年金
- 組合保険　　雇用保険
- 国民健康保険　児童手当
- 老人保健　　公衆衛生
- 介護保険　　生活保護
- 厚生年金保険　社会福祉

出典：国立社会保障・人口問題研究所（2010）を元に作成

# 3節　社会保障財政の国際比較

## 1　支出面

　社会保障財政の国際比較を試みる[14]。最初に、社会保障だけではなく、一般政府（国・地方・社会保障基金）の動向を概観する。表2-3-1は、一般政府支出の対GDP比の推移を比較している。1970（昭和45）年では、日本の一般政府支出は、経済協力開発機構（OECD）主要国を下回っていたが、2000（平成12）年には、オーストラリアやアメリカを上回っている。2010（平成22）年には、カナダの水準に近づいている。日本の支出は急増する一方、収入は減少しており、その結果、1990年代以降、財政赤字が拡大している。1990（平成2）年には2.0％（対GDP比）の黒字であったが、2000（平成12）年には7.6％の赤字になった[15]。過去の借金の累積から社会保障基金の積立金などを相殺した純金融負債は、2000年代後半には、OECD諸国中最悪の状態になっている（表2-3-2）。他方、オーストラリア、スウェーデンなどは、2000年代半ば以降、貯金を積み上げている状況にある[16]。

　一般政府支出ではなく、社会保障関係の支出の規模をGDP比で比較したのが表2-3-3である。これは、「社会支出」と呼ばれ、義務的な私的支出や任意の支出を含む、より広義の社会保障関係の支出である[17]。日本の社会支出は、2007（平成19）年には対GDP比約20％であり、オーストラリア・カナダ・韓国・アメリカを上回り、オランダ・イギリスに近い水準に達している。日本の社会支出は、1980（昭和55）年からの30年弱で約2倍になっており、他国と比べて著しく増えている。一般政府支出に対する社会支出の割合では、フランスやスウェーデン等の欧州諸国とほぼ同じ割合になっている。

　社会支出は、高齢（年金等）、遺族、障害、医療、家族、職業訓練（積極的労働政策）、失業、住宅、その他（社会扶助など）に分類されるが、これらの内訳の構成比を比較したのが図2-3-1である。日本の社会支出の特徴は次のとおりである。第1に、高齢・遺族の社会支出全体に対する割合が半分を占めており、GDP比では、スウェーデンとほぼ同じ水準である[18]。イタリアを除けば、他国の年金支出は全体の約3割である。第2に、医療支出の割合は、欧州大陸諸国を上回るが、カナダ・アメリカより下回る。GDP比では、スウェーデン・イタリア・デンマーク・イギリス・オランダ・オーストラリアがほぼ同じであり、日本を上回るのは、フランス、ドイツ、カナダである。第3に、高齢・医療以外への支出、特に、障害、家族、職業訓練、失業などの支出の割合及びGDP比が小さい。日本の年金、遺族、医療以外の支出の割合は、12.9％であるが、イタリア（16.9％）・アメリカ（18.9％）以外の国は3～4割である（2007（平成19）年）。なお、社会保障に関する支出には、こられの直接的なものだけではなく、社会的な目的をもった税制上の措置、例えば、課税対象からの控除（例：扶養控除、私的保険料控除）、税額控除（例：給付税額控除）などがある[19]。

表2−3−1 OECD主要国の一般政府支出

(％，対GDP比)

| 国名＼年 | 1970 | 1980 | 1990 | 2000 | 2010 |
|---|---|---|---|---|---|
| オーストラリア | 25.9 | 33.0 | 35.8 | 34.8 | 35.0 |
| カナダ | 36.0 | 41.6 | 48.8 | 41.1 | 43.5 |
| デンマーク | — | 53.4 | 55.9 | 53.7 | 58.9 |
| フランス | — | 45.7 | 49.4 | 51.6 | 56.2 |
| ドイツ | 38.4 | 46.9 | 43.6 | 45.1 | 46.8 |
| イタリア | 32.5 | 40.7 | 52.9 | 46.1 | 51.4 |
| 日本 | 20.2 | 33.5 | 31.6 | 39.0 | 40.6 |
| 韓国 | — | 20.2 | 19.0 | 22.4 | 28.1 |
| オランダ | 44.8 | 55.8 | 54.9 | 44.2 | 51.2 |
| スウェーデン | 42.9 | 62.8 | 60.1 | 55.1 | 54.5 |
| イギリス | 41.8 | 45.9 | 41.5 | 36.6 | 51.0 |
| アメリカ | 32.3 | 34.3 | 37.2 | 33.9 | 42.2 |

出典：OECD（2010）Economic Outlook No. 88

表2−3−2 OECD主要国の一般政府純金融負債

(％，対GDP比)

| 国名＼年 | 1970 | 1980 | 1990 | 2000 | 2010 |
|---|---|---|---|---|---|
| オーストラリア | — | — | 10.3 | 8.6 | 0.4 |
| カナダ | 12.7 | 14.5 | 43.7 | 46.2 | 31.4 |
| デンマーク | — | 9.4 | 22.5 | 22.5 | 0.3 |
| フランス | 0.8 | −4.3 | 17.1 | 35.1 | 57.1 |
| ドイツ | −9.4 | 10.3 | 20.5 | 34.0 | 50.5 |
| イタリア | 31.4 | 45.6 | 82.5 | 95.6 | 103.3 |
| 日本 | −6.5 | 15.5 | 13.4 | 60.4 | 114.0 |
| 韓国 | −37.6 | −2.5 | −15.8 | −25.9 | −36.6 |
| オランダ | 25.5 | 21.2 | 34.0 | 34.9 | 34.7 |
| スウェーデン | −21.6 | −13.7 | −7.9 | 5.5 | −21.1 |
| イギリス | 47.2 | 29.8 | −3.6 | 26.8 | 51.3 |
| アメリカ | 20.9 | 25.4 | 45.3 | 35.3 | 67.8 |

出典：OECD（2010）Economic Outlook No. 88

表 2-3-3　OECD 主要国の社会支出

(％，対 GDP 比)

| 国　　　名 | | 1980 | 1990 | 2000 | 2007 | |
|---|---|---|---|---|---|---|
| オーストラリア | A | 10.28 | 13.13 | 18.20 | 16.50 | 49.40 |
| | B | 0.99 | 0.83 | 3.47 | 3.29 | 9.90 |
| カナダ | A | 13.66 | 18.12 | 16.50 | 16.86 | 42.70 |
| | B | 1.57 | 3.28 | 5.00 | 5.31 | 13.40 |
| デンマーク | A | 24.76 | 25.60 | 25.96 | 26.35 | 51.74 |
| | B | 1.36 | 1.65 | 2.09 | 2.33 | 4.58 |
| フランス | A | 20.76 | 25.12 | 28.00 | 28.75 | 55.00 |
| | B | 0.58 | 1.68 | 2.36 | 2.57 | 4.90 |
| ドイツ | A | 23.97 | 23.28 | 27.86 | 26.24 | 60.30 |
| | B | 1.10 | 1.45 | 1.66 | 1.79 | 4.10 |
| イタリア | A | 18.78 | 23.37 | 25.02 | 26.41 | 55.20 |
| | B | — | 0.54 | 0.45 | 0.57 | 1.20 |
| 日本 | A | 10.70 | 11.62 | 17.24 | 19.26 | 53.20 |
| | B | — | — | 3.05 | 3.09 | 8.50 |
| 韓国 | A | — | 3.09 | 5.54 | 8.11 | 28.30 |
| | B | — | 0.12 | 2.04 | 2.04 | 7.10 |
| オランダ | A | 25.25 | 26.02 | 20.55 | 20.71 | 45.70 |
| | B | 3.64 | 5.63 | 6.58 | 6.28 | 13.90 |
| スウェーデン | A | 27.16 | 30.23 | 28.97 | 27.70 | 54.30 |
| | B | 1.14 | 1.22 | 2.10 | 2.49 | 4.90 |
| イギリス | A | 16.78 | 17.07 | 19.30 | 21.32 | 47.50 |
| | B | 3.33 | 4.75 | 6.82 | 5.01 | 11.20 |
| アメリカ | A | 13.52 | 13.99 | 14.85 | 16.50 | 45.10 |
| | B | 4.19 | 7.09 | 8.69 | 10.18 | 27.80 |
| OECD 平均 | A | 15.88 | 18.12 | 19.52 | 19.84 | |

（注）1．A：公的支出＋義務的私的支出　B：任意
　　　2．2007年の右欄は、一般政府支出に対する割合
出典：OECD Social Expenditure Database

第2章 社会福祉と財政

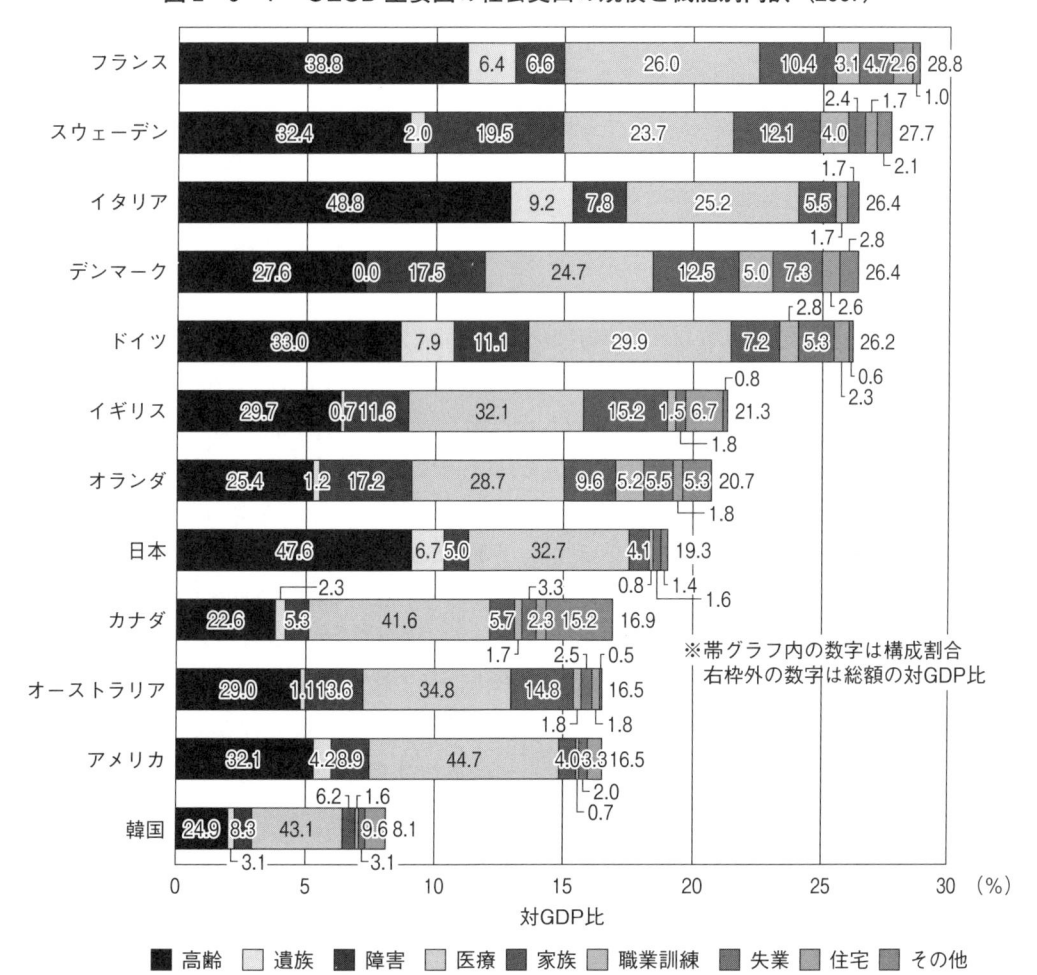

図2-3-1 OECD主要国の社会支出の規模と機能別内訳（2007）

| 国 | 高齢 | 遺族 | 障害 | 医療 | 家族 | 職業訓練 | 失業 | 住宅 | その他 | 対GDP比 |
|---|---|---|---|---|---|---|---|---|---|---|
| フランス | 38.8 | 6.4 | 6.6 | 26.0 | 10.4 | 3.1 | 4.7 | 2.6 | 1.0 | 28.8 |
| スウェーデン | 32.4 | 2.0 | 19.5 | 23.7 | 12.1 | 4.0 | 2.4 | 1.7 | 2.1 | 27.7 |
| イタリア | 48.8 | 9.2 | 7.8 | 25.2 | 5.5 | 1.7 | — | — | 2.8 | 26.4 |
| デンマーク | 27.6 | 0.0 | 17.5 | 24.7 | 12.5 | 5.0 | 7.3 | 1.7 | 2.6 | 26.4 |
| ドイツ | 33.0 | 7.9 | 11.1 | 29.9 | 7.2 | 5.3 | 2.8 | 0.6 | 2.3 | 26.2 |
| イギリス | 29.7 | 0.7 | 11.6 | 32.1 | 15.2 | 1.5 | 6.7 | 0.8 | 21.3 | — |
| オランダ | 25.4 | 1.2 | 17.2 | 28.7 | 9.6 | 5.2 | 5.5 | 5.3 | 1.8 | 20.7 |
| 日本 | 47.6 | 6.7 | 5.0 | 32.7 | 4.1 | 0.8 | 1.4 | 1.6 | — | 19.3 |
| カナダ | 22.6 | 2.3 | 5.3 | 41.6 | 5.7 | 3.3 | 2.3 | 15.2 | 1.7 | 16.9 |
| オーストラリア | 29.0 | 1.1 | 13.6 | 34.8 | 14.8 | 2.5 | 1.8 | 1.8 | 0.5 | 16.5 |
| アメリカ | 32.1 | 4.2 | 8.9 | 44.7 | 4.0 | 3.3 | 2.0 | 0.7 | — | 16.5 |
| 韓国 | 24.9 | 8.3 | 3.1 | 43.1 | 6.2 | 3.1 | 9.6 | 1.6 | 8.1 | — |

※帯グラフ内の数字は構成割合
右枠外の数字は総額の対GDP比

■高齢 □遺族 ■障害 □医療 ■家族 □職業訓練 ■失業 □住宅 ■その他

出典：OECD Social Expenditure Database を元に作成

## 2 財源面

次に、財源の相違を比較する[20]。一般政府の財源の内訳を示したのが図2-3-2である[21]。財源構成の相違は、大きく分けると、社会保険料の割合が高いビスマルク型（フランス・ドイツ・イタリア・日本・オランダの社会保険料は全体の3～4割）の国と一般財源の割合が高いベバリッジ型の国の2つのグループに分けられる。後者は、さらに、社会保険料がほとんどないオーストラリア・デンマークと社会保険料が15～25％あるカナダ・イギリス・アメリカ・スウェーデンに分けられる[22]。

日本は、ビスマルク型に属するが、所得税・法人税・社会保険料（被用者・事業主）・消費課税の5つの財源がほぼ同じ規模であり、それぞれ税・保険料全体の15～20％（対GDP比では5％前後）を占めていることに特徴がある。他のOECD諸国は、日本のように、「均等」な負担構成ではない（韓国は日本に類似）。ビスマルク型のフランス・ドイツ・イタリア・オランダは、社会保険料以外の財源としては、所得税・法人税の割合が相対的に小さく、消費課税の割合が3割近くに達する。社会保険料は、日本とドイツでは、被用者と事業主の負担割合は

ほぼ同じであるが、フランス・イタリア・スウェーデンでは、事業主の割合が高く、逆に、オランダでは、被用者の割合が高い。ベバリッジ型の国は、所得税の割合が高く、デンマークの51.7％は突出しているが、他は3～4割である。消費課税は、アメリカの16.7％を除けば、25～30％である。法人税の割合は、オーストラリアの23.1％を除けば、10％未満である。オーストラリアとカナダの負担の構成は類似しているが、前者は、社会保険料が無い一方、後者は、法人税の割合がオーストラリアより10％ポイント程度小さく、その分を社会保険料（割合そのものは小さい）で対応している。スウェーデンは、所得税・社会保険料（事業主）・消費課税で全体の約8割を占める。

　OECD統計には医療支出があり、主体別の負担の構成がわかる（図2-3-3）。ビスマルク型とベバリッジ型の国では、明確な相違がある。前者は70～80％が社会保障基金であり、後者は70～80％が一般財源である。日本の特徴は、ビスマルク型の国の中では一般財源の割合が高いこと、ベバリッジ型の国と同程度の直接支払があること、私的保険の割合が低いことである。

　OECD統計に基づき、1965～2009（昭和40～平成21）年の財源の推移を概観する。ビスマルク型（フランス、ドイツ、イタリア、オランダ）の国では、期間を通じて社会保険料の割合は増加しているが、1990年代半ば以降は減少している。他方、フランス・イタリアは、所得課税が増加傾向にある。特に、フランスは、1990年代以降、様々な所得を課税対象とする社会保障目的税が導入されている。ドイツ・オランダは、近年、所得課税ではなく消費課税が増えている。ベバリッジ型の国では、デンマークとオーストラリアを除き、近年、社会保険料の負担割合は相対的に増えている。また、消費課税の割合は、スウェーデンを除き減少傾向にある。他方、所得税の割合が増えている国（カナダ・アメリカ）と法人税の割合が増えている国（イギリス・オーストラリア）がある。日本は、社会保険料の割合が急増する一方、所得税・法人税の割合が低下している。消費課税は、1990年代以降は増えているが、期間を通じては減少している。

第2章 社会福祉と財政

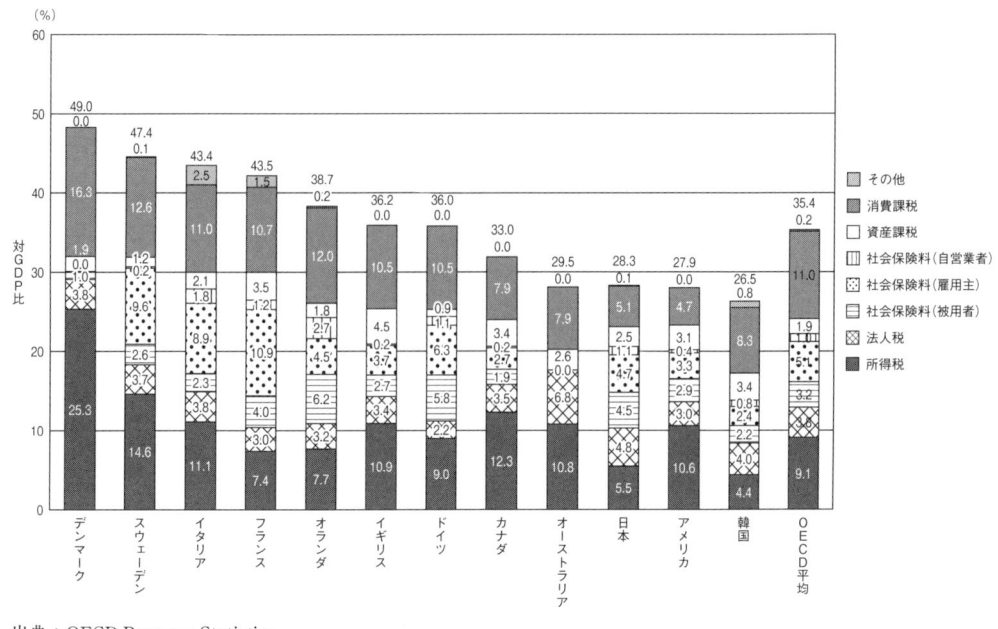

図2-3-2 OECD主要国の一般政府の税・保険料（2007）

出典：OECD Revenue Statistics

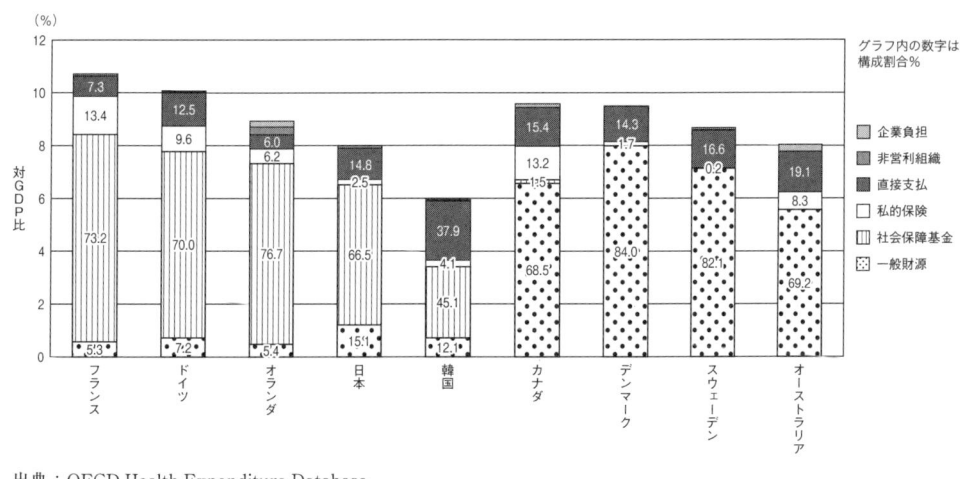

図2-3-3 経常医療費（公私）の財源負担（2007）

出典：OECD Health Expenditure Database

# 4節　少子高齢化と社会保障の財源

　日本の社会保障給付費は、2008（平成20）年度において約94.1兆円となり、GDPの約2割に達しており（図2-2-1）、今後も増大を続ける。一定の仮定を置いた推計では、2025年度には、約141兆円になる[23]。人口の高齢化は急速に進んでおり、2050年には、65歳以上人口比率は約4割、依存人口比率（65歳以上／20〜64歳）は約8割に達する見込みである[24]。年金・

37

医療・介護などの需要が増大するだけではなく、それを支える労働人口が減少する。こうした社会保障関係の支出の増大の背景には、人口の高齢化だけではなく、高度成長や常勤・終身雇用などを前提に作られた年金・医療等の各制度の問題が挙げられる。OECDの推計によれば、日本の実質公的社会支出は、1990～2005（平成２～17）年の15年間で約２倍になり、実質GDPの増加（同期間20％増）を大幅に上回っている[25]。社会保障財政は膨張を続けているが、バブル崩壊後の景気対策なども重なり、一般政府全体の財政赤字や債務残高が急増し、財政再建は、1990年代以降喫緊の課題となっている[26]。

　こうした中で、財政を再建するとともに、急増する社会保障支出をどうやって賄うかが大きな課題となっており、1990年代以降、様々な検討が行われている[27]。これらの議論や検討の焦点は、消費税の増税である。急速に進む少子高齢化による財政需要に応えるためには、確かに、消費税の増税は避けられないが、財源の在り方を議論する前に、現在の社会保障制度や社会保障財政の問題を冷静に分析し、何が問題で、公平性や効率性などの観点からどのような制度を求めるかを先に議論する必要がある[28]。財源は、社会保障制度の在り方によって決まる、あるいは決めるべきものであるからである[29]。また、消費税は魔法の杖のように無尽蔵に財政需要に応えられるものではなく、税・保険料の負担増は経済との関係も考慮に入れなければならない[30]。

　最初に、国際比較を含め、これまでの分析に基づき、最近の社会保障財政の特徴を整理する。第１に、社会保険料の増大である。1985～2008（昭和60～平成20）年度の間に、社会保険料（社会保障給付統計）は約2.8倍増えたが、GDPは約1.4倍（国民経済計算）増えたに過ぎない（社会保障給付は約2.6倍）[31]。ただし、それは、基礎年金や老人保健など、他制度への移転が増えたためであり、各制度に直接的に投入される社会保険料は、相対的には減少している。第２に、社会保険への一般財源の大規模な投入である。サラリーマンを対象とする政府管掌・厚生年金・雇用保険についても、財源の約15％は一般財源である。国民健康保険や介護保険では、財源の５～７割は一般財源である。社会保障財源における一般財源の割合について、日本と他国の国際比較は難しいが、例えば公私を併せた医療費について見ると、ビスマルク型の国でも一般財源の割合は５％程度であるが、日本は15％に達する。第３に、社会保障給付に投入される一般財源（国・地方）は増大（1985～2008（昭和60～平成20）年度、約2.0倍）しているが、一般政府の財源構成を見ると、直接税・法人税の割合は低下し、消費課税が増大している[32]。日本は、現在、所得税・法人税・社会保険料（被用者・事業主）・消費課税の５つの財源がほぼ同じ規模になっている。ビスマルク型の国でも、40年間の長期では、社会保険料の割合は増大しているが、1990年代半ば以降では低下し、その減少を所得税か消費課税で補っている[33]。ベバリッジ型の国では、1990年代半ば以降、社会保険料の割合は増大しているが、そもそもその絶対水準は低く、これらの国でも、所得税か消費課税のどちらかが増えている。こうした諸外国の動向と日本は相違がある。第４に、一般財源の投入先を見ると、厚生年金や共済年金、老人保健、介護保険において増大している。割合は小さいが、2000（平成12）年以降、児童手当への一般財源投入は増えている。それ以外の医療保険、雇用保険、社会福祉、生活保護等への一般財源の投入は、相対的には減少している。第５に、年金や医療以外への支出（職業訓練、家族、障害、社会福祉、生活保護など）の割合が非常に低く、主要OECD諸国

と比べて、1/2から1/3（GDP比）である。日本の公的年金支出（GDP比）は、デンマーク・オランダ・スウェーデン、そしてOECD平均を既に上回っており、公的医療支出は、OECD平均と同じであり、スウェーデンやイタリアなど欧州諸国と比べても遜色ない水準に達している[34]。公的・私的、そして税制上の措置を合計した純社会支出でみても、日本の水準（対GDP比）は、フランス・ドイツ・スウェーデンなどを除けば、デンマーク・イタリア・オランダなどの欧州諸国とほぼ同じ水準に達している。社会保障に関しては、日本は既に、「中から大」の政府規模に移行しつつある。

　これらの特徴を踏まえると、日本の社会保障財政の基本的な問題は、次のように整理できる。第1に、年金・医療を中心として、社会保障支出が経済の規模を大幅に上回って増大し、コントロールできないことである。第2に、社会保険料の負担が増大し、逆進性が強まっていることである。実質的に人頭税になっている国民年金の保険料、所得水準に必ずしも比例しない国民健康保険料（税）、介護保険料などについて、逆進性が強くなっている。所得に対して定率で賦課される保険料は、サラリーマンの所得に係る年金保険料（総所得700万円程度まで）ぐらいである[35]。また、1990年代半ば以降、当初所得が減少するなかで、社会保険料負担が増大しているが、所得の種類や雇用状況、所得の水準、年齢、保険の加入状況などの属性や条件により負担率に大きな不平等や不合理が存在し、それが拡大している（田中2010）。第3に、国民年金の未納や未加入を典型例として、社会保険制度の前提が大きく揺らいでいることである。非正規の職員・従業員の雇用者に占める割合は、1985（昭和60）年の16.4％から2008（平成20）年には34.1％になっており、1/3は非正規雇用になっている（総務省「労働力調査」）。社会保険制度の大きな前提であった常勤・終身雇用は揺らぎ、「皆年金」・「皆保険」は成り立たなくなっている。国民年金保険料の納付率は、2009（平成21）年度において、60.0％にすぎない[36]。また、60歳以上の高齢者のうち100万人以上は無年金者と推計されている[37]。第4に、老人医療への一般財源投入はともかく、厚生年金や共済年金という比較的恵まれた人々への一般財源投入が増えており、限られた税金の使い方として妥当性や公平性の問題がある。年金給付は、若い時に保険料を正しく納めた結果であるとは言い切れない。基礎年金部分は一般財源が投入され、賦課方式になっており、比喩的に言えば、年収150万円の非正規雇用者が財・サービスを購入し、支払った消費税の一部が上場企業の退職者の年金給付に充当されているからである。他方、非正規雇用者は、国民年金の保険料を納めることは難しく（実質的に人頭税になっているから）、基礎年金の給付は減額されてしまう。第5に、年金への偏った資源投入の結果、家族対策・子育て、障害者、積極的雇用政策への資源が過小投入になっていることである。すなわち、高齢者が優遇され、高齢者を支える若年者が冷遇され、世代間の不公平が拡大している。

　つまり、日本の社会保障財政は、急速な人口高齢化という外的な要因はあるものの、効率的効果的な資源配分になっていないのである。一般財源の相当部分が、社会保険を通じて比較的豊かな人たちへの補填に使われ、障害や子育てに回らない。これは、中所得者以上を主な対象とする社会保険制度が本来的に持つ問題であり、再分配が十分に行われていない。日本の一人当たりのGDPや社会支出は、オーストラリア、カナダ、イギリスなどと比べても遜色ない水準であるが、平均寿命などを除いて、ジニ係数や貧困率が高いことはその証左である（表2-

4-1)。

　これらの問題の根源は、社会保険制度が保険料で賄われるという本来の姿から乖離し、一般財源を混合した曖昧な制度になっていることにある。その典型例が基礎年金である。基礎年金は、「社会保険」なのか、「所得再分配」なのかが曖昧である。日本の年金は「国民皆年金」と称されるが、それは、英語では、"Universal"と言われる。その財源は、必然的に税にならざるを得ない。社会保険制度では、保険料を負担できない者がいるため、皆年金にはならないからである。ドイツやアメリカは、「皆年金」を採用していないことを明確にしている。つまり、基礎年金は、根本的に矛盾を抱えた制度である。保険制度のメリットの1つは、負担と給付のメカニズムがバランス良く働くということであるが、日本の社会保険は一般財源が投入されているため、本来の保険のガバナンスが働かない。社会保険に一般財源が投入されてきた理由として、①保険者間の財政力格差の調整、②低所得者の保険料負担の軽減、③負担の賦課ベースの拡大（保険料は定率・定額であるため）が挙げられるが（東2009：61）、その結果、社会保険は、その理念からますます乖離している。他方、障害や子育てなど一般財源が担うべき分野の対策が疎かになっている。

　社会保障の財源問題を議論するに当たっては、保険料と税金の関係をどう整理し、どのような制度を目指すかを決めることが最大の課題である。言い換えれば、保険原理と再分配原理をどうバランス良く働かせるかである。これを議論することなしに、消費税を増税し、一般財源を社会保険制度になし崩しに投入することは、何ら問題解決につながらない。それを定めた上で、年金・医療・介護・家族対策など、個別の分野で、どのような給付水準とするかを負担との関係で議論する必要がある。

表2-4-1　OECD主要国の主な経済・社会指標

|  | 人口<br>千人 | 一人当たり<br>GDP<br>USドル | 一人当たり<br>社会支出<br>USドル | 65歳以上<br>人口比率<br>% | 15歳以下<br>人口比率<br>% | 出生率<br>% | 失業率<br>% |
|---|---|---|---|---|---|---|---|
|  | 2007 | 2007 | 2007 | 2007 | 2007 | 2007 | 2007 |
| オーストラリア | 21,015 | 37,616 | 6,446 | 13.2 | 19.4 | 1.93 | 4.4 |
| カナダ | 32,976 | 38,448 | 6,493 | 13.4 | 17.0 | 1.66 | 6.0 |
| デンマーク | 5,457 | 36,326 | 9,798 | 15.5 | 18.5 | 1.85 | 3.8 |
| フランス | 61,707 | 32,495 | 9,563 | 16.5 | 18.3 | 1.96 | 8.3 |
| ドイツ | 82,247 | 34,683 | 9,333 | 19.9 | 13.8 | 1.37 | 8.4 |
| イタリア | 59,336 | 30,990 | 8,384 | 20.0 | 14.0 | 1.38 | 6.1 |
| 日本 | 127,771 | 33,635 | 6,473 | 21.5 | 13.5 | 1.34 | 3.9 |
| 韓国 | 48,456 | 26,574 | 2,125 | 9.9 | 18.0 | 1.25 | 3.2 |
| オランダ | 16,382 | 39,594 | 8,438 | 14.6 | 18.0 | 1.72 | 3.2 |
| スウェーデン | 9,148 | 36,785 | 10,642 | 17.4 | 16.9 | 1.88 | 6.1 |
| イギリス | 60,975 | 34,957 | 7,730 | 16.0 | 17.6 | 1.90 | 5.3 |
| アメリカ | 301,280 | 46,434 | 7,576 | 12.6 | 20.4 | 2.12 | 4.6 |
| OECD平均 |  | 33,077 | 6,821 | 14.2 | 18.9 |  | 5.7 |

|  | 平均寿命<br>女性<br>歳 | ジニ係数<br>18-65歳<br>% | ジニ係数<br>65歳以上<br>% | 貧困率<br>全人口<br>% | 貧困率<br>65歳以上<br>% | 貧困率<br>全人口<br>% |
|---|---|---|---|---|---|---|
|  | 2007 | 00年代央 | 00年代央 | 2000 | 2000 | 00年代央 |
| オーストラリア | 83.7 | 0.31 | 0.30 | 11.2 | 23.6 | 12.4 |
| カナダ | 83.0 | 0.32 | 0.27 | 10.3 | 4.3 | 11.7 |
| デンマーク | 80.6 | 0.23 | 0.20 | 4.3 | 6.1 | 5.3 |
| フランス | 84.4 | 0.28 | 0.31 | 7.0 | 10.5 | 7.1 |
| ドイツ | 82.7 | 0.30 | 0.27 | 9.8 | 8.5 | 11.0 |
| イタリア | 84.2 | 0.35 | 0.31 | 12.9 | 15.3 | 11.4 |
| 日本 | 86.0 | 0.31 | 0.34 | 15.3 | 21.1 | 14.9 |
| 韓国 | 82.7 | 0.30 | 0.40 | — | — | 14.6 |
| オランダ | 82.3 | 0.27 | 0.24 | 6.0 | 1.6 | 7.7 |
| スウェーデン | 83.0 | 0.24 | 0.22 | 5.3 | 7.8 | 5.3 |
| イギリス | 81.8 | 0.34 | 0.27 | 11.4 | 14.4 | 8.3 |
| アメリカ | 80.4 | 0.37 | 0.40 | 17.1 | 24.6 | 17.1 |
| OECD 平均 |  |  |  | 10.2 | 13.3 | 10.6 |

(注) 1．一人当たり社会支出：公的支出＋義務的私的支出、購買力指数（PPP）に基づく、貧困率：平均所得の50％を基準
出典：OECD.Stat.Extracts、貧困率（2000年）は OECD（2005）

# 5節　まとめ

　日本の社会保障財政は多くの問題を抱えている。少子高齢化によって増大する需要にどう対応するかという視点でしばしば議論されるが、増税は避けられないとしても、財源は限られており、各制度の在り方を検討することが求められている。結局のところ、社会保障の在り方は、公平性や効率性などについての価値観によることになるが、まずは問題点を洗い出し、改革の選択肢や基本戦略を検討する必要がある。改革の基本的な方向は、社会保険に一般財源を安易に投入するのではなく、保険原理と再分配原理を区別し、公私の役割分担を明確にすることである。それは、雇用の流動化などの経済社会情勢の変化に対応できるものでなければならない。

　具体的な改革の方向としては、年金については、基礎年金を本来の目的であるセーフティネットとして位置づけ、経過措置をとった上で全額一般財源で賄う。ただし、高所得者については、カナダのように、税制を通じた減額措置が必要である。他方で、厚生年金など報酬比例の年金については、保険原理を貫く仕組みとする。医療・介護は、年金と異なりサービスなので、財源の問題より、いかに費用対効果を上げるかが重要である。ここでも、保険原理になじむ分野とそうでない分野を分けて対応していく必要がある。こうした措置により、これまでの偏った年金医療の財源投入を見直し、家族・育児、職業訓練、障害者などの分野へ財源を投入する必要がある。少子高齢化を乗り切る唯一の方法は、可能な限り、より多くの国民がより長く働くことであり、それを促す施策が求められている。

　最後に、2011（平成23）年3月11日に発生した東日本大震災と財政の関係について触れてお

く。言うまでもなく、当面注力すべき対策は、被災した人々の生活の保障と被災地の復興である。道路や橋などのインフラだけではなく、病院や福祉施設などの再建も急がれる。それに要する費用は十兆円単位になると言われている。その大層は国の負担になると見込まれているが、結局、それは国民が負担することになる。日本の財政は更に悪化し、持続可能性のリスクが増大するとともに、将来世代へ負担が更に転嫁されることになる。ただのランチはないからである。当面急ぐべき対策と中長期的な視点からの対策を分けて考える必要がある。財政状況が一層厳しくなる中で、財政資源をより効率的・効果的に使うことが求められる。施策の優先順位や実施面での工夫、公私の役割分担、国と地方の役割分担、相対的に恵まれた人々とそうでない人々の負担の分かち合いなど、様々な対策が必要である。

　福祉国家の代名詞として引用されるスウェーデンは、1990年代前半に、バブル崩壊に端を発する財政赤字急増の影響を受けて経済危機に陥った。実質GDP成長率は、1991～1993（平成3～5）年まで3年連続マイナスとなり、失業率は1990（平成2）年の2.1％から1993年には10.9％に達した。一般政府財政収支は、1993（平成5）年に11.2％（対GDP比）の赤字に、総金融負債は、1996（平成8）年に84.4％（同）に達した。戦後営々と築き上げてきた福祉国家が危機存亡の淵に達した。1994（平成6）年9月の総選挙で政権に復帰した社民党政権は、改革以外に選択肢はないとのコンセンサスの下、早いスピードで財政構造改革を実行に移した。スウェーデン国債がデフォルト寸前に陥ったことが改革の原動力になった。1995（平成7）年度以降の予算には、児童手当の縮小、障害年金の引下げ、外来診療の自己負担引上げなど様々な財政赤字削減策が盛り込まれ、1998（平成10）年時点で、GDPの8％に及ぶものであった（OECD1998）。年金制度も抜本的に改革され、高齢化の進捗などを自動的に給付に反映さる仕組みなどが導入されるとともに、一般財源の投入が抑制された。こうした努力により、一般政府の財政収支は、1998（平成10）年には黒字に転換し、2000年代半ばには、借金はほぼ完済している。1990年代の危機は、社会保障給付の削減や負担増により、国民にとって非常に厳しい試練であったが、社会保障を守るためには財政規律が重要であることが国民の間で認識された。我々は、日本の社会保障がそうならないように、財政上のリスクを極力小さくしなければならない。選挙権を持たない将来世代に対して我々は責任を負っている。

■注
1）社会保障制度審議会（1950）は、社会保障制度とは、「疾病、負傷、分娩、廃疾、死亡、老齢、失業、多子その他困窮の原因に対し、保険的方法又は直接公の負担において経済保障の途を講じ、生活困窮に陥った者に対しては、国家扶助によって最低限度の生活を保障するとともに、公衆衛生及び社会福祉の向上を図り、もってすべての国民が文化的社会の成員たるに値する生活を営むことができるようにすること」と定義している。
2）企業年金制度のように、政府は財政的な支出はしないが、制度の枠組み・ルールを作ることや税制上の優遇措置を行うこともある。
3）2009（平成21）年度から、社会保険費のうち、年金・医療・介護に係る保険給付費が区別されて、「年金医療介護保険給付費」という名称になり、それ以外の予算は社会福祉費に整理されている。また、社会保障関係費の増大を議論する際には、しばしば、年金、医療、介護、福祉その他の4分類が使われている。一般会計の社会保障関係費の詳細については、迫田（2010）を参照。

4) 2008（平成20）年度当初予算では、生活保護費19,669億円のうち、医療扶助9,797億円が計上されている。
5) 特別会計とは、特定の事業を行う場合、特定の資金を運用する場合、特定の歳入をもって特定の歳出に充てる場合などにおいて、法律により設置されたものである（財政法第13条第2項）。
6) 純計ベースでの最大の歳出項目は、国債費である（国債整理基金特別会計における借換償還額の控除後で、83.0兆円、総額の40.5％）。
7) 税法上の特別障害者の定義は詳細に定められているが、例えば、身体障害者手帳の障害の程度が1級又は2級の者である。
8) 地方財政における社会保障の役割・機能ついては、林（2010）を参照。
9) 例えば、生活保護費については、法律上、国は市町村及び都道府県が支出する保護費等の3／4を支弁することとされている。
10) 全市町村の実質収支は721億円の黒字（赤字団体の収支は1,222億円の赤字）であるが、財政援助額・繰入金などを調整すると、差引収支は3,425億円の赤字になる（総務省2010）。
11) 以下の記述は、厚生労働省のホームページ「戦後社会保障制度史」を参照している。
12) この他、ILOの基準には、制度が法律によって定められ、それによって特定の権利が付与され、あるいは（準）公的な機関・独立的な機関によって責任が課せられるものであること、そうした機関によって管理されていることなどの基準がある（詳細は、国立社会保障・人口問題研究所（2010）を参照）。なお、給付費には、事務管理コストは含まれない。また、病院等で支払う自己負担も含まれない。
13) 2000（平成12）年度以降では、導入後間もない介護保険と児童手当の割合も増加傾向にある。
14) OECDの社会保障財政について、金子（2010）も参照。
15) 2006年には、1.6％の赤字に減少したが（ただし、財政投融資の積立金の取崩の効果がある）、2010年には、7.7％の赤字に拡大している（データはOECD2010）。
16) これらの国は、1990年代に予算制度改革を行い、財政健全化に成功した国である。日本を含めたOECD主要国の財政再建については、田中（2011）を参照。
17) OECDの統計で、「社会支出」（Social expenditure）と呼ばれるものであり、分類等詳細は、Adema and Ladaique（2009）を参照。
18) 日本の1980（昭和55）年の年金・遺族の支出の全体に対する割合は38.6％であり、フランス（45.9％）、ドイツ（44.0％）、イタリア（51.4％）より小さかった。他方、日本の医療支出は42.2％であり、オーストラリア（36.9％）、カナダ（37.5％）、それ以外の国（20～30％）と比べて、かなり大きかった。
19) 「租税支出」（Tax expenditure）とも呼ばれる。OECDの社会支出統計では、Tax breaks for social purpose（TBSP）と呼ばれている。OECDは、社会支出にこれらの税制上の措置を加え、社会保障給付に対する課税を控除した、「純社会支出」を推計している。詳細は、Adema and Ladaique（2009）を参照。
20) 社会保障と税制に関する国際比較については、本田（2009）、宮島（2009）も参照。
21) OECD統計の財源は社会保障関係費に限定されていないが、欧州の統計であるユーロスタットは、「社会保護費」という形で欧州諸国の社会保障関係費の財源を比較している。
22) 「ビスマルク型」とは、社会保険原理を基礎として、保険者の独立的な運営を図る仕組みであり、労働者を工業生産に動員することを目的としてドイツで導入された。「ベバリッジ型」とは、普遍性や統一性を重視する仕組みであり、イギリスに起源がある（「1942年の「ベバリッジ報告」）。これら2つはモデルであり、実際には、様々なバリエーションがある。
23) 「社会保障の給付と負担の見通し」（厚生労働省2006（平成18）年5月）では、社会保障給付費の総額は、2006年度（予算ベース）の89.9兆円から、2025年度の141兆円になると推計されている。その前提として、国民所得の伸び率2.0％、賃金上昇率2.4％、運用利回り3.3％と仮定されているが、これは、

現在の経済状況と比べると、相当楽観的な前提といえる。

24) 国立社会保障・人口問題研究所の推計（2006年12月、出生中位・死亡中位）によれば、65歳以降人口の割合は、2005年の20.2％から2050年には39.6％、依存人口比率は、2005年33.2％から2050年82.0％になる。

25) アメリカやEU15ヶ国の平均は、実質GDP50％増、実質公的社会支出80％増である。これらのデータはAdema and Ladaique（2009）を参照。

26) 財政構造改革法（1997年）、「歳出・歳入一体改革」（2006年）など、これまでの財政再建の取組みは、いずれも道半ばで頓挫している。2009年夏に誕生した民主党政権は、「財政運営戦略」（2010年6月、閣議決定）を策定し、国・地方の基礎的財政収支（プライマリー・バランス）を、2020年までに黒字化することを目標に掲げている。

27) 例えば、1991～95年の社会保障制度審議会、2000年の「社会保障構造の在り方について考える有識者会議」、2004～06年の「社会保障の在り方に関する懇談会」などである。最近では、民主党政権（菅内閣）が設置した「社会保障改革に関する有識者検討会」（2010年11月）であり、更に、首相を議長とし、関係閣僚・与党幹部・民間有識者で構成される「社会保障改革に関する集中検討会議」が、2011年2月に設置されている。

28) 日本租税研究協会（2010）は、年金・医療・介護・保育等社会保障の各制度の抱える問題を整理している。

29) 宮島（2009：16）も、「財源確保の視点に偏った租税への期待論には、社会保障および財政・税制の見地双方から議論の余地が多分にある」と述べる。

30) 加藤（2009）は、OECD諸国のデータを分析し、税・社会保障負担の規模の拡大は、経済成長に負の影響を与えることを示している。ただし、「政府規模の拡大の方が租税・社会保障負担の拡大よりも経済成長率を低下させる効果が強い」（p.141）としている。

31) 1990～2008年度では、年金給付は2.1倍、医療給付は1.6倍、社会保障給付全体は2.0倍であるが、GDPは1.1倍である（いずれも名目値による計算）。

32) 1965年以降40年超のトレンドでは、消費課税の割合は低下しており、増えているのは1990年代以降である（OECD一般政府統計）。

33) 本田（2009）は、ドイツ、フランス、イギリス、スウェーデン等の財源構成を分析し、保険料が増えている国（スウェーデン）、減っている国（ドイツ・フランス）、変わらない国（イギリス）など、それぞれであるとしている。

34) OECDの社会支出統計（2005年、対GDP比）によれば、年金・遺族への公的支出については、オーストラリア3.5％、カナダ4.1％、オランダ5.0、デンマーク5.4％、イギリス5.7％、アメリカ6.0％、OECD30ヶ国平均7.2％、スウェーデン7.7％、日本8.7％、ドイツ11.4％、フランス12.4％、イタリア14.0％、医療への公的支出については、オーストラリア・デンマーク5.9％、OECD30ヶ国平均6.2％、日本6.3％、オランダ6.0％、カナダ・スウェーデン・イタリア6.8％、イギリス・アメリカ7.0％、ドイツ7.7％、フランス7.8％である。

35) 田中（2010）は、社会保険料・税の負担の状況を詳細に分析しているが、例えば、所得の種類別に給与・事業・年金等の世帯の社会保険料負担を総所得に対する割合で見ると、医療・介護保険料は、100万円の総所得階級から総所得の増大とともに負担率は低下し、年金保険料も、給与世帯を除き同様の傾向である。給与世帯の年金保険料負担率は、総所得が700万円を超えると低下する。

36) 納付率とは、保険料として納付すべき月数を分母として計算するものであり、2009年度の水準は、近年の最低の水準である。また、2009年度において、国民年金の対象である第1号被保険者1,985万人の16.6％が未納・未加入者である（321万人が未納者、9万人が未加入者）。更に、保険料全額免除者が535万人いる。以上、厚生労働省年金局・日本年金機構（2010）より抜粋。

37) 社会保険庁の推計（2007年4月1日現在）で、年金保険料納付期間が25年に満たないため、年金を受給できない者が約110万人、今後納付できる70歳までの期間を納付しても25年に満たないため受給できない者が約118万人に上ることが判明した。

■引用・参考文献
- 加藤久和「租税・社会保障負担と経済成長」、国立社会保障・人口問題研究所編『社会保障財源の効果分析』東京大学出版会、2009年
- 金子能宏、「OECD諸国の社会保障政策と社会支出」、宮島洋・西村周三・京極高宣編『社会保障と経済2 財政と所得保障』東京大学出版会、2010年
- 厚生労働省年金局・日本年金機構『平成21年度における国民年金保険料の納付状況と今後の取組等について』、2010年
- 国立社会保障・人口問題研究所編『平成20年度社会保障給付費』、2010年
- 迫田英典『図説日本の財政平成22年度版』東洋経済新報社、2010年
- 社会保障制度審議会『社会保障制度に関する勧告』、1950年
- 総務省『地方財政白書22年度版（20年度決算）』、2010年
- 田中秀明『税・社会保険料の負担と社会保障給付の構造』一橋大学経済研究所、世代間問題研究以降、ディスカッション・ペーパー、CIS-PIE DP、No. 481、2010年
- 田中秀明『財政規律と予算制度改革 - なぜ日本は財政再建に失敗しているか』日本評論社、2011年
- 日本租税研究協会『持続可能な社会保障制度の確立と税・財政の一体的改革』財政経済研究会報告書、2010年
- 東修司「税制との関係に着目した公的年金給付と財源等に関する制度的考察」、国立社会保障・人口問題研究所編『社会保障財源の制度分析』東京大学出版会、2009年
- 本田達郎「社会保障の財源構造と企業・家計負担の動向」、国立社会保障・人口問題研究所編『社会保障財源の制度分析』東京大学出版会、2009年
- 林宜嗣「社会保障と地方財政」、宮島洋・西村周三・京極高宣編『社会保障と経済2 財政と所得保障』東京大学出版会、2010年
- 宮島洋「社会保障と税制 - 論点整理と問題提起」、国立社会保障・人口問題研究所編『社会保障財源の制度分析』東京大学出版会、2009年
- Adema, Willem and Maxime Ladaique(2009), "How Expensive is the Welfare State?: Gross and Net Indicators in the OECD Social Expenditure Database(SOCX)", OECD Social Employment and Migration Working Papers, No. 92
- Organization for Economic Co-operation and Development (OECD) (1998), Economic Surveys Sweden 1997-1998
- OECD (2005), Society at a Glance, 2005 edition
- OECD (2010), Economic Outlook, No. 88

# 第3章

# 地方分権改革と地方自治体

　地方分権改革は、国と都道府県、国と市町村、都道府県と市町村が「対等・平等」となることを目的としている。例えば法令の解釈権は国と並んで都道府県や市町村にある。

　言い換えれば自治体には自ら法令を解釈し運用する責任がある。一方で、規制緩和と市場原理の活用の流れがあり、他方で行政と民間との協働の流れがある。この二つの流れを調整しながら自治体の責任において、新しいナショナル・スタンダードを形成していくことが求められている。

# 1節　地方分権改革と自治体の在り方

## 1　地方分権改革と福祉行政

　福祉行政を考えるとき、その基本的な担い手である市町村と都道府県が、20世紀の終わりから21世紀の初頭にかけて大きな変動を経験してきたことを明確に捉え、その意義について十分に把握しておくことが必要である。この変動とは、1998（平成10）年7月に成立し、2000（平成12）年の4月1日に施行された「地方分権一括法」による制度改革である。このとき全体では475本の法律が改正された。厚生労働省所管法律では、老人福祉法や国民健康保険法、民生委員法、医師法、母子保健法、社会福祉事業法、生活保護法、児童福祉法、知的障害者福祉法、児童手当法、介護保険法など94本であった。

　この制度改革の最大の特徴は、「機関委任事務制度」の廃止である。この「機関委任事務制度」は1888（明治21）年に施行された「市制町村制」、それに先立つ「地方官官制」以来の110年以上の沿革を持つものであった。「機関委任事務制度」とは知事・市町村長を国（各省大臣）の下部機関とするもので、国（各省大臣）は知事・市町村長に対する包括的な指揮監督権を持っていたのである。この制度の廃止によって、国と都道府県、国と市町村、都道府県と市町村の関係は、それまでの「上下・主従関係」が否定され、「対等・平等」なものとされた。

　福祉行政あるいは厚生労働行政の場合、1986（昭和61）年度の国庫補助負担金の国庫負担率の引下げに伴って「機関委任事務の団体事務化」が行われた。この点は機関委任事務制度の廃止に先鞭をつけたとも言えるが、団体事務化が団体委任事務化であったため、強い監督権限を厚生労働大臣や都道府県知事（この知事は国の機関としての知事）に留保するものであった。これによって厚生労働行政における集権的な仕組みは温存された。具体的には、次官通達や課長通知など各種の通達によって市町村の福祉行政が左右される状況に変化は見られなかったと言ってもよい。

　この地方分権改革は、現在も継続中である。つまり、国と地方自治体が「対等・平等」とは制度的にはなっているものの、なお「上下関係」の中で行動し、思考する態度は国や自治体の双方にまだ抜き難くあるからである。特に行政の現場では、「国に指導を求める」姿勢が根強くある。自治体と国とが相談し協力し合うのは良い。また国は全国的に遵守すべき基準を示す責任がある。財源を保障する責任もある。しかし、そのことを通じた過度な干渉を行うべきではない。すなわち市町村や都道府県の現場が、自ら考え、自ら実行する自治的、自律的な福祉サービスの供給主体に転換する過程や、地域の多様な福祉サービス供給主体と利用者をコーディネートする新しい主体に転換する過程がなお進行中なのである。

## 2　改正地方自治法と国と自治体の関係

　以上にみたような「国と地方の対等・平等な関係」を実現する一般法としての法的根拠は、一括法で改正された自治法（以下新地方自治法とする）にある。新地方自治法では第1条の2が新設され、その第1項は次のように言う。「地方公共団体は、住民の福祉の増進を図ることを基本として、地域における行政を自主的かつ総合的に実施する役割を広く担うものとす

る。」この条文によって、地方自治体は地域的な統治団体、行政の主体として位置づけられたのである。

また同条第2項では、国は本来国が果たすべき役割を重点的に担うこととし、「住民に身近な行政はできる限り地方公共団体に委ねることを基本とする」こと、「地方公共団体の制度の策定及び施策の実施に当たっては、地方公共団体の自主性及び自立性が十分に発揮されるようにしなければならない」としている。

その上で、第2条第2項では「普通地方公共団体は、地域における事務およびその他の事務で法律又はこれに基づく政令により処理することとされるものを処理する」と定めている。

## 3 自治事務と法定受託事務

機関委任事務制度の廃止に伴い、従来の事務は新地方自治法第2条第2項の「地域における事務およびその他の事務で法律又はこれに基づく政令により処理することとされる」事務、いわば「自治体の事務」を処理することとされた。そしてこの「自治体の事務」は「自治事務」と「法定受託事務」とに区分されることとなった。

### ① 自治事務

自治法第2条第8項は、「この法律において『自治事務』とは、地方公共団体が処理する事務のうち、法定受託事務以外のものをいう。」と包括的に定めている。したがって、従来の地方自治体が担ってきた事務のうち、いわゆる固有事務、団体委任事務、行政事務などはもちろん、従来の機関委任事務のうち法定受託事務とされなかったものも自治事務とされた。

福祉行政の領域では、例えば「介護保険法に基づく介護保険制度の確立と運用」という仕事は、当然に自治事務である。その他、老人福祉法に基づく高齢者福祉や児童福祉法に基づく児童福祉、障害者自立支援法に基づく障害者福祉などほとんどの福祉行政はその基本的なところで「自治事務」である。

なお「自治事務」であるとからといって、地方自治体が全く自由な裁量で実施できるものではない。それには法律のしばりがある。また国の関与を一切認めないということでもない。この裁量の範囲や国の関与の態様や程度は、「法律又はこれに基づく政令」の定め方や、後掲の「関与の基本原則」によって個別に定まるものである。

### ② 法定受託事務

第一号法定受託事務は自治法第2条第9項に、「この法律において『法定受託事務』とは、次に掲げる事務をいう」とした上で、その一号として、「法律又はこれに基づく政令により都道府県、市町村又は特別区が処理することとされる事務のうち、国が本来果たすべき役割に係るものであって、国においてその適正な処理を特に確保する必要があるものとして法律又はこれに基づく政令に特に定めるもの。」とする。具体的には自治法320条、および自治法別表第一にその全てが掲げられている。法定受託事務が法律の改正などで新設される場合は、この別表等も改正することになる。

第二号法定受託事務は都道府県にかかる市町村への法定受託事務である（自治法第321条）。

③ 条例による規制は法定受託事務にも及ぶ

　自治事務については当然のことだが、地方自治体の議会が定める条例によって規制することができる。むしろ人々の権利を創設し、あるいはそれを制限したり、負担を課したりする場合には、条例の定めによることは不可欠である。

　法定受託事務については、それが自治体の事務である以上、これも当然ながら条例による規制をすることができる。「従前の第14条第1項を維持した結果、『自治事務』であっても、『法定受託事務』であっても『法令に違反しない限りにおいて』条例を制定できることとなった。」

④ 国の関与の種類

　国が地方自治体に関与するときは新地方自治法第245条の1に掲げる関与に限定される。その関与とは次のようなものである。

「一、地方公共団体に対する次に掲げる行為
　　イ、技術的助言又は勧告（法第245条の4）
　　ロ、資料提出の要求（同条）
　　ハ、是正の要求（自治事務について、法第245条の5）
　　ニ、同意（自治事務について）
　　ホ、許可、認可又は承認（自治事務について）
　　ヘ、指示
　　　・自治事務については是正の要求（法第245条の5）、是正の勧告（法第245条の6）
　　　・法定受託事務については是正の指示（法245条の7）
　　ト、代執行（法定受託事務について、法第245条の8）
　二、地方公共団体との協議
　三、個別的かつ具体的に関わる行為」

　これら以外の関与は認められていない。この関与の種類の中には「命令」や「指導」はない。すなわち、「上下・主従の関係」をつくる「命令」や「指導」という関与は国と地方との間には存在しないこととなっている。また、現実に国の関与が従来の通達や通知のかたちをとっていても、その95％以上は「技術的助言」である。それら通達の末尾には、必ず「自治法に基づく技術的助言又は資料提出の要求」である旨、注記されているはずである。

⑤ 厚労省所管の法定受託事務の例

　ア、生活保護法第19条1項から5項まで（保護の決定と実施）、第24条1項（申請による保護の開始及び変更）、第25条1項、2項（職権による保護の開始及び変更）など事務の本体部分が法定受託事務である。
　イ、精神保健法第29条の7（診療報酬支払いの委託等の事務）、第30条1項（都道府県の費用負担）、第31条（都道府県の費用徴収）など。
　ウ、職業安定法第11条1項（求人情報の取り次ぎなど）市町村が処理する事務。
　エ、社会福祉事業法（社会福祉法人からの申請等の受理等の手続き）。

# 2節　義務付け・枠付けの緩和と条例委任

## 1　義務付け・枠付けとは

　2009（平成21）年12月15日、政府は「地方分権推進計画」を閣議決定した。これは地方分権推改革進法（2006（平成18）年12月15日、法律第111号）の第8条第1項に基づく計画である。内容は第一に、自治体の事務に対する法令（法律又はこれに基づく政令）による「義務付け・枠付け」の見直しと条例制定権の拡大である。第二は、国と地方との協議の場の法制化、第三は今後の地域主権改革の推進体制である。中心は「義務付け・枠付け」の見直しと条例制定権の拡大である。

　　（この法案は地域主権改革一括法案として2010（平成22）年の通常国会に上程された。2011（平成23）年3月現在、継続審査となっていたが、その後成立した。）

　先に見たような2000（平成12）年に始まった地方分権改革を推進するために、2007（平成19）年に設置された地方分権改革推進委員会（丹羽宇一郎会長、西尾勝会長代理）が政権交代をまたがって2010（平成22年）年10月7日に第三次勧告を行っている。この「義務付け・枠付け」の見直しはこの勧告を引き継ぐものである。この見直しとは、福祉施設の場合、従来は設備等の面積基準や職員の配置数などは、厚生労働省令で定めてきたが、それを設置する自治体の条例に委任するものである。

　条例委任の基準は、分権改革推進委員会の第三次勧告によって次の3基準があるとされている。

（1）　従うべき基準

　条例の内容を直接的に拘束する、必ず適合しなければならない基準であり、当該基準に従う範囲内で地域の実情に応じた内容を定める条例は許容されるものの、異なる内容を定めることは許されないもの。

（2）　標準

　法令の「標準」を通常よるべき基準としつつ、合理的な理由がある範囲内で、地域の実情に応じた「標準」と異なる内容を定めることが許容されるもの。

（3）　参酌すべき基準

　地方自治体が十分に参酌した結果であれば、地域の実情に応じて、異なる内容を定めることが許容されるもの。

　例えば児童福祉法に基づく児童福祉施設の設備及び運営に関する基準は、従来は厚生労働省令で定めてきたが、都道府県、指定都市、中核市及び児童相談所設置市については「条例に委任する」。条例制定の基準は、医師等の資格、職員の人数、居室の面積、人権侵害の防止に関する事項は「従うべき基準」とする。施設の利用者数に関する基準は「標準」とし、その他の基準は「参酌すべき基準」とする。ただし、保育所については、東京都等の一部の地域に限り、待機児童解消までの一時的措置として、居室の面積に関する基準は「標準」とする、などとしている。

## 2　条例によってどのようにナショナル・ミニマムを確保するか

ところで、保育所の面積要件について2009（平成21）年11月に時事通信社が23区と18政令市に行った調査によると、国より厳しい最低基準を設けている自治体は28市区にのぼる（『官庁速報』2010年1月2日号）。特に0―1歳児の保育室については、かつて国や東京都が補助基準としていた一人当たり5㎡以上を準用している自治体が多い。現在の国の基準は厚生労働省令で、0―1歳のほふくをしない乳幼児については、一人当たり1.65㎡としているから、大幅に超過していることになる。国の基準を超過している理由を、世田谷区は「保育の質の確保のため」とし、大阪市は「引下げは保育環境の悪化につながる」としている。

この面積要件を「条例委任」とし、その基準が「標準」や「参酌基準」のときに、どのような基準を条例で定めるかは、その自治体の責任となる。そのときに、全国的に見て公平なサービス水準を維持するためのナショナル・ミニマムを実現することが求められる。それは、分権改革時代の自治体の市民に対する責任の果たし方の問題でもある。

# 3節　自治体における「市場化の流れ」と「新しい公共の流れ」の併存

1990年代に入って、イギリスなどでNPM（ニューパブリック・マネジメント）の考え方が一つの潮流となったと言われる。このNPMは、市場原理を行政運営に導入することを一つの柱とする。もう一つは、労働党の施策としてPPP（パブリック・プライベート・パートナーシップ）が提唱された。日本で言えば「行政と市民との協働」である。その具体的なツールとしては次のような施策が用意された。「規制改革」と「市場原理の導入」と言ってもよい。

## 1　PFI（Private Finance Initiative）法の制定

1999（平成11）年7月に「民間資金の活用による公共施設等整備等の促進に関する法律」が制定され、2000（平成12）年3月にその実現方法を示す「基本方針」を定めた。羽島市市民プール（2001年）、岐阜大学総合研究棟（2002年）、可児市学校給食センター（2004年）、京都市立御池中学校（2006年）など。

## 2　指定管理者制度の導入

2003（平成15）年7月地方自治法第244条の2第3項改正、4-7項を追加。2006（平成18）年10月に全面施行。中心は株式会社などによる「公の施設」管理に道を開くこと。一方で、NPOなど市民組織による施設管理への参加の可能性が開ける。

## 3　市場化テストの導入

規制改革・民間開放推進会議（議長：宮内義彦オリックス会長）の第一次答申（2004年12月24日）による。モデル事業は、2005（平成17）年度に3分野8事業。

これに関連して、貸借対照表（BS）と行政コスト計算書（損益計算書）の策定などによる

公会計の改革が進む。イコール・フッティングの基礎をつくるには、コスト計算を共通の土台で行う必要がある。すなわちコスト積算の共通性をつくることが求められる。地方債の許可制度から協議制への移行による「格付け」のための基礎でもある。

## 4 独立行政法人化とエージェンシー

2001（平成13）年に導入されている。国立博物館、美術館など。また2004（平成16）年4月からは国立大学も独立行政法人になった。

また、1997（平成9）年に法律が成立し、2000（平成12）年度から導入された介護保険制度も、公定価格である介護報酬を中心とした「準市場」を活用したシステムであり、市場原理を活用しているものである。

以上の流れは、自治体行政における「規制改革」と「市場原理の活用」という潮流と、「行政と市民との協働」という「新しい公共」をつくる潮流とが平行しているとも言える。

さらにこの20年間で進んだ自治体改革では、市民参画をいま一歩進める「自治基本条例」や「市民参画条例」、「まちづくり条例」などの自治体憲法づくりが進んでいる。そして自治体議会にも改革の動きが及び、北海道の栗山町などから「議会基本条例」策定の波が広がりつつある。

自治体の自律した政策構築が、新しいナショナル・スタンダードを形成していけるかが問われているとも言える。

## 5 これからの地方自治をめぐる課題

地方分権改革という制度改革は進むと思われるが、これからはその内実が問われる。すなわち、地方分権改革を住民自治と市民の力を鍛えていくことを如何に生かしていくか、という課題である。そのためには、一層の情報公開を進めることが第一のポイントとなる。市民自身の自治力を鍛えていくことも情報公開によって可能となる。情報公開、情報共有とともに市民と行政との協働の事業がすすめることで、市民の討議能力を高め、行政もまた討論することに習熟する。それによって相互に高め合うような関係を作っていくことがこれからの実践的な課題である。

ところで2011（平成22）年3月11日、東北地方から関東にかけてM9の大地震と大津波、そして東京電力の福島第1原発の事故が起きた。被災地域の復旧と復興には長期の取り組みが続く。また東海、東南海、南海大地震が遠くない時期に発生することも指摘されている。災害、特に大震災に対して、地域の福祉施設や福祉担当者がどう対応するかについては、1995（平成6）年1月17日の阪神淡路大震災と2006（平成17）年10月23日の新潟県中越地震などでの経験がいくつか整理されている。今度の大震災には、これまでの経験にない大津波と原発事故が重なり、なお具体的な支援方法や復興施策については克服すべき問題が多い。とはいえ、今までのところで了解されている福祉分野の最前線での地震災害対策についてはそれを着実に取り組んでいくことが求められる。

例えば大阪府健康福祉部高齢介護室の「介護保健施設等における地震防災対策マニュアル作成の推進について（平成17年度）」などでは、概ね次のような提案が行われている。前提とな

るのは、基本的には自助能力の向上によって、施設での地震被害を最小限に抑えることがまず求められるとしている。職員への教育・訓練の徹底、施設での食料や水、電源、医薬品等の備蓄、耐震補強、落下物やガラス飛散対策などである。第二は共助能力の向上として、被災地での地域の在宅要援護者に対する適切なケアの提供拠点となることを目指すことである。この要援護者の中には、当然、障害者も含まれる。市町村の福祉避難場所としての指定を受け、多くの被災者にできる限りのケアを提供することが求められる。

　これに全国的な支援活動との連携を図る上で、情報発信能力の向上と確保が重要だとされている。特に被災直後は、固定電話や携帯電話に頼ることができないことが考えられ、比較的つながりやすいインターネット系のメールやツイッター、ブログなどの通信手段に習熟することが求められる。

　また、日頃から地域社会との連携や共同の防災訓練で開かれた施設づくりを推進すると同時に、他の社会福祉施設や組織との広域的ネットワークを形成しておくことが重要である。また民間企業、ホテル、旅館等の間での応援体制の確立も課題である。

　いずれにしても、「必要なときに、必要な支援を、必要なだけ」できるよう、相互の情報交流と人的ネットワークの構築が不可欠である。

■引用・参考文献
・松本英昭『新地方自治制度詳解』ぎょうせい、2000年

# 第4章

# 地方財政と福祉予算

　地方財政が対象とする社会保障費には社会保険、公的扶助と社会手当、それに社会福祉の三つの領域がある。市町村の歳出で最大のものは民生費となっている。都道府県でも3番目に大きい。地方財政の規模はここ10年で大きく削減されてきたが、福祉関係支出である民生費は逆に大幅に伸びている。自治体、特に市町村の主な仕事は福祉だと言って良い。

# 1節　地方財政とは

　地方財政とは、47都道府県と786市、757町、190村（2010（平成22）年4月1日現在）などの財政を対象とする。この他に、一部事務組合や広域連合なども含まれる。実際の財政運営は、一般会計と特別会計を設けて会計処理されている。日本の自治体（都道府県、市町村）の仕事は非常に多岐にわたっているので総合行政主体とも言われる。その中で、福祉関連の財政支出は、市町村では最大の費目となっている。都道府県では教育費、土木費についで3番目の地位にある。

# 2節　地方財政がかかわる社会保障施策の範囲

　日本の現在の社会保障の体系はだいたい、次のようになっている。
（1）　社会保険
　　ア、医療保険　　a．組合健保（民間大企業など）
　　　　　　　　　　b．公務員共済（国家公務員、地方公務員）
　　　　　　　　　　c．協会健保（以前の政府管掌健保、中小企業対象の健保）
　　　　　　　　　　d．国民健保（自由業、年金生活者＝無業者、個人事業主など）
　　イ、年金保険　　a．厚生年金（被雇用者＝被用者の年金）
　　　　　　　　　　b．共済年金（国家公務員共済、地方公務員共済）
　　　　　　　　　　c．国民年金（自営業者、自由業、無業者、学生など）
　　ウ、雇用保険
　　エ、労災保険
　　オ、介護保険（65歳以上が第一号被保険者、保険事業を管理・運営する保険者は市町村）
（2）　公的扶助と社会手当
　　イ、生活保護
　　ロ、社会手当　　a．児童手当、子ども手当
　　　　　　　　　　b．児童扶養手当（ひとり親世帯に支給される手当）
　　　　　　　　　　c．特別児童扶養手当（対象は障害を持つ児童で受給者は父母、国費事業だが受給手続きは市町村の福祉担当窓口）
（3）　社会福祉
　　イ、児童福祉
　　ロ、障害者福祉　　a．身体障害者福祉
　　　　　　　　　　　b．知的障害者福祉
　　　　　　　　　　　c．精神障害者福祉
　　ハ、高齢者福祉
　　ニ、母子・寡婦（ひとり親）福祉

この体系に含まれる施策のうち、地方自治体（都道府県、市区町村、広域連合、一部事務組合）が実施し、財政負担も行っているのは下線部分である。ただし国民年金事務などのように市町村に相談窓口がおかれていることもある。

このように日本の現在の社会保障の体系は、主に保険料を財源とする「社会保険」と、租税を財源とし現金給付を中心とする「公的扶助・社会手当」、それに現物のサービスを供給する「社会福祉」（財源は税と利用料など）の3分野で構成されている。

## 3節　社会保険と地方財政

### 1　国民健康保険の財政

社会保険のうちの医療保険では国民健康保険が市町村を保険者としている。すなわち被用者以外の医療保険は市町村が被保険者の管理を行い、保険給付を実施することとされている。なお2008（平成20）年4月の後期高齢者医療制度（都道府県単位の広域連合による）の発足に伴い、国民健康保険の対象者（被保険者）は75歳未満の住民に限定されている。

この保険給付の財源は、第一に自営業者や退職後の高齢者（年金生活者）などの被保険者から徴収する保険料である。患者負担（3割が原則、0歳から未就学の児童までは2割）を除く療養給付費は半分を保険料で賄い、残りの半分が公費である。

公費部分は、各市町村に対し一定割合を一律に国と府県が負担する定率負担部分（医療給付費の50％で国が43％、県が7％）と、市町村の財政状況等に応じて配分される財政調整交付金部分に分かれている。財政調整交付金は、各市町村の医療費及び所得水準等に基づいて配分される普通調整交付金と、災害等の特別の事情に応じて配分される特別調整交付金からなる。そして、65歳未満の退職者医療制度については社会保険支払基金から療養給付費交付金が交付される。

また、低所得者の保険料軽減額については市町村の一般会計からの繰入金で賄われている。

2005（平成17）年度からは、三位一体改革に伴う制度改革により、国の負担部分の一部を減らし、新たに都道府県による財政調整交付金が導入されている。

この結果、2008（平成20）年度の国民健康保険事業の決算収入では、全国ベースで12兆7,432億円のうち、保険料（税）が3兆620億円で24.0％。国庫支出金が3兆610億円で24.0％、前期高齢者交付金（社会保険診療報酬支払基金から）が2兆4,362億円で19.1％。一般会計からの繰入金が1兆768億円で8.4％となっている。退職者医療制度に係わる療養給付費交付金が8,810億円で6.9％。都道府県支出金が5,522億円の4.3％である。

### 2　介護保険の財政の仕組み

社会保険のうち2000（平成12）年度に創設された介護保険は、市町村を保険者としている。被保険者は65歳以上が第一号被保険者とされ、40歳以上65歳未満が第二号被保険者である。第一号被保険者の保険料は各市町村の介護保険事業計画を定める際に市町村ごとに算出される。介護サービスの利用者の自己負担は1割。この自己負担を除く介護保険給付費のうち、第一号被保険者と第二号被保険者の保険料で5割、国と地方の公費負担が残りの5割となっている。

第一号被保険者の保険料は各市町村ごとに定める。3年ごとの介護保険事業計画では、まず向こう5年間の人口推計から要介護度別の要介護認定者数を推計する。これをもとに、介護サービスの利用の程度を予測し、介護給付費の推計額を求める。この額を65歳以上の人口で割って、第一号被保険者一人当たりの保険料を計算する。ちなみに第4期介護保険事業計画（2009（平成21）年度から2011（平成23）年度）では、基準保険料は全国平均で4,160円であった。

　第二号被保険者の保険料は、全体の給付費推計の50％とした保険料のうち19％を第一号被保険者の保険料で賄い、残余の31％を第二号被保険者で賄う。この分割比率は、65歳以上の高齢者と40歳以上65歳未満の若年者の人口比率である。

　第二号被保険者の保険料は組合健保や協会健保（旧政府管掌健保）、国民健康保険など医療保険者が医療保険料とともに徴収（特別徴収）し、事業主負担（被用者保険の場合で被保険者と折半）とともに社会保険報酬支払基金に納付し全国でプールする。

　給付費の5割に当たる公費については、国が25％、都道府県が12.5％、市町村が12.5％の負担となる。国の負担のうち5％は調整交付金で、75歳以上の方の数や高齢者の所得の分布状況に応じて配分する。

　2008（平成20）年度の決算では介護保険事業勘定の歳入合計は7兆2,677億円となっている。これは前年度より3,523億円の増加で、伸び率は4.7％である。介護保険事業の規模は発足当初のほぼ倍となっている。

　歳入の内訳では、まず第一号被保険者の保険料が歳入全体の18.7％を占め、1兆3,579億円となっている。この保険料収入は前年度比で2.8％増である。

　国庫支出金は1兆6,157億円となっており、22.2％を占めている。うち介護給付費負担金が16.0％の1兆1,645億円となっている。調整交付金は3,215億円である。

　第二号被保険者の保険料などである支払基金交付金は2兆282億円で、歳入全体の27.9％となっている。

　都道府県の負担部分である都道府県支出金は9,935億円となっており、13.7％を占めている。うち介護給付費負担金が9,635億円である。

　市町村の負担分である他会計繰入金は1兆724億円となっており、14.8％を占めている。

# 4節　公的扶助と社会手当の財政

## 1　生活保護の財政

　生活保護は1950（昭和25）年に制定された生活保護法による最低限の生活を保障する公的扶助の制度である。生活保護法は第2条から4条で三つの原理を示している。第1は無差別平等の原理である。生活保護を請求する権利（保護請求権）はすべての国民に無差別平等に与えられる。無差別平等とは、生活困窮原因や人種、信条、性別、社会経済的地位などによる優先的もしくは差別的な取り扱いを受けないことである。外国籍の人は法の文言上は対象外であるが、1954（昭和29）年の厚生省援護局長通知によって定住外国人や永住権者は法を準用し予算措置で保護が行われている。

第2の原理は、最低生活保障の原理である。生活保護法における最低限の生活とは、「健康で文化的な生活水準を維持できるもの」とされている。

第3の原理は補足性の原理である。資産がある者は資産を活用し、稼働能力がある者は労働を、家族や親類の援助がある者はその援助を、その他の公的援助が利用可能であればその制度を優先的に活用しなければならない。これらの資源などを活用し尽くしてもなお最低限の生活ができない場合に生活保護が適用される。

また運用上の原則が4つある。第1の原則は申請保護の原則である。第2は基準及び程度の原則である。第3は必要即応の原則であり、第4は世帯単位の原則である。

生活保護には8つの扶助がある。生活扶助（日常生活に必要な衣料費、食料費、光熱水費など）、教育扶助（学用品、学校給食費など）、住宅扶助（家賃、補修などの住宅維持費）、医療扶助（治療費、薬剤費、治療材料費など）、介護扶助（介護保険の自己負担分など）、出産扶助、生業扶助（生業に必要な資金、職業能力開発校等の費用）、葬祭扶助である。

このうち生活扶助には8つの加算がある。妊産婦加算、母子加算、障害者加算、介護施設入所者加算、在宅患者加算、放射線障害加算、児童養育加算、介護保険料加算である。従来は高齢者加算があったが、2004（平成16）年度から段階的に減額されて2006（平成18）年度から廃止された。母子加算についても2007（平成19）年度から段階的に廃廃止されることとされていたが、2010（平成22）年度に復活した。

地方交付税を算出するために各市町村、都道府県で計算する行政項目ごとの「基準財政需要額」を積算する「単位費用」の算定基礎では、生活保護の標準的行政内容を次のようにしている。

標準団体（モデルとして想定する団体）の市部の人口は100,000人、社会福祉事務所は1カ所[1]。生活扶助者数は月に（以下同じ）1,060人、住宅扶助者数は977人、教育扶助者数は97人、医療扶助者数（入院）が94人、医療扶助者数（入院外）が865人、介護扶助者数は169人と想定[1]。

これに扶助基準額を乗じたこの標準団体での2010（平成22）年度の保護費は次のように想定されている。

2010年度　標準団体（人口10万人）の生活保護費（千円）
生活扶助　　　　月額　　51,410円×1,060人×12月＝653,935
住宅扶助　　　　月額　　24,824円×　977人×12月＝291,037
教育扶助　　　　月額　　 7,358円×　 97人×12月＝  8,565
医療扶助（入院）月額　 526,980円×　 94人×12月＝594,433
医療扶助（在宅）月額　  38,685円×　865人×12月＝401,550
介護扶助　　　　月額　  26,069円×　169人×12月＝ 52,868
その他の扶助　年間372人　　　　　　　　　　　　　11,599
合計　　　　　　　　　　　　　　　　　　　　　2,013,987

この生活保護費の扶助費のウェイトは、生活扶助費が32.5％、住宅扶助が14.5％、教育扶助が4.2％、医療扶助（入院）が29.5％、医療扶助（入院外）が19.9％、医療扶助合計は49％と

なる。介護扶助が2.6％である。

この保護費については国庫負担があり、現在は国が4分の3、自治体（府県又は市）が4分の1の負担割合である。

### 2 児童手当、子ども手当

2010（平成22）年度から子ども手当（2010年度は15歳まで13,000円）が創設されたが、この一部に従来の児童手当が残されている。児童手当の財源負担は、（1）3歳未満（月額1万円）で厚生年金等に加入する被用者児童については、厚生年金保険料と併せて事業主から徴収する事業主負担の拠出金が7割を負担する。残りを国と都道府県、市町村が1割ずつ負担する。自営業者などの場合は、全額、国と都道府県、市町村が3分の1ずつ負担する。（2）3歳以上12歳までの児童（二人目まで5,000円、3人目から1万円）については、年金加入の有無を問わず国、都道府県、市町村が3分の1ずつ負担する。なお子ども手当部分は全額国庫負担である。

### 3 児童扶養手当

支給対象児童は父母が離婚したり、死別した母子家庭（2010（平成22）年から父子家庭も対象になっている）や孤児になったなどの児童で、一定の所得以下の者によって養育されている者で、18歳になって最初に到達した3月31日までの児童（高校卒まで）である。地方分権改革に伴い2002（平成14）年度から審査事務も含めて都道府県から市（町村は都道府県）に事務が移管されている。それぞれの要件を満たしていれば子ども手当や特別児童扶養手当との併給もできる。基本の額は児童が一人のときは月額4万1,720円（2010年）である。

児童扶養手当の財源負担は、国が3分の1，都道府県又は市が3分の2である。1984（昭和59）年までは全額国庫負担だったが、1985（昭和60）年から地方負担が導入された。

### 4 特別児童扶養手当

特別児童扶養手当法の施行令の別表に掲げられている20歳未満の障害を持つ児童で、その父母又は監護者が受給する。別表には1級と2級があり、1級はおおむね身体障害者手帳1-2級、療育手帳A判定程度、2級はおおむね身体障害者手帳3-4級、療育手帳B判定程度とされている。また所得制限があり、2010（平成22）年度で月額50,750円、2級で33,800円である。費用負担は全額国であるが、事務処理費用については都道府県又は市町村に事務処理交付金が交付される。

## 5節　地方の福祉財政＝民生費とその財源

地方自治体の福祉サービスを財政面からみるとき、対象となる予算・決算科目は「民生費」である。もちろんこのほかに、今までみてきた、国民健康保険や介護保険などの社会保険や、特別児童扶養手当のような社会手当もある。これらを含めて地方財政の対象である。ここでは社会保険と社会手当以外の福祉サービスについてみておくこととする。

## 1 民生費の動向

最初に民生費の動向を1999（平成11）年度と2006（平成18）年度の地方財政の構造から比較しておきたい。

表4-4-1にあるように、地方自治体の目的別歳出をみると1999（平成11）年度には、都道府県では歳出合計が54兆1,912億円、市町村では54兆181億円となっている。このうち民生費は3兆9,362億円、構成比は7.3％である。一方、市町村の民生費は12兆3,768億円、市町村の歳出合計に占める割合、すなわち構成比は22.9％となっている。

第一に指摘できることは、福祉サービスの実施主体は市町村であるということである。このように福祉サービスの実施主体を市町村としたのは1990年代の社会福祉基礎構造改革だと言うこともできる。特に1990年のいわゆる「福祉8法改正」によって市町村への権限移譲が進められてきた結果でもある。

この市町村優先の原則は、2008（平成20）年度決算でもより明確に指摘できる。都道府県の2008（平成20）年度の歳出合計は47兆3,490億円、うち民生費は5兆4,960億円、構成比は11.6％である。市町村の2009（平成21）年度の歳出合計は43兆3,684億円、民生費は13兆3,934億円、構成比は28.8％である。

第二に指摘できることは、この10年間で市町村歳出合計での民生費支出のウェイトは、22.9％から28.8％になり、より高くなっている。この10年間に6ポイント上昇している。都道府県でも同じ傾向がみえ、都道府県民生費のウェイトは7.3％から11.6％に重くなっている。

第三に指摘できるのは、この10年間で地方財政の歳出規模が大きく縮小してきていることである。都道府県の歳出は6兆8,422億円の減となり減少率は13％である。市町村の歳出合計は10兆6,496億円のマイナスで、減少率は20％にも及ぶ。このような大幅な財政圧縮がこの10年間で進んだことを改めて強調しておきたい。これは2000（平成12）年頃からの財政規模圧縮の諸施策によるもので、特に政府債務圧縮のための三位一体改革によって加速されたものである。なお、市町村合併の影響も考慮する必要がある。

その全体の地方財政規模の圧縮は、表4-4-1に見るように、最も大きく圧縮されたのが農林水産業費（都道府県で50％、市町村で48％の減）、次いで土木費（都道府県で44％、市町村で33％の減）である。この二つの公共事業関連支出はほぼ半減と4割減と言ってもよい。

第四に、この全体の規模圧縮の中で、民生費は都道府県で40％増、市町村で13％増となっている。他の費目で増加しているのは公債費（地方債の元利償還費）で都道府県で20％、市町村で3％の増である。特に市町村では民生費と公債費だけが伸びていることがわかる。

表 4-4-1　目的別歳出構成比

(百万円：%)

| 区分 | 2008 都道府県 | | 2008 市町村 | | 1999 都道府県 | | 1999 市町村 | | 増減額 都道府県 | 増減額 市町村 | 増減率 都道府県 | 増減率 市町村 |
|---|---|---|---|---|---|---|---|---|---|---|---|---|
| 議会費 | 79,433 | 0.2 | 350,379 | 0.7 | 90,280 | 0.2 | 491,068 | 0.9 | −10,847 | −140,689 | −12.0 | −28.6 |
| 総務費 | 3,183,439 | 6.7 | 6,387,212 | 13.2 | 3,131,427 | 5.8 | 6,650,655 | 12.3 | 52,012 | −263,443 | 1.7 | −4.0 |
| 民生費 | 5,495,978 | 11.6 | 13,934,739 | 28.8 | 3,936,156 | 7.3 | 12,376,767 | 22.9 | 1,559,822 | 1,557,972 | 39.6 | 12.6 |
| 衛生費 | 1,396,454 | 2.9 | 4,104,202 | 8.5 | 1,870,081 | 3.5 | 4,886,730 | 9.0 | −473,627 | −782,528 | −25.3 | −16.0 |
| 労働費 | 537,603 | 1.1 | 130,373 | 0.3 | 472,748 | 0.9 | 203,896 | 0.4 | 64,855 | −73,523 | 13.7 | −36.1 |
| 農林水産業費 | 2,435,493 | 5.1 | 1,237,122 | 2.6 | 4,903,208 | 9.0 | 2,367,735 | 4.4 | −2,467,715 | −1,130,613 | −50.3 | −47.8 |
| 商工費 | 3,646,562 | 7.7 | 1,725,599 | 3.6 | 3,870,622 | 7.1 | 2,206,979 | 4.1 | −224,060 | −481,380 | −5.8 | −21.8 |
| 土木費 | 6,265,171 | 13.2 | 6,819,558 | 14.1 | 11,259,844 | 20.8 | 10,114,650 | 18.7 | −4,994,673 | −3,295,092 | −44.4 | −32.6 |
| 消防費 | 218,979 | 0.5 | 1,652,464 | 3.4 | 226,745 | 0.4 | 1,720,280 | 3.2 | −7,766 | −67,816 | −3.4 | −3.9 |
| 警察費 | 3,324,629 | 7.0 | — | — | 3,418,136 | 6.3 | — | — | −93,507 | | −2.7 | — |
| 教育費 | 11,057,740 | 23.4 | 5,155,672 | 10.7 | 12,187,736 | 22.5 | 6,084,033 | 11.3 | −1,129,996 | −928,361 | −9.3 | −15.3 |
| 災害復旧費 | 127,680 | 0.3 | 81,335 | 0.2 | 454,014 | 0.8 | 333,690 | 0.6 | −326,334 | −252,355 | −71.9 | −75.6 |
| 公債費 | 6,748,639 | 14.3 | 6,489,661 | 13.4 | 5,644,251 | 10.4 | 6,273,509 | 11.6 | 1,104,388 | 216,152 | 19.6 | 3.4 |
| 諸支出金 | 61,725 | 0.1 | 271,833 | 0.6 | 79,745 | 0.1 | 300,923 | 0.6 | −18,020 | −29,090 | −22.6 | −9.7 |
| 歳出合計 | 47,348,951 | 100.0 | 43,368,411 | 100.0 | 54,191,185 | 100.0 | 54,018,059 | 100.0 | −6,842,234 | −10,649,648 | −12.6 | −19.7 |

出典：『地方財政白書』各年版をもとに作成。都道府県と市町村の重複額があるが、ここでは考慮していない。

## 2　民生費の構成

### ①　都市の民生費の状況

　以上のように、民生費は地方財政の中心的なウェイトを占めるようになってきた。特に市町村では、歳出総額のほぼ3割が民生費となっている。ここでは、都市財政における民生費の状況を「類似団体別市町村財政指数表」（総務省財政局）から見ておくことにしよう。この「指数表」は、市町村を人口規模と産業構造（国勢調査における第三次産業就業者比率など）とで類型化し、決算額を人口一人当たりの平均値で類型ごとに示している。

　2008（平成20）年度決算では、17の政令指定都市（人口は平均して140万人）、23特別区、39の中核市（42万人）、43の特例市（27万人）の他、都市を16類型、町村を15類型に分けている。ここでは、政令指定都市、中核市、特例市、それに都市類型Ⅲ―1の39都市（人口は平均12万5千人、酒田市、会津若松市、木更津市、新発田市、三田市、米子市など）の資料で検討したい。

　表4-4-2と表4-4-3は民生費の内訳を都市類型ごとに示している。対象は2008（平成20）年度決算である。

　ここで「社会福祉費」とは、おおむね次のような歳出科目（款項目）である。ある都市の決算事業を例にすると、「社会福祉総務費」として各種委員会や審議会の委員報酬、総合福祉センター管理費、社会福祉協議会への補助金などがある。「障害者福祉費」として障害者自立支援給付費、その他障害者福祉サービス事業などがある。

　「社会福祉費」のうち最も大きいのは「障害者自立支援給付事業」であるが、国が2分の1、都道府県が4分の1、市町村が4分の1、というのが基本的な負担割合である。

次いで「老人福祉費」は、シルバー人材センター運営費、老人クラブ運営事業補助金、寝たきり高齢者等移送サービス事業、緊急通報システム委託事業、後期高齢者医療費負担金などである。高齢者福祉費は主な事業がここには出てこないが、「介護保険特別会計」の事業に移っていることに留意する必要がある。

「児童福祉費」の主な事業は保育所の設置、運営事業である。公立保育所の運営に要する保母の人件費などの経費は2004（平成16）年度から一般財源化（国庫負担金を廃止し、税源移譲や交付税措置で財源手当てをする）され市町村負担となっている。現在は私立保育所についてのみ保育所運営費負担金（国2分の1、都道府県4分の1、市町村4分の1）がある。

生活保護費については、前述の通りである。

表4-4-2と表4-4-3から、次のことが指摘できる。第一は、大都市ほど生活保護の割合が高くなる。政令指定都市では住民一人当たりの生活保護費は39,268円で、以下、中核市の24,534円、特例市の18,792円、Ⅲ-1の15,207円と低下することが分かる。政令指定都市では、民生費の30％以上が生活保護費となっている。

第二は、老人福祉費と児童福祉費は特例市や一般市の方がウェイトは相対的に高くなっている。特例市では児童福祉費の割合が37.9％、Ⅲ-1の類型の都市では同じく児童福祉費が36.9％を占め、ともに第一の位置にある。

第三に、老人福祉費の割合は人口規模が小さいほどウェイトは高くなる傾向がある。Ⅲ-1の都市では、生活保護費より老人福祉費のウェイトが高い。

表4-4-2　民生費の構造

（人口一人当たり円）

|  | 民生費総額 | 社会福祉費 | 老人福祉費 | 児童福祉費 | 生活保護費 |
|---|---|---|---|---|---|
| 政令指定都市 | 129,999 | 31,268 | 21,203 | 38,237 | 39,268 |
| 中核市 | 106,207 | 25,700 | 20,190 | 35,774 | 24,534 |
| 特例市 | 96,613 | 23,376 | 18,779 | 36,632 | 18,792 |
| 都市類型Ⅲ-1 | 100,376 | 25,571 | 22,570 | 37,021 | 15,207 |

表4-4-3　民生費の構成比

（％）

|  | 民生費総額 | 社会福祉費 | 老人福祉費 | 児童福祉費 | 生活保護費 |
|---|---|---|---|---|---|
| 政令指定都市 | 100.00 | 24.05 | 16.31 | 29.41 | 30.21 |
| 中核市 | 100.00 | 24.20 | 19.01 | 33.68 | 23.10 |
| 特例市 | 100.00 | 24.20 | 19.44 | 37.92 | 19.45 |
| 都市類型Ⅲ-1 | 100.00 | 25.48 | 22.49 | 36.88 | 15.15 |

（平成20年度決算）

出典：『類似団体別市町村財政指標』から作成

## 3 民生費の財源構成

　民生費の財源構成をみるために、政令指定都市を例にとり、同じく『類似団体別市町村財政指数表』を利用して、表4-4-4と表4-4-5を作成した。これらの表から次のことが指摘できる。

　福祉財政をその財源構成からみる視点は、まず国庫支出金、すなわち国庫負担金や補助金がどの程度あるかという点と、それに対応して自治体の一般財源がどの程度動員されているかという点である。これは国と都道府県、市町村が福祉サービスの公的責任を財政面からどのように分担しているかを測ることになる。

　自治体の一般財源とは、本来ならば自治体の裁量によって使うことができる財源で、具体的には地方税、地方交付税、地方譲与税を指している。現在は、地方交付税の財源が不足しているため、それに代わって一般財源として使える臨時財政対策債という（赤字）地方債の発行が認められている。

　なお地方交付税とは、地方税の身代わりとして、地方税収入が少なく、標準的な行政を実施することができない自治体に配分されるもので、国税5税（所得税、法人税、酒税、消費税、たばこ税）の一定割合を充てている。

　社会福祉費はその大きな部分を障害者自立支援費（国と都道得府県、市町村の負担割合は2：1：1）で占めているが、それでも国庫支出金の割合は20％程度である。都道府県支出金は16.8％とかなり大きく、市町村の一般財源等がほぼ60％である。この中には市町村が義務的に負担する一般財源と、市町村の単独事業として行っている事業に充てる一般財源との両方が含まれている。これを「補助事業」と「単独事業」とも言う。

　老人福祉費は国庫支出金の割合が0.5％と小さく、ほとんどが一般財源（90.3％）で賄われている。高齢者福祉の大きな部分を占める「介護保険」はこの「老人福祉費」ではなく、「介護保険特別会計」で運営されている。すなわちここには「介護保険」以外の福祉サービスが計上されているものである。

　児童福祉費は公立と私立の保育所、児童扶養手当などがあり、国庫支出金の割合は23.6％と高くなっている。それでも一般財源は57.6％と6割が一般財源となっている。

　生活保護費では80％が国庫支出金である。それでも29％は一般財源を用意しなければならないことがわかる。

　ところで一般財源の確保のためには、地方交付税の総額の確保とともに、地方税の拡充も求められる。地方税の拡充は、税源移譲や新税の創設が考えられる。ここ数年、税制と社会保障制度の一体的改革に向けた議論が進められる中で所得税の総合課税化の議論と消費税率の引き上げとが議論されている。この中で地方財源として特に重要とされているのが地方消費税の強化である。地方消費税は消費税が5％に税率アップされた時点で導入された地方税で、現在は5％の消費税のうち1％が都道府県税とされ、その2分の一が地方消費税交付金として人口及び従業者数で各市区町村に交付されている。全国知事会などはこの地方消費税の税率を引き上げるよう要求している。

表4-4-4 政令指定都市　民生費の財源

(人口一人当たり円)

|  | 民生費総額 | 社会福祉費 | 老人福祉費 | 児童福祉費 | 生活保護費 |
|---|---|---|---|---|---|
| 歳出計 | 129,999 | 31,268 | 21,203 | 38,237 | 39,268 |
| 国庫支出金 | 42,867 | 6,265 | 109 | 9,020 | 27,470 |
| 都道府県支出金 | 8,751 | 5,263 | 1,003 | 2,481 | 2 |
| 手数料使用料 | 1,411 | 174 | 31 | 1,154 | 52 |
| 寄付金等 | 2,530 | 50 | 181 | 2,260 | 28 |
| 一般財源等 | 71,178 | 18,663 | 19,147 | 22,022 | 11,328 |

出典：『類似団体別市町村財政指標』を元に作成

表4-4-5　政令指定都市　民生費の財源構成比

(%)

|  | 民生費総額 | 社会福祉費 | 老人福祉費 | 児童福祉費 | 生活保護費 |
|---|---|---|---|---|---|
| 歳出計 |  |  |  |  |  |
| 国庫支出金 | 32.97 | 20.04 | 0.51 | 23.59 | 69.96 |
| 都道府県支出金 | 6.73 | 16.83 | 4.73 | 6.49 | 0.01 |
| 手数料使用料 | 1.09 | 0.56 | 0.15 | 3.02 | 0.13 |
| 寄付金等 | 1.95 | 0.16 | 0.85 | 5.91 | 0.07 |
| 一般財源等 | 54.75 | 59.69 | 90.30 | 57.59 | 28.85 |

(平成20年度決算)

出典：『類似団体別市町村財政指標』を元に作成

## 4　おわりに

　国の社会保障関係予算は2011（平成23）年度予算で28兆7,079億円となっており、一般会計歳出総額92兆4,116億円の31.1％を占めている。その内訳は年金が10兆5,738億円、医療が9兆9,250億円、介護が2兆2,037億円、福祉等が6兆55億円である。このうち介護と福祉については、地方自治体の財政を通して実施されることになる。したがって、この国の社会保障関係予算を着実に施行するためには、それに十分な地方財源が確保されなければならない。また、地方自治体の単独事業を実施することができるよう十分な財源が必要である。

　この10年間で、地方財政の規模は大きく圧縮されてきた。都道府県で13％、市町村では20％も決算規模が小さくなっている。この中で例外的に民生費は伸びてきている。同時に職員数も大きく削減されてきた。そのために、福祉サービスの面でもいくつものひずみが生まれていると言うこともできる。

　高齢化社会対策と少子化対策など、一層自治体が力量を発揮することが求められている。そのための地方財源の保障は、これからの税制の抜本改革の議論の中で最優先課題なのである。

■引用・参考文献
1）地方交付税制度研究会編『地方交付税制度解説（単位費用篇）平成22年度』地方財務協会、2010年

# 第5章

# 老人保健福祉計画の策定

　1990年の老人福祉法等福祉8法改正により、「老人保健福祉計画」の作成が位置づけられ、事実上わが国初の社会福祉分野の計画となり、また社会福祉と保健医療の連携の視点から推進された。

　2000年度以降は介護保険法に基づく介護保険事業計画とあいまって、高齢者分野の総合計画として、また、保険外サービス・制度の拡充という視点からも注目されている。

# 1節　高齢者ケアシステムにおける計画の意義

はじめに

　わが国の老人保健福祉＝高齢者ケアシステムの展開のなかで、1993（平成5）年はエポック・メイキングをなしている。1963（昭和38）年に老人福祉法が制定されて以来30年、つまり一世代が経過しており、この間わが国の人口の高齢化水準は5％台から13％台へと上昇を示してきた。そして2020年代に想定される高齢化のピークに向かって、およそ30年間、つまり一世代を展望する地点にある。日本的ナーシングホームの特質を有するとされる特別養護老人ホーム[1]も30年の歴史を刻み、20万ベッドという供給水準に達する一方、欧米のナーシングホームに類似した老人保健施設や、ケアハウス等の新しい仕組みを加えて、全体としての施設ケア・サービスは一つの転換期にさしかかっている。

　他方、在宅ケアの分野は、表5-1-1の経過のなかで一つの転換点を記した『高齢者保健福祉推進十か年戦略』（通称：ゴールドプラン）を契機として、急ピッチの整備が進行している。ホームヘルプサービス[2]等を典型とする社会福祉サービスと、訪問看護等のヘルスケアとの連携、ないし統合的展開が焦眉の課題となっている。

　こうした背景のなかで、老人保健福祉計画というキー概念[3]が定立されるとともに、高齢者のための地域ケアシステムづくりとして具現化されつつあることの意義はきわめて大きい。

　このような歴史的・社会的にエポックをなす、"計画"の特質、構成要素等、将来動向の検討をこころみるものである。

表5-1-1　老人保健福祉制度の推移

| | | |
|---|---|---|
| 1963年（昭38） | | 老人福祉法制定 |
| 1982年（昭57） | | 老人保健法制定 |
| 1986年（昭61） | | 行革一括法による老人福祉サービス等の団体事務化 |
| 1988年（昭63） | | 『福祉ビジョン』の発表 |
| 1989年（平元） | 3月 | 中央社会福祉関係三審議会合同企画分科会、意見具申 |
| 1989年（平元） | 12月 | 『高齢者保健福祉推進十か年戦略』の公表 |
| 1990年（平2） | 6月 | 老人福祉法等福祉関係8法の改正 |
| 1991年（平3） | 9月 | 老人保健法改正（老人訪問看護サービスの制度化等） |
| 1993年（平5） | 4月 | 改正法に基づく老人保健福祉計画等の施行 |

## 1　老人保健福祉計画の意義

　まず、計画作成を取り巻く社会的背景についてふれておきたい。1990（平成2）年実施の国勢調査に基づく推計によれば、西暦2000年には高齢化率は約17％に達し、2020年代のピークに向かって高齢化が一層進行する見通しである。こうした状況のなかで、寝たきりや、認知症（痴呆性）疾患をかかえる要介護老人が増加すると予測される[4]。また、高齢化率がすでに30～40％台に達している農村部や過疎地域がある一方[5]、老親と子供の同居率が低下傾向にあ

第5章 老人保健福祉計画の策定

る大都市部の介護問題など、市町村ごとの地域特性の違いや、さまざまな対応方法なども考えられるところである。要介護老人をめぐる全体的動向については、表5-1-2に示されている。

次に、この老人保健福祉計画の作成に関する意義を確認しておきたい。

第1に、各市（区）町村や各都道府県において、法律に基づく計画作成が義務づけられたことはもとより、地方公共団体が21世紀に向かっての高齢社会対策、とりわけ地域における高齢者のための総合的なケアシステムを形づくるきわめて重要な意義を持つものであること[6]。

第2に、福祉・保健サービスは地域住民に最も近い地方公共団体において実施されるべきという、市町村中心主義の考え方が重視されており、1993（平成5）年4月からは、①在宅福祉サービス、②施設福祉サービス、③老人保健サービスが市（区）町村で一元的に総合的に実施される中で、計画作成が進行することである。

第3に、この一連の計画作成作業の中では、特に市町村老人保健福祉計画において保健福祉サービスの目標量が掲げられることは、要援護老人をはじめとする高齢者はもとより関係住民の生活の質の向上にとって不可欠のものであること。

第4に、その目標を実現するためのサービス提供体制の構築については、在宅ケアの充実をはじめ、高齢者の地域社会における生活を支援する具体的かつ実効性のある内容が確保される方向が位置づけられたこと。

そして第5に、この計画は学識経験者の協力や地域住民の参加を得て、広く理解と共感を得て、作成・実施されるべきものである。

以上、老人保健福祉計画システムの発足当初の意義を5点にわたり要約したわけであるが、現時点（1993年5月末現在）は大多数の市（区）町村において、第1回目の計画作成作業が正念場を迎えており、完成された計画の全容を知ることが困難であるという時間的制約は免れない。しかし、あえて付言すれば、さしあたり西暦2000年、平成11年度を射程におく一連の作業、つまり計画の作成―実施―調整―（再作成）というシステム連関の視点に立つならば、2020～2030年代の高齢化のピークと目される事態をも対象とする計画システムであることは明らかである。このシステムの継続的展開こそは、間違いなくわが国の高齢者の生活の質（QOL）と地域生活の構造的特質を浮彫りにするものと言ってよいのであろう。同時に、市（区）町村を軸とするコミュニティ政策にとっても明確な質的転換をもたらしていると言えよう。

表5-1-2　要介護老人の将来推計と関係施設の整備

（単位：万人）

| | | 1986年 | 1990年 | 1995年 | 2000年 |
|---|---|---|---|---|---|
| 65歳以上人口 | | 1,300 | 1,500 | 1,800 | 2,000 |
| 要介護老人数 | | 60 | 70程度 | 85程度 | 100程度 |
| 老人保健施設 | | ― | 5程度 | 15～17程度 | 26～30程度 |
| 福祉サービス等 | 在　　宅 | 23 | 24程度 | 29～31程度 | 33～37程度 |
| | 特別養護老人ホーム | 12 | 16程度 | 20程度 | 24程度 |
| 長期入院患者数 | | 25 | 25程度 | 18～20程度 | 10～14程度 |

出典：厚生省老人福祉計画課監修『老人福祉のてびき』（平成4年度版）

## 2 老人保健福祉計画作成の基本方針

① 地域における総合的ケアシステムの確立

　老人保健福祉計画の内容は、さまざまな保健福祉サービスが含まれているが、究極的には、地域住民に対して、各種のサービスを総合的に提供することが可能となるシステムを地域社会においてつくることを目指して作成されるものである。

　特に、福祉サービスについては、1993年（平成5年）4月以降、施設サービス及び在宅サービスがともに市町村が実施主体となることから、施設サービスと在宅サービスとを一元的にとらえ、高齢者のニーズに応じて継続的にサービスを提供できる体制を作り、利用者が在宅生活と施設入所とを柔軟に活用し選択できるように、具体的な生活のあり方としては、在宅と施設の往復も可能となるようにすべきである。

② 在宅ケアの推進

　サービスの提供体制の整備に当たっては、高齢者が寝たきりにならないようなサービス展開を基調とし、高齢者が寝たきりなどの介護を要する状態になっても、住み慣れた地域や家庭での生活ができる限り継続できるよう、在宅の要援護老人に対する保健福祉サービスの充実に重点をおくべき、という視点が明確にされつつある。

③ 利用しやすい保健福祉サービス及び医療との連携

　ア．サービス提供体制の整備に当たっては、保健福祉サービスが地域住民に周知され、利用されるものでなければ、老人保健福祉計画の目的は達成されないのである。特に要援護老人とその家族にとっては、情報を得ること、保健福祉サービスの利用手続が簡素化されていること、保健福祉サービスに関する情報提供や、相談体制の充実等は重要である。

　　保健福祉サービスの量的拡充を図る視点に立って必要な配慮を行うことは当然であるが、併せて、利用者にとって適切なサービスが容易に利用できるように創意工夫を重ねるとともに、在宅介護支援センターの積極的活用など相談体制の整備を図ることが必要である。

　イ．要援護老人がトータルで継続的な在宅療養を行っていくには、市（区）町村の保健福祉サービスと医療機関の有機的な連携の強化はきわめて重要である。

④ 寝たきり老人・痴呆性老人対策の推進

　ア．老人保健福祉計画の作成に当たっては、寝たきりは防止できるとの視点に立って、そのための施策を充実するとともに、介護サービスの提供に際しても、保健・医療との連携の重要性を認識しつつ「寝たきりゼロ」を目指すことに配慮すべきである。

　　なお、寝たきり状態の把握に関連する障害老人の日常生活自立度（寝たきり度）判定基準は表5-2-1のとおりである。

　イ．痴呆性老人については、現状において、その全体的把握が困難であり、対策の体系化も、寝たきり老人対策に比べ、必ずしも十分なものとはいえない。このため、老人保健福

祉計画の作成にあたっては、特に痴呆性老人対策の推進についても、特段の配慮を行う必要がある。この際、家族からの相談に応ずる体制の整備及び緊急時における入院や施設入所の体制の整備が重要である。

　痴呆性老人の把握に関する性別・年齢階級別の出現率は、表5-2-2および表5-2-3のとおりである。なお、痴呆性老人に係る妥当な判定基準を設け、より詳細なニーズ調査等が実施されることは、今後の一つの課題である。

⑤　地域性を踏まえた計画

　市（区）町村の人口規模、高齢化などの度合には、大きな差異があり、保健福祉サービスの社会資源もさまざまであり、産業構造や地域住民の意識なども全国一律でないのである。市町村老人保健福祉計画の作成に当たっては、その地域にふさわしい計画づくりを行うことがきわめて重要なことである。また、都道府県は、都道府県の福祉事務所及び保健所における地域の実情に応じたきめ細かな支援を通じて、多様性を持った計画づくりが可能となるよう配慮すべきである。

## 2節　老人保健福祉計画の法令的側面

### 1　福祉8法改正等と老人保健福祉計画の関連

　1990年（平成2年）6月第118国会において、老人福祉法等福祉関係8法の一部改正が可決成立したが、老人保健福祉計画の作成をはじめとする主要な改正点について以下4点にわたりふれておきたい。

①　介護の総合的実施（第10条の3）

　市町村は、居宅における介護等の措置（在宅福祉サービス）及び特別養護老人ホーム等への入所措置（施設福祉サービス）の総合的実施に努めなければならないものとされた。

②　在宅福祉サービスの位置づけの明確化等（第10条の4）

　在宅福祉サービスの重要性を踏まえ、居宅における介護等の措置（在宅福祉サービス）が明確に位置づけられるとともに、市町村は、これらの措置その他地域の実情に応じたきめ細かな措置の積極的実施に努めるものとされた〔以下のア～オ→平成3年1月1日施行〕。

　ア．デイサービス、ショートステイ及びホームヘルプサービスを同一の条文にまとめられ、同様の位置づけがなされた（第10条の4第1項）。
　イ．従来、施設福祉サービスが基本とされていたが、在宅福祉サービスが基本とされることとなり、福祉の措置の章においても、規定の順序を逆転させ、在宅福祉サービスを先に規定されることになった。
　ウ．在宅福祉サービスについて積極実施の努力規定が設けられた（第10条の4第3項）。
　エ．市町村において、在宅福祉サービス及び施設福祉サービスを一元的に実施することとなり、また老人保健福祉計画を作成して事業の実施目標を立てて推進することとなる平成5

年度以降、老人デイサービスセンター等の供給体制の確保の状況を勘案して、在宅福祉サービスの推進方策、国の費用負担の方式について検討を行い、所要の措置を講ずるものとされた。
オ．老人居宅生活支援事業並びに老人デイサービスセンター及び老人短期入所施設の設置に関し、それぞれの規定が整備されたこと（具体的には第14条、第14条の2、第15条第2項、第16条第1項、第18条、第18条の2、第20条第1項）。
カ．居宅において介護を受ける老人及びその介護者にかかわる相談指導であって、専門的知識・技術を必要とするものについて、老人デイサービスセンターや在宅介護支援センター等で行うことができるものとされたこと（第6条の2）。

③ **特別養護老人ホーム等への入所決定の町村移譲（→平成5年4月1日施行）**
ア．特別養護老人ホーム及び養護老人ホームへの入所決定権を都道府県から町村に移譲すること（第11条）。
イ．都道府県は、介護等の措置（在宅福祉サービス及び施設福祉サービス）の実施に関し、市町村相互間の連結調整、市町村に対する情報提供等の必要な援助を行うとともに、介護の措置等の適切な実施を確保するために必要があると認めるときは、市町村に対し助言することができるものとすること（第6条の3）。

④ **老人保健福祉計画の作成（→平成5年4月1日施行）**
ア．市町村老人福祉計画（第20条の8／新設）：市町村は、老人福祉法に基づく福祉の措置（在宅福祉、施設福祉、生きがい対策を含み、地方自治体単独事業も含む）の実施に関する計画を定めるものであること。
イ．市町村老人福祉計画においては、在宅福祉サービス及び施設福祉サービスに関し、確保すべき事業の量の目標その他必要な事項を定めるものとする。
ウ．市町村老人福祉計画は、市町村老人保健計画と一体のものとして作成されなければならないものであること（第20条の8第5項並びに老人保健法第46条の18第5項）。
エ．都道府県老人福祉計画（第20条の9／新設）：都道府県は、市町村老人福祉計画の達成に資するため、各市町村を通じる広域な見地から老人福祉法に基づく福祉の措置に関する事業の供給体制の確保に関する計画を定める。
オ．都道府県老人福祉計画においては、当該都道府県が定める区域ごとに、当該区域における老人福祉施設の整備量及び老人福祉施設相互間の連携の方法その他の必要な事項を定めるものとすること。
カ．都道府県老人福祉計画は、都道府県老人保健計画と一体のものとして作成されなければならないものとすること。
キ．都道府県知事は市町村に対し、厚生大臣は都道府県知事に対し、それぞれ計画の作成上の技術的事項について必要な助言をすることができるものとすること（第20条の10）。
（参考）老人保健計画の概要：市町村は老人保健法に基づく医療等以外の保健事業の実施に関する計画（市町村老人保健計画）を定めるものとし、具体的には、機能訓練および訪問

指導について確保すべき事業の量の目標その他、必要な事項を定めるものとする（同法第46条の18／新設）。なお、都道府県老人保健計画については、同法46条の19に規定されている。

表5-2-1　障害老人日常生活自立度（寝たきり度）判定基準

| | | |
|---|---|---|
| 生活自立 | ランクJ | 何らかの障害を有するが、日常生活はほぼ自立しており独力で外出する<br>　1．交通機関等を利用して外出する<br>　2．隣近所へなら外出する |
| 準寝たきり | ランクA | 屋内での生活は概ね自立しているが、介助なしには外出しない<br>　1．介助により外出し、日中はほとんどベッドから離れて生活する<br>　2．外出の頻度が少なく、日中も寝たり起きたりの生活をしている |
| 寝たきり | ランクB | 屋内での生活は何らかの介助を要し、日中もベッド上での生活が主体であるが座位を保つ<br>　1．車椅子に移乗し、食事、排泄はベッドから離れて行う<br>　2．介助により車椅子に移乗する |
| | ランクC | 1日中ベッド上で過ごし、排泄、食事、着替えにおいて介助を要する<br>　1．自力で寝返りをうつ<br>　2．自力では寝返りをうてない |
| 期　　間 | | ランクA、B、Cに該当するものについては、いつからその状態に至ったか　　○○年○○月頃より（継続期間○○年○○ヵ月間） |

表5-2-2　在宅の痴呆性老人の性別・年齢別出現率

| | 65～69歳 | 70～74歳 | 75～79歳 | 80～84歳 | 85歳～ | 合計 |
|---|---|---|---|---|---|---|
| 男 | 1.6% | 3.0% | 5.3% | 9.7% | 16.7% | 4.4% |
| 女 | 0.8% | 2.5% | 5.1% | 11.8% | 22.9% | 5.1% |
| 合計 | 1.1% | 2.7% | 5.2% | 11.0% | 20.9% | 4.8% |

表5-2-3　全国の在宅および病院・施設の痴呆性老人の性別・年齢階級別出現率

| | 65～69歳 | 70～74歳 | 75～79歳 | 80～84歳 | 85歳～ | 合計 |
|---|---|---|---|---|---|---|
| 男 | 2.1% | 4.0% | 7.2% | 12.9% | 22.2% | 5.8% |
| 女 | 1.1% | 3.3% | 7.0% | 15.6% | 29.8% | 6.7% |
| 合計 | 1.5% | 3.6% | 7.1% | 14.6% | 27.3% | 6.3% |

## 2　第1次の老人保健福祉計画

　1990（平成2）年の老人福祉法等8法改正により、老人福祉法及び老人保健法に規定された高齢者に関する保健福祉サービスの整備目標量等に関する計画が老人保健福祉計画として位置づけられた。老人福祉法に規定された老人福祉計画と、老人保健法に規定された老人保健計画を一体化させたものとして計画づくりがなされ、1993（平成5）年度までにすべての市区町村、並びに都道府県においてそれぞれ作成された。

　計画作成に当たっては、地域における高齢者関連の社会資源の適正配分を行い、各種のサービスの有効活用や保健福祉活動の活性化によるニーズの充足、施設整備を含む総合的なサービス提供体制を確立すること、公的サービスと民間サービスによる多元的な供給体制の確立を図ることが目的とされた。また、厚生省による「老人保健福祉計画作成指針」において、基本的な考え方として以下の5点が指摘されている。

① 　地域における総合的ケアシステム確立の視点から老人保健計画と老人福祉計画とを一体的なものとして作成
② 　在宅サービスの推進
③ 　医療との連携及び保健・福祉サービスを住民がより利用しやすくする観点を踏まえる
④ 　寝たきり老人・痴呆性老人対策の推進
⑤ 　地域性を踏まえ、市町村が主体的な役割を担うこと

　市町村老人保健福祉計画の作成は、1993（平成5）年度中までに行われ、始期は各自治体の判断により同年度からもしくは翌年度からの実施となっており、終期はおおむね1998（平成10）年を目標年度として作成されている。

　都道府県老人保健福祉計画は、基本的には市町村計画の積み上げにおいて作成し、圏域を設定して、圏域ごとの市町村計画の調整を図る。この圏域の設定については、保健・福祉・医療の連携を図るため、基本的には都道府県医療計画の二次医療圏と合致させることが望ましいとされている。

　なお、1994（平成6）年6月までに作成された全国の市区町村並びに都道府県の老人保健福祉計画に規定された目標量の総計は、新ゴールドプランの掲げる整備目標へと反映された。

　このように、第1期の老人保健福祉計画は、高齢者に対する保健福祉サービス（とりわけ介護サービス）の基盤整備について、各地域主体で整備目標を計画し、それを達成するために国が財政的な支援を行うという図式をつくったことに大きな意義がある。

# 3節　介護保険の導入・展開と老人保健福祉計画

## 1　介護保険事業計画と第2次以降の老人保健福祉計画

　地域における老人保健福祉計画と全国的な新ゴールドプランに基づき、高齢者介護サービス基盤の整備が推進されていくなかで、1997（平成9）年12月に介護保険法が成立した。これにより2000（平成12）年度より、高齢者保健福祉サービスの中で介護に関するサービスについては、介護保険制度によって運営されていくこととなった。

　これまで老人保健福祉計画の中に位置づけられていたサービスのうち、介護サービスについ

ては介護保険事業計画によってサービス量の計画が定められることとなり、従来の老人保健福祉計画で目標量の設定が行われていたサービスの大半は、介護保険事業計画に移行することとなったのである。

老人保健福祉計画は、もともと市町村、都道府県における高齢者保健福祉全般にわたる施策計画と位置づけられるものである。したがって、各個のサービスの整備目標を立案する前提として、それぞれの地域で高齢者全体の状況を見渡した上で、どのような方針で老人保健福祉施策を展開していくのかという基本的な考え方を明らかにし、それに基づいて具体的に取り組むべき老人保健福祉施策についての方策とその計画を明らかにする役割がより一層求められることとなった（次頁の図5-2-1参照）。

## 2 第2次以降の老人保健福祉計画の内容
### ① 老人保健福祉計画の主な内容
○ 地域における老人保健福祉事業に関する総合計画としての事項
・介護保険給付対象サービスと介護保険給付対象外サービスの両面についての地域全体の高齢者全体に係る政策目標など
・要介護者等以外の高齢者を含む高齢者全体の実情把握、需要把握など
○ 介護保険給付対象外のサービス、地方単独事業によるサービスの供給体制の確保について
・日常生活用具給付等、介護予防・生活支援事業、養護老人ホーム、軽費老人ホーム、老人福祉センター、在宅介護支援センター、生活支援ハウス（高齢者生活福祉センター）、老人保健事業等

このように、介護保険外のサービスや社会的活動の企画・支援などについての整備や運営の計画は、老人保健福祉計画に位置づけられることになる。特にそのなかでもこれまでの老人保健福祉計画に位置づけられていたサービスのうち、養護老人ホーム、軽費老人ホームといった介護を目的としないいわば「生活支援型」の施設サービス、介護保険の内外を包括した相談業務を行う在宅介護支援センター、健康づくり、疾病予防、地域リハビリテーションを担う老人保健事業などについては、介護保険の対象とはならないため、老人保健福祉計画上に必ず位置づけなければならない。これにとどまらず、生活支援・介護予防サービス、高齢者向けの社会的活動支援等についても、施策の基本的方針に基づいて積極的に盛り込むことが望まれる。

図5-2-1　老人保健福祉計画と介護保険事業計画との関係

```
┌─────────────────────── 老人保健福祉計画 ───────────────────────┐
│○地域における老人保健福祉事業に関する総合計画
│  ・介護保険給付対象サービス、介護保険給付対象外サービス等の確保等、地域全体の高齢者全体
│    に係る政策目標等
│  ・要介護者等以外の高齢者を含む高齢者全体の実情把握、需要把握、相談調査指導
│○介護保険給付対象外のサービス
│  地方単独事業によるサービスの供給体制の確保
│    日常生活用具給付等／日常生活支援事業（配食等）／養護老人ホーム／軽費老人ホーム／老人
│    福祉センター／在宅介護支援センター／高齢者生活福祉センター／保健事業等
│○措置対象者の把握、サービス提供の方策等
│┌─────────────────── 介護保険事業計画 ───────────────────┐
││○地域における要介護者等（介護保険給付対象者）の現状把握
││○要介護者等の個別需要の把握
││○必要となる介護保険給付対象サービスの見込み量
││  【対象サービス】
││    訪問介護／訪問入浴介護／訪問看護／訪問リハビリテーション／居宅療養管理指導／通所介
││    護／通所リハビリテーション／短期入所生活介護／短期入所療養介護／認知症対応型共同生
││    活介護／特定施設入所者生活介護（ケアハウス等）／福祉用具貸与
││    居宅介護支援（ケアプランの作成等）
││    介護老人福祉施設（特別養護老人ホーム）／介護老人保健施設（老人保健施設）／介護療養
││    型医療施設（療養型病床群等）
││    市町村特別給付の対象サービス
││○サービス見込み量に係る供給体制の確保のための整備方策
││○事業者間の連携の確保等、介護給付対象サービスの円滑な提供を図るための事業
││○人材の確保または資質の向上のために講ずる措置
│└────────────────────────────────────────────┘
│○事業費の見込みに関する事項
└────────────────────────────────────────────┘
```

出典：長寿社会開発センター『老人福祉のてびき　平成17年度版』、2005年

### ②　3年を1期とする計画期間と中期的展望

　当初、介護保険事業計画と老人保健福祉計画は、5年を1期とする計画策定（2000～04年、2003～07年）を位置づけてきたが、第3期からは3年を1期とする計画期間・サイクルが予定されるとともに、中期的な視点から3～4期先の給付等の動向を展望することも求められている。

　なお、自治体の計画策定に当たっては、①高齢者や住民のニーズを的確に把握する調査等が実施されること（未利用者の問題等も含まれる）のほか、②短期的な保険料算定の視点だけでなく、③介護サービスの基盤整備の方向づけを明確にすること（現時点では「ゴールドプラン21」の後継計画は示されていないが）、④介護サービスの質を担保する取り組み、⑤地域包括支援センターの設定や地域支援事業、地域密着型サービスなどの推進を明確化すること─が要請されている。

第5章　老人保健福祉計画の策定

## 3　第4期計画（2009〜2011）の課題—2014（平成26）年度に向かって

　第4期（2009〜2011年度）の介護保険事業計画策定に当たって、国は、第3期策定時点において示された、2014（平成26）年度目標値の設定の考え方を継続しており、以下にその要旨を引用する。

**図5-2-2　平成26年度目標値の設定の考え方（抄）**

　第4期計画の策定に当たっては、次に掲げるそれぞれの事項ごとに、第3期計画策定の際に設定した平成26年度の目標値を基礎としつつ、直近の現状を踏まえた適切な補正を行うことが必要である。また、平成19年6月に通知した「第4期介護保険事業（支援）計画における療養病床等の取扱いに関する基本的考え方について」（平成19年6月29日老計発第0629001号老健局計画課長通知。）において示したとおり、第4期計画期間においては、医療療養病床（回復期リハビリテーション病棟である療養病床を除く。以下同じ。）から介護保険施設等への転換に伴う介護給付対象サービスの利用者数及び介護保険施設等の入所定員数の増加分については、次に掲げるそれぞれの目標値の外数として取扱うこととする。

**ア　要介護認定者数に対する施設・居住系サービスの利用者数割合**
　市町村は、平成26年度の介護専用型特定施設における特定施設入居者生活介護、認知症対応型共同生活介護、地域密着型特定施設入居者生活介護、地域密着型介護老人福祉施設入所者生活介護及び指定施設サービス等（以下「施設・居住系サービス」と総称する。）の利用者数の合計数の要介護2以上の認定者数に対する割合を37％以下とすることを目標として設定する。
　ただし、施設・居住系サービスの利用者数の合計数には、医療療養病床がこれらのサービスを提供する介護保険施設等に転換することによって生じる利用者数の増加分を含めないこととする。

**イ　介護保険施設等の重度者への重点化**
　市町村は、平成26年度の地域密着型介護老人福祉施設入所者生活介護及び指定施設サービス等の利用者数の合計数のうち要介護4及び要介護5の認定者数の合計数が占める割合を、70％以上とすることを目標として設定する。
　ただし、地域密着型介護老人福祉施設入所者生活介護及び指定施設サービス等の利用者数の合計数には、医療療養病床がこれらのサービスを提供する介護保険施設等に転換することによって生じる利用者数の増加分を含めないこととする。

**ウ　介護保険施設等の個室・ユニット化**
　都道府県は、平成26年度の地域密着型介護老人福祉施設及び介護保険施設の入所定員の合計数のうちのユニット型施設の入所定員の合計数が占める割合を、50％以上とすることを目標として設定する。

出典：厚生労働省「全国介護保険・高齢者保健福祉担当課長会議資料」、2008年2月

　今後の制度改革のプロセスについては、集権的手法によるのでなく、高齢者等の住民ニーズに即応できる基礎自治体を軸に、分権と自治の視点が重要なものであり、介護保険の制度改正が双方向的な手法を内在させるか否かによって、その成否が決せられるであろう。

## 4　今後の課題—地域におけるサービスの基盤整備—

　高齢者保健福祉の基盤整備を推進するには、老人保健福祉計画や介護保険事業計画の達成状況や、市町村間の広域連合、さらに市町村合併等の経過をふまえて、高齢者の多様なニーズの反映、高齢者本位のサービス提供システムづくりがポイントである。

改正介護保険法にもとづく第３期介護保険事業計画（平成18〜20年度）においては、新たに創設された地域包括支援センターの開設、介護予防サービスや地域密着型サービス（小規模多機能型居宅介護や夜間対応型訪問介護など）の導入を含め、市町村を中心とする各種サービスの基盤整備やサービスの質的向上が求められてきた。

なお、2008（平成20）年４月より老人保健法が高齢者医療確保法に全面改訂となったことから、老人保健計画の位置づけが削除された。したがって、国の制度としては、2008年４月以降は「老人福祉計画」という老人福祉法を根拠とする位置づけとなったが、多くの地方自治体では引き続き「老人保健福祉計画」または「高齢者保健福祉計画」等を呼称・展開している。

また、第４期（平成21〜23年度）においては、介護療養型医療施設が介護療養型老人保健施設・その他施設等に転換することや、高齢者向けの適合賃貸住宅の整備のほか、介護福祉士を軸とする人材の確保に向けた具体策の推進が要請されている。

さらに、第５期（平成24〜26年度）においては、①高齢者住まい法に基づく「都道府県住まい計画」の策定・実施に伴う「サービス付き高齢者向け住宅制度」の普及、②東日本大震災に対応する被災者支援・復興計画との関連、③東京・埼玉・千葉・神奈川など首都圏における急速な高齢化・大量の介護問題発生への対応などを軸に、各地域の特性に応じた計画づくりが要請されている。

## 1　第５期介護保険事業（支援）計画の基本的な考え方（地域包括ケアの推進について）

### （１）　計画策定の際の地域ニーズの的確な把握について（より的確に地域の課題等を把握できる日常生活圏域ニーズ調査の積極的な実施）

第５期介護保険事業（支援）計画（以下「第５期計画」という。）の作成に当たっては、高齢者が要介護状態になっても、可能な限り住み慣れた地域において継続して生活できるよう、①介護、②予防、③医療、④生活支援、⑤住まいの５つのサービスを一体化して提供していく「地域包括ケア」の考え方に基づき、取り組むことが重要である。

【地域包括ケアの５つの視点による取組み】
地域包括ケアを実現するためには、次の５つの視点での取組みが包括的（利用者のニーズに応じた①〜⑤の適切な組み合わせによるサービス提供）、継続的（入院、退院、在宅復帰を通じて切れ目ないサービス提供）に行われることが必須。

①医療との連携強化
・24時間対応の在宅医療、訪問看護やリハビリテーションの充実強化
・介護職員によるたんの吸引などの医療行為の実施

②介護サービスの充実強化
・特養などの介護拠点の緊急整備（平成21年度補正予算：３年間で16万人分確保）
・24時間対応の定期巡回・随時対応サービスの創設など在宅サービスの強化

③予防の推進
・できる限り要介護状態とならないための予防の取組や自立支援型の介護の推進

④見守り、配食、買い物など、多様な生活支援サービスの確保や権利擁護など

## 第5章 老人保健福祉計画の策定

・一人暮らし、高齢夫婦のみ世帯の増加、認知症の増加を踏まえ、様々な生活支援（見守り、配食などの生活支援や財産管理などの権利擁護サービス）サービスを推進

⑤高齢期になっても住み続けることのできる高齢者住まいの整備（国交省と連携）

・一定の基準を満たした有料老人ホームと高専賃を、サービス付高齢者住宅として高齢者住まい法に位置づけ

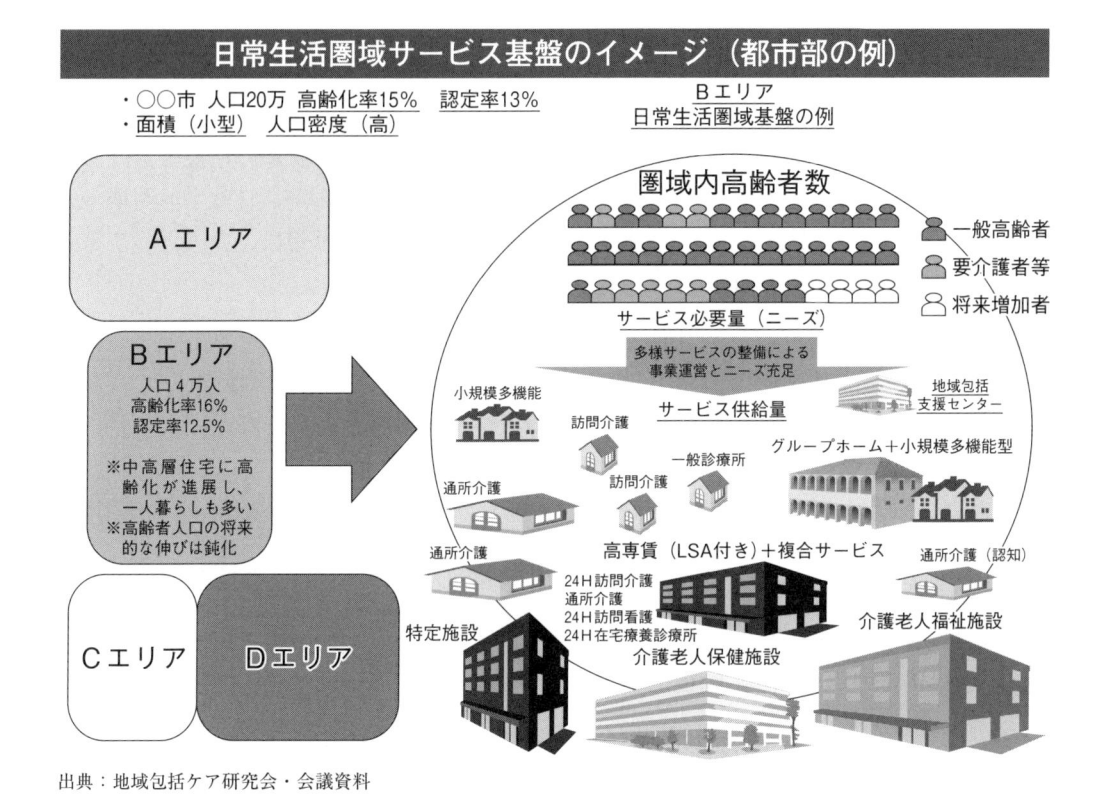

### 日常生活圏域サービス基盤のイメージ（都市部の例）

・○○市　人口20万　高齢化率15%　認定率13%
・面積（小型）　人口密度（高）

Bエリア　日常生活圏域基盤の例

Aエリア

Bエリア
人口4万人
高齢化率16%
認定率12.5%
※中高層住宅に高齢化が進展し、一人暮らしも多い
※高齢者人口の将来的な伸びは鈍化

Cエリア　Dエリア

圏域内高齢者数
一般高齢者
要介護者等
将来増加者

サービス必要量（ニーズ）

多様サービスの整備による事業運営とニーズ充足

サービス供給量

小規模多機能／訪問介護／通所介護／一般診療所／地域包括支援センター／グループホーム＋小規模多機能型／高専賃（LSA付き）＋複合サービス／特定施設／24H訪問介護・通所介護・24H訪問看護・24H在宅療養診療所／介護老人保健施設／介護老人福祉施設／通所介護（認知）

出典：地域包括ケア研究会・会議資料

この「地域包括ケア」推進の前提として、地域やその地域に居住する高齢者ごとの課題の的確な把握、具体的には、
①どこに、
②どのような支援を必要としている高齢者が、
③どの程度生活しておられるのか、
等をより的確に把握し、より地域の実情に応じた各サービスの過不足の無い目標整備量の設定等、介護拠点の計画的整備に繋げ、地域で必要な介護サービス等が確実に提供される体制の整備を進めることが重要である。

このようなことから、第5期計画を策定するに当たり、介護サービス等提供量見込みの算出に伴う地域や高齢者の課題等をより的確に把握するための手法（以下「日常生活圏域ニーズ調査」という。）について本年度57の保険者でモデル事業を実施し、このモデル事業の実施結果等を踏まえ、先般日常生活圏域ニーズ調査の成案をお示ししたところである。

日常生活圏域ニーズ調査は、モデル事業を実施した自治体からも、軽度認知症、虚弱、閉

じこもり等の傾向の見られる高齢者が、どこに、どの程度生活しておられるのかが把握でき、地域ごとの高齢者の課題が鮮明になり、各課題に即した的確な対応手法を計画ベースで検討できるようになったといった評価をいただいていることから、高齢者のニーズをより的確に把握する有効な手法として考えている。

　第5期計画の策定に当たって、日常生活圏域ニーズ調査を積極的に実施していただき、地域の課題、ニーズをより的確に把握し、不足している施策やサービス等を分析して必要な介護サービスの基盤整備を構築する等、精度の高い第5期計画（必要なサービス量等）の策定に繋げていただきたい。また、日常生活圏域ニーズ調査結果については、個々の高齢者の状態にあった個別ケアの推進にも活用いただきたい。

　なお、日常生活圏域ニーズ調査やそれを踏まえた基本的な地域の課題の把握は、既にお示ししている調査の実施方法等に基づき実施・把握することができるが、日常生活圏域ニーズ調査で明らかになった課題の分析・評価手法の例を本年4月中を目途に、介護保険事業計画策定のためのテキストの中で情報提供を行う予定。

出典：厚生労働省　全国介護保険主管課長会議資料（2011.2.22）

　最後に、高齢者保健福祉サービスの財源を確保するには、介護保険・医療保険などの社会保険料、消費税などの税財源（税率改定・福祉目的税への再構成をめぐる課題等）、利用者負担（介護や医療の自己負担・低所得者への配慮等）のバランスをとっていくことが重要である。これを怠ると、日本の福祉社会の基盤は根本から揺らいでしまうことになり、今こそ財源確保に向けた国民の新しい合意づくりが重要である。

　今後における高齢者施策は、次章でふれる介護保険を軸としながらも、「地域包括ケア」という視点で表現され、①介護と医療の連携、②予防、③住まい、④生活支援（事実上の福祉サービス）など、初期の老人保健福祉計画が企図していたように、狭義の要介護問題に限定されない高齢者ケアの構造的視点――グローバルな高齢者施策としての地域包括ケアの構築が問われている。最近の百歳高齢者の行方不明問題など、三千万人規模に達した高齢者の多様なニーズに対応した制度・サービスの構築が問われており、要介護以外のニーズ、すなわち低所得、孤独、老人性うつ、食生活と居住の在り方等、検討を深めていかなければならない。

## 第5章 老人保健福祉計画の策定

（参考）　高齢者の居住の安定確保に関する法律等の一部を改正する法律案

高齢者の居住の安定を確保するため、バリアフリー構造等を有し、介護・医療と連携して、高齢者を支援するサービスを提供する「サービス付き高齢者向け住宅」の登録制度の創設等を行う。

### 施策の現状・背景

高齢化が急速に進む中で、高齢の単身者や夫婦のみの世帯が増加しており、<u>介護・医療と連携して、高齢者を支援するサービスを提供する住宅を確保することが極めて重要である</u>一方、<u>サービス付きの住宅の供給は、欧米各国に比べて立ち後れている</u>のが現状。

#### 高齢者単身・夫婦世帯の増加

2010年から2020年の10年間で、
　高齢者人口：
　　　　約2,900万人→約3,600万人
　高齢者単身・夫婦世帯：
　　　　約1,000万世帯→1,245万世帯

#### 全高齢者における介護施設・高齢者住宅等の定員数の割合

施設系／住宅系

| | 施設系 | 住宅系 | 計 |
|---|---|---|---|
| 日本（2005） | 3.5% | 0.9% | 4.4% |
| デンマーク（2006） | 2.5% | 8.1% | 10.7% |
| 英国（2001） | 3.7% | 8.0% | 11.7% |
| 米国（2000） | 4.0% | 2.2% | 6.2% |

2020年までに3～5%に（国交省成長戦略）

↓

国土交通省・厚生労働省共管の制度として、都道府県知事への登録制度である「サービス付き高齢者向け住宅制度」を新たに創設

### 概要

【登録基準】　※有料老人ホームも登録可
《住宅》
・床面積（原則25㎡以上）、便所、洗面設備等の設置、バリアフリー
《サービス》
・サービスを提供すること。（少なくとも安否確認・生活相談サービスを提供）
《契約》
・高齢者の居住の安定が図られた契約であること、前払家賃等の返還ルール及び保全措置が講じられていること

【事業者の義務】
・入居契約に係る措置（提供するサービス等の登録事項の情報開示、入居者に対する契約前の説明）
・誇大広告の禁止

【指導監督】
・住宅管理やサービスに関する行政の指導監督（報告徴収・立入検査・指示等）

＊　高円賃・高専賃（登録制度）、高優賃（供給計画認定制度）の廃止
＊　高齢者居住支援センター（指定制度）の廃止

△

○　補助・融資・税による支援策を充実し、民間による供給を促進
○　介護保険法改正による「定期巡回随時対応サービス」等と組み合わせた仕組みを普及

出典：国土交通省資料（2011年3月現在）

### ■引用・参考文献

1）森幹郎「特別養護老人ホームの方向」（『日本の中高年⑨政策老年学』垣内出版・1981年4月）
2）拙稿「ホームヘルプサービスの過去・現在・将来——在宅高齢者のQOLの向上のために」（『月刊総合ケア』1992年10月号）
3）拙稿「老人福祉法改正と1990年代社会福祉の針路」（『社会福祉研究』鉄道弘済会・1990年4月号）
4）厚生省大臣官房老人保健課監修『ねたきりゼロを求めて』（中央法規出版・1990年）
5）三浦文夫ほか『高齢化進行地域における地域特性と福祉政策の課題——青森県下北半島と山口県大島郡の比較を中心として』（老人福祉開発センター・1989年3月）
6）拙稿「市町村老人保健福祉計画策定の視点——高齢者の生活の質の向上・地域生活支援」

# 第6章

# 介護保険事業計画
## ―地方自治体と介護サービス基盤の整備―

地域における介護サービスの基盤整備を進めていくうえで、市町村介護保険事業計画（第1期～第5期）および都道府県介護保険事業支援計画の果たす役割が重要であり、関連する老人保健福祉計画及び健康増進計画、高齢者住まい計画等を含め理解を深める。

# 1節　介護保険事業計画の枠組みと課題

## 1　背景

　21世紀の超高齢社会における介護問題の解決を図るため、国民の共同連帯の理念に基づき、要介護者等を社会全体で支援する仕組みとして、介護保険制度が創設された（介護保険事業に係る保険給付の円滑な実施を確保するための基本的な指針）。

　介護保険制度は、40歳以上の国民に介護保険料という、社会保険方式の導入（公費負担併用）による費用負担を求めながら、被保険者が加齢に伴い要介護・要支援状態に陥った際には、市区町村における要介護認定（審査会）の手続を経て在宅及び施設利用による介護サービスの適用を適切に実施しようとするものである。

　このため、介護給付等のサービスが全国的にある程度の均衡を図りながら、地域の実情に応じて提供されるようにする必要がある。そして、人口の高齢化がますます進展する状況においては、各地域において、サービス提供体制の確保・充実を計画的に図ることが必要である。

　そこで、市区町村では、老人保健福祉計画の達成状況や各種保健福祉制度上の整合を踏まえ、介護保険事業計画（介護保険法第117条）を、都道府県は介護保険事業支援計画（同法第118条）を作成し、高齢者介護サービスの量的充足を可能とするサービス供給体制づくり、すなわち介護サービスの基盤整備を明確化することとなった。

## 2　介護保険事業計画の意義

　ここでは、介護保険法の制度的趣旨に従って、その枠組みや課題を整理しておきたい。

　5年を1期として（2005〈平成17〉年の法改正に基づき、2006〈平成18〉年度からは3年を1期とする）、3年ごとに策定される市町村介護保険事業計画で定められるのは、以下の諸事項である（同法第117条第1・2項）。

①各年度における介護給付等サービスの種類ごとの量の見込み

②この見込み量の確保のための方策

③サービス事業者相互間の連携の確保に関する事業、その他サービスの円滑な提供を図るための事業に関する事項

④その他保険給付の円滑な実施を図るために必要な事項

　ここで、介護保険事業計画策定の意義は、第1に、「各年度における介護給付等対象サービスの種類ごとの量の見込み」が明らかにされ、併せて「確保のための方策」を規定することにより、年度ごとのサービス基盤整備計画が明示されることになる。第2に、介護保険給付の対象となるサービスの給付水準が定められ、法定の介護給付（要介護者を対象）と予防給付（要支援者を対象）に要する費用の50％相当（利用者負担を除いた金額）として設定される介護保険料の1人当たり平均負担額水準（特に市町村ごとの第1号被保険者負担水準）が事実上確定される。第3に、この計画が3年ごとに見直されることが法定化されていることにより、介護保険財政の明確化とともに、制度運用における弾力的対応が示唆されているとも考えられる。

第6章　介護保険事業計画─地方自治体と介護サービス基盤の整備─

## 3　介護保険事業計画（第1期）に係る基本的指針

　市町村介護保険事業計画および都道府県介護保険事業支援計画の策定に際し、厚生労働大臣は、介護保険法第116条に基づき、「介護保険事業に係る保険給付の円滑な実施を確保するための基本的な指針」（平成11年厚生省告示第129号）を定めている。

　基本指針には以下の諸事項が定められている。
　①サービス提供体制の確保に関する基本的事項
　②サービスの種類ごとの見込み量を定める際の参酌標準
　③その他保険給付の円滑な実施を確保するために必要な事項

　従前の老人保健福祉計画の際の厚生大臣（当時）の参酌すべき標準に対比するならば、詳細な規定により標準の精緻化がなされたとして評価されるとともに、介護保険制度の性格上やむを得ない面もあるが、地方分権ないし自治体の自主的な制度推進からみた場合には、ワークシートによる費用管理＝自由度の少ない計画構成となってしまったことは否定できない。

## 4　市区町村における現状の把握

### ①　高齢者の実態調査に関連して

　介護保険法第117条第3項における要介護者などの人数やそのサービスに対する利用意向等を把握するためには、高齢者の実態調査が重要かつ不可欠のものとなる。要介護者等の高齢者の実態調査として必要なものとしては、以下の調査が行われている。
　ア　高齢者一般調査
　イ　要介護高齢者等のニーズ調査（在宅）
　ウ　要介護高齢者等の需要調査（施設）
　エ　特別養護老人ホームの待機者調査
　オ　その他調査（第2号被保険者、住民一般、その他）

### ②　サービス提供の現状把握に関連して

　高齢者の現状把握と関連して、各種サービス提供の現状について把握することが重要である。この場合、各種サービスとは、市区町村が直営または委託により提供しているサービスだけでなく、介護保険法の施行時に指定または特例とされたサービス等についても対象となる。

　そして、それらすべてのサービスについて、その現状及び評価、問題点を明らかにして、介護保険制度実施後9年間に生じた諸課題を整理していく作業が要請されている。

## 5　サービス必要量の設定について

　高齢者実態調査の結果を根拠として、必要なサービス量を明らかにすることとなるが、その手順としては以下の事項が考えられる。
　①65歳以上の高齢者を年齢階級別に、障害高齢者の日常生活自立度を横軸にとり、認知症高齢者の日常生活自立度を縦軸として組み合わせた表を設定し、その表中に対象者の人数を記入し、その分布を把握すること（なお、要介護度や日常生活自立度の個別的把握が可能

な市区町村の場合、当初から年齢階級別、要介護度ごとに上記の作表を行い、集計・把握することも可能である）。
②厚生労働省から提示される、いわゆるワークシートの手法によって、要介護度および状態像別の人数分布を把握すること。
③2000〜04（平成12〜16）年度、2003〜07（平成15〜19）年度などの５年間または３年間の高齢者等の人口推移を調べ、それに基づき、各年度ごとに各々の要介護度および状態像にある者の一定割合を施設サービスの必要性として算定すること。
④施設サービス対象者として算定された者以外について、各年度における在宅の要介護・要支援者として、その要介護度及び状態像の人数を推定すること。
⑤推定された人数に対し、要介護度及び状態像の標準サービス（モデル・サービスパッケージ）を乗じ、さらに実態調査の集計により各種サービスの種類ごとの利用意向をふまえた割合（調整率）を乗じることで在宅サービスの見込量（必要量）を求めること。

以上のような一連の手続きを踏まえることによって、介護保険法の施行時点でのサービス量を起点としつつ、各年度ごとに各種サービスの見込量（必要量）を明示し、その結果、実際には年次ごとの介護サービスの基盤整備計画としての側面を持つこととなり、また、同時に介護保険財政の視点から第１号被保険者の負担水準を規定されるという側面も持つこととなる。

実態調査における新しい課題として、要介護等認定結果を得ながらも、未利用状態の高齢者が各市町村とも約20％程度を占めていることについては、調査・分析が必要である。

## 6 市区町村介護保険事業計画に盛り込むべき主要事項（第１期）

市区町村の介護保険事業計画（第１期）には、以下の事項を定めることが適当とされている。
①計画策定の趣旨及び理念等
②計画の策定体制
　・高齢者実態調査の手法、並びに住民に対する新制度の周知方法等
　・住民参加（計画策定の過程への住民代表等の参加を確保する）
③計画期間
　・５年を１期とする計画であること（３年ごとに見直し）
（注）2006年度実施の第３期計画以降については、３年を１期とする計画期間に改定されている。
④計画の進行管理等
　・計画策定ないし施策推進組織等における計画の進捗状況の把握、評価など
⑤計画終期までの各年度における高齢者の状況
　・高齢者実態調査のまとめ
⑥計画期間までの各年度における高齢者等の状況
　・人口の推計、要介護者等の推計数など
⑦介護給付等の現状及び利用状況と現在のサービス供給に対する評価や、課題・問題点等の取りまとめ

・法定の各種サービスごとの現況を把握し、その周知度や、供給量が十分か否かの評価等
⑧各年度ごとの介護給付等サービス量の見込み
・法定給付のサービスごとの見込み
⑨各年度におけるサービスの見込み量の確保のための方策
・サービス別の確保策や人材の見込み数及び確保の方針など
⑩介護保険の事業量の見込み（当面する5か年間、そのうち当初3年間分は第1号被保険者の保険料水準に連動する）
⑪その他
・事業者相互間の連携の確保に関する事業
・その他保険給付の円滑な実施を図るために必要な事項等

## 7 介護保険事業計画策定への住民参加

　介護保険法第117条第3項には、介護保険事業計画は「要介護者等の人数、要介護者等の介護給付等対象サービスの利用に関する意向その他の事情を勘案して作成」することが明記されており、さらに同条第5項では、「計画を定め、又は変更しようとするときは、あらかじめ、被保険者の意見を反映させるために必要な措置を講ずるものとする」とされている。
　介護保険の給付と負担の水準がこの計画によって事実上決まることから、高齢者を含む住民の参加を位置づけることが要請されている（介護保険運営協議会または高齢者施策推進協議会等）。

# 2節　老人保健福祉計画との関連

## 1 老人保健福祉計画の意義

　1990（平成2）年の老人福祉法改正により老人福祉法及び老人保健法に基づき作成された老人保健福祉計画の主要な意義は、以下の2点に集約される（詳細は第5章参照）。
①高齢者の介護ニーズの急速な増大や、地域における家族介護力の低下などが予測されることから、保健福祉サービスの整備目標やサービス提供システムの整備を緊急に図るため、計画的な推進を図る必要があること。
②サービス提供に当たっては、「いつでも、どこでも、だれでも」が必要とするサービスを利用できることを目指し、住民に最も身近な行政主体である市区町村が、必要なサービス（目標量）を明らかにして計画的に整備する必要があること。

## 2 介護保険事業計画と老人保健福祉計画の関係

　市区町村の介護保険事業計画は、老人保健福祉計画や要介護者の保健、医療、福祉に関する他分野の計画と調和が保たれたものであることが明示されており（介護保険法第117条第4項）、都道府県の介護保険事業支援計画についても、同様に老人保健福祉計画や医療計画との調和が義務づけられている（同法第118条第3項）。こうした法の位置づけを踏まえて、国の基本方針においては、両計画の関係が別図のように説明されている（76頁の図5-2-1を参照の

こと)。

　「老人保健福祉計画は、介護保険の給付対象とならないひとり暮らし老人等も含めた地域における老人保健福祉事業全般にわたる計画である。したがって、要介護者等に対して介護給付など対象サービスが提供されるにとどまらず、すべての老人を視野にいれつつ、保健予防、生きがい、ひとり暮らし老人の生活支援を通じ、寝たきりになることを予防し、総合的な保健福祉水準の向上を図る必要があること。このように老人保健福祉計画は、介護保険事業計画と整合性をもって見直し、計画期間も同一とし、作成も同時におこなうこと。」

　(注)　老人保健法(1982年制定・1990年一部改正により老人保健計画を規定)が2008年4月以降、「高齢者医療確保法」に大改訂されたことから、これに伴い「老人保健計画」の位置づけが法律上は削除された。しかし、多くの地方自治体では、その沿革・内容を踏まえ、老人保健福祉計画または高齢者保健福祉計画の位置づけを継続している場合がある。

　ところで、老人保健福祉計画は、すべての高齢者を対象として、介護保険給付対象サービスとそれ以外の保険外サービス、保健福祉サービスとを適切に組み合わせ、要介護状態の重度化を防止することに寄与するとともに、要介護・要支援の予防を含め、地域全体の高齢者の保健福祉水準の向上を目指す総合的な計画として位置づけられている。

　以上のように、老人保健福祉計画には、介護保険給付対象サービスをも盛り込みつつ、保険外の多様な保健福祉サービスとして健康づくりや生きがい等の関連施策等も位置づけられ、相互に連携し、調和のとれた計画として作成されることが要請されているのである。したがって、国の「ゴールドプラン21」の動向とあいまって、2000年以降の新段階の老人保健福祉計画は、市区町村における高齢者に係る総合施策を網羅するとともに、介護保険制度を円滑な実施軌道に乗せるとともに、高齢者の多様なニーズへの総合的な対応を確保しつつ、地域特性を活かした柔軟な展開が期待されている。

## 3　市区町村介護保険事業計画(第2期)の参酌標準

　市町村介護保険事業計画(第2期)の策定に際して、国が示した参酌すべき標準は、表6-2-1のとおりである。この参酌標準の意味するところは、介護保険制度の実施を軌道に乗せつつ、各市町村・都道府県にみられる地域格差の解消をねらいとし、各地域における介護サービスの基盤整備を図るものである。

　今後は、参酌標準の意義を踏まえつつ、各市町村等の主体性・地域性など地方分権の視点から柔軟な解釈と運用が重要である。

# 第6章 介護保険事業計画―地方自治体と介護サービス基盤の整備―

表6-2-1 市町村介護保険事業計画(第2期計画関係)において介護給付等対象サービスの種類ごとの量の見込みを定めるにあたって参酌すべき標準

○ 訪問介護、訪問入浴介護、訪問看護、訪問リハビリテーション、通所介護又は通所リハビリテーション及び短期入所生活介護又は短期入所療養介護

次に掲げる組合せを標準として、現に利用している者の数及び居宅要介護者等の利用に関する意向を勘案して、量の見込みを定めること。

|  | 要支援 | | 要介護1 | | 要介護2 | | 要介護3 | | | | 要介護4 | | | | 要介護5 | | |
|---|---|---|---|---|---|---|---|---|---|---|---|---|---|---|---|---|---|
|  | 通所型 | 訪問型 | 通所型 | 訪問型 | 通所型 | 訪問型 | 通所型 | 訪問型 | 痴呆型 | 医療型 | 通所型 | 訪問型 | 痴呆型 | 医療型 | 通所型 | 訪問型 | 医療型 |
| 訪問介護(回／1週) |  | 2 | 3 | 5 | 3 | 5 | 5.5 | 7.5 | 1 | 6.5 | 9.5 | 8.5 | 0 | 8.5 | 12 | 13 | 9 |
| うち巡回型(回／1週) |  |  |  |  |  |  | 7 | 7 |  | 7 | 7 | 7 |  | 7 | 14 | 14 | 14 |
| 訪問入浴介護(回／1週) |  |  |  |  |  |  |  |  |  |  |  |  | 0.5 |  |  |  | 0.5 |
| 訪問看護(回／1週) |  | 0.25 | 1 | 1 | 1 | 1 | 1 | 1 | 0.5 | 3 | 2 | 2 | 0.5 | 3 | 2 | 2 | 3 |
| 訪問リハビリテーション(回／1週) |  |  |  |  |  |  |  |  |  | 1 |  | 1 |  | 1 |  | 1 | 1 |
| 通所介護又は通所リハビリテーション(回／1週) | 2 | 1 | 2 | 1 | 3 | 2 | 3 | 2 | 4 | 0 | 1 | 0 | 5 | 0 | 1 | 0 | 0 |
| 短期入所生活介護又は短期入所療養介護(回／1週) | 1 | 1 | 2 | 2 | 2 | 2 | 3 | 3 | 3 | 3 | 3 | 3 | 3 | 3 | 6 | 6 | 6 |

(注1)「通所型」とは、居宅要介護者等が主として通所サービス(通所介護又は通所リハビリテーションをいう。以下この注において同じ。)の利用を希望する場合(痴呆型を除く。)、「訪問型」とは、居宅要介護者等が主として訪問サービス(訪問介護、訪問入浴介護、訪問看護又は訪問リハビリテーションをいう。以下この注において同じ。)の利用を希望する場合(医療型を除く。)、「痴呆型」とは、居宅要介護者等のうち要介護3又は要介護4に該当するもの(痴呆の状態にあるものであって寝たきりの状態にないものに限る。)が主として通所サービスの利用を希望する場合、「医療型」とは、居宅要介護者等のうち要介護3、要介護4又は要介護5に該当するもの(治療を必要とする状態にあるものに限る。)が主として訪問サービスの利用を希望する場合をいう。
(注2)訪問介護については、1回当たり1時間程度(巡回型にあっては、1回当たり30分程度)を単位としている。
(注3)居宅要介護者等の利用に関する意向を勘案して、訪問介護、訪問看護、訪問リハビリテーション又は通所介護若しくは通所リハビリテーションの利用に代えて、訪問入浴介護の利用を見込んでも差し支えない。

○ 居宅療養管理指導及び福祉用具貸与並びに居宅介護支援

| 居宅療養管理指導 | 居宅要介護者等(通院が困難である等の状態にあるものに限る。)が原則として主治医による医学的管理を利用することを前提として、現に利用している者の数及び居宅要介護者等の利用に関する意向を勘案して、量の見込みを定めること。 |
|---|---|
| 福祉用具貸与 | 車いす、特殊寝台、歩行器等の主要な福祉用具について、居宅要介護者等の要介護状態区分及び状態像に応じて、現に利用している者の数及び居宅要介護者等の利用に関する意向を勘案して、量の見込みを定めること。 |
| 居宅介護支援 | 居宅要介護者等が原則として利用することを前提として、居宅要介護者等の数を勘案して、量の見込みを定めること。 |

○ 痴呆対応型共同生活介護及び特定施設入所者生活介護

| 痴呆対応型共同生活介護<br>特定施設入所者生活介護 | 痴呆対応型共同生活介護は、要介護者であって痴呆の状態にあるものの数、現に利用している者の数及び利用に関する意向を勘案して、利用者の数の見込みを定めること。<br>特定施設入所者生活介護は、現に利用している者の数を勘案して、利用者の数の見込みを定めること。<br>痴呆対応型共同生活介護及び特定施設入所者生活介護の利用者の総数の見込みについては、目標年度における65歳以上人口のおおむね0.3％を目標として、定めることが望ましい。この場合においては、目標年度における65歳以上人口に対する75歳以上人口の割合の見込みを勘案した補正を行うことが望ましい。 |
|---|---|

○ 介護福祉施設サービス、介護保健施設サービス及び介護療養施設サービス

| 介護福祉施設サービス<br>介護保健施設サービス<br>介護療養施設サービス | 指定介護老人福祉施設、介護老人保健施設及び指定介護療養型医療施設の利用者の数の見込みについては、それぞれ、目標年度における65歳以上人口のおおむね1.5％、1.1％及び0.6％を参考としつつ、合計がおおむね3.2％となることを標準として、地域の実情に応じて定めることが適当である。この場合においては、目標年度における65歳以上人口に対する75歳以上人口の割合の見込みを勘案した補正を行うことが望ましい。 |
|---|---|

出典：「介護保険事業に係る保険給付の円滑な実施を確保するための基本的な指針」（平成14年5月9日厚生労働省告示第193号）

# 3節　介護保険制度の改革（2005）と高齢者保健福祉施策

## 1 制度改革の概要

　2005（平成17）年の通常国会に上程された介護保険制度改正関連法案の趣旨としては、「持続可能な介護保険制度を構築するとともに、高齢者が尊厳を保持し、その有する能力に応じ自立した日常生活を営むことができる社会の実現に資するため、予防給付の給付内容の見直し、食費及び居住費に係る保険給付の効率化及び重点化、地域密着型サービスの創設等新たなサービス類型の創設、事業者及び施設の指定等に係る更新制の導入等サービスの質の確保及び向上、障害年金及び遺族年金を特別徴収の対象とする等負担の在り方及び制度運営の見直し等の措置を講ずるもの」とされている。

　なお、制度改革に係る主な事項は、以下のとおりである。
①制度改革を方向づけるキーワードとしての、高齢者の尊厳とサービスの質重視（認知症関係施策の充実等を含む）
②予防給付の給付内容の見直し（新予防給付の展開など）
③介護基盤の整備の一環としての地域密着型サービスの創設
④サービスの質の向上策（事業者指定の更新制、介護情報の公表等）
⑤保険給付の効率化、重点化（食費、居住費の徴収等を含む）
⑥1号保険料の見直し（所得段階の区分変更、新たな6～多段階設定等）

　さて、2006（平成18）年度以降の介護保険事業計画に係る国の方針については、改正成立後の、国の政・省令、通知等によることになるが、以下、主な動向についてふれておきたい。

## 2　第3期介護保険事業計画を取り巻く状況と課題

①市町村合併の進行と日常生活圏域の設定

　　基礎自治体の基盤強化等をねらいとして、市町村合併（3,260→1,840程度）が進行しており、地域における介護サービスの基盤整備や地域密着型サービスの創設とも関連して、日常生活圏域の設定が新しい課題として登場していること。

②要介護認定者の増加と給付

　　高齢化の進行とともに、引き続き要介護等認定者の人数増加が予測され、給付の増大（したがって保険料の増額）が不可避となっていること。一方、福祉用具の給付にみられる「濫給」現象に対処すべく、

③保険給付の適正化が課題になっていること

　　軽度の認定を受けた人々への新予防給付の活用など、新しいサービス展開の具体化が求められていること。

④地域密着型サービスをきめ細かく展開すること

　　要介護の利用者にとって身近なところに、利便性の高い介護サービスを開発し普及することなど。

⑤新予防給付

　　低栄養の改善、口腔ケア、運動器の向上等のプログラムが予定されていることを含め、予防給付の再構成が課題となっており、併せて、高齢者の健康維持・増進等を含む地域支援事業の具体化が求められていること。

## 3　3年を1期とする計画期間と中期的展望

　従来、介護保険事業計画と老人保健福祉計画は、5年を1期とする計画策定（2000〜04年、2003〜07年）を位置づけてきたが、第3期からは3年を1期とする計画期間・サイクルが予定されるとともに、中期的な視点から3〜4期先の給付等の動向を展望することも求められている。

　なお、自治体の計画策定に当たっては、①高齢者や住民のニーズを的確に把握する調査等が実施されること（未利用者の問題等も含まれる）のほか、②短期的な保険料算定の視点だけでなく、③介護サービスの基盤整備の方向づけを明確にすること（現時点では「ゴールドプラン21」の後継計画は示されていないが）、④介護サービスの質を担保する取り組み、⑤地域包括支援センターの設定や地域支援事業、地域密着型サービスなどの推進を明確化すること—が要請されている。

　第3期介護保険事業計画策定に係る政策評価指標として、以下の諸事項が例示されており（全国介護保険主管課長会議資料、2005年2月18日）、今後の計画策定並びに実施における留意すべき視点と課題が具体的に示唆されている。

①高齢者一人あたり保険給付額

②要介護度別要介護認定率

③高齢者一人あたり在宅・施設サービス費用

④在宅サービス利用者一人あたり費用

⑤高齢者一人あたり種類別サービス費用
⑥在宅系・施設系サービスの割合
⑦福祉系・医療系サービスの割合
⑧要介護度別在宅サービス利用者数
⑨要介護度別在宅サービス一人あたり費用
⑩要介護度別支給限度額利用比率
⑪要介護度複数サービスケアプラン比率
⑫中重度要介護者３種類サービスケアプラン比率
⑬要介護度別施設サービス利用者
⑭要介護度別施設別サービス利用者数
⑮〜㉓要介護度別訪問介護利用率ほか各在宅サービス利用率

## 4 第４期計画の課題─2014（平成26）年度に向かって

　第４期（2009〜2011年度）の介護保険事業計画策定に当たって、国は、第３期策定時点において示された、2014（平成26）年度目標値の設定の考え方を継続している（77頁の図５-２-２を参照のこと）。

　なお、第４期における重点課題としては、介護人材の確保・介護職員の待遇改善等があり、介護報酬並びに国の交付金により対応が行われた。

　今後の制度改革のプロセスについては、集権的手法によるのでなく、高齢者等の住民ニーズに即応できる基礎自治体を軸に、分権と自治の視点が重要なものであり、介護保険の制度改正が双方向的な手法を内在させるか否かによって、その成否が決せられるであろう。

## 5 第５期計画の課題─2025年・地域包括ケアシステムの構築に向かって

### ① 第５期計画（案）のコンセプト

　第５期（2012〜2014年度）介護保険事業計画の策定に向かって、現在、準備が進められている。2011年２月22日開催の全国高齢者保健福祉・介護保険主管課長会議では、第５章でも紹介したような資料（コンセプトを含む）が提示されている（78〜80頁参照）。

### ② 第５期計画における記載事項のポイント

　全国一律の画一的なものではなく、各地域ごとの地域特性等の実情に応じたシステムである地域包括ケアシステムの構築を推進するに当たっては、①地域課題、②地域資源の状況、③高齢化の進展状況等、地方自治体によって、それぞれ状況が異なることから、地方自治体の実情に応じて優先的に取り組むべき以下の重点事項を、地方自治体が判断のうえ選択して第５期計画に位置づける等、段階的に計画の記載内容を充実強化させることが重要とされている。

**第6章　介護保険事業計画―地方自治体と介護サービス基盤の整備―**

### 重点記載事項

①認知症支援策の充実
　（例：喫緊の課題である認知症について対策の充実を図るため、地域における的確なニーズの把握と対応、サポート体制の整備等）
②在宅医療の推進
　（例：市町村における医療との連携の工夫、医療サービスに関する計画との調和等）
③高齢者に相応しい住まいの計画的な整備
　（例：高齢者の住まいに関する計画との調和、サービス付高齢者住宅の供給目標の記載等）
④生活支援サービス（介護保険外サービス）
　（例：見守り、配食、買い物等、多様な生活支援サービスの確保等）

### 第5期計画の策定上の留意点

　第5期計画の作成については、平成23年度末頃の決定・公表に至るまでの間、国が示す基本指針等を踏まえ、各市町村・都道府県において、様々な作業を進めていただくこととなる。
　第5期計画の策定に当たっては、
　　①第4期から第5期までの自然増等の介護サービスの見込量に関する各種要因を勘案するとともに、
　　②日常生活圏域ニーズ調査により地域の課題を的確に把握し、
より地域の実情に応じた各サービスの過不足のない必要なサービス量の設定等、より精緻な事業量等の見込みを行っていただきたい。
　また、
　　①介護従事者処遇改善臨時特例交付金による第4期保険料の軽減効果、
　　②介護給付費準備基金の取崩しによる第4期保険料の軽減効果
により、第4期の保険料水準が実際ベースより低く抑えられていたことも留意しなければならない。

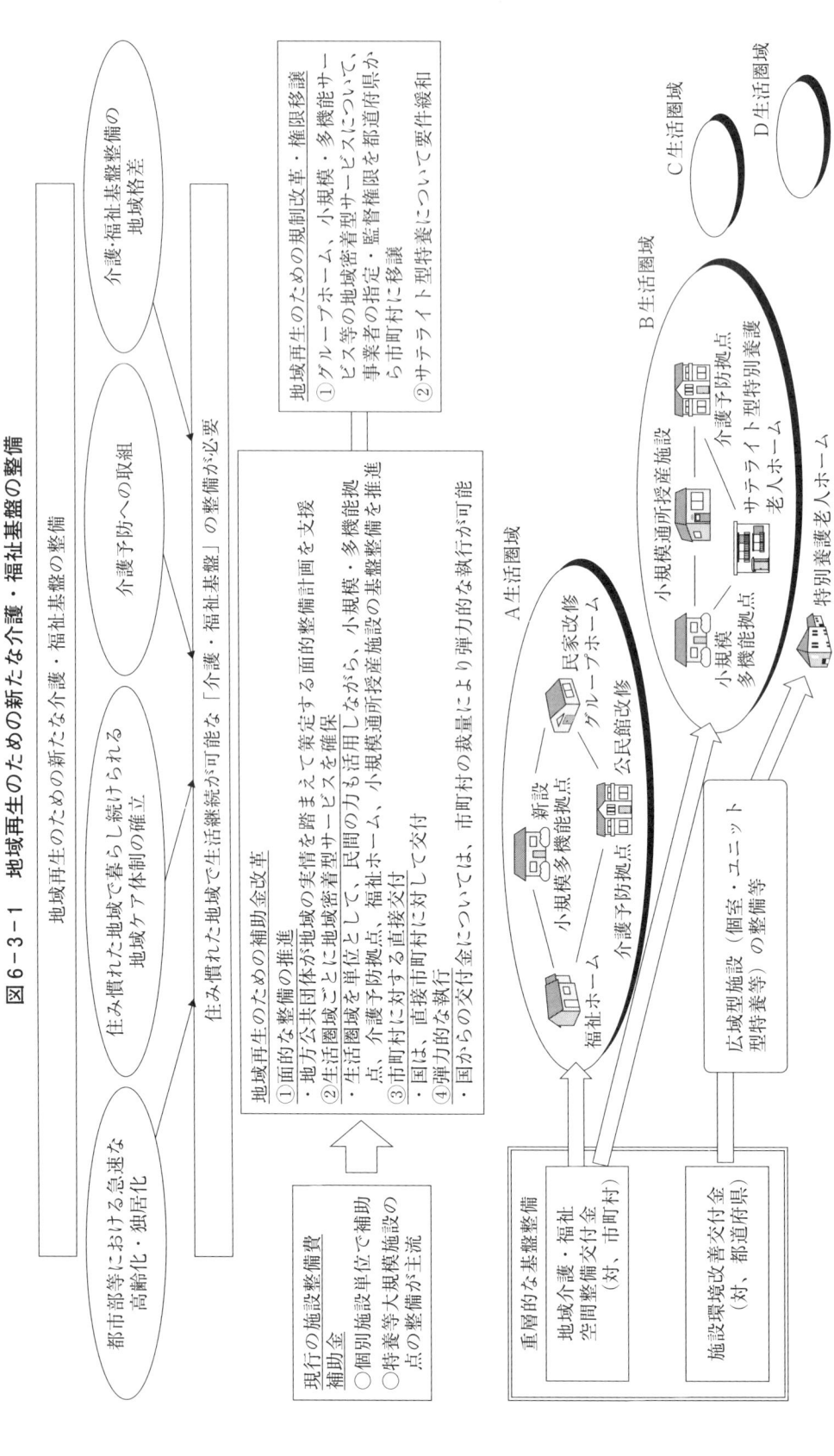

図6−3−1 地域再生のための新たな介護・福祉基盤の整備

地域再生のための新たな介護・福祉基盤の整備

- 都市部等における急速な高齢化・独居化
- 住み慣れた地域で暮らし続けられる地域ケア体制の確立
- 介護予防への取組
- 介護・福祉基盤整備の地域格差

住み慣れた地域で生活継続が可能な「介護・福祉基盤」の整備が必要

地域再生のための補助金改革
① 面的な整備の推進
・地方公共団体が地域の実情を踏まえて策定する面的整備計画を支援
② 生活圏域ごとに整備
・生活圏域を単位として、民間の力も活用しながら、小規模・多機能拠点、介護予防拠点、福祉ホーム、小規模通所授産施設の基盤整備を推進
③ 市町村に対する直接交付
・国は、直接市町村に対して交付
④ 弾力的な執行
・国からの交付金については、市町村の裁量により弾力的な執行が可能

地域再生のための規制改革・権限移譲
① グループホーム等の地域密着型サービス、小規模・多機能サービスについて、事業者の指定・監督権限を都道府県から市町村に移譲
② サテライト型特養について要件緩和

現行の施設整備費
補助金
○個別施設単位で補助
○特養等大規模施設の拠点の整備が主流

重層的な基盤整備
- 地域介護・福祉空間整備交付金（対、市町村）
- 施設環境改善交付金（対、都道府県）

A生活圏域
- 新設 小規模多機能拠点
- 民家改修 グループホーム
- 公民館改修 介護予防拠点
- 福祉ホーム

B生活圏域
- 小規模多機能拠点
- 小規模通所授産施設
- 介護予防拠点
- サテライト型特別養護老人ホーム
- 特別養護老人ホーム

広域型施設（個室・ユニット型特別養護老人ホーム等）の整備等

C生活圏域

D生活圏域

出典：全国介護保険担当課長会議資料（2004年9月14日）、厚生労働省、p162

## 4節　介護保険制度改革と地域政策の課題
### ——地域包括ケアシステムづくりに向かって

#### 1　介護保険制度改革への若干の視点

　これまでの計画策定の動向について2006（平成18）年からの制度改革などに関連して若干の問題提起を行っておきたい。

　第1は、国の「ゴールドプラン21」や市区町村の介護保険事業計画等の策定を通じて、数値目標による介護サービスの量的確保は一定の見通しを得たと評価できるが、各種サービス（在宅、施設）の質的側面において、利用者側の満足や納得に係る諸問題が残されていることである。したがって、サービス評価の徹底や苦情解決のシステム化等が不可欠である。2006年4月から実施された事業者等の情報公表の制度化もその1つである。

　第2は、民間事業者参入をめぐる「功罪」である。事業者の新規参入は、一方でサービスの量的供給においてプラス要因とみられがちであるが、第1に指摘したサービスの質の確保については、一般的には新規参入企業の不十分性（管理者並びに従事者）を指摘しうる。また、首都圏などでは、訪問介護サービスについて過当競争的現象などが現れており、引き続き企業参入のマイナスの部分が懸念される。これらに関連して、事業者指定権限を市区町村＝保険者サイドにシフトすることに留意すべきであろう（私は民間企業の提供するサービスがすべて悪いと言っているのではなく、たとえば、訪問入浴や福祉用具等のように、実績がある分野もある。しかし、居宅介護支援（ケアマネジメント）と訪問介護の過度な企業依存は以下の理由を含めてリスクが大きいと考えている）。

　第3に、介護支援専門員（ケアマネジャー）の位置づけと運用をめぐる問題がある。諸外国と対比しても画期的な制度化と評価できる反面、地域住民からの信頼度の低い事業所（一部民間企業）や調整能力を持たない人材については淘汰されるべきである。結論を急げば、この分野については公的機関と非営利団体（社会福祉協議会、福祉公社、社会福祉法人等）が主軸となるべきであると私は考えており、これを早く実行しないと、利用者と現場の錯綜と混乱は拡大するおそれがある（明解なケアマネジメントの手法と、その簡素な実行方針についても早急に具体化されるべきである（第5章参照）。ただし、各種の居宅介護サービスにおける民間事業者参入を否定するものでなく、あくまでも中立・公正を旨とする居宅介護支援の調整的・中核的機能を指しているのである）。

　第4に、2005（平成17）年度以降の「ゴールドプラン21」の政策的方向づけは不可欠であり、①認知症高齢者対策、②介護予防、健康増進、③地域リハビリテーション施策、④住民の参加、見守り、支援等——の強化が重要である。一方、2000（平成12）年から実施されている地方分権推進の流れのなかで、市町村合併等の経過を踏まえた基礎自治体＝市区町村（＝保険者）の権限、財源の確立が問われている。

#### 2　保健・医療分野計画との調和

　保健・医療分野の計画課題と関連した内実を確保すべきであり（健康増進計画や地域保健医

療計画など)、中・長期的には、まちづくりと関連する都市計画、開発計画との関係・調整も視野に入れるべきと考えられる。

　社会福祉サービスと密接に関連する保健医療サービスについては、地域福祉計画の側からも必要かつ十分な連携の視点、計画上の調和を明らかにし、併せて「医療法」に基づく都道府県医療計画や、保健福祉計画等との関連において、共通の目標や理念を提示することも可能であり、将来に向かっては不可避の課題となろう。いくつかの先駆的な市区町村・府県では、次項でふれる地域福祉計画と健康増進計画との統合的な内容をもつ計画として、健康福祉の概念からの組立てなどを明確なものとしている。すでに高齢者の分野では、「老人福祉法」及び「老人保健法」による老人保健福祉計画が展開されており、今後は、たとえば、母子保健と児童福祉の関連、障害者福祉とリハビリテーション、さらには難病者関連施策など、社会福祉領域と保健医療領域が相互に密接し、不可分の関係が提示されるべきことが計画上の課題である。なお、高齢者医療法の実施に伴い、老人保健法に規定された老人保健計画の法的位置づけは解消されたが、2009年度以降は各自治体の判断により老人保健福祉計画として存続を図る場合、健康増進計画等で役割分担を図る場合など、一定の変化が現われている。

　また、こうした計画上の観点は、社会福祉士、介護福祉士、社会福祉主事など社会福祉従事者と、医師、保健師、看護師、その他医療従事者との連携や、ケアマネジャーを軸とするチームアプローチの推進からみて重要であり、サービス利用者の利益にとってもネットワークの形成やチームケアの促進は、社会資源利用を効果的に推進する点においても不可欠な要因となっている。

## 3　住宅・まちづくりをめぐる諸課題と地域福祉計画

　地域の人々の日常生活においては、保健医療サービスのほか、住宅、教育、雇用等の施策が、福祉サービスの総合的提供や利用者の問題解決に密接に関連している。地域福祉計画の策定にあたっては、これらの施策との連携や調整の視点を提示したり、施策を総合的に推進することが重要である。児童の福祉と学校教育の関連、障害児(者)の教育と雇用・就労の促進、高齢者・障害者の福祉と住宅施策との関連など、多様な課題が存在しているし、それらを地域の実情に沿って組み立てていくことが求められている。

　近年、多くの都道府県において、福祉のまちづくり条例などが施行されている。障害者や高齢者が住みやすい生活環境の整備や、住宅・公共建築物におけるバリアフリーの推進を具体化する課題などがある。最近では、ユニバーサルデザインの概念も展開されており、福祉のまちづくりはバージョンアップを図っていかなければならない。

　また、阪神・淡路大震災(1995年)とその復興の経験を踏まえ、東日本大震災(2011年)との関連において、既存の防災計画の見直し等との関連はもとより、改めて、多様な災害に伴う被災者の生活支援や、高齢者、障害者等への対応が課題となっており、自治体としてのリスクマネジメントを明確にして取り組む観点も問われている。

　このようにみてくると、地域福祉計画は狭義の福祉まちづくりの展開という役割にとどまらず、広義の福祉のまちづくりを追い求めて、地域・自治体の「まちづくり」の課題をも明確にするものでなければならない。通称「新バリアフリー法」の法制化という新しい時代状況のな

かで、地域社会を構成するハード面での改造・改革を図るとともに、多様な援護方法の開発、ボランティア活動の取り組みといった、ソフト面での連携、ネットワークの推進を含む柔構造＝システムを内蔵した地域福祉計画の展開が問われている。

　また、2011年の「高齢者住まい法」の成立に伴い各地域において高齢者のためのサービス付き住宅の設立・普及が大きな課題となっており、都道府県における「高齢者住まい計画」の策定・実施とあいまって、高齢者福祉・介護施策と住宅施策の連携強化が要請されている。

　ところで、近年の社会経済情勢を反映して、障害者や中高年者の雇用促進は困難をかかえている。職業能力の開発や雇用促進等の具体的手法を確保しながら、社会政策上、新たなワークシェアリングの課題提示を行うことが不可避となっている（ホームレス対策や、フリーターなど青少年問題への対応もこのことに深く関連）。こうした検討課題は、マクロの国民経済視点だけでなく、まさに地域経済の活性化の視点と連動した「地域おこし」としても問われているのである（図6-4-1参照）。社会福祉政策においては、雇用・労働政策や地域再生と密接な関連があるのであって、若年者、中高年者、高齢者の就労機会の確保を含め、地域社会の社会的・経済的基盤形成に関わるような構造的な取り組みについて、学生を含む若い世代の参加を得て、地域社会の将来像をデッサンし、明確にすることが求められているのではないだろうか。

■参考文献
・村川浩一編集『介護保険の政策・現場実践シリーズ③高齢者保健福祉施策と介護保険事業計画の実際』東京法令出版、2000年より一部転載
・村川浩一編著『地域福祉計画・次世代育成支援計画ハンドブック』第一法規、2005年

# 第7章

# 障害者を支援する社会計画

　本章では、障害者基本法（1993年）にもとづく障害者計画、および障害者自立支援法（2005年）にもとづく障害福祉計画を中心に、障害者の自立や地域生活支援等を推進する「計画」の役割と課題について学習を深める。

　今後は、予定される障害者自立支援法廃止後の障害者総合福祉法（仮称）の制定等をめぐる動向が注目される。

# 1節　障害者計画

## 1　障害者基本法に基づく障害者計画

　1993（平成5）年の障害者基本法の成立（1970〈昭和45〉年制定の心身障害者対策基本法の題名を含めた大改定）にともない、同法第1条（目的）においては、「障害者の自立及び社会参加の支援等のための施策の基本となる事項を定めること等により、障害者の自立及び社会参加の支援等のための施策を総合的かつ計画的に推進」することが規定されるとともに、第3条（基本的理念）では、①障害者の個人的尊厳・生活の保障、②社会、経済、文化その他あらゆる分野の活動に参加する機会の保障、③障害者に対する差別その他権利侵害の禁止が規定され、第4条では、国及び地方自治体の責務が規定されている。

　そして、同法第9条（障害者基本計画等）には次のとおり計画に関する規定がある[1]。

① 政府が策定する「障害者のための施策に関する基本的な計画」（「障害者基本計画」）……第9条第1項

② 都道府県が策定する「都道府県における障害者のための施策に関する基本的な計画」（「都道府県障害者計画」）……第9条第2項

③ 市町村が策定する「市町村における障害者の状況等をふまえ、当該市町村における障害者のための施策に関する基本的な計画」（「市町村障害者計画」）……第9条第3項

　このように、全国レベルおよび地域レベルでの障害者施策を体系的に推進することを目的として、国における障害者基本計画、都道府県障害者計画、市町村障害者計画という3層の計画が位置づけられた。これら一連の障害者計画においては、障害者を直接的に支援する福祉・保健医療のサービスだけではなく、教育、雇用、住宅、環境、まちづくり等、幅広い分野における諸施策を可能なかぎり盛り込むという、障害者施策を体系的かつ具体的に推進する計画として構成されるものであった。

　当初、これらの計画のうち、国については計画策定を義務的事項としたが、都道府県及び市町村については努力義務が課せられ、任意の対応とされた。

　政府は、1991（平成3）～2002（平成14）年にかかる「障害者対策に関する新長期計画」を障害者基本計画として位置づけ、さらに1995（平成7）年12月には同計画を具体化する重点施策実施計画として「障害者プラン～ノーマライゼーション7か年戦略～」を公表し、主要な福祉サービスの数値目標を明らかにするなど、高齢者関係のゴールドプランや児童にかかるエンゼルプランとともに、重要な保健福祉施策を構成した。また、都道府県も1996（平成8）年頃までには全てが計画策定を完了し、2004（平成16）年6月の障害者基本法の改正で策定が義務的事項とされた。なお、2002（平成14）年12月、政府は、新しい障害者基本計画（新障害者基本計画）を閣議決定し、後に2006（平成18）年12月に同計画は改訂された（福田内閣当時）。

## 第7章 障害者を支援する社会計画

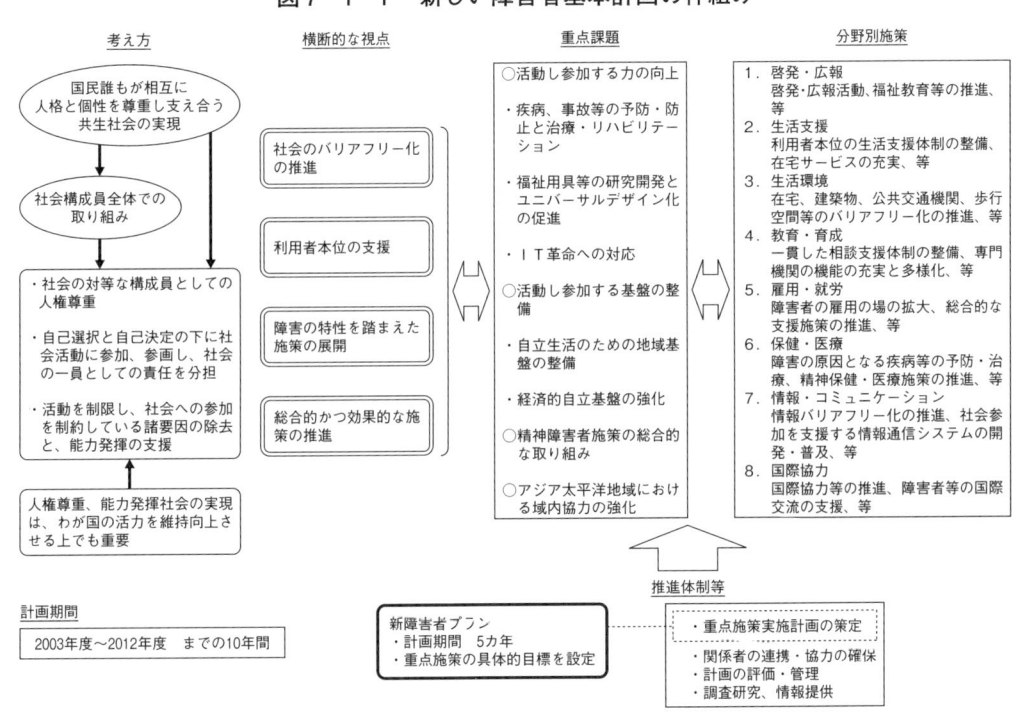

### 図7-1-1 新しい障害者基本計画の枠組み

**考え方**
- 国民誰もが相互に人格と個性を尊重し支え合う共生社会の実現
- 社会構成員全体での取り組み
- 社会の対等な構成員としての人権尊重
  - 自己選択と自己決定の下に社会活動に参加、参画し、社会の一員としての責任を分担
  - 活動を制限し、社会への参加を制約している諸要因の除去と、能力発揮の支援
- 人権尊重、能力発揮社会の実現は、わが国の活力を維持向上させる上でも重要

**計画期間**
2003年度〜2012年度 までの10年間

**横断的な視点**
- 社会のバリアフリー化の推進
- 利用者本位の支援
- 障害の特性を踏まえた施策の展開
- 総合的かつ効果的な施策の推進

**重点課題**
- ○活動し参加する力の向上
  - 疾病、事故等の予防・防止と治療・リハビリテーション
  - 福祉用具等の研究開発とユニバーサルデザイン化の促進
  - IT革命への対応
- ○活動し参加する基盤の整備
  - 自立生活のための地域基盤の整備
  - 経済的自立基盤の強化
- ○精神障害者施策の総合的な取り組み
- ○アジア太平洋地域における域内協力の強化

**分野別施策**
1. 啓発・広報
   啓発・広報活動、福祉教育等の推進、等
2. 生活支援
   利用者本位の生活支援体制の整備、在宅サービスの充実、等
3. 生活環境
   在宅、建築物、公共交通機関、歩行空間等のバリアフリー化の推進、等
4. 教育・育成
   一貫した相談支援体制の整備、専門機関の機能の充実と多様化、等
5. 雇用・就労
   障害者の雇用の場の拡大、総合的な支援施策の推進、等
6. 保健・医療
   障害の原因となる疾病等の予防・治療、精神保健・医療施策の推進、等
7. 情報・コミュニケーション
   情報バリアフリー化の推進、社会参加を支援する情報通信システムの開発・普及、等
8. 国際協力
   国際協力等の推進、障害者等の国際交流の支援、等

**新障害者プラン**
- 計画期間 5カ年
- 重点施策の具体的目標を設定

**推進体制等**
- 重点施策実施計画の策定
- 関係者の連携・協力の確保
- 計画の評価・管理
- 調査研究、情報提供

出典:『国民の福祉の動向 2004年』厚生統計協会、2004年、p.120

## 2 市町村障害者計画の動向

　障害者の日常生活に密接に関連している市町村レベルの計画については、1995（平成7）年に国が市町村障害者計画に関する指針を提示したことに対応して策定作業が進行したが、一部の町村など計画策定に遅れや消極的対応も見られた。支援費制度の実施直前の2003（平成15）年3月末には策定率は91.4％に達して、大半の自治体において市町村障害者計画が策定され、実施に移された（表7-1-1）。

　ところで、2000（平成12）年から施行された「地方分権の推進を図るための関係法律の整備等に関する法律（地方分権一括法）」により、障害者を含む地域住民にとって市町村の果たす役割は大きなものとなっている。各市町村では、その行財政的基盤を強化する観点から市町村合併がこの間急速に進行し、従来の約3,260から約1,600へと集約が図られている。

　また、2003（平成15）〜2005（平成17）年度に実施された支援費制度の導入を経て、2006（平成18）年以降の障害者自立支援法実施など制度枠組みの大きな変更をふまえること、学校教育における特別支援教育の導入、交通バリアフリー法などにもとづく地域社会におけるバリアフリーの促進、さらには脱施設の方向性を含む障害者の地域生活支援の取り組みなど多様な変動に対応して、各市町村においては障害者計画策定をめぐる新しい課題を見いだすことができる。これらに関連して、障害者施策をめぐる地域間格差の問題をはじめ、各分野間の連携不足や、サービス間のアンバランス等の諸課題を解決していかなければならない。

表7-1-1 計画に盛り込んだ施策分野（都道府県・指定都市・市町村の割合）

（平成16年度末）

| | | 都道府県（47） | 指定都市（13） | 市区町村（1,995） |
|---|---|---|---|---|
| 計画に盛り込んだ施策の分野 | 啓発・広報 | 47（100.0%） | 13（100.0%） | 1,887（94.6%） |
| | 生活支援 | 47（100.0%） | 13（100.0%） | 1,945（97.5%） |
| | 生活環境 | 47（100.0%） | 13（100.0%） | 1,935（97.0%） |
| | 教育・育成 | 47（100.0%） | 13（100.0%） | 1,889（94.7%） |
| | 雇用・就業 | 47（100.0%） | 13（100.0%） | 1,882（94.4%） |
| | 保健・医療 | 47（100.0%） | 13（100.0%） | 1,928（96.7%） |
| | 情報・コミュニケーション | 46（97.9%） | 13（100.0%） | 1,473（73.9%） |
| | 国際協力 | 20（42.6%） | 5（38.5%） | 157（7.9%） |
| | その他 | 20（42.6%） | 4（30.8%） | 266（13.3%） |
| 「生活環境」の内訳 | 住宅、建築物のバリアフリー化の推進 | 47（100.0%） | 12（92.3%） | 1,842（92.4%） |
| | 公共交通機関のバリアフリー化の推進等 | 47（100.0%） | 13（100.0%） | 1,769（88.7%） |
| | 安全な交通の確保 | 45（95.7%） | 11（84.6%） | 1,621（81.3%） |
| | 防災 | 45（95.7%） | 12（92.3%） | 1,635（82.0%） |
| | 防犯 | 39（83.0%） | 5（38.5%） | 1,026（51.5%） |
| | その他 | 11（23.4%） | 3（23.1%） | 98（4.9%） |

＊：（　）内は全体に対する割合。
出典：平成18年版障害者白書

# 2節　障害福祉計画

## 1　障害者自立支援法に基づく障害福祉計画の意義・枠組み

　2005（平成17）年の障害者自立支援法の成立にともない、2006（平成18）年4月から障害程度区分認定等をふまえた自立支援給付等が実施されており、同年10月から障害程度区分認定等をふまえた地域生活支援事業が実施される（詳細は第6章参照）。

　障害者自立支援法の第1条（目的）においては、障害者および障害児に「必要な障害福祉サービスに係る給付その他支援を行い、もって障害者及び障害児の福祉の増進を図るとともに、障害の有無にかかわらず国民が相互に人格と個性を尊重し安心して暮らすことのできる地域社会の実現に寄与すること」を目的としており、第2条（市町村等の責務）において、特に市町村の責務としては、①障害者等の生活の実態を把握した上で、公共職業安定所（ハローワーク）その他の職業リハビリテーションの措置を実施する機関、教育機関その他の関係機関と緊密な連携を図りつつ、必要な自立支援給付及び地域生活支援事業を総合的かつ計画的に行うこと、②障害者等の福祉に関し、必要な情報の提供を行い、相談に応じ、必要な調査等を行うこと、③意思疎通について支援が必要な障害者に必要な便宜を図ること、障害者等に対する虐待の防止等の権利の擁護のために必要な援助を行うこと、等が規定されている。

　さて、同法の第5章「障害福祉計画」には、次の諸規定がある。

## (1) 国の基本指針（法第87条）

　厚生労働大臣は、障害福祉サービスおよび相談支援、並びに地域生活支援事業の提供体制を整備し、自立支援給付及び地域生活支援事業の円滑な実施を確保するための基本的な指針を定めることとされている。これにもとづき2006（平成18）年6月26日付けで厚生労働大臣の告示が行われた（表7－2－1参照）。

表7－2－1　市町村障害福祉計画作成の枠組み

| 事　　　項 | 内　　　容 |
|---|---|
| 1　市町村障害福祉計画の基本的理念等 | 市町村障害福祉計画に係る法令の根拠、趣旨、基本的理念、目的及び特色等 |
| 2　平成23年度の数値目標の設定 | 障害者について、施設入所者及び退院可能精神障害者の地域生活への移行、福祉施設の利用者の一般就労への移行等を進めるため、この基本指針に即して、地域の実情に応じて、平成23年度における数値目標を設定すること。 |
| 3　各年度における指定障害福祉サービス又は指定相談支援の種類ごとの必要な量の見込み及びその見込量の確保のための方策 | ①　各年度における指定障害福祉サービス又は指定相談支援の種類ごとの必要な量の見込み<br>　　別表第3を参考として、平成20年度までの各年度及び平成23年度における市町村ごとの指定障害福祉サービス又は指定相談支援の種類ごとの実施に関する考え方及び必要な量の見込みを定めること。<br>②　指定障害福祉サービス又は指定相談支援の種類ごとの必要な見込量の確保のための方策を定めること。 |
| 4　市町村の地域生活支援事業の実施に関する事項 | 市町村が実施する地域生活支援事業について、地域の実情に応じて、次の事項を定めること。<br>①　実施する事業の内容<br>②　各年度における事業の種類ごとの実施に関する考え方及び量の見込み<br>③　各事業の見込量の確保のための方策<br>④　その他実施に必要な事項 |
| 5　市町村障害福祉計画の期間及び見直しの時期 | 市町村障害福祉計画の期間及び見直しの時期を定めること。 |
| 6　市町村障害福祉計画の達成状況の点検及び評価 | 各年度における市町村障害福祉計画の達成状況を点検及び評価する方法等を定めること。 |

資料：厚生労働省告示第395号（平成18年6月26日）別表第2

## (2) 市町村障害福祉計画（法第88条）

　市町村は、国の基本指針に即して、障害福祉サービス・相談支援・地域生活支援事業の提供体制を確保することとされている。市町村は、この計画のなかで、次の4点を定めることとされている。

　①　各年度における障害福祉サービスの種類ごとの必要量の見込み
　②　①の見込み量の確保のための方策
　③　地域生活支援事業の種類ごとの実施に関する事項

④ その他障害福祉サービス、相談支援、および地域生活支援事業の提供体制の確保に関すること

　この計画は、市町村の区域内の障害者等の数、その障害の状況その他を勘案して策定されるとともに、市町村障害者計画（障害者基本法）や市町村地域福祉計画（社会福祉法）等との調和が求められている。

**（3）　都道府県障害福祉計画（法第89条）**

　都道府県は、国の基本指針をふまえて、市町村障害福祉計画の達成に資するため、広域的視点に立って障害福祉サービス・相談支援・地域生活支援事業等の提供体制の確保に関する計画を定めることとされている。都道府県は、この計画のなかで、①区域ごとの各年度における障害福祉サービスの種類ごとの必要量の見込み、②その確保のための方策として障害福祉サービス等に必要な従事者の確保およびその資質向上のための措置、③各年度における障害者支援施設の必要入所定員総数等を定めることとされている。なお、この計画における区域の設定は都道府県が行う事項である。

　また、都道府県障害者計画（障害者基本法）や都道府県医療計画（医療法）等との調和が求められており、特に精神障害者の長期入院解消・退院促進が焦眉の課題とされている。

## 2　障害福祉計画策定をめぐる課題

　障害者自立支援法第87条にもとづく、厚生労働大臣の市町村計画にかかる基本指針（数値目標を含む）が2006（平成18）年6月に提示されており、次に主要部分を要約した。

**（1）　国の基本指針における基本的理念（概要）**
　①　障害者等の自己決定と自己選択の尊重（ノーマライゼーションの理念）
　②　実施主体の市町村への統一と三障害に係る制度の一元化
　③　地域生活移行や就労支援等の課題に対応したサービス提供体制の整備

**（2）　障害福祉サービス提供体制の確保に関する基本的考え方（表7-2-2）**
　①　全国どこでも必要な訪問系サービスを保障（精神障害者等への展開）
　②　希望する障害者等に日中活動系サービスを保障（生活介護、自立訓練、就労移行支援、就労継続支援、療養介護、児童デイサービス、短期入所ほか）
　③　グループホーム等の充実を図り、入所等から地域生活への移行を推進
　④　福祉施設から一般就労への移行等を推進

**（3）　相談支援の提供体制の確保に関する基本的考え方**
　地域自立支援協議会の設置等のネットワークの構築を図ること

## 3　市町村障害福祉計画作成に関する数値目標と諸問題

**（1）　福祉施設入所者の地域生活への移行（入所者数の一割以上の地域移行等）**
　・施設入所者が自立訓練事業等を利用し、グループホーム、ケアホーム、一般住宅に移行する者を見込む。
　・2011（平成23）年度末の施設入所者数を現時点の施設入所者数から7％以上削減すること

第7章　障害者を支援する社会計画

を基本としつつ、地域の事情に応じて目標を設定する。
（2）　入院中の精神障害者の地域生活への移行（退院可能な精神障害者の退院等）
・2011（平成23）年度末までの退院可能精神障害者数の減少目標値（2002〈平成14〉年度における退院可能精神障害者数に基づき市町村・都道府県が定める数）を設定する。
（3）　福祉施設から一般就労への移行等（福祉施設利用者の2割以上を就労移行支援事業の利用とする等）
・福祉施設利用者のうち、就労移行支援事業等を通じて、2011（平成23）年度中に一般就労に移行する者の数値目標を設定する（目標設定として、現時点の一般就労への移行実績の4倍以上とすることが望ましいとされる）。
・市町村および都道府県における、障害保健福祉担当部局、労働担当部局、教育担当部局等の連携体制の整備、都道府県における障害者雇用支援合同会議の設定等

このほか、都道府県障害福祉計画の作成に関連して、（1）障害福祉サービス提供にかかる人材の養成・研修等、（2）指定障害福祉サービス等の事業者にかかる第三者の評価、（3）障害者等に対する虐待の防止等について、国は重要視している。

ところで、2007～2008年の米国で発生した住宅金融・証券・自動車産業等の破綻が国際的に波及する中、我が国の雇用情勢全体が2008（平成20）年後半より著しく悪化している。派遣社員・パートタイマーの失業を皮切りに雇用不安が広がりつつあり、障害者の雇用も楽観できない状況である。ちなみに、東京都においては、上記(3)に係る目標設定としては、国が「現時点の一般就労への移行実績の4倍以上とすること」としているのに対し、2倍以上を目標とし、都内各区市町村に示しているところである。

また、後の「計画編」で紹介されているが、東京都新宿区においては、退院可能な精神障害者の地域生活移行に関連して、生活保護適用中の関係者を対象として実態の把握が行われた。

## 4　市町村障害福祉計画作成をめぐる課題

2006（平成18）年4月からの障害者自立支援法の施行にともない、市町村および都道府県の障害福祉計画の計画期間は、第1期（2006〈平成18〉年10月または2007〈平成19〉年4月から2009年〈平成21〉3月まで）、第2期（2009〈平成21〉年4月から2012〈平成24〉年3月まで）が設定されているが、次のような諸課題が所在している。

第1には、障害者自立支援法の制定・実施が極めて短い準備期間を経て計画が策定されることから、各市町村等における実施体制の確保とあわせて、障害者を含む地域住民のニーズを十分にふまえることが重要である。

第2に、障害福祉サービス等の利用者である障害のある人びとや障害者を支援する家族その他関係者に、障害者自立支援法の実施にかかる十分な情報提供を確保するとともに、利用者の立場に立った計画づくりと適切な内容が構成されることが重要である。

第3に、障害者自立支援法の実施にともない、制度運営・サービス区分には大きな変更が認められることから、国の基本指針・数値目標をふまえつつも、数値目標にかかる機械的な数字の操作に陥ることなく、障害者の真のニーズと地域の実情を反映した計画の内容を構成することが求められている。とりわけ、①一般就労・雇用促進は期待されるが、従前の実績の4倍と

いう目標設定への疑問（雇用者である企業等に対する規制と誘導を強化しない限り達成が困難視される）、②在宅支援施策であるグループホーム・ケアホーム・住宅等に関する国などの財政支援、③都市部を中心に入所施設への利用ニーズの増加（新規・継続）に具体的に対応する場合、単純な施設ケア減少を見込みにくいこと、などが指摘される。

ところで、障害者自立支援法の実施当初（2006年4月）より費用負担等をめぐる関係者からの批判が強く打ち出される中、国や地方自治体による軽減策が取り組まれてきたが、2008（平成20）年12月、社会保障審議会障害者部会より障害者自立支援法の抜本見直しが提言され、2010（平成22）年12月に一部改正が着手された。

2009（平成21）年度からの市町村障害福祉計画の参考例として、東京都新宿区（区長：中山弘子氏）が策定した「新宿区障害者計画・第2期新宿区障害福祉計画」の基本的部分について、以下に「計画編」で紹介しており（210～218頁参照）、同計画の目次構成、計画の位置づけ（法的根拠）、計画期間、基本目標及び重点的な取り組み等について参照されたい。

表7-2-2　市町村障害福祉計画にかかる基本指針・数値目標

| 事　項 | 内　容 |
|---|---|
| 1　就労移行支援事業の利用者数 | 都道府県の障害保健福祉担当部局は、福祉施設の利用者の一般就労への移行等の目標が達成できるよう、平成23年度までに現在の福祉施設の利用者のうち、2割以上の者が就労移行支援事業を利用することを目指す。 |
| 2　公共職業安定所経由による福祉施設の利用者の就職件数 | 都道府県の障害保健福祉担当部局は、都道府県労働局と連携して、就労移行支援事業者等と公共職業安定所との円滑な連携を促し、平成23年度において、福祉施設から一般就労への移行を希望するすべての者が公共職業安定所の支援を受けて就職できる体制づくりを行う。 |
| 3　障害者の態様に応じた多様な委託訓練事業の受講者数 | 都道府県の障害保健福祉担当部局は、都道府県の労働担当部局及び都道府県労働局と連携して、福祉施設から一般就労への移行を促進するため、平成23年度において、福祉施設から一般就労へ移行する者のうち、必要な者がその態様に応じた多様な委託訓練を受講することができるよう、その受講者の数値目標を設定する。 |
| 4　障害者試行雇用事業の開始者数 | 都道府県の障害保健福祉担当部局は、都道府県労働局と連携して、福祉施設から一般就労への移行を促進するため、平成23年度において、障害者試行雇用事業（障害者雇用の経験の無い事業主等に対し、障害者雇用に対する理解を深め、障害者雇用に取組むきっかけ作りを行う事業をいう。以下同じ。）について、福祉施設から一般就労に移行する者のうち、当該事業を活用することが必要な者が活用できるよう、その開始者の数値目標を設定する。 |
| 5　職場適応援助者による支援の対象者数 | 都道府県の障害保健福祉担当部局は、都道府県の労働担当部局及び都道府県労働局と連携して、福祉施設から一般就労に移行する者の職場適応を容易にするため、平成23年度において、職場適応援助者（障害者の雇用の促進等に関する法律（昭和35年法律第123号）第20条第3号に規定する職場適応援助者をいう。以下同じ。）による支援について、福祉施設から一般就労に移行する者のうち、必要な者が支援を受けられるよう、その数値目標を設定する。<br>また、平成23年度末までに障害者雇用納付金制度に基づく職場適応援助者助成金の対象となる職場適応援助者が全国で800人養成させることを目指して、都道府県の労働担当部局においても、障害保健福祉担当部局とも連携し、その計画的な養成を図ることとする。 |
| 6　障害者就業・生活支援センター事業の支援対象者数等 | 都道府県の労働担当部局及び障害保健福祉担当部局は、都道府県労働局と連携して、福祉施設から一般就労に移行した者の職場定着を図るため、平成23年度において、福祉施設から一般就労に移行するすべての者が、就労移行支援事業者と連携した障害者就業・生活支援センター（障害者の雇用の促進等に関する法律第34条に規定する障害者就業・生活支援センターをいう。以下同じ。）による支援を受けることができるようにすることを目指す。これらを含め、地域における就業面及び生活面における一体的な支援をより一層推進するため、障害者就業・生活支援センターを拡充し、中長期的には、すべての圏域に1か所ずつ設置することを目指す。 |

資料：厚生労働省告示第395号（平成18年6月26日）別表第1

## 3節　関連する福祉計画と今後の課題

### 1　障害児・障害者と各分野の福祉計画等

　本章ではこれまで、障害者基本法にもとづく障害者基本計画・市町村障害者計画や、障害者自立支援法にもとづく障害福祉計画（市町村・都道府県）をみてきたが、社会福祉および隣接する分野において計画的手法がとられることにより、福祉政策等の総合的・効果的推進が図られている。隣接する分野の福祉計画等の動向を概観してみよう。

　わが国で歴史的に先行したのは高齢者関係であり、1990（平成2）年の老人福祉法・老人保健法改正にもとづく老人保健福祉計画（市町村・都道府県）が位置づけられ、国のゴールドプラン等とあいまって今日に至っている。高齢者分野の総合計画としての位置づけをもつとともに、身体的・精神的に障害のある高齢者（寝たきり高齢者や認知症高齢者等）のニーズ等をふまえて展開されている。また、2000（平成12）年度からの介護保険制度の導入にともない、市町村介護保険事業計画および都道府県介護保険事業支援計画が策定・実施されてきた。国のゴールドプラン21（2000〈平成12〉～2004〈平成16〉年度）とあいまって介護保険制度の運営は着実に進行しており、既に介護保険事業計画は第3期（2006〈平成18〉～2008〈平成20〉年度）に入っている。なお、現行の介護保険給付は、40歳以上65歳未満の者で特定疾病（難病の一部を含む）を原因とする要介護状態等の場合にも適用されている。今後の論点として、介護保険の被保険者の対象拡大がある。

　子ども関係では、2003（平成15）年の次世代育成支援対策推進法の成立にともない、次世代育成支援計画（自治体・事業主）が全ての市町村・都道府県および事業主（従業員301人以上の企業）に課せられた。また、国は2004（平成16）年12月「子ども・子育て応援プラン」を策定・公表している。こうした子どもに関わる計画策定において、障害のある子どもの療育・保育・教育・その他適切な取り組みが位置づけられることは言うまでもない。

　ところで、社会福祉全体の計画的推進については、2000（平成12）年の社会福祉法の成立（社会福祉事業法の改正）により、地域福祉推進の視点から市町村・都道府県における計画策定が課題となっている。乳幼児から高齢者までの福祉サービスの充実という課題の中で、障害のある人びとへの支援を具体化することが不可欠の事項となっている。市町村の地域福祉計画は、市町村障害者計画（障害者基本法）および市町村障害福祉計画（障害者自立支援法）と調和のとれた構成・内容が盛り込まれることが急務とされている。

### 2　障害児・障害者と保健・医療計画等

　さらに、保健医療の分野においては、1988（昭和63）年より医療法にもとづく都道府県医療計画が策定・実施されており、障害のある人びとを含む地域住民の医療サービス供給体制づくりが明らかにされるとともに、今日では精神障害者の長期入院問題の解決・退院促進が大きな課題となっている。

　また、「21世紀における国民健康づくり運動（健康日本21）」の趣旨をふまえて2002（平成14）年に成立した健康増進法にもとづき、2003（平成15）年度以降、市町村・都道府県の健康

増進計画が策定されることにより、障害のある人びとを含む地域住民の健康づくりが総合的に取り組まれ、かつ具体的な指標等が示されている。

## 3 第3期障害福祉計画と以降の政策課題

　2005（平成17）年の障害者自立支援法の制定に伴い、障害福祉計画については、障害者の多様なニーズに対応する福祉サービスの充実等が盛り込まれつつ、第1期（2007～2008年度）及び第2期（2009～2011年度）が推進されてきた。

　2012（平成24）年度以降の第3期については、以下のとおり国の策定指針（案）と、それに対応する地方自治体の取り組みが開始されつつある。

　まず、第3期計画の国の基本指針に関連して、2011（平成23）年2月、厚生労働省社会援護局障害保健福祉部より「第3期障害福祉計画の考え方」が示されている。

## 第3期障害福祉計画の考え方

【1 基本理念等】
① 現基本指針の基本的理念・基本的考え方、市町村及び都道府県障害福祉計画に定める事項等については、考え方は変更しないが、必要な時点修正等を行う。
② 計画期間
　平成24年度から平成26年度までの3年間とする。
　ただし、障害者総合福祉法(仮称)の平成25年8月までの実施を目指しており、計画期間中に計画を見直すこととなる可能性がある。
③ 児童福祉法に基づく障害児に係るサービスについては、法律上計画の策定義務は無く、任意であるが、各都道府県等の判断で障害児に係るサービスの提供体制の整備方針等を定めることが望ましい。

【2 数値目標の設定方法】
(1) 現行の数値目標については、別紙1のとおり。
　実績については、別紙2-1・2-2のとおり。(就労に関する都道府県別実績は追ってお示しする。)
(2) 考え方(詳細は別紙3のとおり)
　(Ⅰ) 下記の施設入所者の地域生活への移行に関する数値目標については、次の数値を基本としつつ、都道府県等において、これまでの実績及び地域の実情を踏まえて設定する。なお、既に次の数値を上回る都道府県等においてはさらに高い目標値を設定されたい。

| 項　目 | 基準時点 | 終了時点 | 第3期計画の数値目標の基本となる数値とその考え方 | 備　考 |
|---|---|---|---|---|
| 地域移行者数 | 平成17年10月1日 | 平成26年度末 | 3割以上<br>H22.10.1現在の実績<br>16.6%(5年間)<br>→1年間：3.3%<br>3.3%×9.5<br>(H17.10～H27.3月)≒30% | ※児童福祉法の改正により、18歳以上の入所者について障害者自立支援法に基づく障害者支援施設等として利用させることとした施設を除いて設定する。 |
| 入所者の削減数 | | | 1割以上減　現目標：7%(6年間)<br>⇒第3期計画分：3%(3年間) | |

　(Ⅱ) 退院可能精神障害者の減少に係る数値目標については、社会的入院の解消に向けての客観的な指標としてどのようなものが適切か、「今後の精神保健医療福祉のあり方等に関する検討会」報告書や「障害者制度改革の推進のための基本的な方向について」(平成22年6月29日閣議決定)、「新たな地域精神保健医療の構築に向けた検討チーム」の検討も踏まえながら、本年夏を目途にお示しする。
　(Ⅲ) 就労支援事業の数値目標の考え方は、別紙3のとおり、これまでの計画の考え方を基本として、実績や地域の実情を踏まえて設定する。現在「就労移行支援事業の利用者数」及び「就労継続支援(A型)事業の利用者の割合」の数値目標を明示していない都道府県等においては、明示することを検討願いたい。

【3 サービスの見込量及び入所定員総数の設定方法】
(1) サービスの見込量に係る現行及び実績は、別紙4のとおり。
(2) 考え方
① 現基本指針で示しているサービスの見込量及び入所定員総数の算出に当たっての指針は、数値目標に係るものを除き、変更の必要がないため、基本的に変更しない。
② 旧体系施設が全て新体系に円滑に移行できるようサービス量を見込むこととする。
③ 18歳以上の障害児施設入所者については、障害者施策(障害者自立支援法)で対応することとなるが、地域移行者数及び入所者の削減数に係る数値目標や、サービスの見込量、入所定員総数を設定する際には、児童福祉法の改正により、18歳以上の入所者について障害者自立支援法に基づく障害者支援施設等として利用させることとした施設を除いて行うものとする。
　この場合、児童福祉法の改正に伴う知的障害児施設等から障害者支援施設等への移行に際して、都道府県においては、障害者支援施設の入所定員総数が計画上の入所定員総数を上回る場合であっても指定を行うなど、移行が円滑に進むよう留意されたい。
　また、計画上の数値目標・見込量・入所定員総数には含まないものの、当該施設の入所者についても、計画的に地域移行を進めるのが望ましい。
④ 各種経過措置の取扱いや、障害者自立支援法の改正により創設されるサービス(相談支援、同行援護)の見込量の考え方については、サービス内容の検討状況を踏まえ、追ってお示しする。

【4 作成のプロセス】
① 数値目標・見込量・入所定員総数を定めるに当たっては、現場のニーズを踏まえることが必要であるが、各都道府県等において、ニーズ調査の実施や自立支援協議会の活用などにより、その把握に努められたい。
② 障害者自立支援法の改正により、自立支援協議会が法律上位置づけられ、自立支援協議会を設置した都道府県等は、障害福祉計画を定め、又は、変更しようとする場合、あらかじめ、自立支援協議会の意見を聴くよう努めなければならないこととなる。その施行日は、平成24年4月1日を予定しているが、改正の趣旨を踏まえ、「第3期障害福祉計画(平成24年度～)」の作成に当たっても、自立支援協議会の意見を聴くよう努めることが望ましい。

【5 その他】
第3期計画の確実な実施のため、より正確な現状把握が必要となることに鑑み、数値目標を設定した項目ごとに都道府県別進捗状況を厚生労働省において調査し、毎年度公表することとする。都道府県においては、正確な数値の把握ができる体制の整備に努められたい。

出典:「障害保健福祉主管課長会議資料　平成23年2月22日」、厚生労働省社会援護局障害保健福祉部、2011年2月

なお、第1期及び第2期の実績については、以下の資料にその概要を見ることができる。

**基本指針に定める数値目標の実績**

| 数値目標 | | 都道府県の数値目標集計数（第2期計画）（※5） | 実績 第1期 平成19年度 | 実績 第1期 平成20年度 | 実績 第2期 平成21年度 | 実績 第2期 平成22年度 | 備考 |
|---|---|---|---|---|---|---|---|
| 1 | 施設入所者（※1）の地域生活への移行（※2） | 平成17年10月1日現在の施設入所者 14.6万人 | | | | | |
| | | ・平成23年度末における地域生活に移行する者の数値目標を設定する。当該数値目標の設定に当たっては、第1期計画時点の施設入所者数の1割以上が地域生活へ移行 地域生活移行者数 2.1万人 14.5% | 0.9万人 6.4% | 1.4万人 9.6% | 1.9万人 13.3% | 2.4万人 16.6% | ※3「現在の施設入所者のうち、施設入所からGH・CH等へ地域移行した者の数」「地域生活移行者数を平成17年10月1日の施設入所者数で除した値」 |
| | | ・平成23年度末の施設入所者数を第1期計画時点の施設入所者数から、7％以上削減することを基本 施設入所者削減数 1.2万人 8.3% | ― | ― | ― | 0.7万人 4.5% | ※4「目標値は現在の施設入所者のうち、平成17年10月1日から平成23年度末までの期間に削減した者の数」 |
| 3 | 福祉施設（※6）から一般就労への移行 | 平成17年度の年間一般就労移行者数 0.2万人 | | | | | 平成17年度において福祉施設を退所し、一般就労した者の数 |
| | | ・福祉施設の利用者のうち、就労移行支援事業等を通じて、平成23年度中に一般就労に移行する者の数値目標を設定する。目標の設定に当たっては、第1期計画時点の一般就労への移行実績の4倍以上とすることが望ましい。 年間一般就労移行者数 1.0万人 4.0倍 | 3.1千人 1.3倍 | 3.4千人 1.4倍 | 集計中 | | 福祉施設を退所し、一般就労した者の数。障害福祉課の就労移行等実態調査結果（20年度調査の調査票回収率（72.0％））に基づく |
| | 就労支援事業の利用者数 | ・平成23年度までに第1期計画時点の福祉施設の利用者のうち、2割以上の者が就労移行支援事業を利用することを目指す。 | [日中活動系サービス等利用者数：30.6万人 就労移行支援：1.0万人 3.3%] | [日中活動系サービス等利用者数：33.6万人 就労移行支援：1.6万人 4.8%] | [日中活動系サービス等利用者数：36.8万人 就労移行支援：1.9万人 5.2%] | | ※第1期計画時点の福祉施設利用者のサービス利用状況を把握していないため、「各年度3月の利用者の値（国保連データ）」とした。なお、日中活動系サービス等は、「日中活動系サービス（児童デイ、療養、短期除く）＋旧法施設支援利用者数（通勤寮除く）」の値である。 |
| | | ・平成23年度末において、就労継続支援事業の利用者のうち、3割は就労継続支援（A型）事業を利用することを目指す。 | A型 0.4万人 B型 3.0万人 11% | A型 0.6万人 B型 5.2万人 11% | A型 0.9万人 B型 7.7万人 10% | | 各年度3月の利用者数（国保連データ） |

※1　入所施設（第1期計画時点）…身体障害者療護施設、身体障害者授産施設、知的障害者更生施設（入所）、知的障害者授産施設（入所）、精神障害者入所授産施設等
※2　地域生活への移行…入所施設の入所者が施設を退所し、生活の拠点をグループホーム・ケアホーム、福祉ホーム、公営住宅等の一般住宅へ移した者をいう。（家庭復帰を含む）
※3　19年度実績＝平成17年10月1日～平成19年10月1日までの地域移行者数、20年度実績＝平成17年10月1日～平成20年10月1日までの地域移行者数、21年度実績＝平成17年10月1日～平成21年10月1日までの地域移行者数。22年度実績＝平成17年10月1日～平成22年10月1日までの地域移行者数
　　各データは障害福祉課の入所者の地域移行状況調査結果（回収率：平成19年度約92％、平成20年度91％、平成21年度約96％、平成22年度

※4 22年度実績＝平成17年10月１日の入所者数から、平成22年10月１日の入所者数を引いた値。
　　データは障害福祉課の入所者の地域移行状況調査結果（平成22年度実績　100％）に基づくもの。
※5 福祉施設から一般就労への移行に関する各種目標について、「一般就労を希望する全ての者としている」として、具体的数値目標を設定していない自治体が一部存在する。このような自治体は目標値の算定対象から除外した。
※6 福祉施設（第１期計画時点）…（身体障害者施設）：更生施設、療護施設、授産施設（入所、通所）、福祉工場、小規模通所授産施設
　　　　　　　　　　　　　　　（知的障害者施設）：更生施設（入所、通所）、授産施設（入所、通所）、福祉工場、小規模通所授産施設
　　　　　　　　　　　　　　　（精神障害者施設）：生活訓練施設、授産施設（入所、通所）、福祉工場、小規模通所授産施設

　実績については、この間推進されてきた、施設入所者の地域生活への移行とその支援実績、また一般就労移行者の動向については、評価されるべき側面と、地域移行の条件整備要因であるグループホーム・ケアホーム・住宅等社会資源の相対的不足や、障害者雇用・就労機会の確保についての遅滞など、解決すべき諸問題が横たわっている。

　さらに、国は「基本指針に定める数値目標について」（案）を以下のとおり示している。

**基本指針に定める数値目標について**

| | | 現　　　行 | （案） |
|---|---|---|---|
| 1 | 施設入所者の地域生活への移行 | ・平成23年度末における地域生活に移行する者の数値目標を設定する。<br>当該数値目標の設定に当たっては、第１期計画時点の施設入所者数の<u>１割以上</u>が地域生活へ移行 | ・平成26年度末における地域生活に移行する者の数値目標を設定する。<br>当該数値目標の設定に当たっては、平成17年10月１日時点の施設入所者数の<u>３割以上</u>が地域生活へ移行することを基本として、これまでの実績及び地域の実情を踏まえて設定。<br>※　児童福祉法の改正により、18歳以上の入所者について障害者自立支援法に基づく障害者支援施設等として利用させることとした施設を除いて設定する。 |
| | | ・平成23年度末の施設入所者数を第１期計画時点の施設入所者数から、<u>７％以上</u>削減することを基本 | ・平成26年度末の施設入所者数を平成17年10月１日時点の施設入所者から、<u>１割以上</u>削減することを基本として、これまでの実績及び地域の実情を踏まえて設定。<br>※　児童福祉法の改正により、18歳以上の入所者について障害者自立支援法に基づく障害者支援施設等として利用させることとした施設を除いて設定する。 |
| 2 | 退院可能精神障害者の減少 | ・平成24年度までに受入れ条件が整えば退院可能な精神障害者が退院することを目指し、平成23年度末までの退院可能精神障害者数の減少目標値を設定 | 社会的入院の解消に向けての客観的な指標としてどのようなものが適切か、「今後の精神保健医療福祉のあり方等に関する検討会」報告書や「障害者制度改革の推進のための基本的な方向について」（平成22年６月29日閣議決定）、「新たな地域精神保健医療の構築に向けた検討チーム」の検討も踏まえながら、本年夏を目途にお示しする。 |
| | | ・都道府県においては、「精神障害者地域移行支援特別対策事業」による平成23年度末までの退院者数の目標値を定める | 「精神障害者地域移行支援特別対策事業」による平成23年度末までの退院者数の目標値については、個別給付化することを踏まえ、廃止する。 |
| 3 | 福祉施設から一般就労への移行 | ・福祉施設の利用者のうち、就労移行支援事業等を通じて、平成23年度中に一般就労に移行する者の数値目標を設定する。<br>目標の設定に当たっては、<u>第１期計画時点の一般就労への移行実績の４倍以上</u>とすることが望ましい。 | ・福祉施設の利用者のうち、就労移行支援事業等を通じて、平成26年度中に一般就労に移行する者の数値目標を設定する。<br>目標の設定に当たっては、<u>平成17年度の一般就労への移行実績の４倍以上</u>とすることを基本として、これまでの実績及び地域の実情を踏まえて設定。 |
| | 就労支援事業の利用者数 | ・<u>平成23年度までに第１期計画時点の福祉施設の利用者のうち、２割以上の者が就労移行支援事業を利用</u>することを目指す。 | ・<u>平成26年度末における福祉施設の利用者のうち、２割以上の者が就労移行支援事業を利用</u>することを基本として、これまでの実績及び地域の実情を踏まえ |

| | | |
|---|---|---|
| | | て設定。 |
| | ・平成23年度末において、就労継続支援事業の利用者のうち、3割は就労継続支援（A型）事業を利用することを目指す。 | ・平成26年度末において、就労継続支援事業の利用者のうち、3割は就労継続支援（A型）事業を利用することを基本として、これまでの実績及び地域の実情を踏まえて設定。 |

※上記以外の数値目標（労働系の目標）については、追ってお示しする。

　こうした数値目標の提示は、中央集権的な「指令主義」の発想を連想させるが、①地域生活への移行のあり方とその目標設定（大都市部では以前から入所施設が不足しており、一律3割削減は困難が多いであろう）、②退院可能な精神障害者に係る正確な実態把握、③福祉施設から一般就労への移行とその推進方法（企業の障害者雇用促進への誘導・規制等の改革、サービス付き住宅施策の具体化など）といずれも障害者のニーズを具体的にふまえつつ、地方自治体が主体性をもって目標設定に向かうべきことが指摘されるであろう。

　最後になるが、2006（平成18）年の国際連合総会において「障害者の権利条約」が成立し、各国の批准を経て発効している。障害のある人びとの基本的人権・権利擁護・差別禁止等の基本的事項が国際合意されたことから、わが国では条約の批准・国内法の整備とともに、障害者基本法および障害者自立支援法にもとづく諸計画が実効性のあるものとして推進されるためにも、中・長期的には各種施策の実現を根拠づける財源確保（国・自治体）が要請される。

　なお、近く予定される障害者自立支援法の廃止と新法の内容・枠組みによっては、2013（平成25）年度以降の計画策定等に変動が予見される（発達障害、高次脳機能障害など多様ニーズに対応したサービスや社会資源づくりが要請されている）。

■注
1）　2004（平成16）年の障害者基本法一部改正により、従前の第7条の2が改正されて第9条として規定され、市町村障害者計画の策定については2007（平成19）年度から義務的事項とされたことから、次節でふれる障害福祉計画との関連を含めて、重要な検討課題を含み、新しい段階へ移行しつつある。

■引用・参考文献
・大森　彌・村川浩一編『保健福祉計画とまちづくり』第一法規、1993年
・村川浩一『高齢者保健福祉計画研究』中央法規出版、1996年
・丸山一郎『障害者施策の発展』中央法規出版、1998年
・中西正司・上野千鶴子『当事者主権』岩波書店、2003年
・きょうされん編『全国障害者社会資源マップ '03年度版』中央法規出版、2003年
・大森　彌・山口　昇・村川浩一編『地域保健福祉政策事例集』第一法規、2004年
・『国民の福祉の動向　2004年』厚生統計協会、2004年
・村川浩一編著『地域福祉計画・次世代育成支援計画ハンドブック』第一法規、2005年
・坂本洋一『障害者自立支援法の概要と制度改革のポイント』第一法規、2006年
・内閣府編『平成18年版障害者白書』東京コロニー、2006年
・村川浩一・植村英晴編『Q&A　障害者福祉・支援の手引』新日本法規、2005年以降毎年追録
・坂本・植村・柳田・朝日編著『障害者福祉・支援論』第一法規、2009年

# 第8章

# 地域福祉計画策定の視点と方法

　2000（平成12）年5月の社会福祉法の成立によって、地域福祉計画の策定に関する規定が新たに盛り込まれたことにともない、2003（平成15）年度から同計画が策定され、各地域で実施に移されているところであり、まさに地方分権の時代にふさわしく、市区町村、都道府県の新しい戦略的課題としての意義を有している。

　本章では、地域福祉計画の策定にあたって明確にすべき視点と方法について、計画の基本的構成と主要事項をふまえながら、特に地域福祉計画の策定をめぐって各自治体に求められている、地域社会の将来像や地域福祉の構想力を中心に、その政策課題と各種施策の論点を明らかにするものである。

　なお、2011年の東日本大震災に伴う被災地域・市町村の復旧・再生は極めて重要な課題であり、地域の社会経済基盤・まちづくりの推進とあいまって戦略的に推進されなければならない。

# 1節　社会福祉法の理念と地域福祉計画の目的

## 1　地域における社会福祉の推進

　社会福祉法第1条においては、「福祉サービスの利用者の利益の保護及び地域における社会福祉の推進を図るとともに、社会福祉事業の公明かつ適正な実施の確保及び社会福祉を目的とする事業の健全な発達を図り（後略）」と規定され、法第3条では、社会福祉サービスの基本的理念として、個人の尊厳の保持を旨としつつ、サービス利用者の自立した日常生活を支援するものとして、福祉サービスの良質かつ適切な内容を求めている。

　また、地域福祉の推進について、同法第4条では、地域住民、事業者、および福祉活動を行う人々による相互の協力や活動への参加等について規定している。社会福祉事業経営者に対して、利用者の意向を十分に尊重し、保健医療サービス等との有機的連携・創意工夫・総合的提供を要請する一方（同法第5条）、国ならびに地方公共団体に対しては、社会福祉事業の広範かつ計画的な実施、サービス提供体制の確保、サービスの適切な利用の推進等、各般の措置を求めている（同法第6条）。

　さて、平成12年度から実施された介護保険制度では、介護サービスの利用が促進されるなかで、今後は介護サービスの質の評価等の課題を含みつつ、各自治体における第2・3・4期介護保険事業計画の策定・実施や、介護予防・生活支援、地域包括支援センターや地域密着型サービスの推進さらには介護サービスの人材確保に取り組むべく新しい局面に入りつつある。また、平成15年度から障害者福祉の抜本的改革が行われ、利用者の視点に立った障害者福祉施策の推進や利用・契約方式としての支援費制度が実施されたが、障害者自立支援法が制定され平成18年度より各市町村で障害福祉計画が策定され、障害者の就労支援や入院・入所者の地域移行などが取り組まれているところである。急速なテンポで進行する少子化をめぐる諸問題に対応して、「次世代育成支援対策推進法」も制定され、地域における子育て支援をはじめとする具体的かつ体系的な取り組みが求められているところである。

　先年、厚生労働省に設置された「社会的な援護を要する人々に対する社会福祉のあり方に関する検討会」では、近年における社会変動を背景とした社会的孤立その他多様な諸問題に対応した、地域における社会福祉の新しい課題についての検討が行われ、これを受けて「ホームレスの自立の支援等に関する特別措置法」（通称「ホームレス支援法」）が成立し、施策の具体化が要請されている。

　社会福祉法の趣旨や、以上のような経緯をふまえて、地域福祉計画を策定することの意義や、その基本的視点について考察を深めるべきといえよう。

## 2　地域福祉計画に関する規定と経緯

　社会福祉法の基本的理念に関連して、地域における社会福祉の推進（「地域福祉の推進」）が規定されたことに対応して、平成15年度以降に効力をもつ新しい条項として、「第10章　地域福祉の推進」があり、このなかで市町村地域福祉計画（同法第107条）、および都道府県地域福

祉支援計画（同法第108条）が規定されている。

市区町村並びに都道府県が計画に盛り込むべき事項について、社会福祉法令研究会編『社会福祉法の解説』[1]（中央法規）において一定の例示が行われているので、ここに引用する。

---

Ⅰ　市町村地域福祉計画に盛り込むべき事項（抄）
①福祉サービスの適切な利用の推進に関する事項
　・福祉サービスの利用に関する情報の入手、相談体制の確保に関すること
　・福祉サービスの利用援助事業や苦情対応窓口を活用するための関連機関への紹介等に関すること
②地域における社会福祉を目的とする事業の健全な発達に関する事項
　・制度的なサービスとインフォーマルな活動が地域で連携する上でのシステムづくり
　・社会福祉事業において提供される福祉サービスの目標量
　・福祉サービスの目標量を達成するための具体的方策（事業者の育成及び誘致、既存施設の活用及び余裕教室等の転用の促進、通所施設等の合築の推進、近隣市町村との共同によるサービス確保等）
　・在宅福祉サービスの供給拠点を整備する場合の適正配置に関すること
　・社会福祉を目的とする事業の振興策
③地域における社会福祉に関する活動への住民の参加の促進に関する事項
　・活動に関し必要な情報を入手するための支援方策
　・必要な知識・技術を修得するための支援方策
　・活動の拠点を確保するための支援方策
　・障害者等の当事者が行う活動の支援方策

Ⅱ　都道府県地域福祉支援計画に盛り込むべき事項（抄）
①市町村の地域福祉の推進を支援するための基本的方針に関する事項
　・都道府県が確保すべき必要な福祉サービスの目標量
　・市町村が区域を超えて確保すべき必要な福祉サービスの目標量
　・福祉サービスの目標量を達成するための具体的な方策（事業者の育成及び誘致、既存施設の転用、合築の推進の支援、市町村の共同利用の促進等）
②社会福祉を目的とする事業に従事する者の確保または資質の向上に関する事項
　・社会福祉事業従事者の養成研修等に関すること
　・社会福祉事業従事者の知識、技術等の向上を図るための研修等に関すること
③福祉サービスの適切な利用の推進及び社会福祉を目的とする事業の健全な発達のための基盤整備に関する事項
　・社会福祉法人、非営利組織、民間事業者等の経営指導方策
　・サービスの質の評価等の実施方策
　・広域的事業及び専門性の高い事業に関する情報提供及び相談体制の確保に関すること
　・福祉サービス利用援助事業の実施体制の確保に関すること
　・苦情相談対応の体制確保に関すること

## 2節　地域福祉計画の基本的構成

### 1　地域福祉計画の性格づけ

　地域福祉計画は、基本的に市区町村、行政により策定される計画である。

　地方公共団体は、地域住民の参加や合意形成を経て、地域の実情に応じた社会福祉を積極的に推進するものであり、地方自治法第2条第4項に規定された市区町村の基本構想（総合計画）をふまえ、次項でふれる既存の社会福祉分野や保健医療など隣接分野の諸計画と調和をもって策定されるものである。また、各分野の個別福祉計画を組み込むか、あるいは各計画との具体的な連携・連動は不可欠の要素である。

### 2　各分野の諸計画との関連

#### ①　老人保健福祉計画・介護保険事業計画

　平成5年度より老人福祉法及び老人保健法に基づく老人保健福祉計画が施行され、すべての市区町村・都道府県で作成されている。また、平成12年度より介護保険法に基づき、市区町村の介護保険事業計画ならびに都道府県の介護保険事業支援計画が策定されている[2]。両計画ともに、自治体には策定義務があることはいうまでもないが、平成15年度からの改定計画の内容充実をふまえ、漸増する保険料水準・徴収方法（多段階方式の採用や自治体独自の減免対応を含む）など当面する具体的な実施段階にある。

　内容としては、確保すべき介護サービスの量的見通しのほか、介護サービスの基盤整備をはじめ、介護予防や生活支援など介護保険以外の事項について積極的な展開を図れるのか、地域としての高齢社会対応の中・長期的展望をどこまで示すことができたのか等が問われている。また、高齢者の社会参加をめぐる諸課題や、家族支援を含めた地域社会における支え合いの視点からの福祉活動の組織化、さらに地域包括ケアなど、多様な課題が横たわっている[3]。

#### ②　市町村障害者計画・障害福祉計画

　1993（平成5）年の障害者基本法の成立にともない、国や都道府県における障害者基本計画の策定とともに、市区町村レベルでの障害者計画の策定が課題となっている。法の当初の規定では、自治体任意の計画とされたが、2003（平成15）年3月末現在では、全国で2,947自治体（91.4％）が計画策定済みとなり、このうち1,082自治体（36.7％）が数値目標を明記し、2,637自治体が精神障害者施策に関する記述を行っている。また、2002（平成14）年12月に策定された、国の障害者基本計画（ノーマライゼーションプラン）の改定計画の趣旨をふまえつつ、改めて計画の策定または改定の動因を探る段階にある（障害者基本法の一部改正にともない、2007（平成19）年度からは、すべての自治体に策定が義務づけられている）。具体的には、障害乳幼児の早期療育から、身体障害者・知的障害者・精神障害者についての生活ニーズの把握にはじまり、特に学校教育以降の就業・生活の場の確保や、支援費制度を含むサービスの展開等、多様かつキメ細かい施策にどこまで組み立てうるかが問われていた[4]。

2005（平成17）年10月、障害者自立支援法が国会で成立し翌年度より実施されている。障害者の自立・就労支援、長期入院・入所者の地域移行等を重点課題としつつ、障害福祉サービスの新体系への移行が企図されるなか、すべての市町村及び都道府県において、障害福祉計画の策定が義務づけられた。2007～2008年度の2か年を1期目とし、2009～2011年度3か年を2期目とする計画策定が行われ、実施にうつされてきた。

障害者自立支援法の意義と限界に関連して、障害者福祉の一元化という視点から精神障害者に係る福祉サービスの推進や障害者の就労支援強化等について評価する見解がある一方、障害福祉サービスの利用にともなう定率1割負担や自立支援医療費の負担等については当事者及び障害者団体からの厳しい批判の声が各所で展開されているところである。そこで、地方自治体独自の負担軽減策が導入される一方、国としての軽減策も実施されつつある。

2009（平成21）年9月の新政権の発足に伴い、障害者自立支援法を廃止の方向で見直し、新たな障害者総合福祉法（仮称）の検討がすすめられており、2013年からの新制度の実施に向けて、新法の国会上程が予定される。

### ③ 次世代育成支援行動計画

1990年代後半から2000年代初頭にかけては、厚生省児童家庭局長通知に基づいて、「児童育成計画」が自治体任意の計画として策定され、保育サービスの充実等に重点を置いて取り組まれてきた。

2003（平成15）年7月、次世代育成支援対策推進法が国会で成立し、子育て支援と仕事の両立支援を目標として、地方公共団体（市町村・都道府県）の行動計画の策定、並びに常用雇用301人以上の企業に事業主行動計画の策定が法定化された。地方公共団体の行動計画については、2005～2009年度の5か年を前期計画期間とし、2010～2014年度の5か年を後期計画期間とする計画の策定が位置づけられ、実施にうつされたところである。

## 3 計画の範囲と留意すべき要素

### ① 内実のある地域福祉計画の策定

これまで見てきたように、地域福祉計画の策定においては、第1に、市区町村・都道府県が策定した分野毎の計画を、明確にふまえて策定すること（あるいは内容の充実を図ること）が期待されている。かりに、こうした手続きを怠った場合には、各論を欠落させた、きわめて漠然とした、具体性に乏しい抽象的な「地域福祉計画」に陥る恐れなしとしないのである。

要するに、子どもたち（乳幼児～青少年）から高齢者に至るまで、すべての障害者（身体・知的・精神・発達障害）を不可欠の対象としながら、さらに多様な要援護者（生活保護、ボーダーライン層やホームレス、「ひきこもり」、犯罪被害者への支援など未解決の諸問題）に対応可能か問われている。

第2には、次項でもふれる保健・医療分野の計画課題と関連した内実を確保すべきであり（健康増進計画や地域保健医療計画など）、まちづくりと関連する都市計画・総合計画等との関連・調整も視野に入れるべきと考えられる。

② 保健・医療分野計画との調和

　社会福祉サービスと密接に関連する保健医療サービスについては、地域福祉計画の側からも必要かつ十分な連携の視点、計画上の調和を明らかにし、併せて医療法に基づく都道府県医療計画や、市町村健康増進計画等との関連において、共通の目標や理念を提示することも可能であり、将来に向かっては不可避の課題となろう。本書に計画書を抄録している、東京・清瀬市などの計画は、健康増進計画との統合的な内容をもつ計画として、健康福祉の概念からの組み立てなどを明確なものとしている。すでに高齢者の分野では、老人福祉法および「老人保健法」による老人保健福祉計画が展開されており、今後は、たとえば、母子保健と児童福祉の関連、障害者福祉とリハビリテーションの関連、さらには難病関係施策など、社会福祉領域と保健医療領域が相互に密接し、緊密な連携の関係が提示されることが計画上の課題となっている。

　また、こうした計画上の観点は、社会福祉士・介護福祉士・社会福祉主事など社会福祉従事者と、医師・保健師・看護師その他医療従事者との連携や、チームアプローチの推進からみて重要であり、サービス利用者の利益にとってもネットワークの形成やチームケアの促進は、社会資源利用を効果的に推進する点において不可欠な要因となっている。

③ まちづくり・地域防災をめぐる諸課題と地域福祉計画

　地域の人びとの日常生活においては、保健医療サービスのほか、住宅、教育、雇用等の施策が、福祉サービスの総合的提供や利用者の問題解決に密接に関連している。地域福祉計画の策定にあたっては、これらの施策との連携や調整の視点を提示したり、施策を総合的に推進することが重要である。児童の福祉と学校教育の関連、障害児（者）の教育と雇用・就労の促進、高齢者・障害者の福祉と住宅施策との関連など、多様な課題が存在しているし、それらを地域の実情に沿って組み立てていくことが求められている。

　近年、多くの都道府県において、福祉のまちづくり条例などが施行されている。障害者や高齢者が住みやすい生活環境の整備や、住宅・公共建築物におけるバリアフリーの推進を具体化する課題などがある。最近では、ユニバーサルデザインの概念も展開されており、福祉のまちづくりはバージョンアップを図っていかねばならない。

　これまで、阪神・淡路大震災の経験をふまえ、今後に予測される大規模災害との関連において、既存の防災計画等との関連はもとより、改めて、多様な災害にともなう被災者の生活支援や、高齢者・障害者等への対応が課題となっており、自治体としてのリスク・マネジメントを明確にして取り組む観点も問われてきた。しかしながら、2011（平成23）年3月11日の東日本大震災及び東京電力福島第一発電所の事故・放射能汚染は新たな社会経済上の重大な問題を提起した。当該地域における被災者の生活支援を基本に据えつつも、中長期に及ぶ放射能汚染とそれに対処する生活環境整備は、「まちづくり」の新しい課題を提起している。

④ 地域社会の再生・社会政策上の課題

　このように見てくると、地域福祉計画は狭義の福祉まちづくりの展開という役割にとどまらず、広義の福祉のまちづくりを追い求めて、地域・自治体の「まちづくり」の課題をも明確に

するものでなければならない。「高齢者、身体障害者等が円滑に利用できる特定建築物の建築の促進に関する法律」（通称「ハートビル法」）や「高齢者、身体障害者等の公共交通機関を利用した移動の円滑化の促進に関する法律」（通称「交通バリアフリー法」）の法制化を経て、さらにバリアフリー新法が制定されるという新しい時代状況のなかで、地域社会を構成するハード面での改造・改革を図るとともに、多様な援護方法の開発・ボランティア活動の取り組みといった、ソフト面での連携・ネットワークの推進を含む柔構造＝システムを内蔵した地域福祉計画の展開が問われている。

　ところで、2008年秋以降の国際的・国内的な経済危機や、2011年の東日本大震災といった社会経済情勢を反映して、中高年者や障害者の再雇用・雇用促進は困難をかかえている。障害者をはじめ、福祉サービスを利用する人々の社会参加の視点をもふまえ、ジョブコーチの導入をはじめ雇用開発・雇用促進等の具体的手法を確保しながら、社会政策上、新たなワークシェアリングの課題に対応することが不可避となっている。こうした検討課題は、マクロの国民経済視点だけでなく、まさに地域経済の活性化の視点と連動した「地域おこし」としても問われているのである。

　後述するが、英国のコミュニティケアの先行的経験をみても、社会福祉政策は、雇用・労働政策や地域再生と密接な関連があるのであって、若年者・中高年者・高齢者の就労機会の確保を含め、地域社会の社会的・経済的基盤形成にかかわるような構造的な取り組みについて、青年・学生を含む若い世代の参加を得て、地域社会の将来像をデッサンし、明確にすることが、わが国でも強く求められているのではないだろうか。

## 3節　住民参加と民間社会福祉の役割

### 1　地域住民・市民の役割を第一に

　地域住民は、多様なニーズをもつ生活者であると同時に、地域社会のなかではなんらかのサービスの担い手となる可能性をもち合わせている。地域における社会福祉のサービスや施策に関心を示し、地域の福祉活動への参加や福祉施策への意見表明等の機会をもつ地域住民の役割は、地域福祉計画には不可欠である。

　また、地域住民は常に集合名詞としてかかわりを求められるのではなく、21世紀においては一人ひとりのニーズや社会参加・参画・申し立て等を表明する自覚的市民として、個性ある新しい役割を果たすことが求められている。

　したがって、地域福祉計画の策定過程においては、市民各層の代表参加のほか、福祉ニーズアンケート調査の実施、多様な参加・参画の機会を保証することが重要である。近年の行政手法・政策評価活動に関連して、パブリックコメントその他の手法が活用されてよいと考えられる。

### 2　福祉活動を行う人びとの役割

　地域社会において福祉活動を行う人びととして、自発的で一定の目標をもつボランティア（個人・グループ）がいるほか、民生委員・児童委員（基本的には福祉行政の協力機関）、そ

の他関係者（民生委員協力員・地区福祉委員等）などがいる。

また、高齢者・障害者等の近隣の居住者による日常的かかわりを過少評価してはならない。時には地域社会の中で孤立しがちな一人暮らし高齢者等への見守りや支援などの支持的なかかわりや、社会的交流やネットワークが大切な意味をもつのである。

そして、地域社会において福祉ニーズをかかえた人びとへの支援を推進するなかでは、主体的・積極的な支援活動を行う場合、分担可能なサービス提供を行う場合、地域社会の福祉ニーズを把握したり、または代弁したりすることなど、多様な役割が見られるのであり、地域福祉計画の策定にあたっては、市民の活力、その能動的な役割が活用される必要がある[5]。

したがって、地域福祉計画の策定過程においては、ボランティア（個人・グループ）や民生委員・児童委員の参加を求めるほか、意見表明のみならず、具体的な地域福祉活動の推進や組織化の提案を軸とした参画を求めることが重要である。

## 3 社会福祉事業を経営する者の役割

社会福祉サービスの提供者として、利用者の自立支援、サービスの質の確保、利用者保護、サービスに係る情報提供、各種サービスとの連携のほか、多様なニーズに対応して、新しいサービスの提供やプログラムの開発、地域住民へのさまざまな支援や、福祉のまちづくりへの参画などが要請されている。また、直接のサービス提供だけでなく、社会福祉法人による苦情解決への対応や、社会福祉協議会による権利擁護事業（現・日常生活支援事業）などの取り組みを方向づけることも問われている。

特に、社会福祉法人や社会福祉協議会のほか、農業協同組合（JA）や生活協同組合（生協）の地域活動が展開されており、介護保険制度への事業者としての参入とも関連して、JAや生協は地域社会のなかで、非営利で公益的な役割を果たしている。JAは農村地域や過疎地域では不可欠の事業体であり、生協は都市部を中心に利用者本位（消費者主権）の視点からも特色ある事業体である。さらに、新興のNPO（特定非営利活動法人）を中心に展開される市民活動など、その多様性を承認しなければならない。

従来、社会福祉協議会が地域福祉活動の一つの中心であった経緯は否定できないとしても、地域活動の多様化、事業主体の多様化という時代状況のなかでは、市区町村の地域福祉計画策定にあたっては、こうした多様な団体・組織の関与を促進していくことが重要である。また、公的機関と民間事業者（特に非営利組織）の協力・提携関係（パートナーシップ）の促進をはじめ、民間組織相互間のパートナーシップの開発という点でも、多様な事業者の社会貢献は不可欠の事柄である。

また、シルバーサービスという呼称により、民間企業（株式会社等）による高齢者向けサービスが展開されつつある。しかし、2007（平成19）年のコムスン問題に見られるように、一部に不適正な事業体が存在しており、行政・市民双方の規制と異議申立て等を通じて、この分野から排除していくことも論点の一つである。筆者は、子どもを売上げと営利の対象とするチャイルド・ビジネスの動向についても、子どもの権利擁護・若年勤労者家族支援の視点から監視と是正の必要があると判断している。一部自治体の安易な民営化手法は反省が求められる。

### 4　社会福祉協議会に期待される役割

　社会福祉協議会は、民間の社会福祉機関として地域における社会福祉活動の連絡調整をはじめ、各種のサービス提供（介護保険の指定事業者も少なくない）、地方自治体からの一部事業の受託等を含め、多様な福祉活動を推進している。こうした背景のなかで社会福祉協議会は、民間社会福祉の調整役として、市区町村の地域福祉計画策定に関し、民間福祉の側から積極的関与が求められている。

　また社会福祉協議会は、独自の地域福祉活動計画の策定・実施・調整に近年深く関与してきた経過がある。こうしたことは地域住民の福祉活動の視点からの積極的関与としては評価されるものであり、この活動計画の到達点をこの際明らかにすることは、地域福祉計画の策定にとって意味のある資料を構成することになる。そして、地域住民の福祉活動を考察するうえでも参考となる可能性が強い。

　なお、地域福祉活動計画を各社会福祉協議会が見直したり、改めて策定する等、その積極的な活動プログラムが市区町村の地域福祉計画に反映されることは有意義なことである。

## 4節　地域福祉計画策定を取り巻く政策動向と計画視点

### 1　市町村合併等をめぐる地域主体の計画視点

#### ①　与件としての人口減少社会・少子高齢化の進行

　計画策定の与件として、少子・高齢化と人口減少という社会情勢をふまえなければならない。過疎地域など人口減少をベースに少子・高齢化がある一方、政令指定都市や県庁所在市などでは人口減少要因は小さいが、少子・高齢化の急速に進行する地域など、地域をとりまく環境・資源や条件を具体的に明らかにすることである。そのなかで地域社会の将来像をどこまで提示できるかが、重要なポイントとなっており、一部自治体の総合計画等にみられるような人口統計の「粉飾」は避けなければならない（マイナスの現実と向き合うことである）。

#### ②　基礎自治体の基盤強化

　①とも関連しつつ、基礎自治体の要件・規模を問いながら、住民合意に基づいた市町村の合併は、不可避の潮流である。日本より30年ほど早く高齢化の進行したスウェーデンでは、1960～70年代にかけて、人口1万人規模から3万人をベースとする自治体合併が促進されたと伝えられている。国や地域社会を取り巻く環境・条件には差異があることから、他国の例ですべてを説明することはできないが、基礎自治体にとって最も基本的な要因である人口と、当該自治体の行財政能力（特に税収を含む）とは必須の要件である。

　当面、市町村合併が実施された自治体においては、旧町・旧村が単に吸収合併されるのでなく、その地域の社会資源（社会福祉・保健医療等）や、地域社会の生活史的背景には十分配慮ある対策が用意されなければならない。

### ③　地域産業再生における福祉型中堅企業の創出

　次項でふれる社会福祉分野の課題もさることながら、経済不況の長期化にともなう失業率の上昇や中高年者の雇用問題をはじめ、東日本大震災の被災地域の復旧・再生を含めて、地域経済の活性化が求められている。

　経済のサービス化を基調とする現代の社会経済システムにおいては、社会福祉分野とも深く関連して、対人的社会サービスにかかわる事業体や、地場産業としての福祉型中堅企業（非営利法人・公益法人の展開を含む）への期待が所在しているようにみている。フランチャイズシステムを含め、収益吸い上げ型の大都市・外部資本の参入ではなく、「身の丈に合った」事業体の創出と地域サービスの提供、そこへの雇用促進（中高年者・障害者等を含む）が構想されてよいのである。

　NPOの手法だけにこだわらず、地域経済の基盤をふまえ市民参加の視点に立つならば、JAや生協などの協同組合型事業体の活性化や、社会福祉協議会・社会福祉法人・福祉公社のような非営利福祉事業体の増進と基盤強化は重要である（この場合の社会福祉法人の経営は、一部に見られる同族的閉鎖性を克服した公共性の高い事業組織を目指さなければならない）。

　また、最近展開されている公益法人改革（財団・社団）において、福祉分野にかかわる事業体の公益性の認定は適切に行われ、理事・評議員会への市民参加が図られるべきである。

## 2　当面する政策課題

　2006（平成18）年から2011（平成23）年ごろにかけて、わが国は社会保障制度・政策をめぐって重要な転換期にあると考えられる。

### ①　高齢者関係分野

　2000（平成12）年4月より介護保険制度が実施され、第1期目の介護保険事業計画が老人保健福祉計画と一体的に（または連携して）取り組まれ、国の『ゴールドプラン21』とあいまって、介護サービスの基盤整備に重点が置かれていた。第2期目においては前期の経過をふまえて、認知症高齢者等に係る要介護認定の方法等に改善が加えられ、また保険料徴収における多段階設定等が導入された。

　2005年の介護保険法改正をふまえて、第3期目からは、介護保険事業計画の計画期間が3か年とされた。また、制度の安定性・持続性を基調としながら、法改正にともなう地域包括支援センター・日常生活圏域の設定、地域密着型サービス・介護予防サービスの普及等が課題となってきた。また、第4期計画（2009〜2011年度）においては、介護人材の確保を軸に、引き続き介護サービス基盤の整備を図るとともに、「コムスン問題」を教訓として悪質事業者の排除とサービスの質向上に対する事業者・関係者の努力が問われているところである。

　他方、各地域においては単身高齢者の増加等を背景として、孤独死の問題などが浮上しており、第5期計画（2012〜2014年度）以降においては、地域包括ケアの視点に立った総合的な高齢者生活支援施策の充実、医療や高齢者すまい計画との連携・推進が求められているところである。

## 第8章　地域福祉計画策定の視点と方法

### ② 障害者関係分野

第2には、障害者福祉諸問題がある。利用者本位の社会福祉サービスの一環として[6]、また地域生活支援の具体化として、平成15年度より従来の措置（費）制度を見直して支援費制度の導入をめぐる利用・契約制度への移行が図られてきた。併せて、一人ひとりの障害者にかかわるケアマネジメントの手法が位置づけられるとともに、地域生活支援センターなど新しい社会資源の確立が図られるなど、制度改革の積極的側面を指摘することができる。また、2005（平成17）年の障害者自立支援法の成立にともない、①障害者の就労支援、②精神障害者の長期入院からの退院促進、③福祉施設に長期に入所している人びとの地域移行等の課題に重点的な目標を置きつつ、従来複数の法・制度に分かれていた施設系・居宅系サービスを、新しい体系への移行・再編成すること等が課題とされている。

第1期（2007～2008年度）から第2期（2009～2011年度）にさしかかる現段階においては、国内外の社会経済情勢の激変のもとで、障害者雇用をめぐる困難な状況においてなお、障害者の就労支援強化・雇用促進等が問われている。また、障害者の地域生活支援を具体化するには、グループホーム・ケアホームや住まいの環境整備、および居住サポートが不可欠の課題であり、中・長期的には年金・手当等による所得保障の課題も見逃すことはできない。

障害者自立支援法は、応益負担という趣旨から利用者に定率1割負担等を求めてきたが、今後も国・地方自治体ともに軽減策の継続は不可避となっている。

2009年9月の新政権の発足を受けて、障害者自立支援法の廃止と新法の制定が行われる見通しであり、障害者・家族・関係者の要望を十分にふまえて、障害者ケアマネジメントの手法等に基づき、一人ひとりに適切なサービスが利用可能となる、利用者本位の制度づくりが期待されている。

### ③ 少子化対策の確立へ

第3に、一部の児童養護施設や企業による保育サービス並びに家庭内等における児童虐待をめぐるきわめて深刻な事態の続発などに対応した的確な問題解決の方向性を求めながら、全体としては少子化をめぐる社会的・政策的対応が遅々としており、方向性が見えにくい。要するに、日本社会のあり方と地域の将来についての合意が不十分なのである。保育サービスの充実や子育て支援環境の整備はもとより、真の意味でのシステム改革を志向するならば、税制、年金等をめぐる世代間の公平な負担の確立に着手し、同時に教育・住宅・地域社会のあり方をめぐる「新しい思想」を確立できるかという意義を有している[7][8]。

こうした動向を総合しつつ、合計特殊出生率が1.32（2002年）にまで下降した（ボトムは1.26）現実に対応して、国においては2003（平成15）年「少子化社会対策基本法」、「次世代育成支援対策推進法」が成立しており、複合的な内容をもつ子育て支援、次世代支援策を具体的に位置づけることが重要である。当面する地域福祉計画をめぐる構想力からするならば、子どもから高齢者に至る保健福祉サービスの充実を目標化することや、地域福祉のネットワーク的展開や地域住民の参画を位置づける作業は重要である。特に「次世代育成支援対策推進法」に基づく自治体計画は2005（平成17）年度からの10か年計画という姿をとることとされており、そのなかでは各種の事業所（企業等）の果たす役割とともに、若い世代のニーズと意向がどこ

まで盛り込まれるかが要点であろう。

　世界的規模における経済恐慌・不況の長期化という状況下にあって、「国家─地域社会（企業─家庭）─市民」をめぐり、さまざまな問題の解決の新しい動因となるべき各種社会サービスの拡大を含む有効需要の創出＝財政・資本の投入こそが、福祉国家の21世紀的構築を基礎づけるものであり、一方における家庭・家族支援＝エンパワメントの推進を図りつつ、他方における企業・産業の再生を含む地域社会の再構成といったビジョンを提示できるのか否かが、いま問われているのである。[9]

### ④　年金問題をめぐって

　最後に、年金制度改革は2004（平成16）年に大きな改定が行われた。年金制度は通例、5年に1回の制度改革が段階的に実施されているが、2004（平成16）年改定をめぐっては幾つかの論点があった。

　ア．給付と負担の明確化をめぐる中・長期の課題がある。近年の低金利水準や少子化等の年金制度をとりまく厳しい環境のもとで、給付水準と保険料負担の均衡関係に一定の結論を見いだすことである。この点とも関連しつつ、以下のことがいえる。

　イ．国民年金制度・基礎年金に対する公費投入の増（1／3から1／2）の国会決議の完全実施の課題がある（財源確保として消費税等の税財源確保の議論を避けるべきではないと筆者は考えている）。

　ウ．女性の年金問題をめぐる決着がつけられるか否かという論点がある。社会趨勢として女性の就業率の上昇のもとで、①パートタイム労働者の年金確立を今次制度改正でなしうるかということであり、②働く女性の保険料負担がある一方、「主婦」等の国民年金第3号被保険者の位置づけと保険料負担について、新しい合理的判断への合意形成が課題となっている。

　近年、ジェンダー・フリーの論調が高まりつつあるが、女性の社会的地位、年金を含む経済的基盤の確保、社会参加・社会進出に対応する公正な評価など、多様な論点が所在するなか、女性と年金をめぐる新しい方向づけは不可避となろう。

　そして、根底的な問題は、日本経済のデフレ・不況の長期化にともなう、年金額の据え置きないし減額をめぐる国民的関心の高まりである。高齢者をはじめ、年金を生活基盤としている人びとにとって、公的年金制度の「安定」が基本方策であり、かつ結論である。近年、企業年金の不確実性が伝えられるなかでも、私的年金＝金融商品販売企業のPRに若い世代が取り込まれるかにみえるが、日本の現実は株式市況（2001年5月～2003年5月の2年間や、2008年9月以降に株価の大幅下落）などが示すとおりであり、民営化・私的年金を助長して公的年金制度を解体させるような、市場任せの不安定かつ先行き不透明な方策は許されず、高齢者や障害者を含め国民大多数の利益を市場のるつぼ、不安定と価値下落の混沌に投げ込むことは、社会的にあってはならないことであり、問題解決の根本には社会保障・社会福祉を安定的に構築する大道のほかに一切の道はない、と筆者は考えている。

# 第8章 地域福祉計画策定の視点と方法

## （補論） 地域福祉計画策定に向けての構想力

　地域福祉計画策定のキーポイントとして各地域に求められているのは、地域社会のトータルな把握と、計画策定をめぐる構想力であると、筆者は考えている。

　そこで筆者は、計画策定の論点を明らかにするため、コミュニティケアの先進国である英国の地域政策動向を一つの素材として紹介するものである。1980年代のサッチャー政権による社会福祉緊縮の「氷河期」を経て、英国では1990年代以降コミュニティケアプランとヘルスケアの連携（Joint）が模索されてきた。さらに英国では、New Labourと呼ばれるブレア政権が発足し、社会福祉・保健医療の改革が新しい段階に入っている[10]。

　とりわけ、社会福祉と雇用労働政策の連携、ハウジング（住宅）サービスとまちづくり、産業経済的基盤の変動をふまえた地域の活性化との関連において、新しい社会政策の展開が求められている。また、都市部における多国籍の生活者のニーズをふまえた新しい社会福祉サービスの提供＝ソーシャル・インクルージョン（Social Inclusion）の展開等が模索されている。以下、英国の社会福祉政策関連の最近の文書および報告書のなかからおもな論点を紹介することとしたい。

　まず第1に、ブレア政権の社会福祉政策の根幹を示した文書として、「福祉に対する新しい契約　A New Contract for Welfare」がある。改革のための原則の提示をはじめ、児童・家庭への支援策、障害者手当、年金、青年層の雇用その他に言及している。

　第2に、新しいコミュニティケアの視点として、社会的差別の克服と新ししい社会的統合が検討されるだけでなく、具体的方策とその地域的実現が解明されている。そして、対人サービスをめぐる分析視点の提示や、サービス供給主体としてのソーシャルエンタプライズ（社会的企業）にも言及している（Social Enterprize Zones）。

　第3に、地域特性に応じたコミュニティケアとして、幾つかの地域・地方自治体の調査レポートがある。たとえば、①東ロンドン（大都市部の地域再開発、住宅施策との連携など）、②リバプール（青年層の失業対策、住宅施策との連携など）である。そして、地域開発における交通手段・ネットワークの視点（特に低所得者の居住地域と雇用ゾーンをつなぐ）や、住宅・居住地域のあり方、まちづくり・生活環境について言及されている。

　以上を通じて、英国のブレア改革は、中央政府から発信される集権的改革といった性格を有しながら、地域社会の再生を方向づける新しいコミュニティ・ケアに媒介された、21世紀初頭における社会的公正の見地が示されてきた。これらの経験と見識を一つの参考に、単なるモノマネとしてではなく、わが国の地域福祉計画にふさわしい地域社会が要請する構想力において、課題を理念的・構造的に解明する、コミュニティ政策を構成する幾つかの「柱」を構成していくことが重要といえよう。なお英国では、ニューレイバーを標榜したブレア～ブラウン内閣は崩壊し、保守党・自民党連立内閣に交替する変動期に入っている。わが国では、2011（平成23）年の東日本大震災以降、地域住民の生活支援、居住環境の適正化（原子力発電の段階的縮少と新エネルギー開発など）に主眼を置いた地域再生の政策展開が求められている。

■注
1）社会福祉研究会編『社会福祉法の解説』中央法規、p325～329、2001年
2）村川浩一編『高齢者保健福祉施策と介護保険事業計画』東京法令、2000年
3）村川浩一編『市町村の役割と民間事業者の参入動向』東京法令、2000年
4）村川浩一・植村英晴ほか『障害者福祉・支援の手引』新日本法規、2004年
5）村田幸子・小林雅彦編著『住民参加型の福祉活動』ぎょうせい、2002年
6）中西正司・上野千鶴子『当事者主権』岩波書店、2003年
7）村川浩一「高齢者と家族の将来――高齢社会に対応する新しい家族政策の視点」上野谷加代子・村川浩一編『高齢者と家族』中央法規、p253～271、1996年
8）大沢真理『男女参画共同社会づくりを展望する』NHK出版会、2002年
9）『地域保健福祉政策事例集』第一法規、2004年（全面改訂、初版1995年）
10）村川浩一「地域福祉計画の視点と方法」　社会福祉・医療事業団編『社会福祉の新しい展開に関する研究』p1～57、2002年

■参考文献
・村川浩一『地域福祉計画ハンドブック』第一法規、2003年
・村川浩一『地域福祉計画・次世代育成支援計画ハンドブック』第一法規、2005年

# 第9章

# 次世代育成支援計画の枠組みと課題

　日本社会の構造的問題である少子化をめぐる問題状況を理解するとともに、諸問題の解決を目指す次世代育成支援行動計画（市区町村、都道府県、事業主）の意義と役割を理解し、未来の日本社会・地域社会の担い手となる子どもたちの健康と福祉、子育て支援とその関連施策などの課題と方向づけを探究する。

# 1節　計画の意義

1.57ショックと呼ばれる日本社会の少子化現象が指摘され、ほぼ定着してから20年余りが経過している。この間、少子化に伴う問題状況をふまえて、政府により以下のような対策が推進されてきた。

```
1994年　エンゼルプラン
1999年　新エンゼルプラン
2003年　少子化対策基本法、及び次世代育成支援対策推進法
2004年　『子ども・子育て応援プラン』
2010年　『子ども・子育て支援ビジョン』
```

いわゆる合計特殊出生率は、2005（平成17）年の1.26をボトムとして低迷していたが、「子ども手当」制度が実施された2010（平成22）年には1.39と、一定の上昇傾向をみせている。しかし、東京都区部など大都市部での少子化傾向は依然として続いており、必ずしも顕著な上昇傾向がみられていない状況である。

1990年代における施策は保育サービス等に重点がおかれ、待機児童ゼロ作戦などが取り組まれてきた。そして次世代育成支援対策推進法の制定以降は、子育て支援と仕事の両立を基本としながら、総合的少子化対策が取り組まれてきた。政府のかけ声だけで終わるのではなく、次世代育成支援行動計画については、市区町村・都道府県・事業主がその方向づけを明らかにしている。

# 2節　計画の枠組み

次世代育成支援対策推進法第8条第1項において、「市町村は、行動計画策定指針に即して、5年ごとに、当該市町村の事務及び事業に関し、5年を1期として、地域における子育ての支援、母性並びに乳児及び幼児の健康の確保及び増進、子どもの心身の健やかな成長に資する教育環境の整備、子どもを育成する家庭に適した良質な住宅及び良好な居住環境の確保、職業生活と家庭生活との両立の推進その他の次世代育成支援対策の実施に関する計画を策定するものとする」とされている。

また、計画の期間については、平成17～21年度の5ケ年間を前期計画の期間とし、平成22～26年度の5ケ年間を後期計画の期間としている。

なお、次世代育成支援対策推進法は10年間の時限立法とされている。

# 3節　次世代育成支援行動計画・前期計画の策定指針

## 1　前期計画の策定指針（抄）

　次世代育成支援行動計画・前期計画の策定指針（2003年8月22日）の概要は、以下のとおりである。

二　次世代育成支援対策の実施に関する基本的な事項
　1　基本理念
　　　次世代育成支援対策は、父母その他の保護者が子育てについての第一義的責任を有するという基本的認識の下に、家庭その他の場において、子育ての意義についての理解が深められ、かつ、子育てに伴う喜びが実感されるように配慮して行われなければならない。
　2　行動計画の策定の目的
　　　地方公共団体及び事業主（国及び地方公共団体の機関等を含む。）は、行動計画策定指針に即して次世代育成支援対策のための10年間の集中的・計画的な取組を推進するため、それぞれ行動計画を策定し、次世代育成支援対策の実施により達成しようとする目標、実施しようとする次世代育成支援対策の内容及びその実施時期等を定めるものとする。
　3　次世代育成支援対策の推進に当たっての関係者の連携
　　　次世代育成支援対策は、市町村内及び都道府県内の関係部局間の連携を始め、市町村及び都道府県の間並びに市町村間の連携等を図り、総合的な体制の下に推進されることが望ましい。このため、行動計画には、それぞれの次世代育成支援対策の推進に当たっての関係者の連携の在り方について定めることが必要である。
　⑴市町村内及び都道府県内の関係部局間の連携
　　　　市町村及び都道府県は、次世代育成支援対策の総合的かつ効果的な推進を図るため、全庁的な体制の下に、行動計画の策定やこれに基づく措置の実施を図ることが必要である。
　⑵市町村及び都道府県の間並びに市町村間の連携
　　　　法第10条第1項では、都道府県は、市町村に対し、市町村行動計画の策定上の技術的事項について必要な助言その他の援助の実施に努めることとされており、小規模市町村への配慮を含め、適切に対応することが必要である。
　　　　また、市町村及び都道府県は、行動計画の策定に当たって、相互にその整合性が図られるよう、互いに密接な連携を図ることが必要である。
　　　　さらに、市町村行動計画の策定に当たっては、必要に応じて広域的なサービス提供体制の整備等、近隣市町村間での連携・協力の在り方について検討することが必要である。
　⑶国、地方公共団体等と一般事業主との連携
　　　　法第5条では、事業主は、国又は地方公共団体が講ずる次世代育成支援対策に協力しなければならないこととされている。
　　　　また、一般事業主は、一般事業主行動計画の策定やこれに基づく措置の実施に関する援助業務を行う次世代育成支援対策推進センターによる相談その他の援助を活用することなどにより、適切な一般事業主行動計画の策定やこれに基づく措置の実施に努めることが望ましい。
　　　　さらに、地方公共団体及びその区域内に事業所を有する一般事業主は、行動計画の策定に当たって、地域における次世代育成支援対策が効果的に実施されるよう、必要に応じて情報交換を行う等密接な連携を図ることが必要である。
　4　次世代育成支援対策地域協議会の活用
　　　法第21条第1項では、地方公共団体、事業主、住民その他の次世代育成支援対策の推進を図る

ための活動を行う者は、地域における次世代育成支援対策の推進に関し必要となるべき措置について協議するため、次世代育成支援対策地域協議会（以下「地域協議会」という。）を組織することができるとされており、地方公共団体及び一般事業主は、行動計画の策定やこれに基づく措置の実施に当たっては、必要に応じて、地域協議会を十分に活用するとともに、密接な連携を図ることが望ましい。

なお、地域協議会の形態としては、例えば、次に掲げるものが考えられる。

(1) 市町村及び都道府県の行動計画の策定やこれに基づく措置の実施に関し、意見交換等を行うため、地方公共団体、事業主、子育てに関する活動を行う地域活動団体、保健・福祉関係者、教育関係者、都道府県労働局等の幅広い関係者で構成されるもの
(2) 一般事業主行動計画の策定やこれに基づく措置の実施に関し、情報交換等を行うため、地域の事業主やその団体等で構成されるもの
(3) 地域における子育て支援サービスの在り方等について検討を行うため、地域の子育て支援事業の関係者等で構成されるもの
(4) 家庭教育への支援等について検討を行うため、教育関係者等で構成されるもの

## 2　市町村行動計画等の内容に関する事項（抄）

市町村行動計画等の内容に関する主な事項は、以下のとおりである。

① 市町村行動計画
（1） 地域における子育て支援
　　ア．地域における子育て支援サービスの充実
　　イ．保育サービスの充実
　　ウ．子育て支援のネットワークづくり
　　エ．児童の健全育成
（2） 母性並びに乳児及び幼児等の健康の確保及び増進
　　ア．子どもや母親の健康の確保
　　イ．「食育」の推進
　　ウ．思春期保健対策の充実
　　エ．小児医療の充実
（3） 子どもの心身の健やかな成長に資する教育環境の整備
　　ア．次代の親の育成
　　イ．子どもの生きる力の育成に向けた学校教育の整備
　　　（確かな学力の向上、豊かな心の育成、健やかな体の育成、信頼される学校づくり、幼児教育の充実）
　　ウ．家庭や地域の教育力の向上
　　　・家庭教育への支援の充実
　　　・地域の教育力の向上
　　エ．子どもを取り巻く有害環境対策の推進
（4） 子育てを支援する生活環境の整備
　　ア．良質な住宅の確保

イ．良質な住居環境の確保
　　　ウ．安全な道路交通環境の整備
　　　エ．安心して外出できる環境の整備
（5）職業生活と家庭生活との両立の推進
　　　ア．多様な働き方の実現及び男性を含めた働き方の見直し等
　　　イ．仕事と子育ての両立の推進
（6）子ども等の安全確保
　　　ア．子どもの交通安全を確保するための活動の推進
　　　イ．子どもを犯罪等の被害から守るための活動の推進
　　　ウ．被害にあった子どもの保護の推進
（7）要保護児童へのきめ細かな取り組みの推進
　　　ア．児童虐待防止対策の充実
　　　イ．母子家庭等の自立支援の推進
　　　ウ．障害児施策の充実


② **都道府県行動計画（抄）**
　都道府県行動計画の枠組み・主な事項については、以下のとおりである。
（1）地域における子育て支援
　　　ア．地域における子育て支援サービスの充実
　　　イ．保育サービスの充実
　　　ウ．子育て支援のネットワークづくり
　　　エ．児童の健全育成
（2）母性並びに乳児及び幼児等の健康の確保及び増進
　　　ア．子どもや母親の健康の確保
　　　イ．「食育」の推進
　　　ウ．思春期保健対策の充実
　　　エ．小児医療の充実
　　　オ．小児慢性特定疾患治療研究事業の推進
　　　カ．不妊治療対策の充実
（3）子どもの心身の健やかな成長に資する教育環境の整備
　　　ア．次代の親の育成
　　　イ．子どもの生きる力の育成に向けた学校教育の整備
　　　　（確かな学力の向上、豊かな心の育成、健やかな体の育成、信頼される学校づくり、幼児教育の充実）
　　　ウ．家庭や地域の教育力の向上
　　　　・家庭教育への支援の充実
　　　　・地域の教育力の向上
　　　エ．子どもを取り巻く有害環境対策の推進

### （4） 子育てを支援する生活環境の整備
　ア．良質な住宅の確保
　イ．良質な住居環境の確保
　ウ．安全な道路交通環境の整備
　エ．安心して外出できる環境の整備
　オ．安全・安心まちづくりの推進等

### （5） 職業生活と家庭生活との両立の推進
　ア．多様な働き方の実現及び男性を含めた働き方の見直し等
　イ．仕事と子育ての両立の推進

### （6） 子ども等の安全確保
　ア．子どもの交通安全を確保するための活動の推進
　イ．子どもを犯罪等の被害から守るための活動の推進
　ウ．被害にあった子どもの保護の推進

### （7） 要保護児童へのきめ細かな取り組みの推進
　ア．児童虐待防止対策の充実
　イ．母子家庭等の自立支援の推進
　ウ．障害児施策の充実

## 3　一般事業主行動計画の策定に当たっての基本的な視点

一般事業主行動計画の視点等については、以下のとおりである。
① 労働者の仕事と子育ての両立の推進という視点
② 企業全体で取り組むという視点
③ 企業の実情を踏まえた取り組みの推進という視点
④ 取組の効果という視点
⑤ 社会全体による支援の視点
⑥ 地域における子育ての支援の視点

一般事業主行動計画の公表と従業員への周知については、以下のとおりである。
① 従業員数が301人以上の企業は平成21年4月1日以降義務
② 従業員数が101人以上300人以下の企業は平成23年4月1日以降義務
　　（平成21年4月1日から平成23年3月31日までは努力義務）
③ 従業員数が100人以下の企業は、平成21年4月1日以降努力義務

# 4節　『子ども・子育てビジョン』と今後の課題

## 1　『子ども・子育てビジョン』の趣旨・目的

　次世代育成支援行動計画（前期計画）の策定動向を踏まえ、全国規模の展開を目指した『子ども・子育て応援プラン』（2004年）に続いて、2010（平成22）年1月、後期計画の策定動向等を踏まえ『子ども・子育て支援ビジョン』が策定された。

## （1）『子ども・子育てビジョン』の趣旨・目的

　全国の市区町村・都道府県・事業主による次世代育成支援行動計画・後期計画の策定を背景としながら、2010（平成22）年1月、政府は『子ども・子育てビジョン』を提示し、5ケ年におよぶ少子化対策を方向づけた。

　このビジョンにおいては、「子どもを大切にする」という基本的視点に立って、子どもの生きる権利・育つ権利・学ぶ権利を尊重すべきとしている。

　また、多様な家族形態、親の就労の有無にかかわらずすべての子どもたちの成長と、子育てを包括的に社会全体で支えるものとしている。

　『子ども・子育てビジョン』の主な事項は、以下のとおりである。

① 子どもが主人公（チルドレン・ファースト）
②「少子化対策」から「子ども・子育て支援」へ
③生活と仕事と子育ての調和

## （2）『子ども・子育てビジョン』の政策4本柱と12の主要施策

　『子ども・子育てビジョン』の政策4本柱と12の主要施策は、以下のとおり。

ⅰ．子どもの育ちを支え、若者が安心して成長できる社会へ
　① 子どもを社会全体で支えるとともに、教育機会の確保を
　② 意欲をもって就業と自立に向かえるように
　③ 社会生活に必要なことを学ぶ機会を

ⅱ．妊娠、出産、子育ての希望が実現できる社会へ
　④ 安心して妊娠、出産できるように
　⑤ 誰もが希望する幼児教育と保育サービスを受けられるように
　⑥ 子どもの健康と安全を守り、安心して医療にかかれるように
　⑦ ひとり親家庭の子どもが困らないように
　⑧ 特に支援が必要な子どもが健やかに育つように

ⅲ．多様なネットワークで子育て力のある地域社会へ
　⑨ 子育て支援の拠点やネットワークの充実が図られるように
　⑩ 子どもが住まいやまちの中で安全・安心に暮らせるように

ⅳ．男性も女性も仕事と生活が調和する社会へ（ワーク・ライフ・バランスの実現）
　⑪ 働き方の見直し
　⑫ 仕事と家庭が両立できる職場環境の実現を

## (3) 主な数値目標

図9-3-1 施策に関する数値目標

| 項　　目 | 現　　状<br>（平成20年度）<br>※もしくは直近の<br>データ | 目　標<br>（平成26年度） |
|---|---|---|
| 新生児集中治療管理室（NICU）病床数<br>（出生1万人当たり） | 21.2床 | 25～30床 |
| 不妊専門相談センター | 55都道府県市 | 全都道府県・指定都市・中核市 |
| 平日昼間の保育サービス(注1) | | |
| 　　　認可保育所等<br>　　　　　　　　（3歳未満児） | 215万人<br>（H21年度見込み）<br>（75万人） | 241万人(注2)<br>（102万人） |
| 　　　　　家庭的保育（内数） | 0.3万人<br>（H21年度見込み） | 1.9万人(注2) |
| 延長等の保育サービス(注1) | | |
| 　　　延長保育等 | 79万人<br>（H21年度見込み） | 96万人 |
| 　　　　夜間保育（内数） | 77か所 | 280か所 |
| 　　　　トワイライトステイ（内数） | 304か所 | 410か所 |
| その他の保育サービス(注1) | | |
| 　　　休日保育 | 7万人<br>（H21年度見込み） | 12万人 |
| 　　　病児・病後児保育 | 延べ31万人 | 延べ200万人<br>※体調不良児対応型は、すべての保育所において取組を推進 |
| 認定こども園 | 358か所（H21.4） | 2,000か所以上<br>（H24年度）(注3) |
| 放課後子どもプラン | | 「放課後子どもプラン」などの取組が、全国の小学校区で実施されるよう促す（H24年度） |
| 　　　放課後児童クラブ(注1) | 81万人（H21.5） | 111万人(注4) |
| 　　　放課後子ども教室 | 8,719か所<br>（H21.4） | 「放課後子どもプラン」などの取組が、全国の小学校区で実施されるよう促す（H24年度） |

注1：市町村のニーズ調査の集計結果を基に設定しており、新たな次世代育成支援のための包括的・一元的な制度の構築を視野に入れた数値目標である。
注2：平成29年度に44％に達する3歳未満児に関する潜在的な保育需要を満たすため、女性の就業率の上昇を勘案し、平成26年度までに35％の保育サービス提供割合（3歳未満）を目指し、潜在需要をも含めた待機児童解消を図るものである。
注3：新たな次世代育成支援のための包括的・一元的な制度の構築を視野に入れる必要がある。
注4：平成29年度に40％（小学1～3年サービス提供割合）に達する潜在需要に対し、平成26年度までに32％のサービス提供割合を目指すものである。

## 第9章 次世代育成支援計画の枠組みと課題

| 項　　目 | 現　状<br>（平成20年度）<br>※もしくは直近のデータ | 目　標<br>（平成26年度） |
|---|---|---|
| 常時診療体制が確保されている小児救急医療圏数 | 342地区 | 全小児救急医療圏<br>（※364地域（平成20年９月１日現在）） |
| ひとり親家庭への支援 | | |
| 　自立支援教育訓練給付金事業 | 88.7% | 全都道府県・市・福祉事務所設置町村 |
| 　高等技能訓練促進費等事業 | 74.3% | 全都道府県・市・福祉事務所設置町村 |
| 社会的養護の充実 | | |
| 　里親の拡充 | | |
| 　　里親等委託率 | 10.4% | 16% |
| 　　専門里親登録者数 | 495世帯 | 800世帯 |
| 　　養育里親登録者数<br>　　（専門里親登録者数を除く） | 5,805世帯<br>（H21.10） | 8,000世帯 |
| 　小規模住居型児童養育事業（ファミリーホーム） | ― | 140か所 |
| 　児童養護施設 | 567か所 | 610か所 |
| 　小規模グループケア | 446か所 | 800か所 |
| 　地域小規模児童養護施設 | 171か所 | 300か所 |
| 　児童自立生活援助事業（自立援助ホーム） | 54か所 | 160か所 |
| 　ショートステイ事業 | 613か所 | 870か所 |
| 　児童家庭支援センター | 71か所 | 120か所 |
| 　情緒障害児短期治療施設 | 32か所 | 47か所 |
| 子どもを守る地域ネットワーク（要保護児童対策地域協議会）の調整機関に専門職員を配置している市町村の割合 | 58.3%<br>（H21.4） | 80%（市はすべて配置） |
| 個別対応できる児童相談所一時保護所の環境改善 | 35か所（H21.4） | 全都道府県・指定都市・児童相談所設置市 |

| 項　　目 | 現　状<br>（平成20年度）<br>※もしくは直近の<br>データ | 目　標<br>（平成26年度） |
|---|---|---|
| 乳児家庭全戸訪問事業 | 1,512市町村<br>（H21.7） | 全市町村 |
| 養育支援訪問事業 | 996市町村<br>（H21.7） | 全市町村での実施を目指す |
| 地域子育て支援拠点 | 7,100か所（H21年度見込み）<br>（市町村単独分含む） | 10,000か所 |
| ファミリー・サポート・センター事業 | 570市町村 | 950市町村 |
| 一時預かり事業（注1） | 延べ348万人 | 延べ3,952万人 |
| 商店街の空き店舗の活用による子育て支援 | 49か所 | 100か所 |
| 小学校就学の始期までの勤務時間短縮等措置の普及率 | 25.3% | 33.3% |
| 次世代認定マーク（くるみん）取得企業数 | 652企業 | 2,000企業 |
| ポジティブ・アクション取組企業の割合 | 20.7%（H18年度） | 40%超 |
| 学校教育関係 | | |
| 　大学等奨学金事業の充実 | | |
| 　　基準適格申請者に対する採用率 | 92.4% | 基準を満たす希望者全員への貸与に向け努力 |

注1：市町村のニーズ調査の集計結果を基に設定しており、新たな次世代育成支援のための包括的・一元的な制度の構築を視野に入れた数値目標である。
□現状には、補助金等の交付決定ベース等の「市町村」や「か所数」等を含むため、今後、変動があり得る。

## 2　次世代育成支援行動計画をめぐる課題と政策的視点

　以上みてきたように、次世代育成支援行動計画は各自治体等により前期・後期計画として策定され、また国においては『子ども・子育て応援プラン』、及び『子ども・子育てビジョン』が策定され、総合的な取り組みが着手されたことは評価されるが、なお重視すべき課題と視点について論及しておきたい。

　第1に、子育て支援・保育サービスの飛躍的充実が求められており、都市部を中心に待機児童問題の解決を図ることが必要である。東京都の認証保育所にみられるように自治体の独自策も展開されているが、こうしたなかでチャイルド・ビジネスと呼ばれる営利企業のこの分野への参入を、どのように評価すべきか。保育・教育分野は、従来公的機関及び社会福祉法人・学校法人といった非営利組織と、家庭・地域社会が大きな役割を果たしてきた。子育てを営利の対象として良いのか等「規制緩和」の根本問題を問い直すとともに、コムスン問題（介護分野）を他山の石として賢察することも大切である。

　第2に、20～30歳台（男女）の完全雇用の推進、最低賃金の抜本改善等を図り、子育て世帯（世代）の経済的基盤を支援する産業経済政策へと転換することである。

第3に、ひとり親家庭への支援等をはじめ、困難な生活環境にある「子どもの貧困」問題を打開すべく、子ども手当の拡充や乳幼児医療費の負担軽減などは継続されるべき政策ポイントである。

第4に、義務教育・職業教育の内容充実はもとより、高校授業料の負担軽減や大学奨学資金の充実など、教育費負担の軽減措置についても継続されるべきである。

第5に、障害のある児童をはじめ、不登校・ひきこもりなど個別的支援を要する子どもへの支援は、その個別的・社会的ニーズを踏まえた、適切な保健・医療・福祉・教育等の連携・総合的アプローチを地域社会のなかで確立していかなければならない。ちなみに、これらに取り組む中核的機関として児童相談所、及び児童（子ども）家庭支援センターにおいて、社会福祉士・保健師・セラピスト（心理・言語・作業療法等）・保育士等（都道府県・指定都市にあたっては児童精神・小児神経科医師等を含む）人員基準とその配置を明確化するとともに、各機関のスーパービジョンの確保・関係諸機関との連携・協働を具体的に推進していかなければならない。

第6は、子どもの健康づくりに適した住宅や生活空間・居住環境を確保することであり、最近の放射能汚染に対抗できる環境づくりは不可欠である。また、土地価格が高い大都市部などでは従来の「持家政策」を見直し、20〜40歳台・子育て世帯（次世代）の生活基盤を支援する、「賃貸住宅」の提供（家賃補助を含む）を新しい公共政策として地域レベルの社会政策へと転換することが必要である。

ところで、最近の「新しい公共」論や地域主権論では、明治以来の中央集権的官僚制への改革は強調されているが、内実のある公共政策・サービスが必ずしも提起されず、「分配」視点を欠いた財政縮減的な規制改革論の一変種のようにみえる。次世代型の市民生活の基盤づくり・住宅政策、原子力発電の段階的縮小→全廃を含む環境政策（次世代の育成支援のためにも放射能汚染をストップ）を展開できるのかが問われている。

最後になるが、『子ども・子育てビジョン』の数値目標が一定程度達成されたとしても、少子化状況は10年間では抜本解決に至らずの事態となることも予見される。したがって次世代育成支援の課題は、中長期的に継続して取り組む社会計画（行政はもとより、企業・産業サイドに加え、市民参加・地域サイドの参画は不可決である）としての対応が要請されている。

# 第10章

# 隣接分野の諸計画

　本章では、福祉分野と密接な関係がある医療および健康増進を主とする保健領域の政策実施のための計画の策定プロセス、実施、評価の体系を理解する。さらに高齢者医療と介護保険事業、難病患者と福祉施策、そして健康増進と介護予防事業との連携など福祉分野の諸計画との密接な連携が患者・住民のQOLの向上には不可欠であることから、福祉の枠にとらわれず地域での行政計画を介した政策体系の全体像を理解する。

# 1節　医療計画

## 1　医療計画策定をめぐる背景

　1948（昭和23）年に制定された医療法は、戦争により破壊された医療施設の復興を見据え、病床の確保など、いわば量的な医療供給体制の整備が盛り込まれたものであった。しかし、戦後の急速な医学・医療の進歩や高度経済成長とともに、医療機関の量的な整備はほぼ完了し、医療資源の地域偏在の是正を図ること等を目的に1985（昭和60）年に医療法が改正され、医療計画制度が設けられた。医療計画制度は、病床規制と医療圏の設定により、医療圏単位での医療施設や医療従事者の地域偏在の是正ならびに医療の質の向上等の諸課題を行政計画的な手法を用いて解決するために定められたものである。その計画策定は都道府県知事の義務となっている。

　しかし、病床数の量的規制しか明確な成果をあげてこなかった医療計画は、「医療の質・安全性の確保」「医療資源の地域格差の是正、公平性の確保」「医療機能分化・強化・分担・連携」や「情報の提供と選択の支援」「患者、住民の視点」などの近年の国民の要望や新たな世間の動向に対処できなくなった。

　医療計画制度の見直しの契機となったのは総合規制改革会議からの指摘である。同会議は、医療サービスの質の向上のために病床規制を撤廃することを掲げているが、この議論の是非はともかく、医療の質や安全性の向上、住民主体の医療提供体制の確立、そして医療資源の効率的な提供・利用、情報開示等の推進など住民や患者サイドに立ったものとするために、2008（平成20）年4月から5年間の計画期間で新たな医療計画制度がスタートした。だが、この現行の計画も2013（平成25）年に改定年を迎えることから、現在、次期医療計画の審議が都道府県で進められている。

　なお、医療計画の作成に当たっては、「健康日本21及びその地方計画」「都道府県介護保険事業支援計画」「都道府県障害福祉計画」などの他の法律による計画との調和が保たれるようにするとともに、公衆衛生、薬事、社会福祉その他医療と密接に関連を有する施策との連携を図るよう努めなければならない。

## 2　医療計画の主な内容

### ①　医療連携体制

　医療計画の骨子は、①医療連携体制における医療機能に関する情報の提供の推進②医療計画に、がん、急性心筋梗塞、脳卒中、糖尿病、救急医療、災害医療、へき地医療、周産期医療、小児医療（小児救急医療を含む）等事業別の具体的な医療連携体制を位置付けること③医療計画に分かりやすい指標と数値目標を明示し、事後評価できる仕組みとすること④在宅医療推進のための規定を整備すること⑤医療機関等の連携の手順を具体化した地域連携クリティカルパスの普及等を通じ、医療機能の分化・連携を推進し、切れ目のない医療を提供すること。早期に在宅生活へ復帰できるよう在宅医療の充実を図ることなどである。また、医療連携体制を定

めるに当たっては、医療提供施設及び居宅等において提供される保健医療サービスと福祉サービスとの連携を含むものであることが求められている。

### ② 居宅等での医療体制の確保

重症患者であっても、最期まで居宅等生活の場で暮らし続けたいと希望する者が、在宅医療を受けられる医療及び介護の体制を確保するなど、患者を中心とした居宅等における医療についての地域の医療提供体制の確保状況、その連携状況及び患者急変時等の支援体制を確立することも盛り込まれている。

### ③ 住民に分かりやすい形での医療情報の公表

従来の医療計画が患者や住民にとって分かりにくいものであったことから、地域の医療連携体制や医療機能に関する情報を積極的に患者や住民に提供し、医療を適切に選択する機会を確保することが重視されている。その具体的方策として、病院、診療所、助産所、ならびに薬局に対し、予約診療の状況、差額ベッド料金、専門医の数、地域連携の体制などの情報提出を義務化し、都道府県が情報を集約し、主としてインターネットで分かりやすく住民に公開する制度が2008（平成20）年4月から始まった。

### ④ 医療計画の推進

新たな医療計画は、実効性を持たせるために重点分野で事業目標を設定して進行管理することとなっている。中でも、生活習慣病等の国民の健康の保持を図るために、特に広範かつ継続的な医療の提供が必要と認められる疾病である4疾病（がん、急性心筋梗塞、脳卒中、糖尿病）と5事業（救急医療、災害時における医療、へき地医療、周産期医療、小児医療（小児救急医療を含む））については、数値目標など達成すべき事業目標を定めなければならないこととされた。

これらを推進するとともに、へき地等の特定地域、小児科、産科などの特定の診療科における医師不足の深刻化に対応するために、（1）都道府県の"医療対策協議会"を制度化し、関係者協議による対策を推進すること（2）医療従事者への地域医療確保への協力を位置付けることなどの医師等医療従事者の確保策を強化することも盛り込まれている。

医療計画は地域間の医療格差を是正するために、医療資源を再配分することも視野に置いている。したがって医療計画では、病院や診療所の病床の整備を図るための地域的単位である二次医療圏（ふつう医療圏とは二次医療圏を指す）を設定することになっている。なお、医療圏には、プライマリ・ケア、通常の外来診断、治療、健康管理、紹介等を担い居住地周辺の地域単位を指す一次医療圏、一般の医療需要（入院医療など）、特殊外来医療を担い広域市町村単位で病床整備を図る二次医療圏、そして特殊な医療需要、先進的・高度専門的医療、特殊医療機器を配備し、都道府県全域を単位として病床整備を図る三次医療圏がある。

これら二次医療圏ごとに医療遂行上必要となる病床数が"基準病床数"として、療養病床、一般病床、結核病床、精神病床、感染症病床それぞれの病床種別で定められている。地域の医療水準を向上させていく上でも不可欠な、"がん医療専門病院"、"脳卒中医療専門病院"など

の専門的医療提供施設の整備方針も盛り込まれている。

### ⑤ 医療安全の確保

病院等の医療提供施設での医療の安全を確保するための目標設定を行うことや、医療に関する患者・住民の苦情・心配や相談に対応し、医療機関、患者・住民に対し必要な医療安全に関する助言および情報提供等を行う医療安全支援センターの整備目標等が盛り込まれている。

### ⑥ 精神医療

平成22年度から設置された厚生労働省の「医療計画の見直し等に関する検討会」において、精神医療を5つ目の疾病として医療計画に盛り込むべく議論が進められている。

図10-1-1に医療計画の作成、実施および評価のプロセスを示している。

**図10-1-1 医療計画の作成・実施・評価のプロセス**

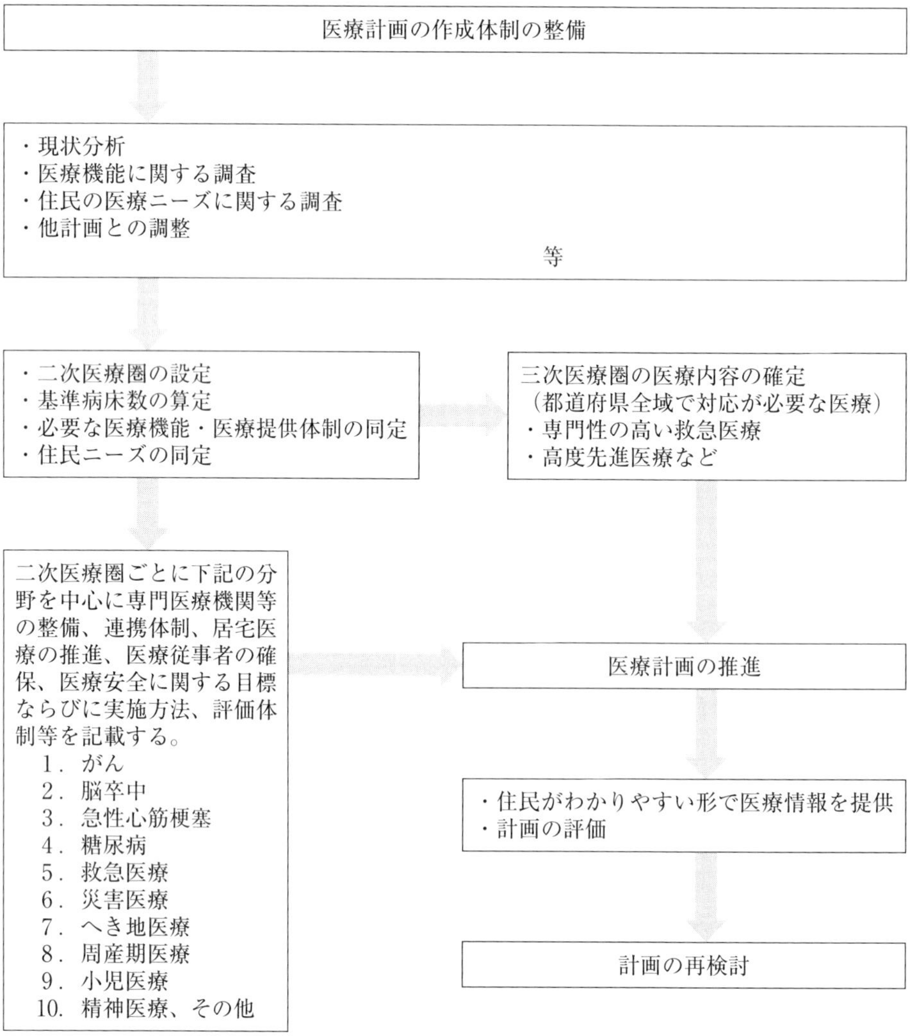

```
┌─────────────────────────────────────┐
│         医療計画の作成体制の整備          │
└─────────────────────────────────────┘
                  ↓
┌─────────────────────────────────────┐
│ ・現状分析                              │
│ ・医療機能に関する調査                    │
│ ・住民の医療ニーズに関する調査             │
│ ・他計画との調整                         │
│                              等        │
└─────────────────────────────────────┘
          ↓                    ↓
┌──────────────────┐  ┌──────────────────┐
│ ・二次医療圏の設定    │  │ 三次医療圏の医療内容の確定 │
│ ・基準病床数の算定    │  │ （都道府県全域で対応が必要│
│ ・必要な医療機能・    │  │   な医療）              │
│   医療提供体制の同定  │  │ ・専門性の高い救急医療   │
│ ・住民ニーズの同定    │  │ ・高度先進医療など       │
└──────────────────┘  └──────────────────┘
          ↓                    ↓
┌──────────────────┐  ┌──────────────────┐
│ 二次医療圏ごとに下記の│  │    医療計画の推進      │
│ 分野を中心に専門医療機│  └──────────────────┘
│ 関等の整備、連携体制、│            ↓
│ 居宅医療の推進、医療従│  ┌──────────────────┐
│ 事者の確保、医療安全に│  │・住民がわかりやすい形で │
│ 関する目標ならびに実施│  │ 医療情報を提供         │
│ 方法、評価体制等を記載│  │・計画の評価            │
│ する。               │  └──────────────────┘
│  1. がん            │            ↓
│  2. 脳卒中          │  ┌──────────────────┐
│  3. 急性心筋梗塞     │  │    計画の再検討        │
│  4. 糖尿病          │  └──────────────────┘
│  5. 救急医療        │
│  6. 災害医療        │
│  7. へき地医療      │
│  8. 周産期医療      │
│  9. 小児医療        │
│ 10. 精神医療、その他 │
└──────────────────┘
```

出典：医療法第30条の4を元に筆者作成。

# 2節　健康増進計画

## 1　健康増進計画策定をめぐる背景

　わが国の平均寿命は、世界でもトップに位置付けられている。人口の高齢化に伴い疾病全体に占めるがん、心臓病、脳卒中、糖尿病等の生活習慣病の割合は急速に増加している。これに伴い、医療費の高騰や要介護者の増加等も深刻な社会問題となっている。こうした問題に対処するには、国民の健康を増進し、発病を予防する「一次予防」に重点を置いた対策を推進し、壮年期死亡の減少、認知症や寝たきりにならない状態で生活できる期間（健康寿命）の延伸等を図っていくことが極めて重要となってきている。

　こうした背景から、国民をあげての健康増進計画として健康日本21を推進し、都道府県や市町村でも国の計画に準拠する形で地方健康増進計画を策定している。健康日本21は数値目標を設定し、事業を進行管理する米国のHealthy People 2000を中心とした諸外国の健康増進計画の影響を受けたものである。また、健康日本21を実効あるものにするために、2002（平成14）年7月に健康増進法が公布され、2003（平成15）年5月から施行されている。都道府県は健康日本21に基づく都道府県独自の健康増進計画を策定することが同法で義務付けられている（法定計画）。市町村にとって計画策定は義務ではない「任意計画」となっているが、現在多くの市町村で、健康日本21に関する市町村計画が策定されている。

　健康日本21に代表される健康増進計画は、国民の生活習慣改善に向けた普及啓発を積極的に進めることなど疾病予防が重視されていることから、以下の内容に触れなければならない。

## 2　健康増進計画の主な内容

① 地域の実情を踏まえた具体的な目標の設定

　地域の実情を踏まえた運動、食生活、喫煙等に関する目標（メタボリックシンドロームの該当者・予備群の減少率）や健康診査・保健指導の実施率等を設定することについて記載する。

② 関係者の役割分担・連携促進のための都道府県の総合調整機能の強化

　都道府県の総合調整の下、地域・職域連携推進協議会等を活用して、健康診査・保健指導や普及啓発等の取り組みにおける市町村、医療保険者等の具体的な役割分担の明確化、取り組みの進捗状況の評価等を行うことについて記載する。

③ 市町村健康増進計画策定時の留意事項の追加

　市町村健康増進計画を策定する際には、市町村が医療保険者（市町村国保）として実施する保健事業と連携を図ることや、健康増進事業を同計画に位置付けることなどの留意事項について記載する。

④ 健康増進を担う人材の確保・資質向上のための研修の充実

国における総合的な企画及び調整の能力等の資質の向上のための研修や、都道府県における市町村、医療保険者、地域の関係団体と連携した健康増進に関する施策に携わる専門職等への研修の充実を図ることについて記載する。

⑤ 例示の追加などの規定の整備

多様な分野との連携事例として、総合型地域スポーツクラブの活用や健康関連産業の育成を追加するなどの規定の整備を行う。

ここで、現在実施されている具体的な健康増進計画である「健康日本21」について説明する。「21世紀における国民健康づくり運動（以下、健康日本21と呼ぶ）」の計画の構造は、同計画が目指すべき社会像を示している。これが基本理念として位置付けられ、以下それぞれの対象分野に数値目標等を設定し、これを達成するための関係者の役割を盛り込んだ計画体系となっている。

## 3 健康日本21

① 理念

国民が一体となった健康づくり運動を総合的かつ効果的に推進し、国民各層の自由な意思決定に基づく健康づくりに関する意識の向上及び取り組みを通じて健康寿命の延伸等を実現する。

② 目的

21世紀の我が国を、すべての国民が健やかで心豊かに生活できる活力ある社会とするため、壮年期死亡の減少、健康寿命の延伸及び生活の質の向上を実現することを目的とする。

③ 期間

計画期間は、2000（平成12）年～2012（平成24）年度までとし、2005（平成17）年度に中間評価を行い2010（平成22）年度時点で最終評価を行い、その結果を2013（平成25）年度以降からの新たな運動の推進に反映させる。当初、2010（平成22）年度までの計画であったが、事実上2012（平成24）年度まで延長されている。

④ 基本方針

国民の健康増進の基本的な方向性としては、①一次予防の重視②「個人が主体的に行う健康増進の取り組みを、家庭、地域、職場等を含めた社会全体で支援」し、「健康づくりのために取得する休暇（健康休暇）の普及促進することにより休日、休暇における健康づくりの活動を支援」するなど健康増進支援のための環境整備を行う③科学的根拠に基づく具体的目標を設定し、活動の成果を適切に評価し、その評価結果を活用する④多様な関係者による連携のとれた効果的な健康増進の取り組みを推進する⑤各種の情報伝達手段等による多様な経路からのきめ細かな情報提供を推進する⑥ライフステージ（乳幼児期、思春期等における課題）、性差等に

応じた対策を効果的に推進する⑦地域、職場等を通じた国民全体に対する働きかけと生活習慣病を発病する危険度の高い集団への働きかけとを適切に組み合わせる⑧厚生労働行政分野における健康増進対策（食育の推進を含む）のみならず、学校保健対策、まちづくり対策、豊かな自然環境の利用促進対策、生涯スポーツ分野における対策、健康関連産業の育成等、関係行政分野との連携をとる⑨国、都道府県、市町村、保険者などの健康増進事業実施者、医療機関等の関係者が相互に連携を図りながら協力するよう努める

⑤ 内容

健康日本21は以下の9分野から構成され、それぞれ複数の目標が設定されている。

（1）栄養・食生活

適正な栄養状態、栄養素（食物）の摂取、適正な栄養素（食物）の摂取のための個人の行動及び個人の行動を支援するための環境づくりについての目標が設定されている。

（2）身体活動・運動

日常の生活における身体活動に対する意識、運動習慣等について、成人及び高齢者に分けて目標が設定されている。

（3）休養・こころの健康づくり

ストレスの低減、睡眠の確保及び自殺者の減少について目標が設定されている。

（4）たばこ

たばこの健康影響についての十分な知識の普及、未成年者の喫煙防止（防煙）、受動喫煙の害を排除し、減少させるための環境づくり（分煙）、禁煙希望者に対する禁煙支援に関する目標が設定されている。

（5）アルコール

多量飲酒者の減少、未成年者の飲酒防止及び節度ある適度な飲酒についての知識の普及に関する目標が設定されている。

（6）歯の健康

歯の喪失防止と歯の喪失の原因となるう蝕及び歯周病の予防に関する目標が設定されている。

（7）糖尿病

糖尿病の一次予防の推進を図る観点から、生活習慣の改善、糖尿病有病者の早期発見及び治療の継続に関する目標が設定され、さらに生活習慣の改善が糖尿病有病者の減少に及ぼす影響についての推計がなされている。

（8）循環器病

循環器病の一次予防の観点から、生活習慣の改善及び循環器病の早期発見に関する目標が設定され、さらに生活習慣の改善が循環器病による死亡率等の減少に及ぼす影響についての推計がなされている。

（9）がん

がんの一次予防の推進を図る観点から、生活習慣の改善、がん検診の受診者等に関する目標が設定されている。

なお、具体的な数値目標については、(財)健康・体力づくり事業財団の「健康日本21」のホームページを参照のこと。
http://www.kenkounippon21.gr.jp/kenkounippon21/about/kakuron/index.html

#### ⑥　健康日本21の課題

図10-2-1に「健康日本21の作成・実施・評価のプロセス」を示している。健康日本21の基本理念である"健康寿命の延伸"のためには、"平均寿命の延長"、"要介護者の減少"、そして"要介護期間の短縮"という3要素が必要となる。しかし、現行計画は"平均寿命の延長"に連なる政策が不十分ながら展開されているのみで、"要介護者の減少"と"要介護期間の短縮"に関する政策は盛り込まれていない。したがってこれらの不足部分を補完する上でも、福祉系の政策との整合性の確保ならびに密接な連携が必要となる。

図10-2-1　健康日本21の作成・実施・評価のプロセス

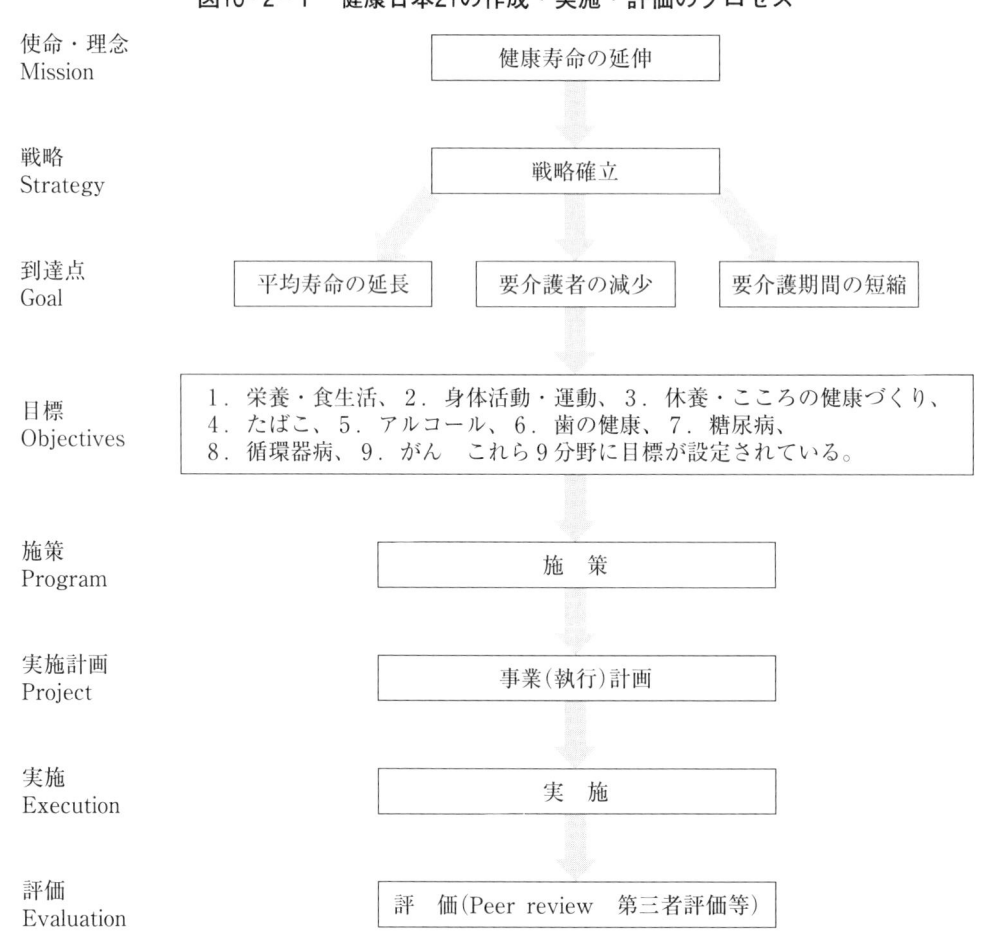

| 使命・理念 Mission | 健康寿命の延伸 |
| --- | --- |
| 戦略 Strategy | 戦略確立 |
| 到達点 Goal | 平均寿命の延長 ／ 要介護者の減少 ／ 要介護期間の短縮 |
| 目標 Objectives | 1. 栄養・食生活、2. 身体活動・運動、3. 休養・こころの健康づくり、4. たばこ、5. アルコール、6. 歯の健康、7. 糖尿病、8. 循環器病、9. がん　これら9分野に目標が設定されている。 |
| 施策 Program | 施　策 |
| 実施計画 Project | 事業(執行)計画 |
| 実施 Execution | 実　施 |
| 評価 Evaluation | 評　価(Peer review　第三者評価等) |

## 終章

# 福祉行財政の展望と福祉計画の課題

1節　21世紀型「大恐慌」時代の社会政策
2節　人口減少社会における地域再生・地域福祉の方向づけ
3節　社会福祉・社会保障の展望と計画の課題
　1　対人社会サービスの充実
　2　年金改革・雇用促進を軸とする＜所得保障＞の新しい展開
　3　福祉財源の確保＜福祉目的税への転換＞
　4　福祉計画の現段階
　5　社会福祉の目指すべき理念とソーシャルワークの現段階

# 1節　21世紀型「大恐慌」時代の社会政策

　2007年夏、アメリカ合衆国で発生したサブプライムローン・システム（低所得者向け住宅金融制度とその証券化）が破綻し、2008年秋には米国の大手証券会社の倒産・三大自動車会社等の経営危機が進行するなか、日本や中国を含む世界的な規模において輸出産業の行き詰まりや、労働者の大量失業をはじめ経済的停滞が広範なものとなっており、欧米諸国では、財政破綻の危機や深刻な失業・雇用問題をかかえている[1)2)]。

　わが国では、国内外の社会経済変動により、「格差社会」と呼ばれる状況がさらに拡がるなか[3)4)]、2008年末より派遣労働者やパートタイマーの大量解雇が行われる一方、この間、生活保護受給者（世帯）が一挙に増加した[5)]。厚生労働省によれば、2011年1月末現在全国の生活保護受給者は199万8,975人であり、東日本大震災等の影響を考慮に入れると、2011年度以降も引き続き、生活保護の申請は増加が予測される。これは、第2次大戦終結後の社会的混乱期に並ぶ規模というべきもので、「貧困」問題が社会的に全般化している。

　また、義務教育課程である小・中学校における給食費の支払い困難や、高等学校・大学等の授業料・就学諸費の支払い困難などが広がっており、児童のいる世帯における保護者負担の問題が深刻化している。『子どもの貧困』[6)]が指摘されるほど深刻な現実が私たちに突きつけられている。因みに、OECD（経済協力開発機構）諸国のデータによれば、「子どもの貧困にはいくつかの要因が作用しているが、もっとも重要な2つは、子どもたちがひとり親のもとで生活しているかどうか、という点と、親たちが働いているかどうかという点にかかわっている。・・・（中略）・・日本、メキシコ、トルコでは子どものいる夫婦で共働きをしているケースの10分の1が貧困となっている。・・・（以下、後略）」[7)]といった事態が指摘されている。

　さらに、後期高齢者医療制度実施に伴う新たな保険料負担をはじめ、国民年金や健康保険の保険料負担、及び医療・介護・福祉サービスの利用者負担（障害者自立支援法に伴う利用者負担を含む）などをめぐって、軽減策を含む新制度への移行が問われている。

　1970年代以降、社会福祉・地域福祉の分野では、「非貨幣的ニーズ」と称して対人サービスの重要性が指摘されてきたが、今日、大きな転換が起きている。保育や介護など子どもから高齢者に至る対人サービスは、不可欠かつ増加するべき社会的要因であるが、今日の「格差社会」状況の具体的な打開策としては、端的には必要な現金給付が求められている。生活保護、年金、各種手当、母子福祉資金や福祉資金貸付、そして最低賃金の明確化など、要するにダイレクト・ペイメント（直接的金銭給付）に焦点を当てなければならない。2009年に成立した鳩山政権による、子ども手当制度化や高校授業料の軽減措置は注目されるところである。

　切迫した状況におかれた、地域市民・労働者の生活費用を確保するために、福祉事務所、ハローワーク、社会福祉協議会、消費生活協同組合などが、各々の役割を発揮し、課題に接近することである。

　日本社会から、地域社会から「貧困」をなくすことが、いま問われており、日本の社会福祉がその最も基底的な問題の解決に立ち向かうことができるのかどうかが問われている。

因みに、北欧の福祉先進国の一つ、デンマークでは、世界経済危機の下、国内の経済的格差現象が次第に広がりつつあり、特に母子世帯の「子どもの貧困」が鋭く指摘されているところである[8]。

資料：増加する子どもの貧困（デンマーク）

### Child poverty on the rise in Denmark

Britta and her son, Jakob, 8, are having trouble making ends meet. It's tough being a single mum on benefits. A recent survey by Save the Children puts 59,000 children below the poverty line in Denmark – and Jakob is one of them. Their monthly income is DKK 2,500 ($445), plus the child allowance (roughly $120 a month) handed to all parents in Denmark whatever their income. That has to cover everything from food and clothes to dental care, birthdays and Christmas.

"Our financial situation casts a shadow over everything we do," Britta says. "I think about every krone that I spend."

Britta used to be a social worker, but she lost her job five years ago after trouble with her back. Having been declared fit to work 10 hours a week, she is looking for a job with flexible working hours. She says the worst thing about being poor is the effect it is having on Jakob.

#### Are we poor, mum?

"It breaks my heart when Jakob comes home and says, 'Mum, the others keep asking me why I bring just 5 and not 10 kroner for food.' But I can't afford to give him 10 kroner a day. I can't get him an ice cream in the summer either, and he's beginning to react to that more and more. Sometimes he freaks out and shouts, 'Why are we different? Are we poor, mum?' It's really tough." She tells Jakob to say he spent five kroner on something else to hide his embarrassment.

#### Keeping up appearances

Britta does what she can to make sure neither of them stands out from the other kids or parents at school. She buys clothes on credit at H&M and doesn't let on about their financial situation.

"Only my closest friends know that I'm poor," she says. "When the other parents say, 'Have a good day at work' in the morning, I say, 'You too.' I don't want them to know that I'm unemployed."

But there are times when having no money gets to her.

"I'll almost be in tears because Jakob has a hole in his trainers. Then he'll turn to me and say, 'You can have my five kroner, mum.' Or he'll tell me that he doesn't want anything for Christmas. But he shouldn't have to take that into consideration at his age."

Fortunately, Britta and Jakob are able to leave their worries at home for a while at camps run by Save the Children.

"Jakob thinks it's wonderful to be able to send a postcard to school like everyone else. And I always look forward to a hot meal with ingredients we can never afford to buy," Britta says.

Read more about the child poverty survey and how Save the Children is helping vulnerable children in Denmark on www.redbarnet.dk.

*Britta and Jakob's names have been changed to protect their identity.*

#### Support Save the Children

www.redbarnet.dk
www.rb.se
www.redbarna.no

*The International Save the Children Alliance is the world's leading independent children's rights organization, with members in 28 countries and operational programs in more then a hundred. We fight for children's rights and delivers lasting improvements to children's lives worldwide.*

出典：スカンジナビア航空機関紙『SCANORAMA』2009年3月号

## 2節　人口減少社会における地域再生・地域福祉の方向づけ

　今日、地球規模の社会経済変動が地域社会に打撃を与えている事象に事欠かない。まさに求められているのはグローカルな視点（グローバル＋ローカル）であり、国際連合が訴えているような世界の最貧国への支援を含めて地域社会にとっては外生的要因が決定的な解決手段という場合もあるのである。

　一方、日本社会は2005年以降、基本的に人口減少・低出生率が指摘されている。わが国にとっては地域社会の再生は極めて重要な課題であり、過密・過疎といった古くて新しい課題を含めて不可避のものとなっている。2010年代以降の首都圏など大都市部や中山間地域での少子・高齢化の一層の進行をはじめ、以下の諸課題への対応こそが、地域福祉の環境づくり・条件整備となるであろう。

　当面、2011年3月11日の東日本大震災以降の諸事態に対応して、被災者への支援を軸に、地

域生活システムの復旧、当該地域・広域的な復興支援の推進[9]が喫緊の政策課題である。
（1）介護・保育及び環境・農林水産業従来軽視されてきた産業分野への公共投資の拡大、福祉・医療・教育を軸とする国内発展型の新しい産業政策を確立すること。併せてこれら部門の人材確保・キャリアアップ等を含め教育投資・人材戦略の抜本的推進が重要である。
（2）地域市民の日常生活における安心・安全を確保する歩道を軸とする、生活道路の整備（自然環境を破壊し、利用の少ない高速道路整備の抑制）。
（3）新・バリアフリー法に基づく公共施設の充実とともに、学校及び福祉施設の耐震装備を推進し、都市や環境を破壊する事業を中止すること。
（4）2022年を目標とするドイツの原子力発電全廃政策〔注〕（スイス・オーストリア・イタリアが全廃を決定、スウェーデンは独自の縮小策）米国のグリーン・ニューディール政策等に注目するとともに、風力発電・太陽光熱・地熱など自然エネルギー等の活用など、環境・福祉プロジェクトを推進すること。
（5）地域の人口減少社会への移行に対応可能な、（1）でもふれたが、次世代育成支援型の社会システム・環境整備を明確化すること[10)11]。
〔注〕ドイツでは2001年のシュレーダー政権当時（社会民主党・緑の党連立）、2022年の原発廃止を決定した後、メルケル政権が2010年これを否定する方針を採用したが、日本の東京電力事故の影響・地方自治体選挙等をふまえ再転換し、全廃の方針が採用された。

## 3節　社会福祉・社会保障の展望と計画の課題

### 1　対人社会サービスの充実

　少子高齢化への対応としては、以下のような事項が重要である。
ⅰ．次世代に希望を与える＜子ども福祉・母子保健ルネサンス＞
　地域社会が人口減少というトレンドに歯止めをかけ、出生率の向上を帰結させるであろう、①子育て支援サービスの拡充（乳幼児の保育、学童保育、母子保健サービス、乳幼児の医療その他）、②子育て支援期にある労働者（男女）の仕事との両立支援（企業・事業所の改善）、③住宅・子ども公園・公共緑地・大気及び飲料水などの環境整備、④障害児のための保健・医療・福祉サービスの充実及び「ひとり親」家庭への支援、⑤児童虐待など子どもの人権を脅かす問題への迅速な対処・児童相談所及び関係機関の体制整備、⑥義務教育・就業（専門）及びキャリア教育などの充実、⑦子ども・青少年の健全育成環境改善、等々は不可欠である。
　「子ども・子育てビジョン」等が策定・実施されてきたが、現在の次世代育成支援対策推進法は時限立法という制約があることから、一世代・30年間程度をかけた中長期的方策を持続的に展開する戦略と計画化が期待されている。
ⅱ．＜地域包括ケア＞視点からのサービス拡充と高齢者制度改革
　高齢者福祉及び介護保険サービスの充実については、①地域密着型サービス・居宅及び施設サービスの充実、②介護と医療の連携の具体的推進（認知症の早期診断・対応、地域ターミナルケアの確保等）、③予防（疾病予防・健康増進サービスの包括的実施と介護予防の取り組み）、④生活支援サービス（食事サービス＜配食・会食＞や緊急通報システムの充実など）、⑤

高齢者サービス付き住宅や、バリアフリー住宅の促進、⑥地域防災計画との連携・災害弱者対応など、地域包括ケア視点からの持続的なサービス充実・計画化並びに高齢者関連の制度改革と財源確保が求められる（後期高齢者医療の新制度移行とともに、持続的改革により介護保険制度は「袋小路」的局面からの脱出・再構築へ）。

### ⅲ．障害者支援の新段階と＜多様なニーズ＞への対応

障害者自立支援法の廃止後に、（仮称）障害者総合福祉法の制定が検討されている。①障害者の差別禁止等の基本的事項を踏まえつつ、②発達障害や高次能機能障害をかかえる人々への、新たな福祉その他のサービスを展開していくものであり、原子力発電所のメルトダウン等に関連し、放射線障害への医療・生活支援・関連サービスも用意されるべきであろう。

さらに、ホームレス問題への持続的支援・サービス展開、在住外国人などの多様な生活ニーズに対応した支援など、地域社会における友愛・連帯視点に立った支援の展開が求められている。

## ２　年金改革・雇用促進を軸とする＜所得保障＞の新しい展開

次項の福祉財源確保と関連し、国民年金・基礎年金の財源確保のほか、低年金の高齢者等に対応して、わが国でも最低保障年金の検討が行われようとしており、今後の年金改革の展開は注目される[12]。

国民の所得保障という観点からは、就業意欲と稼働能力のある人々については、基本的に雇用の促進が第一義的な課題であり、中長期的な課題としてオランダ等を実例として、ワークシェアリング方式があるであろう。

近年、生活保護受給者が急増しているなかで、その制度の在り方及び実施方法については検討が必要な段階にあり、他方、ベーシックインカム（Basic Income）といった立論については検討課題の一つと言うことができよう。

## ３　福祉財源の確保＜福祉目的税への転換＞

1997～2008年の間10年余（小泉内閣とその前後の時期）に現象した、新自由主義的社会経済政策＋保険料財源への傾斜は限界点に達し、社会的公正の視点に立つ福祉システムの再構築が問われている。政治過程における2009年の政権交代を経て、現在（2011年２～６月の間）、政府部内においては「社会保障と税の一体改革」が検討されつつある。

有力なシナリオとして、10％程度の税率をターゲットとする＜福祉目的税への転換＞により、年金・介護・保育等の福祉財源の安定的確保が最優先の政策課題となっている（国民合意はもちろん、地方消費税の税率変更・単独事業の扱い、食料品等の軽減税率の論点もある）。

## ４　福祉計画の現段階

まず、次世代育成支援行動計画については、前後期の成果や動向を検証しつつ、今後は、前述のとおり「次世代に希望を与える＜子ども福祉・母子保健ルネサンス＞」を着実に推進することである。2010年１月、「子ども・子育てビジョン」等が策定・実施されたが、現在の次世代育成支援対策推進法は時限立法という制約があることから、一世代・30年間程度をかけた中

長期的方策を持続的に展開する仕組みと計画化が期待されている。

次に、障害者計画・障害福祉計画については、障害者基本法（改正法）の趣旨をふまえつつ、特別支援学校等・学校教育終了後の進路問題への対応など具体的な社会資源・サービスの確保を明示することが大切であり、就労支援（強制労働ではないこと）、地域移行（ホームレスの障害者をふやしてはならないこと）、ニーズと実態に則したサービス利用システムを構築することである。特に発達障害や高次能機能障害をかかえる人々への支援は具体的なサービス開発・普及をしていく必要がある。

高齢者保健福祉計画・介護保険事業計画については、＜地域包括ケア＞視点からの持続的な制度改革を見据えながら、地域密着型サービス・居宅介護・施設介護などのサービス拡充とともに、具体的な生活支援サービスやサービス付き高齢者住宅の普及がポイントとなっている。なお、健康増進計画と連動して、保健予防サービスとの関連は不可欠である。

最後に、地域福祉計画については、以上のような地域社会の具体的な諸課題とその対応を明記しつつ、自覚的市民の参加を軸とするボランティア活動に支えられて、住民の＜多様なニーズ＞への対応を活性化していくことが大切である。地域福祉計画が任意な策定とされているのは、地方自治体の自主性と地域性、市民参加による問題解決の可能性に挑戦する枠組みであることを改めて吟味していくことが大切である。

## 5 社会福祉の目指すべき理念とソーシャルワークの現段階

以上、社会福祉の政策課題及び福祉計画に関連した主要事項について述べてきた。理念前置ではなく現実との緊張関係を先行させている印象はあるかと思うが、ここで目指すべき社会福祉の理念等についてふれておきたい。現代の民主主義社会・福祉国家においては[13]、

①生活の質（Quality of Life）、②社会的公正（Social Justice）、

③連帯（Solidarity）、④参加する民主主義（Participation）、

⑤友愛（Fraternity）などが、諸国民共通の理念として想起される。

こうした理念を実現する政策的手法（Social Policy/Social Planning）と併せて、優れた実践的手法としてあるのが、ソーシャルワーク（Social Work）である。社会福祉分野の歴史が長い英国等ヨーロッパの経験では、＜医療（診断）モデル＞から＜社会（機能）モデル＞への移行、今日では、Citizenship-model、言わば市民参加モデルが問題解決の鍵を握っていると示唆されている。第2次大戦後の日本における社会福祉の急激な展開過程で、閉塞的な専門的手法に拘泥する傾向はなお色濃い。しかし、市民目線に立った次世代型の市民参加モデル・ソーシャルワーク（Social Work）の展開が期待される。直面している東日本大震災の復興過程において、東北地方の人々の伝統的な「結い」の再現と解釈するのか、国民全体の社会連帯による、より統合的なネットワークの展開を見いだしていくことができるのか、原子力発電所メルトダウンの根本的解決を含めて、日本国民は今、福祉の価値を創造できるのか否かが鋭く問われている。

■引用・参考文献

1）榊原英資『メルトダウン—21世紀型金融恐慌の深層』朝日新聞出版、2009年

2）井村喜代子『世界的金融恐慌の構図』勁草書房、2010年
3）橘木俊昭『格差社会　何が問題か』（岩波新書）岩波書店、2006年
4）湯浅　誠『反貧困』（岩波新書）、岩波書店、2008年
5）毎日新聞「生活保護受給者前年比5万人増　12月160万人」2009年3月4日
6）阿部　彩『子どもの貧困』（岩波新書）岩波書店、2008年
7）OECD編著・高木郁朗監訳他『図表でみる世界の社会問題／OECD社会政策指標／貧困・不平等・社会的排除の国際比較』p64、明石書店、2006年
8）スカンジナビア航空機関紙『SCANORAMA』2009年3月号
9）吉原直樹『コミュニティ・スタディーズ――災害と復興、無縁化、ポスト成長の中で、新たな共生社会を展望する』作品社、2011年
10）内橋克人『共生経済が始まる―世界恐慌を生き抜く道』朝日新聞出版、2009年
11）村川浩一『地域福祉計画・次世代育成支援計画ハンドブック』第一法規、2005年
12）小林良暢「消費税10％で究極の年金改革」『現代の理論』第27巻所収、2011年
13）二文字理明『スウェーデンの教育と福祉の法律』桜井書店、2011年

# 計　画　編

Ⅰ．市民の誰もが健康で安心して暮らせるまちをめざして（清瀬市）
Ⅱ．伊丹市地域福祉計画（第2次）　抜粋
Ⅲ．和光市長寿あんしんプラン
Ⅳ．高齢者が暮らしやすいまちをめざして（練馬区）
Ⅴ．ライフステージに応じた切れ目のない支援の実現に向けて（新宿区）
Ⅵ．第3次かわさきノーマライゼーションプラン（川崎市）
Ⅶ．「子育てって楽しいな！」と思えるまちに（清瀬市）
Ⅷ．資生堂の次世代育成支援行動計画
Ⅸ．高齢者の居住安定確保プラン（東京都）　抜粋
Ⅹ．地域福祉市民計画策定マニュアル

　次世代育成支援計画（事業主計画）については、株式会社資生堂、並びに市民参加型の地域福祉計画については生活クラブ運動グループに特別に資料提供いただき掲載することができた。

# Ⅰ 市民の誰もが健康で安心して暮らせるまちをめざして
―清瀬市保健福祉総合計画の基本理念―

## 1 清瀬市の概要
### （1） 位置と沿革
　清瀬市は、東京都心から西方へ約25km、池袋から西武池袋線で約30分のところに位置し、東京都東久留米市・東村山市、埼玉県所沢市・新座市と隣接した市域面積10.19㎢の細長い地形の小さな街である。1889（明治22）年に神奈川県北多摩郡の一村として清瀬村が誕生、その後、武蔵野鉄道（現在の西武鉄道）が開通、秋津駅、清瀬駅が順次開設され駅周辺の市街化が始まった。昭和に入り、清瀬の自然環境と交通の便のよさから、竹丘地区に東京府立清瀬病院（現在の国立病院機構・東京病院）が開院、結核療養施設等が次々と建設され、療養センターのある街として現在の清瀬市の特徴の一つとなる要因が形成されていった。

### （2） 人口の推移
　清瀬市の人口の推移をみると、町制を施行した1954（昭和29）年頃は1万人程度であったが、昭和30年代後半から40年代にかけて、都営住宅や公団・公社住宅等の集合住宅の建設が相次いだことにより、急激に増加し、1970（昭和45）年には5万人を超え、市制施行により清瀬市が誕生した。
　昭和50年代に入ってからは、大規模な集合住宅の建設はほとんどなく、また、地価の高騰による宅地開発の抑制などの理由から、6万7,000人から6万8,000人台をしばらく推移していたが、2003（平成15）年に入り、高層の住宅や一戸建て住宅の建設が増え始め7万人に到達し、現在は7万3,000人前後を推移している。

### （3） 清瀬市の現状と特色
　清瀬市は、東京のベッドタウンとして発展してきた一方、農業地域としても発展した経緯をもち、他の周辺都市に比べて良好な農地が生産緑地として広く分布している。また、武蔵野の雑木林等の緑も多く、市内を流れる河川とともに、豊かな自然を多く有している。
　このような環境の中にある小さな市であるが、清瀬の歴史的な流れの中から生まれ育った大きな特色として次の4つがあげられる。
① 大都市近郊農業のまち
　耕作面積は減少してきているが、現在でも野菜類の栽培が盛んで、中でもニンジンの収穫量は都内でもトップクラスである。
② 医療と福祉施設に恵まれたまち
　竹丘地区にある国立東京病院をはじめ市内に17の病院があり、福祉施設も5つの特別養護老人ホームや3つの老人保健施設のほか、さまざまな施設等が数多くあり、竹丘・梅園地区を中心に広大な病院街と福祉施設街を形成している。
　ちなみに、日本経済新聞社・産業地域研究所が2008（平成20）年に行った「第6回行政比較調査」では、清瀬市は高齢者福祉部門において、特別養護老人ホームの定員数が多いこと、人口当たりの病院・診療所の病床数が全国でトップクラスであることなどから、全国で第1位の評価を受けている。
③ 都心に近い住宅都市
　都市再生機構の団地や都の公営住宅も多く、1995（平成7）年には清瀬駅北口地区市街地再開発事業が完了し、駅周辺には大型のマンション等も増えてきており、都心に近い住宅都市としての顔をもっている。
④ 医療福祉の学園都市
　1989（平成元）年の日本社会事業大学の開学をはじめとして、明治薬科大学、国立医療センター看護大学校と、市内に3つの医療・福祉系の大学があり、多くの集積された医療・福祉施設とともに清瀬市が誇

## 2　計画の策定にあたって
### （1）　計画策定の背景・趣旨
　市では、2003（平成15）年3月に、高齢者のみならず、障害のある人や児童などすべての市民が、安心していきいきと暮らせるまちづくりを進めていくために、福祉施策の総合的な指針となる「清瀬市福祉総合計画」を策定した。

　その後、次世代育成支援対策推進法（2003〔平成15〕年）の制定をはじめ、発達障害者支援法の制定（2004〔平成16〕年）、介護保険法の改正（2005〔平成17〕年）、障害者自立支援法の施行（2006〔平成18〕年）、後期高齢者医療制度の実施（2008〔平成20〕年）など福祉にかかわる法律の制定・改正が行われ、保健福祉サービスの新たなニーズへの対応が求められている。

　今回の見直し・改定では、保健福祉を取り巻く昨今の動きに適切に対応し、市民一人ひとりに生涯を通じて総合的・体系的に保健福祉サービスを提供する必要があるという認識のもと、これまでの清瀬市福祉総合計画及びその後に策定した次世代育成支援行動計画（前期計画）、高齢者保健福祉計画（第3期介護保険事業計画）、そして障害福祉計画（第1期）に、新たに健康増進計画を加え、市の保健福祉の総合計画として、今後7年間を計画期間とする「清瀬市保健福祉総合計画」を策定するものである。

　本市は、緑豊かな自然環境に加えて、「医療・福祉施設に恵まれた学園都市」、「都心に近い住宅都市であり農業のまち」という大きな特色があり、これらの地域社会資源を活かした取組みを通じて、人々が安心して子育てをし、生涯を通じて健康な生活を営み、地域の支え合い・助け合いによって、障害のある人も高齢者もそれぞれに豊かな人生が過ごせるまちづくりを総合的に推進していく必要がある。

　また、本計画では、従来の部門別計画に加え、乳幼児期から高齢期に至る人生のライフステージごとに、それぞれの生活課題別に保健福祉施策・事業の展開を図り、一人ひとりの必要性に応じたサービスの把握と、その主体的な選択が容易になるように努めた。

　本計画は、清瀬市長期総合計画で定めた将来の健康福祉のまちづくりの方向性を見据え、人々が健康で互いに支え合い・助け合う地域福祉社会の実現に向け、市民と行政との協力協働、関係機関・団体等と連携するなかで、目標の達成を図るものである。

### （2）　計画の位置づけ
　本計画は、清瀬市長期総合計画・基本構想の実現に向けた保健福祉分野の総合計画で、地域福祉計画をはじめとする以下の5つの分野の個別計画の性格をあわせ持つものである。また、各分野において共通するテーマである行政の役割、市民参画、行政との協力協働、関係機関・団体等との連携を示すものでもある。

| | 区分 | 主な内容 |
|---|---|---|
| 清瀬市保健福祉総合計画 | 地域福祉計画 | 福祉サービスの適切な利用の推進、社会福祉を目的とする事業の健全な発達、地域福祉活動への住民参加、行政との協力協働、要援護者の支援方策等の目標を定め、各個別計画に共通する施策を包含する計画 |
| | 健康増進計画 | 地域の特色を活かし、生涯の各ステージ（世代）に応じた目標設定型の計画の策定・推進により、市民一人ひとりの健康づくり、健康寿命の延伸、生活の質の向上を目指す計画 |
| | きよせ次世代育成支援行動計画（後期計画） | 清瀬市におけるすべての子どもと家庭を対象として、今後の子育て支援対策等について方向性や目標を定めた計画 |
| | 障害者計画（第2期障害福祉計画含む） | ノーマライゼーションの理念のもと、障害者の状況を踏まえ、社会状況の変化や複雑多様化するニーズに的確に対応していくための障害者に対する総合的な計画 |
| | 高齢者保健福祉計画（第4期介護保険事業計画含む） | 高齢者が「住み慣れた地域で尊厳あるその人らしい生活を送られるよう、健康でいきいきと暮らしていけるまち」の実現を目指す計画 |

```
         ┌─────────────────────────┐
         │ 清瀬市長期総合計画　後期基本計画 │
         └───────────┬─────────────┘
                     ↓
 ┌──────┬──────────────────────────────┬──────┐
 │清    │         地域福祉計画              │地域  │
 │瀬    │ ┌────┬────┬────┐              │福祉  │
 │市    │ │きよ│障  │高齢│              │活動  │
 │保    │ │せ次│害  │者保│              │計画  │
 │健    │ │世代│者  │健福│  ←→          │（社 │
 │福    │ │育成│計  │祉計│              │協）  │
 │祉    │ │支援│画  │画  │              │      │
 │総    │ │行動│    │    │              │      │
 │合    │ │計画│    │    │              │      │
 │計    │ └────┴────┴────┘              │      │
 │画    │         健康増進計画              │      │
 └──────┴──────────────────────────────┴──────┘
```

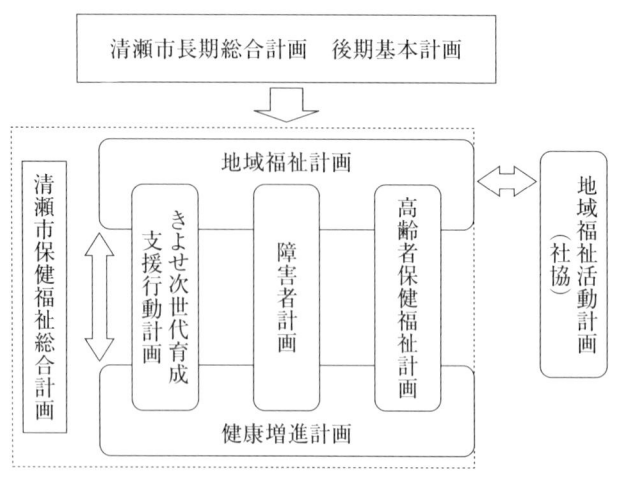

※清瀬市保健福祉総合計画は、清瀬市長期総合計画後期基本計画を上位計画とし、地域福祉計画以下5つの分野別計画から構成されるものです。また、具体的な事業の実施に関しては、社会福祉協議会の地域福祉活動計画と連携を図りつつ推進していくものです。

## （3） 計画の期間

　本計画は、保健福祉施策の総合的な指針として、すべての市民が安心していきいきと暮らせるまちづくりを目指し、2015（平成27）年度までの7年間を計画期間として策定するものである。

　また、社会環境等の変化により見直しの必要性が生じた場合には、最終年度を待たずに見直すこととする。

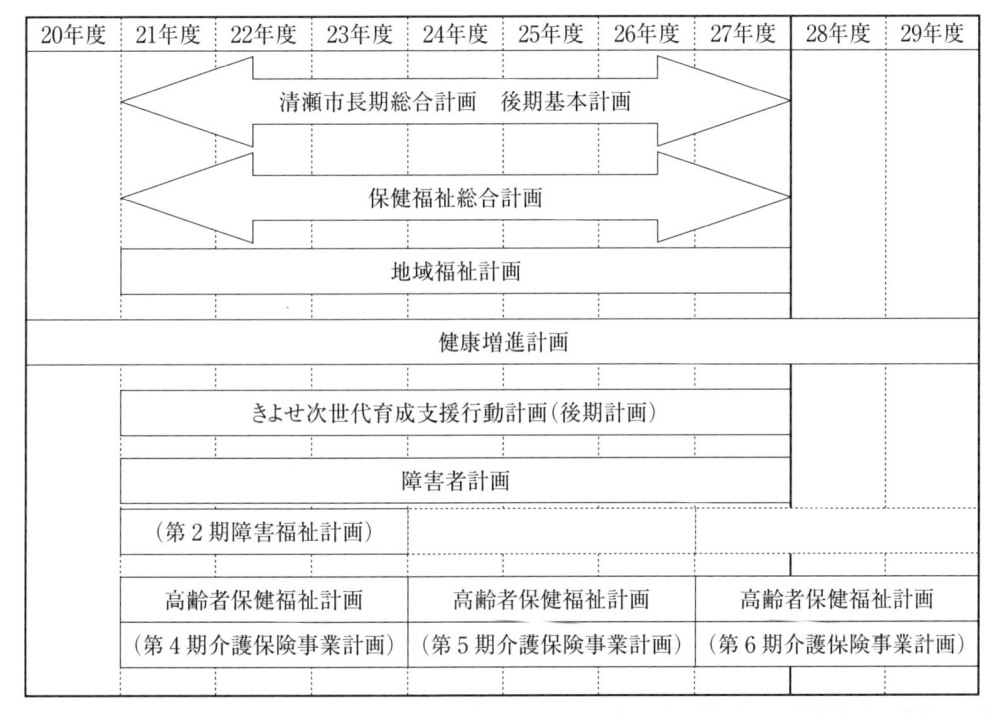

| 20年度 | 21年度 | 22年度 | 23年度 | 24年度 | 25年度 | 26年度 | 27年度 | 28年度 | 29年度 |
|---|---|---|---|---|---|---|---|---|---|
| | ← | | 清瀬市長期総合計画　後期基本計画 | | | | → | | |
| | ← | | | 保健福祉総合計画 | | | → | | |
| | | 地域福祉計画 | | | | | | | |
| | | | | 健康増進計画 | | | | | |
| | | きよせ次世代育成支援行動計画（後期計画） | | | | | | | |
| | | 障害者計画 | | | | | | | |
| | | （第2期障害福祉計画） | | | | | | | |
| | | 高齢者保健福祉計画 | | 高齢者保健福祉計画 | | 高齢者保健福祉計画 | | | |
| | | （第4期介護保険事業計画） | | （第5期介護保険事業計画） | | （第6期介護保険事業計画） | | | |

※清瀬市保健福祉総合計画は、平成21年度から平成27年度までの7か年を計画期間とし、最終年度に見直し・改定を行います。

※地域福祉計画は、同じく7か年を計画期間とし、最終年度に見直し・改定を行います。

※健康増進計画は、母子保健計画とあわせ平成20年度を初年度とし、平成29年度を最終年度とする10か年計画とし、平成24年度に見直しを行います。

※きよせ次世代育成支援行動計画（後期計画）は、後期基本計画及び地域福祉計画にあわせて7か年を計画期間とし、最終年度に見直し・改定を実施する予定です。このため、平成21年度までを計画期間の前期計画として1年間早く改定を行い、平成22年度から平成26年度までの後期計画期間を包含し、さらに1年間を市の独自計画期間として最終年度を平成27年度とします。

※障害者計画は、地域福祉計画にあわせて7か年を計画期間とし、最終年度に見直し・改定を行います。ただし、第2期障害福祉計画は、3か年を1期とする計画であることから、平成23年度に見直し・改定を行う予定です。

※高齢者保健福祉計画は、第4期介護保険事業計画の3か年を1期とする計画期間にあわせて、平成23年度までの計画とし、最終年度に見直し・改定を行います。

（4） 計画の策定体制

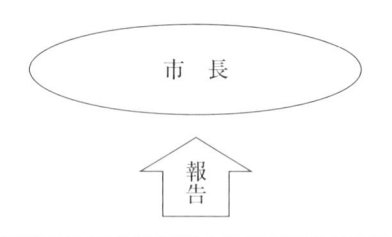

```
                          市　長
                           ↑
                          報告
        ┌──────────────────────────────────────┐
        │   清瀬市保健福祉総合計画策定委員会       │
        │         《地域福祉計画》                │
        └──────────────────────────────────────┘
           ↑          ↑         ↑         ↑
   ┌──────────┐ ┌──────────┐ ┌────────┐ ┌──────────┐
   │健康増進  │ │次世代育成│ │障害者  │ │高齢者専門│
   │専門部会  │ │支援専門部│ │専門部会│ │部会      │
   │《健康増進│ │会《きよせ│ │《障害者│ │《高齢者保│
   │計画》    │ │次世代育成│ │計画》  │ │健福祉計画│
   │          │ │支援行動計│ │        │ │・第4期介 │
   │          │ │画》      │ │        │ │護保険事業│
   │          │ │          │ │        │ │計画》    │
   └──────────┘ └──────────┘ └────────┘ └──────────┘
```

※　各部会には、公募による委員が2名参加しています。

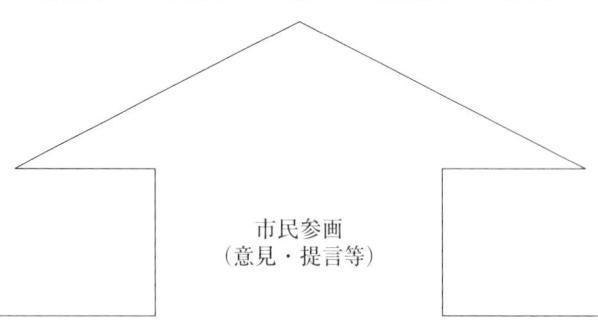

　　　　　　　　　　市民参画
　　　　　　　　　（意見・提言等）

| ●アンケート調査 | ●市民説明会 | ●団体等との懇談会 | ●パブリックコメント |
|---|---|---|---|
| ・地域福祉計画調査<br>・健康増進計画調査<br>・未就学・低学年児童保護者調査<br>・中高生調査<br>・身体・知的・精神障害者調査<br>・一般・特定高齢者調査<br>・要介護認定者調査<br>・介護保険事業所調査<br>・障害者団体・事業所ヒアリング | 《全体会》<br>・計画全体の概要説明<br><br>《分科会》<br>・健康増進分科会<br>・次世代育成分科会<br>・障害者分科会<br>・高齢者分科会 | ・民生・児童委員<br>・ふれあい協力員<br>・地区福祉員<br>・老人クラブ<br>・子育て支援団体<br>・障害者団体<br>・高齢者支援団体<br>・その他 | 計画等を決定するときに事前に計画案を公表し、市民の皆さんからご意見等をいただき、計画に反映するとともに、寄せられた意見とそれに対する市の考えを公表 |

（5） 計画の評価と総合的推進

　市は、本計画に基づき、子ども、障害のある人並びに高齢者及び市民一般の健康増進・福祉の向上に向けた諸施策の計画的な展開を図るほか、関係機関や市民代表等から構成される「清瀬市地域福祉推進協議会」において計画の進捗、諸目標の達成状況の点検、評価並びに新たな目標・課題の設定について審議検

討を行うことを通じて、地域福祉の推進に努めるものである。また、評価にあたっては、変動の激しい近年の社会経済状況の中に置かれている市民の生活実態や市行政のあり方等も踏まえた観点も必要となる。

本計画の推進にあたっては、地域福祉推進の中核である社会福祉協議会やボランティア団体、NPO、並びに保健・医療・福祉・介護関係機関等との連携を踏まえ、目標の達成に努める。

なお、本計画は、保健福祉分野にとどまらず、教育、住宅、就労、環境、まちづくりなど市民の生活関連分野と深くかかわる。したがって、市民との協力協働をより円滑で実りあるものとするため、庁内関係部署及び関係機関、団体等との一層の連携に努め、計画の総合的な推進を図る。

```
┌─────────────────────────────────────┐
│    計画の総合評価と連携推進等機関      │
│    ― 清瀬市地域福祉推進協議会 ―       │
└─────────────────────────────────────┘
                  ▲
┌─────────────────────────────────────┐
│    分野別の評価等機関及び連携促進      │
│  ―既存組織及び新組織立上げによる推進体制構築― │
│  例：健康センター運営協議会（健康増進計画）、高齢者等の健康づくり・介護予 │
│    防推進委員会（高齢者保健福祉計画）、地域自立支援協議会（障害者計画）、 │
│    児童センター運営委員会（次世代育成支援行動計画）等 │
└─────────────────────────────────────┘
                  ▲
┌─────────────────────────────────────┐
│   市の評価等体制構築と関係機関団体等との連携推進    │
│ ・関係機関団体等のネットワーク体制及び協力・協働等の推進 │
│ ・健康福祉部、子ども家庭部等の行政内部連携促進      │
│ ・内部評価の体制構築と評価技法等の調査研究等       │
│ ・計画の進捗状況、諸目標の達成状況、新たな目標と課題、評価技法の研究等 │
└─────────────────────────────────────┘
```

## 3　計画の基本的な考え方

### （1）計画の基本理念

乳幼児期から高齢期まで市民一人ひとりのライフステージに対応した保健福祉施策サービスを充実していくとともに、市民相互の支え合い・助け合いによる地域福祉の活性化を図り、子ども、高齢者、障害のある人など、市民の誰もが健康で安心して暮らせる地域福祉のまちづくりを推進する。

### （2）基本目標

計画の基本理念の実現に向けて、次の5つの基本目標を定め、本計画に掲げる施策・事業の展開を図る。

① 誰もが健康で、その人らしい生き方を実現する

市民一人ひとりの尊厳が尊重され、生活の質（QOL）を基本に、誰もが健康に暮らし、その人らしい生き方を実現できる地域社会づくりを目指す。

② 利用者本位のサービス・システムを確立する

乳幼児期から高齢期に至るライフステージの各時期において、市民が必要とする保健福祉サービスを更に充実し、利用者本位のサービス・システムの確立を目指す。

③ ノーマライゼーション社会を推進する

障害や病気、高齢などを理由に社会的に差別されることなく、就学・就労や地域活動など、生活のあらゆる場面で誰もが自由に参加・参画できるノーマライゼーション社会の実現を目指す。

④ 市民主体の地域福祉を推進する

ボランティアやNPOの多様な展開と、保健福祉の各分野で活動する人々の相互交流とネットワーク活動を支援し、市民主体の地域福祉を推進する。

⑤ 若い世代の参加と世代間の交流を促進する

地域における保健福祉活動の様々な機会に若い世代の参加・参画を促し、活動を通じて世代間の交流を促進することで、ともに支え合い助け合う地域社会の構築を図る。

## （3） ライフステージに基づく分野別施策の展開

図1　ライフステージ別諸施策の展開

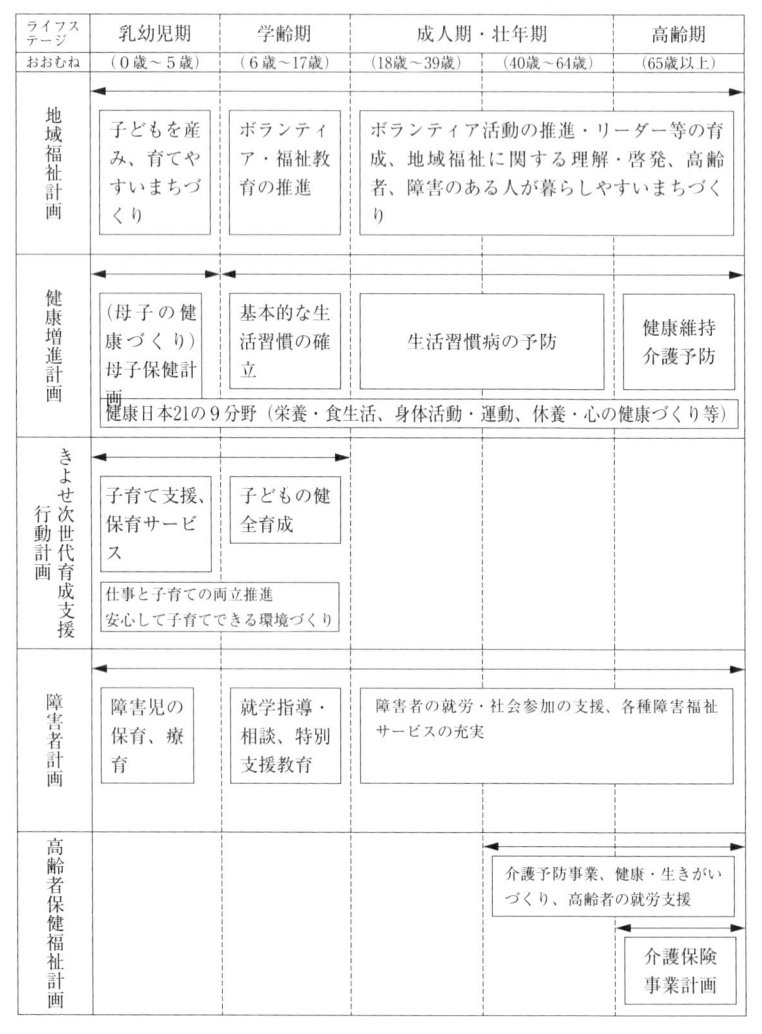

| ライフステージ おおむね | 乳幼児期 （0歳～5歳） | 学齢期 （6歳～17歳） | 成人期・壮年期 （18歳～39歳） | （40歳～64歳） | 高齢期 （65歳以上） |
|---|---|---|---|---|---|
| 地域福祉計画 | 子どもを産み、育てやすいまちづくり | ボランティア・福祉教育の推進 | ボランティア活動の推進・リーダー等の育成、地域福祉に関する理解・啓発、高齢者、障害のある人が暮らしやすいまちづくり | | |
| 健康増進計画 | （母子の健康づくり）母子保健計画 | 基本的な生活習慣の確立 | 生活習慣病の予防 | | 健康維持 介護予防 |
| | 健康日本21の9分野（栄養・食生活、身体活動・運動、休養・心の健康づくり等） | | | | |
| きよせ次世代育成支援行動計画 | 子育て支援、保育サービス | 子どもの健全育成 | | | |
| | 仕事と子育ての両立推進 安心して子育てできる環境づくり | | | | |
| 障害者計画 | 障害児の保育、療育 | 就学指導・相談、特別支援教育 | 障害者の就労・社会参加の支援、各種障害福祉サービスの充実 | | |
| 高齢者保健福祉計画 | | | | 介護予防事業、健康・生きがいづくり、高齢者の就労支援 | |
| | | | | | 介護保険事業計画 |

## 4　人口の推移と推計

　2007（平成19）年10月現在、本市の総人口は73,621人、年齢三区分では年少人口9,838人（13.4％）、生産年齢人口47,436人（64.4％）、高齢人口16,347人（22.2％）となっている。

　推計人口では、本計画の最終期間である2015（平成27）年度は総人口74,624人、年少人口8,942人（12％）、生産年齢人口45,186人（61％）、高齢人口20,496人（27％）で、総人口が微増するなかで、年少人口はゆるやかに減少し、生産年齢人口の減少と高齢人口の顕著な増加が特色となっている。

　なお、年少人口や高齢人口は、次世代育成支援行動計画や高齢者保健福祉計画（第4期介護保険事業計画）で更に分析している。

計画編

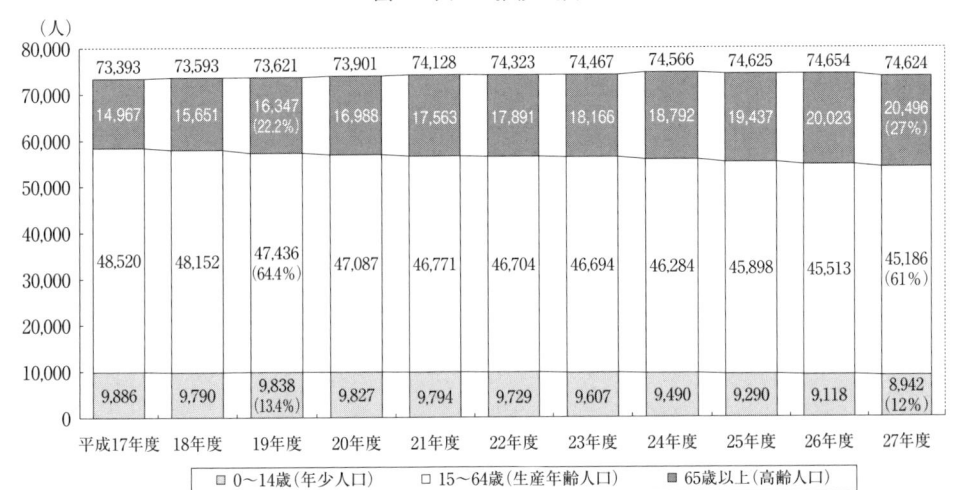

図2 人口の推移と推計

| 年度 | 0～14歳（年少人口） | 15～64歳（生産年齢人口） | 65歳以上（高齢人口） | 合計 |
|---|---|---|---|---|
| 平成17年度 | 9,886 | 48,520 | 14,967 | 73,393 |
| 18年度 | 9,790 | 48,152 | 15,651 | 73,593 |
| 19年度 | 9,838 (13.4%) | 47,436 (64.4%) | 16,347 (22.2%) | 73,621 |
| 20年度 | 9,827 | 47,087 | 16,988 | 73,901 |
| 21年度 | 9,794 | 46,771 | 17,563 | 74,128 |
| 22年度 | 9,729 | 46,704 | 17,891 | 74,323 |
| 23年度 | 9,607 | 46,694 | 18,166 | 74,467 |
| 24年度 | 9,490 | 46,284 | 18,792 | 74,566 |
| 25年度 | 9,290 | 45,898 | 19,437 | 74,625 |
| 26年度 | 9,118 | 45,513 | 20,023 | 74,654 |
| 27年度 | 8,942 (12%) | 45,186 (61%) | 20,496 (27%) | 74,624 |

※平成17～19年度：実績値、平成20年度以降：推計値
※本推計は、住民基本台帳人口（外国人人口を含む）（平成16～19年の各10月1日時点）を基に、コーホート変化率法により算出。
※本市は、平成18年度には超高齢社会に突入しました。国連では、高齢化率（65歳以上の高齢者人口が総人口に占める割合）が7％以上14％未満を高齢化社会、14％以上21％未満を高齢社会、21％以上を超高齢社会と呼称します。

## 5 地域福祉計画の基本理念
### (1) 施策の体系

【基本理念】

市民が集い、交流し、一人ひとりがいきいきと活動し、ともに支え合い・助け合うまち・清瀬

【基本目標・方針】

1 支援を必要とする人が、身近な地域の中で、自分にあった福祉サービスが利用できるまちづくり
2 利用者の視点を大切にし、市民や地域の力を活かし、福祉サービスが充実したまちづくり
3 市民一人ひとりの思いや力を活かす仕組みや場をつくり、支え合い・助け合うまちづくり
4 人と人をつなぎ、市民と行政との協働により地域福祉を推進するまちづくり

【基本施策】

福祉サービスを上手に利用できる仕組みづくり
- 1 相談支援・情報提供体制の充実
- 2 権利擁護の充実
- 3 苦情解決の仕組みの推進

福祉サービスの充実のために
- 1 市の福祉サービス基盤の充実
- 2 社会福祉協議会活動の促進
- 3 多様なサービスが地域で育つ環境づくり

みんなが参加し、行動に移せる場を
- 1 小地域における地域福祉活動
- 2 ボランティア、NPO団体等の活動への支援

【推進策】

地域福祉を推進するために
- 総合的な地域福祉を展開
- 市民との連携、協働

## 6 地域福祉計画の基本施策

次に、「地域福祉計画の基本施策」（抜粋）を紹介する。

### （1） 福祉サービスを上手に利用できる仕組みづくり

① 相談支援・情報提供体制の充実

ア 相談体制の充実

　子育て支援や障害者、高齢者などを対象とした、各分野の相談窓口・機関の充実を図るとともに、PRが重要です。

【取組・方針】
〇相談窓口の充実・PR　〇地域や市民同士の相談体制　〇職員資質の向上

イ 情報提供の充実

　相談窓口の充実とあわせて、いつでも入手しやすく、分かりやすい情報提供が重要です。各種サービスの選択にあたっては、客観的でかつ一定の基準に基づく情報が重要となっています。

【取組・方針】
〇情報の充実　〇第三者評価の推進

② 権利擁護の充実

　認知症や障害等により判断能力が低下した人に対して各種サービスの利用や契約関係の支援を行うなど、権利擁護の充実が求められています。また、振り込め詐欺や悪徳商法から、高齢者等が被害に遭わない対策が求められています。

【取組・方針】
〇成年後見制度推進機関の設置（平成21年度）
〇消費者被害、高齢者虐待防止等に関する意識の普及啓発
〇相談窓口等のPR　〇連携体制の強化

③ 苦情解決の仕組みの推進

　福祉サービスのメニューや量的な充実とあわせて、サービスの質の向上が求められています。そのため、福祉サービスに対する苦情や意見を幅広くくみ上げる仕組みや、関係機関及びサービス提供事業者と連携が重要です。

【取組・方針】
〇苦情相談窓口等のPR　〇関係機関との連携
〇苦情や利用者の声を反映させやすい仕組みの充実

### （2） 福祉サービスの充実のために

① 市の福祉サービス基盤の充実

　行政運営の効率化が求められる一方で、市民ニーズが多様化していることから、専門性を高めるとともに、社会福祉法人や民間サービス事業者などと連携を強化し、市民が必要とする福祉サービスを充実していく必要があります。

【取組・方針】
〇市民サービスの向上　〇社会福祉援助の専門性や体制の強化
〇経験やノウハウの共有の仕組みづくり

② 社会福祉協議会活動の促進

　社会福祉法において、社会福祉協議会は地域福祉の推進役として位置づけられています。社会福祉協議会では、地域福祉活動の推進、福祉ボランティアの育成、障害者福祉センターの運営管理などを行っていることから、市民に近い立場で良質な福祉サービスを提供するとともに、地域福祉推進の中心的な役割を期待されています。

【取組・方針（市の連携・支援策）】
〇連携の強化　〇地域福祉やボランティアの橋渡し役の充実

③ 多様なサービスが地域で育つ環境づくり

ア　福祉サービス事業者の育成支援・連携
　市民生活に密着したNPOやボランティア団体などが、福祉サービスの担い手となり、質の高い活動、事業の展開が図れるよう、研修や技術力の向上など、側面から支援を図っていくことが重要です。
【取組・方針】
○サービス事業者等との連携の強化　　○NPO等の育成・支援
○第三者評価等によるサービスの質の向上
イ　福祉人材の育成
　福祉の現場を支える人材不足が全国的な課題となっている中で、各種活動を通じて、福祉人材を育成していくことは、地域福祉の担い手を育てるだけでなく、介護保険などのサービスの担い手となることも期待できます。
【取組・方針】
○ボランティアをきっかけとした福祉人材の育成
○若い世代、団塊世代等への呼びかけ
○大学との連携　　○保健福祉をテーマとした生涯学習環境の充実

## （3）　みんなが参加し、行動に移せる場を

① 　小地域における地域福祉活動
ア　お隣同士の支え合い活動の推進
　地域福祉を推進するためには、お互いに顔が見えるつながりがもてる小地域における活動を推進していくことが重要です。
【取組・方針】
○自治会・町会等における地域福祉活動の促進
○地域で顔見知りになる機会づくり
イ　「手助けできること」「手助けして欲しいこと」をつなぐ仕組みづくり
　市民が、自分にできること、して欲しいことを発見し、お互いに助け合う仕組みが求められています。
【取組・方針】
○お互いに助け合う仕組みへの支援
ウ　地域のサロン・集いの場づくり
　地域福祉を推進していくためには、人が集う場が重要です。そのため、様々なストックを活用し、気軽に集える場を充実することが重要です。
【取組・方針】
○地域のサロン、高齢者や障害者等の活動の場づくり
○ストックを活用した小規模福祉施設の整備
エ　福祉関連イベントの推進
　各種イベントは、多くの市民が地域福祉に関心をもち、市民同士の交流のきっかけとなることが期待できます。
【取組・方針】
○地域福祉・交流のきっかけづくり　　○市民と協働によるイベントの開催
② 　ボランティア、NPO団体等の活動への支援
ア　市民の自主活動の支援及び拠点機能の強化
　本市には、市（企画課）が運営委託している「市民活動センター」と、社会福祉協議会が運営している「ボランティアセンター」があり、市民活動やボランティア活動を支援しています。
　両センターを、市民にPRをするとともに、連携を強化する必要があります。
【取組・方針】
○両センターの一体的な運営に向けた取り組み
○地域福祉の橋渡し役の充実

## 7 地域福祉を推進するために

次に、「地域福祉を推進するために」(抜粋)を紹介する。

### (1) 総合的な地域福祉の展開

① 安心・安全なまちづくり

ア 地域の防災対策の充実

　高齢化の進行に伴い、ひとり暮らし高齢者世帯が増加しています。地域においては、声かけや安否確認などの自主的な活動もみられます。一方、近年、自然災害や感染症の発生により、高齢者が犠牲となるケースが多くなっています。万一、災害が発生した際、二次災害を最小限にとどめることが重要です。

【取組・方針】
＜災害・緊急時における安全の確保＞
○(仮)災害時要援護者対策連絡会の設置
○要援護者の把握　○地域での支援体制づくり

イ 防犯対策

　高齢者を狙った振り込め詐欺やひったくりなどの犯罪が増加していることから、被害者とならないようにするための啓発活動や、地域の防犯活動が重要です。

【取組・方針】
○地域の防犯活動　○関係機関との連携による啓発活動

ウ 消費者啓発

　認知症高齢者や知的障害者等が消費者被害に遭わないようにするため、権利擁護体制の充実とあわせて、消費者啓発が重要です。

【取組・方針】
○消費生活センターとの連携による啓発活動

エ バリアフリーの推進

　高齢者や障害者など誰もが自由に社会参加ができ、世代を超えて支え合うことができる地域社会をつくるためには、物理的なバリア(障壁)を除くだけでなく、相互に理解し合う心のバリアフリーが重要です。

【取組・方針】
○建物・移動のバリアフリー　○情報のバリアフリー　○心のバリアフリー

② 社会のニーズに対応した地域福祉の推進

　ひとり暮らし高齢者の増加に伴う孤立死、ひきこもり、育児ストレスを原因とした児童虐待、言葉が障壁となり地域になじめない外国人など、社会の変化に伴い、あらたな課題に対する対応が求められています。また、これらの課題に対しては、身近な地域での見守りや声かけによる助け合いが大きな力となります。

【取組・方針】
○高齢者支援　○子育て支援　○障害者支援

### (2) 市民との連携・協働

① 各世代の力を地域福祉の推進に

　少子高齢化社会の進行、地域コミュニティが希薄化している中で、地域福祉を推進していくためには、若い世代や団塊の世代、様々な分野の活動団体等の力を活かすことが重要です。

【取組・方針】
○活気あるまちづくり　○世代間交流の場　○若い世代への支援
○地域福祉の橋渡し役の充実　○市民一人ひとりの役割

② ボランティア・NPOの力を地域福祉の推進に

ボランティアやNPOなど、それぞれの得意分野を活かし、それらの力を必要としている地域や人とを

結び、地域福祉を推進していく必要があります。
【取組・方針】
○ボランティア・NPOの認識を深め、活動を支援する。
○市民や地域に対するボランティア・NPOに関する情報提供
③ 地域福祉活動者との連携の強化
　地域においては、民生委員・児童委員等が、市民の身近な相談役や市民と市のパイプ役として活躍しています。これらの地域福祉の担い手との連携を強化するとともに、担い手の発掘が重要です。
【取組・方針】
○地域支援ネットワークの構築

表1　地域福祉活動の主な担い手

| 項　目 | 概　要 |
| --- | --- |
| 民生委員・児童委員 | ・それぞれの担当地区において、暮らしのこと、高齢者・障害者・子どものことなどの相談を受け、内容に応じて市役所等の関係機関に連絡したり、福祉サービスを紹介するなど、市民と関係機関をつなぐパイプ役として活動しています。 |
| 民生委員・児童委員協力員 | ・民生・児童委員活動が増大、複雑化していることから、その負担を軽減し、民生・児童委員の地域における活動を支援する協力員を、平成20年10月から配置しています。 |
| ふれあい協力員・ふれあい協力機関 | ・地域の高齢者が孤立しないよう、声かけ・見守り活動を行うボランティアとして、地域包括支援センターや民生・児童委員と協力して定期的な訪問などを行っています。<br>また、新聞・牛乳販売所、郵便局、病院、診療所、駐在所等にも、ふれあい協力機関として、声かけ・見守りを依頼しています。 |
| 地区福祉員 | ・担当地区の福祉向上並びに地区住民との連絡調整、社会福祉協議会の組織拡充及び会費納入等の活動を行っています。 |

表2　介護保険サービスの標準給付費の見込み（年間）

(単位：円)

| 区　分 | | | H21年度 | H22年度 | H23年度 |
| --- | --- | --- | --- | --- | --- |
| 総給付費 | | | 3,535,839,116 | 3,710,870,214 | 4,002,064,799 |
| | 介護給付費 | | 3,384,248,292 | 3,548,834,884 | 3,830,504,006 |
| | | (1)居宅サービス | 1,506,220,383 | 1,611,583,064 | 1,703,999,127 |
| | | (2)地域密着型サービス | 164,267,641 | 193,335,745 | 352,900,254 |
| | | (3)住宅改修 | 13,052,352 | 13,757,884 | 14,463,417 |
| | | (4)居宅介護支援 | 164,051,198 | 173,669,907 | 182,269,457 |
| | | (5)介護保険施設サービス | 1,536,656,718 | 1,556,488,284 | 1,576,871,751 |
| | 予防給付費 | | 151,590,824 | 162,035,330 | 171,560,793 |
| | | (1)介護予防サービス | 127,779,714 | 136,812,883 | 144,242,249 |
| | | (2)地域密着型介護予防サービス | 16,755 | 21,148 | 685,572 |

| | | (3)介護予防住宅改修 | 3,717,535 | 3,918,482 | 4,152,922 |
|---|---|---|---|---|---|
| | | (4)介護予防支援 | 20,076,820 | 21,282,817 | 22,480,050 |
| 特定入所者介護サービス費等給付額 | | | 130,693,576 | 134,025,998 | 136,960,338 |
| 高額介護サービス費等給付額 | | | 89,010,081 | 94,024,733 | 99,039,386 |
| 算定対象審査支払手数料 | | | 5,862,260 | 5,984,715 | 5,994,500 |
| 標準給付費見込額 | | | 3,761,405,033 | 3,944,905,660 | 4,244,059,023 |
| 地域支援事業費 | | | 105,264,000 | 110,313,000 | 117,966,000 |

出典：高齢者保健福祉計画・第4期介護保険事業計画より

(内野　薫)

# Ⅱ 伊丹市地域福祉計画（第２次）
## （抜粋）

### 第１章　伊丹市地域福祉計画（第２次）の策定にあたって
#### １　地域福祉計画とは
（１）　地域福祉とは

　平成12年に、社会福祉事業実施のための諸規則を定めた社会福祉事業法は、利用者本位の社会福祉への規定へと見直しがされ、名称も社会福祉法と改正されました。その第１条（目的）には、「この法律は、社会福祉を目的とする事業の全分野における共通的基本事項を定め、社会福祉を目的とする他の法律と相まって、福祉サービスの利用者の利益の保護及び地域における社会福祉（以下「地域福祉」という。）の推進を図るとともに、社会福祉事業の公明かつ適正な実施の確保及び社会福祉を目的とする事業の健全な発達を図り、もって社会福祉の増進に資する」と地域福祉について言及されています。

> 　地域福祉とは、地域社会を基盤として、行政をはじめ社会福祉協議会、社会福祉法人、地域住民や地域団体、NPO法人やボランティア団体、企業や商店など、地域社会を構成するさまざまな主体が協力し合って、地域社会に暮らす誰もが人間としての尊厳を持ち、地域社会の一員として、豊かな生活が送れるよう、ともに生き、支え合う地域社会を形成していこうとする取り組みや仕組みづくりのことを言います。
> 　また、地域福祉は、地方自治・市民自治を根本的な要件としつつ、同時に地域福祉の実践を通じて、そうした自治性や地域の福祉力を高めていく不断の取り組みでもあります。

　「地域社会を基盤」ということと、「行政と地域住民などさまざまな主体が協力し合って」「ともに生き、支え合う地域社会を形成していこうとする取り組みや仕組みづくり」という点がポイントになります。

　「地域社会を基盤」ということでは、住民の福祉活動を行う圏域や支援を必要とする人を支援する圏域として、重層的な圏域が考えられます。最も身近な圏域は、隣近所でのつきあいや災害時支援、見守り・声かけ、地域ふれ愛福祉サロン事業などの個別援助活動やグループ援助活動などを行う基礎的な範囲としての近隣や自治会です。

　次に、支援を必要とする人の支援のための関係機関や団体等との会議や住民の地域福祉活動に関する情報交換や連携、日常生活の手助け等の支援のための地区ボランティアの需給調整などを行う、おおむね小学校区を単位とする圏域です。

　さらに、地域包括支援センターや障害者相談支援事業所、地域子育て支援拠点など、総合相談窓口や福祉施設がある範囲などのサービス圏域、そして伊丹市全域を対象とした総合的な施策の企画・調整をする範囲、市全域を対象とした公的機関の相談・支援、テーマ型など地域を限定しない福祉活動による支援などの市全域という、４層構造が設定できます。

　伊丹市では、日常生活圏域における地域福祉活動を行う中核的な圏域を小学校区とし、その推進の場（機能）を「小地域福祉拠点」と呼びます。

　「行政と地域住民などさまざまな主体が協力し合って」ということでは、福祉課題を抱えた人のために、あるいは課題を抱えた人に対する事後的な救済を主な目的として、行政が公的な制度として福祉・保健・医療その他関連する各種政策・施策に基づくサービスを供給するだけではなく、誰もが人間としての尊厳を持ち、地域社会の一員として、豊かな生活が送れるよう、日常生活上の不安の解消や予防を含め、さまざまな福祉課題の解決を図るため、行政をはじめ社会福祉協議会、社会福祉法人、地域住民や地域団体、NPO法人やボランティア団体、企業や商店など、地域社会を構成するさまざまな主体が相互にさまざまな連携・協力をし合っていくことが重要になります。

そのためには、ネットワーク化や協働の視点が不可欠で、「ともに生き、支え合う地域社会を形成していこうとする取り組みや仕組みづくり」が重要となります。この支え合いの地域社会形成のための取り組みや仕組みづくりは、一度創ったら終わりというものではなく、また、単なる福祉サービス提供のための枠組みではなく、地域社会を構成するさまざまな主体が相互に連携・協力することにより、市民の自治性や「地域の福祉力」を高め、地域での生活の（再）共同化をめざす不断の取り組みと言えます。

> 地域の福祉力は、簡潔に定義づけることが難しい概念ですが、
> 例えば、
> ●市民が地域における生活課題に気づく（関心を持つ）
> ●相互支援力や問題解決力を高める（学習する・参加する）
> ●上記のことが可能となるような仕組みを創り出していく
> ●あらゆる差別や偏見や排除を克服しようとする気持ちを大切にする
> ●生活していく上で必要な社会資源を創り出していく
> 以上のような力と言えます。

いみじくも、この計画策定の年度において、老親の死亡届を出さずに子どもが年金を不正受給していた件が発覚するなど、高齢者の所在不明問題が全国的な調査にまで発展し、子どもへの虐待とともに、家族関係や地域での近所づきあいの希薄化などが浮き彫りにされました。

この計画策定にあたり、一層、「相互扶助の再生」が求められている時代背景になっています。「相互扶助の再生」にあたっては、各機関や施設、団体、組織間の「ネットワーク」が欠かせません。また、行政の各部署のネットワークも必要です。それは単なる連携というよりは「協働（パートナーシップ）」でもあります。協働とは「それぞれの主体性・自発性のもとに、共通の領域において、互いの特性を認識・尊重し合いながら、共通の目的を達成するため、課題解決に向けて協力・協調すること」と言えます。

(2) 伊丹市の進める地域福祉とその仕組みづくり

平成15年3月に伊丹市地域福祉計画（以降、「第1次計画」という）を策定し、「共生福祉社会の実現」を理念として、すべての市民が住み慣れた地域で、安心して自分らしく暮らせるような社会をめざしてきました。

これまで福祉的ニーズの多くは行政や民間事業者が提供する福祉サービスの享受により対応されてきました。しかしながら、地域には「ひとり暮らしの高齢者が電球の交換やゴミ出しを頼める人がいない」、「買物に行くことができても買った物を持って歩けない」といった問題、あるいは「ひとり暮らしが寂しい」といった心の問題など、行政や民間事業者による福祉サービスだけでは対応しきれない多様な問題が存在しています。これからは、こうした福祉課題を身近な地域の中で解決できる体制づくりが必要となってきています。

こうしたことから、その体制づくりに向けて第1次計画策定と並行して、地域住民自身による取り組みができる「住民主体性」と、生活上のさまざまな福祉的ニーズに的確に対応できる「専門性」とをあわせ持つ、小地域福祉拠点（機能）の整備を進めてきました。その具体的な仕組みが「地域福祉ネット会議」です。

「地域福祉ネット会議」は、地区社協等をベースとして、それぞれの地区の民生委員・児童委員、自治会長、地域住民、当事者組織など広範な人々が主体的に集まり、身近な福祉課題を明らかにし、地域住民自らがその解決策をさぐる場であり、そこに福祉の総合相談機能を持ち、生活上のさまざまな福祉ニーズに専門的に対応できる介護支援センターも参画することで「専門性」を付加しています。

現在（平成22年10月現在）では、11の小学校区において「地域福祉ネット会議」が立ち上がり、それらの地域のうち8つの小学校区では、地域内の困りごとは地域内で助け合い、解決しようとの思いから、地区ボランティアセンターが立ち上げられ、地域住民によるボランティア派遣などの地域福祉活動が行われています。

今後、残る小学校区においても、「地域福祉ネット会議」の立ち上げを積極的に進め、地域福祉活動の

ネットワーク化を図りながら、継続性のある福祉活動が地域で行われるよう取り組んでいきます。しかしながら、地域福祉活動は地域の市民力に頼るところが大きく、地域の総意がなければ進むものではないことから、地区それぞれにおける固有の事情も踏まえながら、地域福祉の仕組みとして小地域福祉拠点（機能）の整備を図っていきます。

社会福祉が、それまでの施設中心、機能分散型といった性格から、在宅中心、機能複合型の「地域福祉」を基盤とする性格を持つようになり、法的にも地域福祉を推進することの重要性が明記されました。ただ「地域福祉」は、この法整備により新たに生まれた概念ではなく、他の社会福祉制度が整備される前から、地域コミュニティの中で自然と行われていたものです。

伊丹市では「地域福祉ネット会議」のような仕組みを中核にして今日的に地域福祉を再生し、創造していきます。

（３） 地域福祉計画策定の背景

地域福祉計画を策定する背景には、伊丹市の地域福祉を取り巻く以下のような現状や課題があります。

■地域との関わり

「市民意識調査[1)]」では、日頃の近所づきあいについては「あいさつする程度の人がいる」を含めると４割を超える人が、日頃の近所づきあいがないと答えています。

近所づきあいをほとんどしていない人は青年層（18〜39歳）に多く特に男性では２割を超えています。

また、近所づきあいをしない最も大きな理由は「仕事などで家をあけることが多く、知り合う機会がない」でおよそ過半数を占めていますが、「近所づきあいはわずらわしいので避けている」といった回答も１割を超えています。

■近所の人との関係

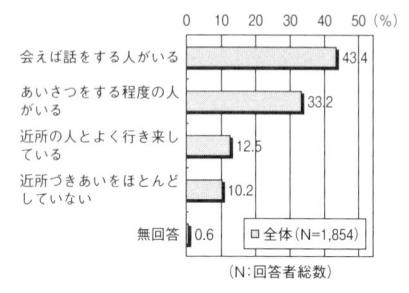

| | 全体(N=1,854) |
|---|---|
| 会えば話をする人がいる | 43.4 |
| あいさつをする程度の人がいる | 33.2 |
| 近所の人とよく行き来している | 12.5 |
| 近所づきあいをほとんどしていない | 10.2 |
| 無回答 | 0.6 |

（N:回答者総数）

■性別・年齢層別　近所の人との関係

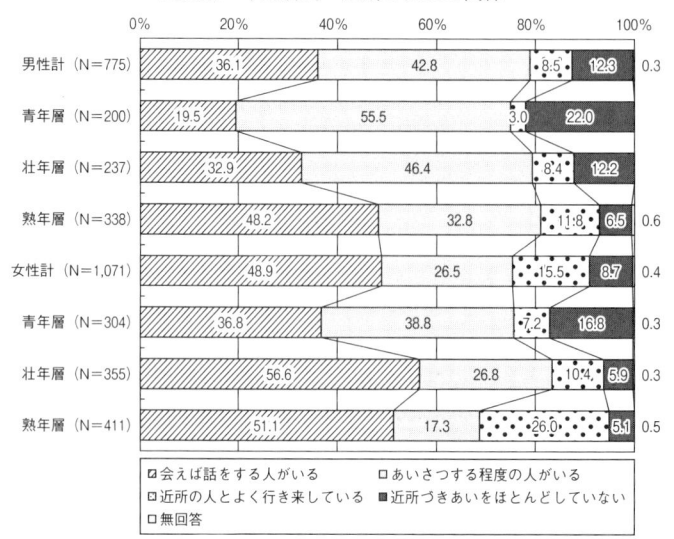

| | 会えば話をする人がいる | あいさつする程度の人がいる | 近所の人とよく行き来している | 近所づきあいをほとんどしていない | 無回答 |
|---|---|---|---|---|---|
| 男性計（N=775） | 36.1 | 42.8 | 8.5 | 12.3 | 0.3 |
| 青年層（N=200） | 19.5 | 55.5 | 3.0 | 22.0 | |
| 壮年層（N=237） | 32.9 | 46.4 | 8.4 | 12.2 | |
| 熟年層（N=338） | 48.2 | 32.8 | 11.8 | 6.5 | 0.6 |
| 女性計（N=1,071） | 48.9 | 26.5 | 15.5 | 8.7 | 0.4 |
| 青年層（N=304） | 36.8 | 38.8 | 7.2 | 16.8 | 0.3 |
| 壮年層（N=355） | 56.6 | 26.8 | 10.4 | 5.9 | 0.3 |
| 熟年層（N=411） | 51.1 | 17.3 | 26.0 | 5.1 | 0.5 |

■性別　あまり近所づきあいをしない理由
（該当すべて選択）

| 理由 | 全体(N=189) | 男性(N=95) | 女性(N=93) |
|---|---|---|---|
| 仕事などで家をあけることが多く、知りあう機会がない | 51.9 | 53.7 | 49.5 |
| ふだん留守の家が多いなど、そもそも近所づきあいのほとんどないところである | 24.3 | 20.0 | 28.0 |
| 近所づきあいはしたいが、つい消極的になってしまう | 12.7 | 13.7 | 11.8 |
| 近所づきあいはわずらわしいので避けている | 11.6 | 9.5 | 14.0 |
| 近所づきあいはしたいが、仲間に入れてもらえない | 2.1 | 2.1 | 2.2 |
| その他 | 19.0 | 12.6 | 25.8 |
| 無回答 | 0.0 | 0.0 | 0.0 |

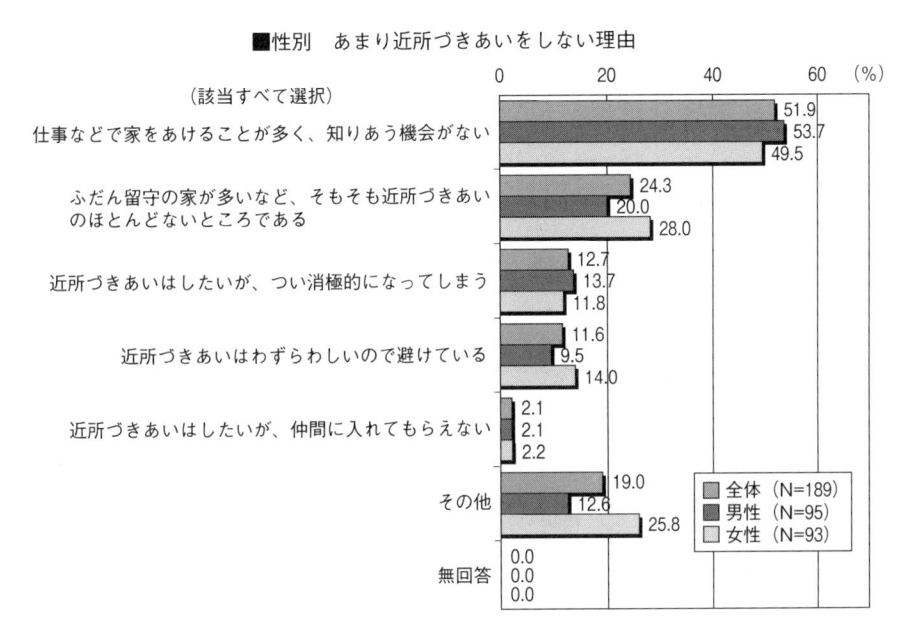

■新たな福祉課題の拡大

○高齢者をめぐる課題としては、要介護等認定者や要援護高齢者、認知症高齢者、ひとり暮らしや夫婦のみ高齢者世帯の増加への対応、老々介護世帯への支援、高齢者虐待の防止や対応、介護予防等があげられます。

○障がいのある人をめぐる課題としては、施設・病院から地域への移行に伴う就労支援や社会参加の促進、虐待や消費者被害の防止、発達障害や高次脳機能障害などへの対応と支援等があげられます。

■介護等を要する高齢者数の推移

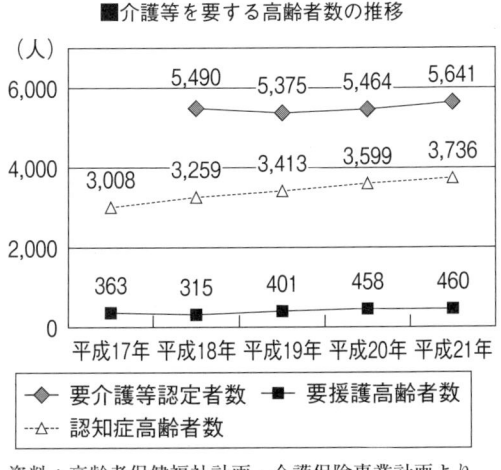

| （人） | 平成17年 | 平成18年 | 平成19年 | 平成20年 | 平成21年 |
|---|---|---|---|---|---|
| 要介護等認定者数 | 5,490 | 5,375 | 5,464 | 5,641 | |
| 認知症高齢者数 | 3,008 | 3,259 | 3,413 | 3,599 | 3,736 |
| 要援護高齢者数 | 363 | 315 | 401 | 458 | 460 |

資料：高齢者保健福祉計画・介護保険事業計画より
（21・22年の認知症高齢者数については参考値）

■障害者手帳所持者の推移

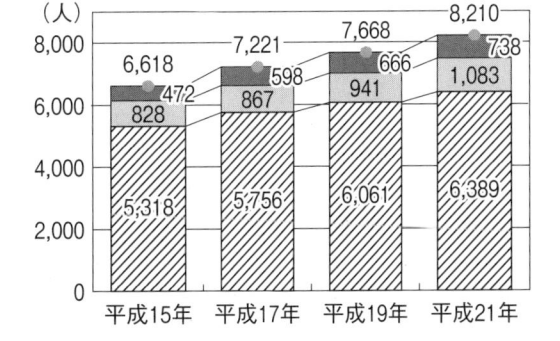

| （人） | 平成15年 | 平成17年 | 平成19年 | 平成21年 |
|---|---|---|---|---|
| 総数 | 6,618 | 7,221 | 7,668 | 8,210 |
| 精神 | 472 | 598 | 666 | 738 |
| 知的 | 828 | 867 | 941 | 1,083 |
| 身体 | 5,318 | 5,756 | 6,061 | 6,389 |

資料：障害福祉課調べ

○子ども・青少年をめぐる課題としては、子育ての孤立化、地域の子育て力の低下、保育サービス・幼児教育・子育て支援に関するニーズの増加及び多様化、児童虐待、いじめ・不登校・ひきこもり・ニート、子育てに対する不安やストレス、子育てに伴う経済的負担等があげられます。

○その他の課題としては、DVや自殺、孤立死、増える生活保護世帯、ゴミ屋敷問題、世帯での複合的な福祉課題への対応、災害時や緊急時の対応等があげられます。

> 「孤独」と「孤立」
> 　「孤独」は、それを好む人もあり、個人の生き方でもあるため否定すべきものではありません。問題となるのは、人とつながりたくてもつながることができず、社会的に「孤立」してしまうことによって生活がしづらくなることです。その結果として、亡くなった際に発見が遅くなる「孤立死」をこの計画では課題としました。

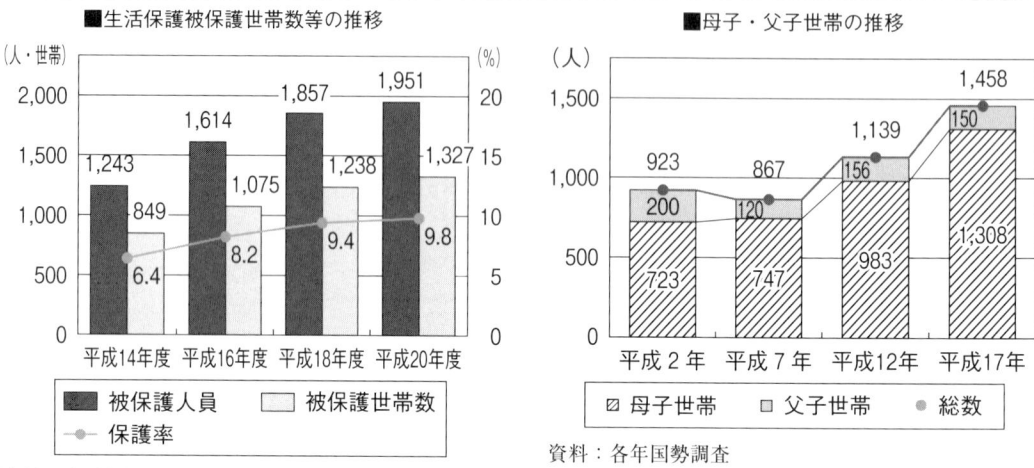

■生活保護被保護世帯数等の推移

| | 平成14年度 | 平成16年度 | 平成18年度 | 平成20年度 |
|---|---|---|---|---|
| 被保護人員 | 1,243 | 1,614 | 1,857 | 1,951 |
| 被保護世帯数 | 849 | 1,075 | 1,238 | 1,327 |
| 保護率(%) | 6.4 | 8.2 | 9.4 | 9.8 |

資料：生活支援課調べ

■母子・父子世帯の推移

| | 平成2年 | 平成7年 | 平成12年 | 平成17年 |
|---|---|---|---|---|
| 母子世帯 | 723 | 747 | 983 | 1,308 |
| 父子世帯 | 200 | 120 | 156 | 150 |
| 総数 | 923 | 867 | 1,139 | 1,458 |

資料：各年国勢調査

■さまざまな地域福祉活動等が展開

① 民生委員・児童委員による活動

　民生委員・児童委員は、社会福祉の増進を目的として、民生委員法及び児童福祉法に基づき定められた福祉活動を行う民間協力者で、定数は249人、主任児童委員が9人です。社会調査活動をはじめ、相談、情報提供、連絡通報、調整、生活支援、意見具申、地域福祉事業への参加・協力などさまざまな活動を行っています。

　しかし、「市民意識調査」では、「民生委員・児童委員の活動」について知らない人がおよそ3分の1となっていることから、啓発によって認知率と活動への理解を高め、地域住民のより身近な相談相手となることが必要です。

② 地区社会福祉協議会（地区社協）等[2]による活動

　地区社協は、昭和54年から小学校区において住民が主体的に地域の福祉課題を検討する場として市内全小学校区に設置されてきました。当初は、地域の高齢者や障がいのある人などの地域生活支援が中心でしたが、時代の要請とともに幅広く保健衛生や環境・防犯などの地域生活全般にかかわる活動をも担う住民組織としてその役割が広がってきました。

　一方で、伊丹市においても、平成2年にコミュニティ推進室（現まちづくり室）を設置し、市職員によるコミュニティ推進担当を配置するなど、地区社協も含め自治会連合会の地区ブロックへの支援を図るようになってきました。

　このようなことから、地区社協自体も事業の拡大により、自治会連合会の地区ブロック会との統合や地区社協を「まちづくり（コミュニティ）協議会」に改組するなどの動きが出てきており、地区社協等活動と自治会活動とを、より住民主体の一体的な活動として推進できるかが大きな課題となっています。

③ 地域福祉ネット会議

　地域福祉ネット会議は、第1次計画で示された事業で、特に高齢者や障がいのある人などの福祉課題について、地域住民主体で考え、話し合う場です。

この背景には、地区社協が組織化されて以来、防犯や環境等の幅広い住民活動を推進するようになり、改めて地域の高齢者や障がいのある人などの福祉課題に集約した住民主体の議論の場を構築しようということがあります。各小学校区に設置を進めており、平成22年10月現在、11校区に設置されています。

今後、地域住民が地域の福祉課題を共有し、解決に向けて継続して議論するための場としてさらに普及が必要です。

④ 地区ボランティアセンター（助け合いセンター）

地域福祉ネット会議でさまざまな地域の福祉課題について議論を続ける中で、地域内での困りごとは地域内で解決しようとの思いから、各小学校区を単位に地域住民が助け合い、支え合う活動の場として、地区ボランティアセンターの設置が進んでいます（平成22年10月現在、8校区）。地域住民の困りごとに対して、地域住民によるボランティアの登録や派遣を行うだけにとどまらず、登録ボランティアの連絡会を設け、研修やボランティア同士の意見交換・情報交換なども定期的に行っており、地域福祉の活動拠点・地域住民相互のコミュニケーションの場としても広がりを見せています。

⑤ 地域ふれ愛共同ケア事業

地域ふれ愛共同ケア事業は、虚弱や認知症等によって常に見守りが必要な高齢者を介護する家族を支援するために、週1回、家族に代わって日中の見守りを行う事業で、地区社協等や地域住民の協力を得て、平成22年10月現在、2小学校区で実施しています。

⑥ 地域ふれ愛福祉サロン事業

地域ふれ愛福祉サロン事業は、見守りが必要な高齢者や障がいのある人たちを対象に、地域交流と見守りを目的として地区社協等が自主的に行っている事業で、平成22年10月現在、市内106カ所で実施されています。

⑦ おもちゃライブラリー事業

手作りおもちゃや大きなおもちゃでの遊びを通して、子どもたちの社会性を伸ばすとともに、子ども同士の交流や子育て中の親同士の交流の場として、また、子育て中の親子を温かく見守る場として、地区社協等や地域住民の協力を得て、平成22年10月現在、市内4カ所で、おもちゃライブラリーを開設しています。

⑧ 地域子育て支援拠点事業

就学前の子どもと保護者が自由に集い、子育てについての情報交換や友達づくりを進める場として、平成22年10月現在、市内7カ所で地域子育て支援拠点事業（むっくむっくルームなど）を実施しています。

⑨ 福祉活動団体やNPO法人、ボランティアグループの活動

市内には、福祉に関する活動を実践している団体があり、「市民意識調査」から、福祉活動団体の半数以上が、ひとり暮らし高齢者に対する支援に取り組んでおり、次いで、障がいのある人に対する支援に取り組む福祉活動団体が多くなっています。その具体的な活動内容は、高齢者施設への訪問のほか、地域での交流やマンション内の交流会、高齢者や障がいのある人との交流などとなっています。

また、県民ボランタリー活動の広場「ひょうごNPO法人情報公開サイト」及び「伊丹市立市民まちづくりプラザ」のホームページによると、平成22年10月現在、NPO法人は41団体。伊丹市ボランティア・市民活動センター登録グループは、112グループで、福祉分野をはじめ各分野でさまざまな活動が行われています。

■小学校区ごとの地域福祉活動等の状況

| 小学校区 | 中学校区 | 地域福祉ネット会議 | 地区ボランティアセンター | 地域ふれ愛共同ケア事業 | 地域ふれ愛福祉サロン事業 | おもちゃライブラリー事業 | 地域子育て支援拠点事業 | 地域包括支援センター相談窓口 |
|---|---|---|---|---|---|---|---|---|
| 天神川 | 荒牧 | ○ | ○ | 1 | 7 | 1 | 1 | 荒牧介護支援センター |
| 荻野 |  |  |  |  | 2 |  |  |  |
| 鴻池 | 天王寺川 | ○ | ○ |  | 4 |  |  | 桃寿園介護支援センター |
| 稲野 | 西 | ○ | ○ |  | 6 |  |  |  |
| 伊丹 | 北 | ○ | ○ |  | 7 |  | 1 | 中央介護支援センター |
| 摂陽 | 笹原 |  |  | 1 | 8 |  | 1 |  |
| 鈴原 | 南 | ○ | ○ |  | 10 |  | 1 | 南野介護支援センター |
| 笹原 | 笹原 | ○ | ○ |  | 15 |  |  |  |
| 花里 | 松崎 | ○ |  |  | 4 | 1 |  | 伸幸苑介護支援センター |
| 昆陽里 |  | ○ |  |  | 4 |  |  |  |
| 桜台 | 天王寺川 |  |  |  | 4 |  |  | あそか苑介護支援センター |
| 池尻 |  |  |  |  | 5 |  |  |  |
| 神津 | 北 | ○ | ○ |  | 4 | 1 | 1 | ケイ・メゾン・ときめき介護支援センター |
| 有岡 | 南 | ○ | ○ |  | 8 |  |  |  |
| 瑞穂 | 東 |  |  |  | 4 |  | 1 | ぐろーりあ介護支援センター |
| 緑丘 |  | ○ |  |  | 7 |  | 1 |  |
| 南 | 南 |  |  |  | 7 | 1 |  | オアシス千歳介護支援センター |
| 計 |  | 11 | 8 | 2 | 106 | 4 | 7 |  |

(4) 地域福祉計画策定の原則

　地域福祉計画（第２次）策定にあたっても、第１次計画を踏襲し次のような原則を基本に策定しました。

1　市民主体の原則　―地域福祉を創っていく主体は市民自身です―

　地域福祉という概念や実践には「完成された状態」はなく、地域の実態に合わせて、常に創り続けていくものです。

　そうした地域福祉を創造していく主体は、当事者も含めた市民自身です。用意されたステージ（舞台）に市民が参加するというよりも、そうしたステージ（舞台）そのものも市民が創り出すという意味で、市民参加の概念も包含し、市民自治の確立をめざした「市民主体の原則」のもとに地域福祉計画を策定しています。

2　当事者本位の原則　―地域福祉は当事者の立場から創っていくものです―

　地域福祉はサービスを提供する専門職の側の、あるいは活動する市民の側の主導のもとに当事者が置かれるのではなく、あくまでも当事者の側の主導でサービスや活動を（提供されるのではなくて）利用していくものです。こうした「当事者本位の原則」のもとに地域福祉計画を策定しています。

　このことは当事者の選択権や自己決定権、あるいは消費者としての権利の行使（こうした権利が尊重されるというよりは、当事者側の主体性を強調する意味でこのように表現しておきます）が可能となるような仕組みの構築をめざしていくことを意味します。権利擁護の仕組みづくりもこうした原則をベースに構築していく必要があります。

3　ネットワーク化と協働の原則　―地域福祉を創り推進していくのは多様な主体間の協働です―

　地域におけるさまざまなサービスや市民による諸活動、あるいは機関や事業者、NPO法人などをネットワーク化、総合化することで、また行政のセクショナリズムを超えてネットワーク化することで、より効果的・効率的な地域福祉の構築をめざす必要があります。

ネットワーク化や総合化を進めることは、地域福祉を創り推進していくにあたって、市民と行政、さまざまなNPO法人や企業など、各主体が協働して取り組んでいくこと（パートナーシップを構築していくこと）です。

こうした「ネットワーク化と協働の原則」のもとに地域福祉計画を策定しています。

> 4　地域生活の原則　―地域福祉のステージ（舞台）はあくまでも「地域」です―

地域生活は生活上のさまざまな課題が発生する場であると同時に、そうした課題の緩和・解決を図っていく場でもあります。

市民が地域社会の中で、お互いに支え合いながら、いきいきと自立・自律した生活を営めることをめざす必要があります。

市民が生活課題の解決のために必要なサービスや活動を利用したり、あるいはサービスや活動を創り出すステージ（舞台）は、あくまでも地域です。

こうした「地域生活の原則」のもとに地域福祉計画を策定しています。

## 2　地域福祉計画の位置づけ
（1）計画の期間

この計画の期間は、平成23年度から平成32年度までの10年間とします。ただし、原則として3年を目途に中間見直しを実施します。

■計画の期間

| 計画名 | 平成23年度 | 平成24年度 | 平成25年度 | 平成26年度 | 平成27年度 | 平成28年度 | 平成29年度 | 平成30年度 | 平成31年度 | 平成32年度 |
|---|---|---|---|---|---|---|---|---|---|---|
| 伊丹市地域福祉計画（第2次） | ← | | | 原則として3年を目途に中間見直し | | | | | | → |
| 伊丹市総合計画（第5次） | ← | | | | | | | | | → |
| 伊丹市次世代育成支援行動計画後期計画 | H22年度～ | | | → | | | | | | |
| 伊丹市高齢者保健福祉計画・介護保険事業計画（第4期） | H21年度～ | | 第5期 | → | | | | | | |
| 第2次伊丹市障害者計画 | H18年度～ | | 第3次計画の時期・期間は、国の動向に基づき決定 | | | | | | | |
| 伊丹市障害福祉計画（第2期） | H21年度～ | | 第3期 | → | | | | | | |
| 伊丹市健康づくり計画 | | H23年度～ | | → | | | | | | |

## 第2章　伊丹市地域福祉計画（第2次）のめざすところ
### 1　計画の理念とその柱
（1）計画の理念

第1次計画の理念を踏襲し、「共生福祉社会の実現」を理念とします。

その理由として、「共生福祉社会の実現」は、すべての市民が住み慣れた地域の中で、人としての尊厳を持ち、いきいきとそれぞれの個性を発揮しながら、ともに支え合うことで、自立・自律した生活が送れるような社会をめざしていることによります。

昨今、無縁社会[3]と言われ、誰にも看取られずひっそりと亡くなり、死後何日も何カ月も気づかれないまま放置されることが、稀ではなくなっています。また、個人情報保護や個人主義の流れの中で、虐待を見逃し、子育ての不安や悩みを抱えたまま、家庭や地域の中で孤立するなど、生活課題が複雑・多様化

し、課題を抱える人も増えています。

　このような中で、見守りや支援をすることに二の足を踏むのではなく、一人ひとりがその重要性に気づき、地域での温かいふれあいの中で、一人ひとりが市民として、自立・自律していくことが、特に今こそ、求められています。

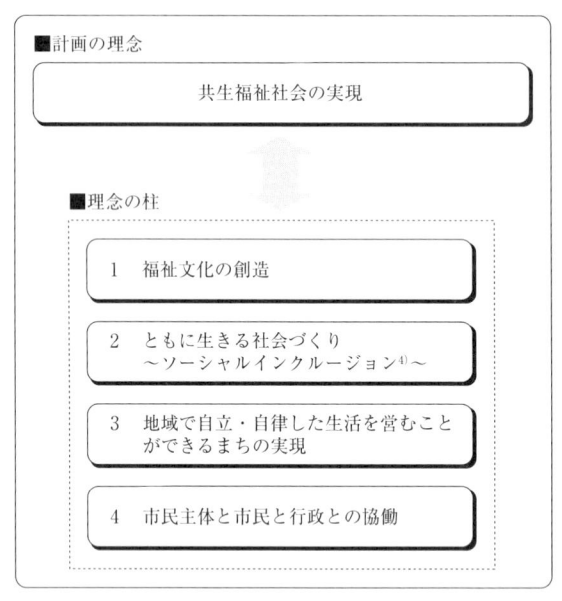

```
■計画の理念
　　　　共生福祉社会の実現

■理念の柱
　1　福祉文化の創造
　2　ともに生きる社会づくり
　　　～ソーシャルインクルージョン[1]～
　3　地域で自立・自律した生活を営むこと
　　　ができるまちの実現
　4　市民主体と市民と行政との協働
```

（2）　理念の柱

　計画の理念に4つの柱を設定します。

　1　「福祉文化の創造」

　「福祉」とは、誰もが抱える可能性のある福祉課題に対するサービスであるにもかかわらず、高齢者や障がい者、子どもなどが抱える特別な福祉課題に対する特別なサービスというように捉えられることが多く、なかなか自らのこととして捉えにくい概念です。

　こうした福祉課題を「私には関係のない課題」として「行政や専門機関が対応すればいい」と考えるのか、「私にも関係する課題」として「私にも今何かできないだろうか」と考えるかでは大きな違いがあります。

　「福祉文化の創造」とは、市民一人ひとりの福祉に向き合う考え方や姿勢のあり方を問うものであり、福祉課題を「私のこと」と捉えることのできるような文化（気風）を創っていこうということです。

　2　「ともに生きる社会づくり（ソーシャルインクルージョン）」

　「ともに生きる」という表現は、「障がい者」、「高齢者」、「子ども」、「外国人」、「貧困者」などと人を特定のカテゴリーを表す言葉でくくり、その後でどのカテゴリーの人とも「ともに生きる」というように使うことが多いのではないでしょうか。

　この計画での「ともに生きる」という表現は、そうしたカテゴリー分けされた人たちも一緒に（「ともに」）という使い方ではなく、そのようなカテゴリー分けそのものをせずに、「お互いの人権を尊重し合いながら市民がともに生きていけるような社会をめざす」という思いを込めています。

　3　「地域で自立・自律した生活を営むことができるまちの実現」

　ここでいう「自立・自律した生活」とは、日常生活動作（ADL）面での自立、あるいは経済的、職業的な自立を前提としたいわゆる「自活生活」ではありません。むしろ日常生活動作あるいは就労することに制約があっても、人はそれぞれ自分自身の意思や思いに基づいて自己選択や自己決定を行い、さまざまな社会資源を活用することで、地域社会において市民としてごく当たり前の生活を営むことができることを意味しています。

### 4 「市民主体と市民と行政との協働」

地域福祉を創っていく主体はあくまでも「市民自身」です。その上で市民参加や男女共同参画社会の実現という観点も含め「市民主体」としています。

このようにまず市民を地域福祉推進の主体と位置づけた上で、その市民と行政が協働して地域福祉を創造していくことを目標として定めています。また、ここでの「市民」とは、市域で生活している「生活者市民」だけではなく、企業やそこで働く人たち（「事業者市民」）も含んでいます。

## 2　計画の目標

伊丹市の地域福祉の現状と課題を踏まえ、地域福祉計画（第2次）の取り組みの目標とそれぞれの基本的な推進施策の関係について次のように設定します。

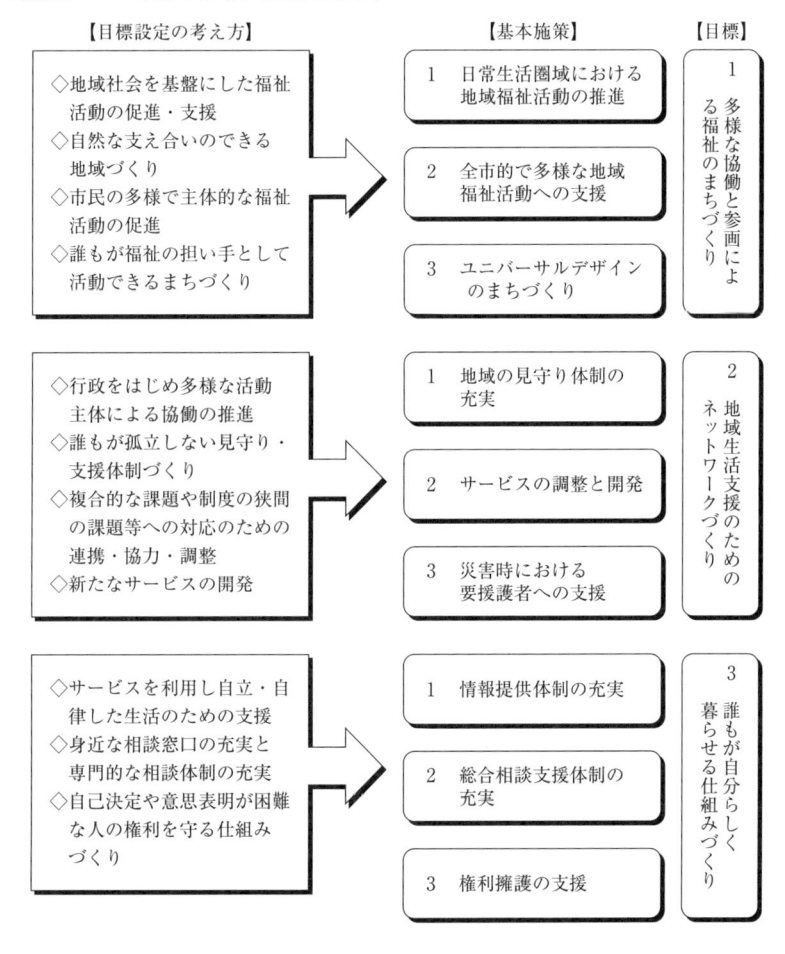

| 【目標設定の考え方】 | 【基本施策】 | 【目標】 |
|---|---|---|
| ◇地域社会を基盤にした福祉活動の促進・支援<br>◇自然な支え合いのできる地域づくり<br>◇市民の多様で主体的な福祉活動の促進<br>◇誰もが福祉の担い手として活動できるまちづくり | 1　日常生活圏域における地域福祉活動の推進<br>2　全市的で多様な地域福祉活動への支援<br>3　ユニバーサルデザインのまちづくり | 1　多様な協働と参画による福祉のまちづくり |
| ◇行政をはじめ多様な活動主体による協働の推進<br>◇誰もが孤立しない見守り・支援体制づくり<br>◇複合的な課題や制度の狭間の課題等への対応のための連携・協力・調整<br>◇新たなサービスの開発 | 1　地域の見守り体制の充実<br>2　サービスの調整と開発<br>3　災害時における要援護者への支援 | 2　地域生活支援のためのネットワークづくり |
| ◇サービスを利用し自立・自律した生活のための支援<br>◇身近な相談窓口の充実と専門的な相談体制の充実<br>◇自己決定や意思表明が困難な人の権利を守る仕組みづくり | 1　情報提供体制の充実<br>2　総合相談支援体制の充実<br>3　権利擁護の支援 | 3　誰もが自分らしく暮らせる仕組みづくり |

┌─ 目標1　多様な協働と参画による福祉のまちづくり ─┐

　少子高齢化の進行や世帯規模の縮小、個人意識の高まりなど、地域社会を取り巻く環境の変化の中で、子育て家庭をはじめ高齢者、障がいのある人だけではなく、誰もがいきいきと安心して暮らすためには、地域住民等が地域の生活課題や福祉課題を自分の問題として受け止め、助け合い、支え合いの中で解決を図り、生活するという意識と実践が重要になります。

　また、孤立死や児童虐待など、地域社会とのつながりがあれば避けられたような悲しい事件も全国的に後を絶たず、無縁社会の中で地縁だけに頼らない新たなつながりも求められています。

　このため、市民をはじめ地域の関係諸団体、あるいは企業や商店等の多様な主体による参画と協働の福祉のまちづくりを進めます。

┌─ 目標2　地域生活支援のためのネットワークづくり ─┐

　地域住民の福祉ニーズの多様化や複合化が進む中で、支援を必要とする人の発見やきめ細やかな対応を行うためには、地域での見守り活動をはじめ、福祉サービス事業者や専門相談機関、行政内部における関係課の連携など、さまざまな連携と調整、新たなサービスの開発が必要です。

　また、地震や火災、水害などの災害時における避難や安否確認など、地域との連携による防災・避難等の体制づくりも求められています。

　このため、市社会福祉協議会と一体となって、地域の関係諸団体をはじめ、障がいのある人などの当事者組織、福祉サービス事業者等との多様なネットワークづくりを進めます。

┌─ 目標3　誰もが自分らしく暮らせる仕組みづくり ─┐

　障がいがあったり、加齢に伴い生活機能が低下しても、さまざまなサービスや市民活動による支援などを利用することで、地域社会において、いきいきと自分らしく暮らせるようにすることが重要です。

　また、高齢者や障がいのある人の中には、判断に支援が必要な人も少なくない状況があり、財産管理や福祉サービス利用のための契約などに権利擁護支援が必要となります。

　このため、市社会福祉協議会や地域団体等と連携し、必要な時に必要な福祉サービス等が受けられるよう、情報提供や相談支援体制、権利擁護支援体制の充実など、誰もが自分らしく暮らせる仕組みづくりを進めます。

## 第3章　計画の理念と目標達成のための主要な取り組み
### 目標1　多様な協働と参画による福祉のまちづくり
＜基本施策1　日常生活圏域における地域福祉活動の推進＞
【取り組み】
① 地域コミュニティづくり

| 項　目 | 内　容 | 推進主体 |
|---|---|---|
| 地縁団体への支援 | 地域でのさまざまな活動を通じてコミュニケーションを図り、地域で支え合う意識づくりを進めるため、自治会をはじめとする地縁団体の必要性などを周知し、それらの活動への支援を行います。 | 伊丹市 |

| 項　目 | 内　容 | 推進主体 |
|---|---|---|
| 地域での多様な交流の促進 | 地域において世代を超えた交流や、外国人や障がいのある人との交流を促進します。<br>また、生涯を通じた健康づくりを進めるため、食育等を視点とした世代間交流やスポーツ活動などを促進します。 | 伊丹市<br>市社協 |
| 地域と学校等との連携の促進 | 地域団体をはじめ NPO 法人、社会福祉施設、企業、商店、学校等と連携し、次代を担う子どもや若者が、視野を広げ、心身ともにたくましく創造力豊かに育つよう、ボランティアをはじめ職業体験等、地域でのさまざまな体験機会の提供を進めます。 | 伊丹市 |
| 地区社協等の自主的な活動の促進と支援 | 地区社協等でのさまざまな取り組みを通じて地域の福祉課題を発見し、その解決に向けた地域内での自主的活動を支援するとともに、地域の特性や実情に合った地域福祉活動の促進を図ります。 | 伊丹市<br>市社協 |
| 民生委員・児童委員の役割や活動の周知 | 身近な地域の中で困りごとの相談や支援など、さまざまな福祉活動を行っている民生委員・児童委員の役割や活動について市民に広く周知し、活動に対する理解や協力を求めるとともに、地域団体等との連携を促進します。 | 伊丹市 |
| 社会福祉施設の地域への開放や地域との交流の促進 | 介護保険施設や障がい者施設等の社会福祉施設と地域との交流や連携を深めるため、地域行事への施設利用者・職員の参加や施設のイベントへの地域住民の参加など、相互交流を促進します。また、社会福祉施設と連携し、地域住民の活動のための施設開放等を促進します。 | 伊丹市 |
| 活動拠点施設の研究 | 地域での活動拠点施設について、その機能や市民参画による運営体制、誰もが気軽に集まることができる場づくり（空き家や空き店舗の活用）などの研究を市民・事業者・関係団体等と連携して行います。 | 伊丹市<br>市社協 |

② 地域福祉の担い手の養成

| 項　目 | 内　容 | 推進主体 |
|---|---|---|
| 地域の福祉力の育成 | 市民のさまざまな経験や知識・技術などを地域福祉活動に活かす仕組みづくり（地区ボランティアセンターなど）を進めます。 | 伊丹市<br>市社協 |
| 福祉への関心を実践に移す仕組みづくり | 福祉に関心のある若者や団塊の世代の地域福祉活動実践のきっかけとなるよう、身近な地域で福祉教育やボランティア体験講座などを実施します。 | 市社協 |
| 地域福祉活動への参加の呼びかけ | 市民が安心して地域福祉活動に参加できるよう、基本的には公的福祉サービスが支援することを PR し、市民の地域福祉活動を広げます。 | 伊丹市<br>市社協 |
| 地区ボランティアの養成と活動しやすい環境づくり | 市民が地域福祉活動に参加しやすくなるよう、地域福祉に関する講座等を開催し、啓発を行うとともに、地域内の福祉活動の調整（コーディネート）を行う地区ボランティアセンターへの支援を行うなど、環境整備を行います。 | 伊丹市<br>市社協 |

③ 地域福祉活動の活性化

| 項　目 | 内　容 | 推進主体 |
|---|---|---|
| 地域福祉ネット会議への支援 | 市民自らが地域の福祉課題を共有するネットワーク会議として定着するよう、地域福祉ネット会議の周知や地域福祉ネット会議への多様な参加層の拡大化（多様な地域資源の参加）を図るとともに、リーダー役の養成に努めます。 | 市社協 |

| 項　目 | 内　容 | 推進主体 |
|---|---|---|
| 専門的知識の習得のための研修等学習機会の充実 | 地区社協等をはじめ、地域において福祉活動を推進している人たちが、福祉に関する制度やサービス等について理解を深められるよう、また、支援を必要とする人々と接するために必要な知識や技術等を向上できるよう、地域福祉活動のさまざまな担い手向けの研修等学習機会の充実を図ります。 | 市社協 |
| 地区ボランティアセンターへの支援 | 市民の地域福祉活動への参加を促すため、「地区ボランティアセンター」においてさまざまなイベントなどを通じて啓発を行うとともに、地域内でのボランティア活動の要請に応えられるようコーディネーターの養成に努めます。 | 伊丹市<br>市社協 |
| 地域福祉活動の拡大・充実 | 地域で行われている「ほのぼのネットワーク」による見守り体制の充実を図るとともに、「地域ふれ愛福祉サロン」や「おもちゃライブラリー」への参加者を拡大し、高齢者や障がいのある人、子育て中の親子などが気軽に立ち寄れる場づくりを推進します。 | 市社協 |

【重点行動目標】

・地域福祉ネット会議を、現在の11地区から17全地区に広げる。
・地区ボランティアセンターを、現在の8地区から17全地区に設置する。

＜基本施策2　全市的で多様な地域福祉活動への支援＞
【取り組み】
① 人・組織による支援

| 項　目 | 内　容 | 推進主体 |
|---|---|---|
| 当事者組織の支援・育成 | 既存の当事者組織への支援とともに、高次脳機能障害など、新たなニーズを集約させるための当事者組織づくりを支援します。 | 市社協 |
| 多様な市民活動による支援 | ボランティア・市民活動センターと地域住民による助け合い活動の拠点（地区ボランティアセンター等）との連携を図り、地縁だけでなく、全市的で多様な市民活動によるインフォーマルサポート体制を確立します。 | 市社協 |
| 事業者（企業）、社会福祉法人等における地域貢献の促進 | 事業者（企業）や社会福祉法人等の設備や空間、専門的な知識や技術、人材などを地域福祉活動を進める上での資源として活用していくよう働きかけるとともに、事業者（企業）や社会福祉法人等と多様な地域福祉活動をコーディネートする仕組みづくりに取り組み、その地域貢献を促進します。 | 伊丹市<br>市社協 |
| 地域福祉活動の多様な担い手の育成・確保 | NPO法人や企業ボランティア、社会起業家など、地域福祉活動の新たな担い手、多様な担い手の育成・確保に努めます。 | 市社協 |

② 仕組みづくりによる支援

| 項　目 | 内　容 | 推進主体 |
|---|---|---|
| 多様な組織と活動をつなぐ仕組みづくり | 市民が安心して暮らせる地域社会を実現するため、多様な主体による参画と協働の必要性を広く周知するとともに、多様な組織と地域福祉活動をつなぐ仕組みづくりを進めます。 | 伊丹市<br>市社協 |
| 多様な福祉団体等の育成支援と活動支援 | 各種福祉団体、グループ等の育成を進めるとともに、そこで行われる地域福祉活動を支援します。また、新たなサービスを展開し、地域福祉の推進に取り組む団体、事業者（企業）への支援を検討します。 | 伊丹市<br>市社協 |

| 関係機関等との連携による地域活動の促進 | 福祉活動団体や事業者（企業）、社会福祉法人、NPO法人、ボランティアグループなどとの連携により、食育や介護予防、健康づくりなど、地域での活動を促進します。 | 伊丹市<br>市社協 |
|---|---|---|
| ボランティア・市民活動センターの強化 | さまざまな福祉活動団体、NPO法人、ボランティアグループをはじめ、ボランティア活動をしようとする市民が、気軽に相談し集まれる環境をつくります。また、地域福祉活動に取り組む市民に向けて的確に情報提供できるよう、情報の集約機能を強化するとともに、地縁だけでなく全市的で多様な市民活動を活性化するため、ボランティア・市民活動センターを強化します。 | 伊丹市<br>市社協 |
| 市民からの寄付等の効率的な配分 | 福祉活動団体や福祉関連のNPO法人への支援を充実するため、市民からの寄付（共同募金も含め）の積極的働きかけと適正配分の推進に努めます。 | 市社協 |
| 新たな地域福祉財源の創出 | 市民活動支援のため、コミュニティ・ファンドについて研究を進め、市民自らが拠出する第4のポケットなどの新たな地域福祉財源の創出を検討します。 | 伊丹市<br>市社協 |

③　ボランティア活動の支援

| 項　目 | 内　容 | 推進主体 |
|---|---|---|
| ボランティア講座の開催 | さまざまな地域福祉活動やボランティア活動への市民参加を働きかけるため、多様なボランティア講座を継続して開催します。また、社会福祉施設や医療機関等との連携により、ボランティア実践の場の提供を促進します。 | 市社協 |
| ボランティア活動への参加機会の創出 | ボランティア講座受講者にはボランティア団体への登録を働きかけるとともに、安心して活動できるようボランティア保険等を周知し、ボランティア・市民活動センターへの登録を促進します。 | 市社協 |
| 「ボランティア活動振興基金」の活用 | 「ボランティア活動振興基金」を活用し、広く市民活動の支援を行うことを検討します。 | 伊丹市 |

■多様な組織の「つながる」体制づくり

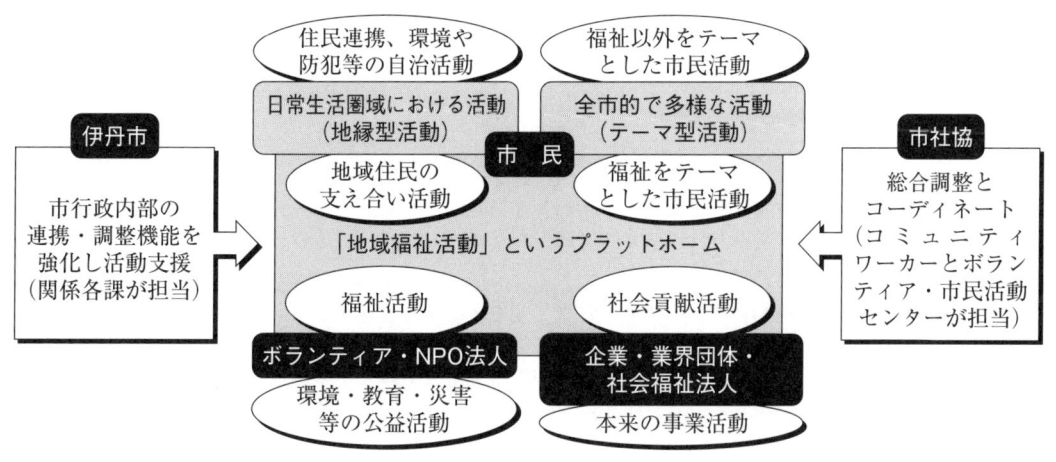

```
                住民連携、環境や          福祉以外をテーマ
                防犯等の自治活動          とした市民活動
   ┌─────┐   日常生活圏域における活動    全市的で多様な活動    ┌─────┐
   │ 伊丹市 │    （地縁型活動）         （テーマ型活動）      │ 市社協 │
   └─────┘      地域住民の        市民      福祉をテーマ    └─────┘
   市行政内部の     支え合い活動              とした市民活動      総合調整と
   連携・調整機能を                                              コーディネート
   強化し活動支援      「地域福祉活動」というプラットホーム       （コミュニティ
   （関係各課が担当）                                            ワーカーとボラン
                    福祉活動              社会貢献活動           ティア・市民活動
                ┌──────────┐  ┌──────────┐           センターが担当）
                │ボランティア・NPO法人│  │企業・業界団体・│
                │                    │  │社会福祉法人    │
                └──────────┘  └──────────┘
                  環境・教育・災害          本来の事業活動
                  等の公益活動
```

【重点行動目標】

・ボランティア・市民活動センターの登録団体数を現在の112団体から増やす。
・ボランティア・市民活動センターの登録者数を現在の2,071人から増やす。

**目標2　地域生活支援のためのネットワークづくり**
＜基本施策1　地域の見守り体制の充実＞
【取り組み】
① 地域での見守り・発見・課題の把握等体制の充実

| 項　目 | 内　容 | 推進主体 |
|---|---|---|
| 世代間のつながりづくりの促進 | 緊急時の通報など、いざという時の助け合いや、子どもに対する犯罪防止の見守りができるよう、世代を超えたあいさつ運動に家庭や学校、地域、事業者等が連携して取り組むなど、世代間のつながりづくりを促進します。 | 伊丹市<br>市社協 |
| 要支援者の把握 | 民生委員・児童委員の協力を得ながら、ひとり暮らし高齢者や子育て中の親子などの生活課題や福祉ニーズの把握に継続して取り組みます。 | 伊丹市<br>市社協 |
| 孤立死の防止と対応のためのマニュアルづくり | 地区社協等との連携により、地域での孤立死防止のための見守り活動を促進するとともに、異常発見時の対応などについてのマニュアルづくりを進めます。 | 伊丹市 |
| 地域での見守り活動の促進 | 子どもの健全育成や子どもに対する犯罪防止、認知症高齢者の見守りのため、地域における見守り活動の組織化を促進するとともに、地区社協等や警察、事業者等との連携を図り、地域での見守り活動のネットワーク化を進めます。 | 伊丹市<br>市社協 |
| 虐待防止・予防と対応の充実 | 子どもや高齢者に対する虐待については、市民に通告義務があることを周知するとともに、対応の充実を図るため、関係機関や地域団体等と連携し、虐待防止ネットワークの推進を図ります。また、障がいのある人についても、虐待防止ネットワークづくりに取り組みます。 | 伊丹市 |
| 当事者組織との連携 | 当事者の声を聞き、個々のニーズに合った支援や活動を行えるよう、当事者組織と連携するとともに、新たな当事者の組織化を支援します。 | 市社協 |
| 地区社協等の活動や地域福祉ネット会議などの啓発・支援 | 地区社協等の活動や地域福祉ネット会議の取り組みなどについて理解と協力を得るため、市民への周知を図ります。特に支援を必要とする人への周知徹底を図り、地域での見守り活動等に結びつくよう支援します。 | 市社協 |

②生活の安全の確保等支援

| 項　目 | 内　容 | 推進主体 |
|---|---|---|
| ひとり暮らし高齢者等の安全確保の検討 | 虚弱なひとり暮らし高齢者等に対する緊急通報システムについて、近隣協力員の見守りや鍵の預かり方も含め、事業のあり方について検討します。 | 伊丹市<br>市社協 |
| 地域包括ケアの実現 | 高齢者等の生活上の安全・安心・健康を確保するために、福祉サービスを含めたさまざまな生活支援サービスが日常生活圏域で適切に提供できるよう、現行の地域包括ケア会議を中心に、地域での体制づくりをめざします。 | 伊丹市<br>市社協 |
| 福祉サービス利用援助事業や成年後見制度の啓発等 | 高齢者や障がいのある人などが、振り込め詐欺や悪質商法などの消費者被害にあわないように、地域で学習会を開催し、その手口や相談窓口等の情報提供を行うとともに、福祉サービス利用援助事業や成年後見制度の啓発を行います。 | 伊丹市<br>市社協 |

計画編

<基本施策2 サービスの調整と開発>
【取り組み】
① サービスの調整等体制の充実

| 項　目 | 内　容 | 推進主体 |
|---|---|---|
| 地域包括ケアの実現（再掲） | 高齢者等の生活上の安全・安心・健康を確保するために、福祉サービスを含めたさまざまな生活支援サービスが日常生活圏域で適切に提供できるよう、現行の地域包括ケア会議を中心に、地域での体制づくりをめざします。 | 伊丹市 |
| 地域包括ケア会議と地域福祉ネット会議の連携 | 地域福祉ネット会議を地域包括ケア会議と連携させ、より暮らしやすい地域づくりのための推進体となるようにします。 | 市社協 |
| 障害者地域自立支援協議会の充実 | 障がいのある人の地域移行の促進や就労、社会参加を支援するため、障害者地域自立支援協議会を充実させ、障がい当事者や支援者の意見をさらに反映できるようにします。 | 伊丹市<br>市社協 |
| 保健・医療・福祉の連携による支援 | 保健・医療制度の中での福祉問題への対応、福祉や介護保険制度の中での保健・医療問題への対応ができるよう、地域の福祉課題や福祉ニーズに対して、保健・医療・福祉分野を横断的に捉えた支援の推進を図ります。 | 伊丹市 |
| 専門職のネットワークの推進 | 福祉系サービス、保健・医療系サービスを総合的にコーディネートできるよう、専門職のネットワークを推進します。 | 伊丹市<br>市社協 |
| 小地域福祉拠点における総合的な支え合いの仕組みづくり | 小地域福祉拠点において、地域の生活課題や福祉課題を共有し、市民の見守りや支え合いなどの地域福祉活動と公的な福祉サービスを調整する機能を充実させるなど、総合的な支え合いの仕組みづくりに努めます。 | 伊丹市<br>市社協 |
| 地区社協等同士の連携の促進 | 地区社協等の共通した福祉課題や単独では解決が困難な福祉課題に対応するため、地区社協等同士の交流や情報交換等を図り、その連携を促進します。 | 市社協 |

② 新たなサービスの開発や仕組みづくり

| 項　目 | 内　容 | 推進主体 |
|---|---|---|
| 多様な団体の連携による地域福祉活動 | 障害者地域自立支援協議会や次世代育成支援推進協議会、地区社協等、NPO法人、障がい者団体等と連携し、地域で支援を必要とする人に対する新たな支援やサービス提供として、企業や商店会などと地域福祉を結びつけた活動について検討します。 | 伊丹市<br>市社協 |
| 多様な活動主体のネットワーク | 地域福祉ネット会議などを中心に自治会、当事者組織、ボランティア、NPO法人、事業者など多様な活動主体のネットワーク形成の充実を図ります。 | 市社協 |
| 各種事業とコミュニティワーカーの連携 | 潜在的あるいは複合的な福祉ニーズ等に対応・支援するために、コミュニティワーカー、地域包括支援センター、地域生活支援センター、ボランティア・市民活動センターの連携強化を図り、新たなサービスの開発や仕組みづくりに取り組みます。 | 伊丹市<br>市社協 |
| 市社協の「サービス開発」機能の強化 | 市社会福祉協議会の「サービス開発」機能を強化し、地域での分野横断型のネットワークづくりを進め、地域の福祉ニーズとつないだり、新たな福祉サービスの創出などを行っていきます。 | 伊丹市<br>市社協 |

【重点行動目標】
・企業や商店等も含めた地域福祉の課題やサービスの検討会議を開催する。（企業や商店等の参加数を増やす）
・地域福祉ネット会議同士の情報交換や共通の課題解決に向けた会議を毎年最低1回は開催する。

＜基本施策3　災害時における要援護者への支援＞
【取り組み】
① 災害時要援護者支援のための体制の構築

| 項目 | 内容 | 推進主体 |
| --- | --- | --- |
| 災害時要援護者避難支援制度の推進 | 災害時要援護者避難支援制度を推進し、自力での避難が困難な障がいのある人や高齢者等について、適時的確に災害情報を伝達するとともに、避難誘導を行う仕組みづくりを進めます。 | 伊丹市 |
| 災害時要援護者避難支援制度の周知と啓発 | 制度の周知を図り、日頃からの地域住民による見守り活動や助け合いの関係づくりを促し、特に災害時の初動時期における助け合いができるように啓発をします。 | 伊丹市 |
| 災害ボランティアセンターの設置等 | 災害時には災害ボランティアセンターを速やかに設置できるよう、日頃から災害ボランティアやNPO法人、企業、商店、その他支援者・団体の情報や支援の受け入れ体制の整備を進めるとともに、災害ボランティアの登録、養成・訓練を行います。 | 市社協 |
| 災害時における課題整理 | 福祉避難所や福祉施設での災害時における問題点や障がいのある人などの受け入れや入所者の対応等について検討します。 | 伊丹市 市社協 |

② 地域での支援体制づくり

| 項目 | 内容 | 推進主体 |
| --- | --- | --- |
| 地域での支援体制づくり | 地域での要援護者の安否確認や情報伝達、災害時の避難をはじめとした助け合い活動など、地域での支援体制づくりを進めます。 | 伊丹市 |
| 防災訓練の実施 | 消防局、消防団、地区社協等、自主防災会などの参加によるさまざまな災害を想定した訓練を実施し、日頃から災害時におけるそれぞれの役割などの周知に努めます。 | 伊丹市 |
| 防災をテーマとしたワークショップの開催支援 | 地区社協等において、防災をテーマとしたワークショップの開催を促進支援します。 | 市社協 |

　災害時要援護者とは
　　在宅で生活を営む次の障がいのある人、高齢者及びこれらに準ずる人のうち、同居する家族などによる日常的な支援を受けることができない人。
　1　障がいのある人
　　　身体障がいのある人、知的障がいのある人、精神障がいのある人
　2　高齢者
　　　おおむね65歳以上で、常時寝たきりの状態にある人、中度以上の認知症を有する人、常時ひとり暮らしの人、虚弱な人、その他自ら支援を必要とする人

【重点行動目標】
・災害時要援護者避難支援制度の登録者を増やす。
（平成22年10月現在要援護者558人、支援協力員716人　合計1,274人）
・福祉避難所を増やす。（平成22年10月現在4カ所）
・災害ボランティアを募集し、養成・訓練を行う。

＜基本施策4　総合相談支援体制の充実＞
【取り組み】
① 連携による総合相談支援体制の構築

| 項　目 | 内　容 | 推進主体 |
| --- | --- | --- |
| 総合相談支援体制（たよれるネット）の構築（再掲） | 市社会福祉協議会が、地域包括支援センターや地域生活支援センター、さらに地域の介護支援センター、子育て支援センター等と連携し、公的サービスからインフォーマルサポートまでの相談を受け、一元的な解決に向けて動く総合相談支援体制（たよれるネット）の構築を図ります。 | 伊丹市<br>市社協 |
| 総合案内化と職員のスキルアップ | 市役所の総合案内（ワンストップサービス）や窓口対応職員の接遇スキルの向上のための研修を推進します。 | 伊丹市 |
| 認知症相談に対応できるネットワーク | 地域包括支援センター、介護支援センター、民生委員・児童委員等とのネットワークを構築し、地域における認知症高齢者の相談支援体制を強化します。 | 伊丹市<br>市社協 |
| 障がい者の相談窓口と関係機関等の連携 | 障がいのある人の総合相談窓口である、地域生活支援センターの機能を充実するとともに、他の相談支援事業所や関係機関との連携を図ります。 | 伊丹市<br>市社協 |
| 障害者地域自立支援協議会の充実（再掲） | 障がいのある人の地域移行の促進や就労、社会参加を支援するため、障害者地域自立支援協議会を充実させ、障がい当事者や支援者の意見をさらに反映できるようにします。 | 伊丹市<br>市社協 |
| DVの防止と対応の充実 | DV（配偶者等に対する暴力）は人権侵害であることを市民に広く啓発するとともに、暴力を受けて困っている人が相談できるように、相談窓口の周知を徹底するとともに、専門機関と連携し被害対応を行います。 | 伊丹市 |
| 総合的かつ包括的な世帯への支援 | 公的な福祉サービスの適切な運営とともに、既存の枠組みにとらわれない、総合的かつ包括的支援を進めます。 | 伊丹市<br>市社協 |
| 専門職のネットワークの推進（再掲） | 福祉系サービス、保健・医療系サービスを総合的にコーディネートできるよう、専門職のネットワークを推進します。 | 伊丹市<br>市社協 |

② 身近な地域での相談体制の充実

| 項　目 | 内　容 | 推進主体 |
| --- | --- | --- |
| 地域福祉ネット会議等への継続した支援 | 地域において、地域福祉ネット会議もしくはそれに相当する機能の組織化を支援します。 | 伊丹市<br>市社協 |
| 高齢者やその家族等が相談しやすい体制 | 地域包括支援センターや介護支援センターなど相談窓口の周知を図るとともに、公的サービスからインフォーマルサポートまでの相談を受け、適切な支援につなぐ体制づくりを進めます。 | 伊丹市<br>市社協 |
| 障がいのある人やその家族等が相談しやすい体制 | 障がいのある人のニーズの多様化に対応するため、相談支援体制の構築を進めています。今後、ワンストップでの相談や緊急時の迅速な対応ができるよう相談支援事業所のスキルアップとともに、設置箇所数の増加を検討します。 | 伊丹市<br>市社協 |

| | | |
|---|---|---|
| 子育て中の人が相談しやすい体制 | 子育てに対する不安に対応するため、地域子育て支援拠点（むっくむっくルームなど）を拡大するとともに、対応職員のスキルアップを図るための研修を実施します。 | 伊丹市 |
| 地域の身近な相談員の周知と対応の充実 | 地域の身近な相談相手である民生委員・児童委員や身体障害者相談員、知的障害者相談員、精神障害者相談員について、地域住民に周知を図るとともに、対応の専門化を図るため研修を充実します。 | 伊丹市市社協 |
| 市民の権利擁護活動への参加促進 | 成年後見制度の利用促進を図る中で、今後養成しようとする市民による後見サポーターが、福祉サービス利用や権利擁護に関する地域の相談員として活動できるよう支援します。 | 市社協 |
| コミュニティワーカーの適正配置 | 地域での住民の福祉活動の活性化や市民が安心して暮らせる地域づくりへの支援の充実を図るため、1小学校区にコミュニティワーカー1人の配置をめざします。 | 伊丹市市社協 |

【重点行動目標】

・総合相談支援体制（たよれるネット）と連携する相談窓口を増やす。
・1小学校区にコミュニティワーカーを1人配置する。

■重層的な総合相談支援体制（たよれるネット）のイメージ

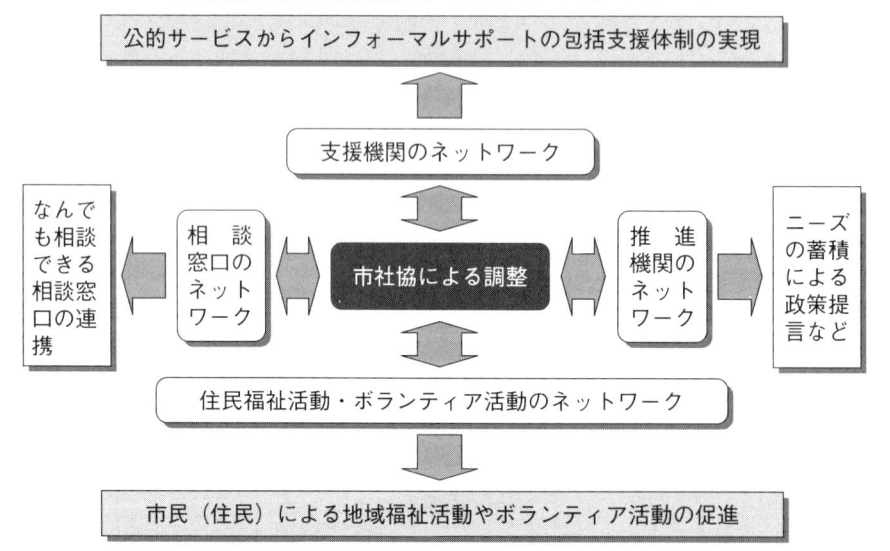

公的サービスからインフォーマルサポートの包括支援体制の実現

↑

支援機関のネットワーク

なんでも相談できる相談窓口の連携 ⇔ 相談窓口のネットワーク ⇔ 市社協による調整 ⇔ 推進機関のネットワーク ⇔ ニーズの蓄積による政策提言など

住民福祉活動・ボランティア活動のネットワーク

↓

市民（住民）による地域福祉活動やボランティア活動の促進

■圏域別相談窓口一覧

| 圏域 | 圏域ごとの主な窓口 | 圏域によらない窓口 |
|---|---|---|
| 市全域 | 地域生活支援センター、子育て支援センター、女性・児童センター、配偶者暴力相談支援センター、ボランティア・市民活動センター、消費生活センター、保健センター、アイ愛センター、ウィズゆう、いたみコミュニティケアセンター、少年愛護センター、総合教育センター、市役所各担当窓口 | 障害者相談員（身体・知的・精神）ピアサポーター母子自立支援員保護司認知症サポーター |
| サービス圏域 | 地域包括支援センター、介護支援センター（9カ所）、障害者相談支援事業所、地域子育て支援拠点（7カ所） | |
| 小学校区域 | 地区ボランティアセンター（8カ所）市社協コミュニティワーカー、保育所、幼稚園 | |
| 近隣・自治会域 | 民生委員・児童委員、自治会長 | |

■注
1) 平成21年9月に実施した「伊丹市の地域福祉に関する市民意識調査」
2) 地区社会福祉協議会、まちづくり協議会、コミュニティ協議会など小学校区を代表するまちづくりのための地域団体
3) 平成22年1月にNHKテレビで放映されたドキュメント番組のタイトルとなったことで広く知られるようになった用語で、地域との「地縁」や家族・親類との「血縁」が失われた事例が増えている現代社会を表現したもの。
4) すべての人々を、孤独や孤立、排除や摩擦から援護し、健康で文化的な生活の実現につなげるよう、社会の構成員として包み支え合うという理念。

# Ⅲ 和光市長寿あんしんプラン
## 第4期和光市介護保険事業計画・高齢者保健福祉計画

## 1 和光市の概要

　和光市は、埼玉県の南端にあり、西側に朝霞市、東側に荒川を挟んで戸田市と境を接している。また、南側は東京都と隣接し、市域は都心から15〜20km圏内におさまっている。1970（昭和45）年10月31日、埼玉県で29番目の市として誕生。以来、東京の近郊都市として発展を続け、現在、人口は7万人を超えている。豊かな自然環境と便利な都市環境をあわせ持つまちとして、現在も大きく躍進を続けている。2005（平成17）年国勢調査によると、5年前と比べた人口増加率は9.3％と埼玉県で第1位、全国でも第5位に位置している。世帯規模（1世帯当たりの人員）は2.58人で、減少傾向が続いており、核家族化が進んでいる。

## 2 高齢者の現状
### （1） 人口

　65歳以上の高齢者数を住民基本台帳ベースでみると、2008（平成20）年4月では9,921人と、2008年度中には1万人の大台を超えることが確実である。高齢化率は13.4％（2008年4月現在）と、既に20％を超えている全国の数値と比較するとかなり低くなっているが、上昇傾向が続いている。

### （2） 要介護（要支援）認定者の現状

① 要介護（要支援）認定者数・率の推移

　要介護（要支援）認定者数の推移をみると、2006（平成18）年までは認定者数が増加基調にあったが、2006（平成18）年度から地域支援事業としての介護予防事業や新予防給付が始まったこともあり、以降認定者数は減少し始め、2008（平成20）年3月末には前年比50人以上の減少となった。減少が顕著なのが要介護1及び要支援1・2の軽度者で、介護予防事業の効果が直接的に表れているものと考えられる。

　1号被保険者数に占める要介護（要支援）認定者数の割合（認定率）は、和光市では国に先駆けて介護予防事業を開始した2003（平成15）年以降11％台でほぼ横ばいとなっていたが、認定者数が減少し始めた2007（平成19）年以降は顕著に低下してきており、直近の2008（平成20）年3月末時点では10.2％となっている。

② 要介護度別にみた認定率の推移

　要介護度別の認定率の推移をみると、和光市では既に2003（平成15）年度から介護予防事業を始めていたこともあり、要支援の認定率は2004（平成16）年以降低下傾向にあったが、更に地域支援事業や新予防給付が始まった2006（平成18）年度からは、要支援に加えて要介護1、2といった軽度者認定率も低下している。更に直近2年間の毎月の要介護度別認定率をみてみると、要介護3、4についても横ばい、低下傾向に転じている。今後介護予防事業による重度化防止効果が期待される。

## 3 計画策定にあたって
### （1） 計画策定の背景

　和光市では2000（平成12）年度に「和光市高齢者保健福祉計画」を策定し、2003（平成15）年度には、その後の高齢者の状況を踏まえ、「和光市長寿あんしんプラン（和光市介護保険事業計画・高齢者保健福祉計画）」を策定、さらに2006（平成18）年度には介護保険制度の改正を踏まえ改定し、高齢者の保健・福祉にかかわる各種サービスの総合的な提供に努めてきた。

　本市では、全国に先駆けて2003（平成15）年度から介護予防事業を計画の柱に盛り込み、積極的に取り組んだ結果、認定者数の伸びが鈍化するなど、様々な成果が出ており、介護予防・介護保険のトップランナーとして、全国的にも注目されている。

**計画編**

（2） 第3節　計画の理念・目的・基本方針

　和光市のこれまでの高齢者保健福祉に関する取組みや今回の計画策定の趣旨、課題などから、本計画では、アクティビティ、アシスタンス、アメニティの3つを基本理念とする。これらの理念に基づいて、「健やかで優しい和光の実現」（和光市第三次総合振興計画、施策大綱）を目指していく。

① アクティビティ（Activity）
　行動的または活動的なこと。全国的に平均寿命、健康寿命が毎年伸びている中で、活動的な高齢者が増加している。本計画では、少しでも多くの高齢者ができるだけ自立した生活を送れるよう支援していくことにより、社会全体の活力も期待できる。

② アシスタンス（Assistance）
　助力、援助のこと。人はいくら元気でも、高齢期には心ならずも病気になったり、それが原因で体に障害が残ったりする。この計画では、高齢者の生活を、病気であれば医療につなぎ、リハビリ・介護が必要であれば適切な介護サービスを提供することにより支援していく。同時に、身体的、精神的、社会的に健康な方には、援助が必要な方へのボランティア活動などに取り組める仕組みをつくることにより、相互に支えあえる共生社会に近づけていく。

③ アメニティ（Amenity）
　心地よさのこと。高齢期でも住み慣れた地域で活動的に過ごせることによって、またお互いに支えあうことによって、人は心地よさを感じる。この計画ではそうした環境づくりに努めていく。

　以上の基本理念から、高齢社会のピークポイントとなる2015（平成27）年・2025（平成37）年に対応するため、基本目標、基本方針を以下のとおり設定する。

| 基本目標 | 基本方針 |
| --- | --- |
| 地域における介護保障及び自立支援の確立を目指して | ①介護予防及び要介護度の重症化予防の一層の推進<br>②居宅介護と在宅医療の効果的連携の構築<br>③地域密着型サービス基盤整備の充実<br>④地域包括支援センターの機能強化による地域包括ケアの推進 |

（3） 第5節　計画の策定に向けた取組み

① 和光市長寿あんしんプラン策定会議の設置
　高齢者保健福祉計画及び第4期介護保険事業計画を策定するに当たり、幅広い市民の意見を反映するために「和光市長寿あんしんプラン策定会議」を設置し、計画策定に向けての審議・検討を行った。

② 市民への情報公開
　本計画の策定については、和光市協働指針の情報公開の原則や厚生労働省が示した第4期介護保険事業計画の基本指針に基づき、「情報公開」の推進を図り、原則として長寿あんしんプラン策定会議等の審議については公開し、そこでの論議は一般市民へ明らかにしている。また、計画策定内容の縦覧やパブリックコメントで多くの意見集約や周知を図っている。

③ 各種実態調査の実施
　和光市では、本計画の策定に当たって高齢者の実態を把握するため、以下の調査を実施。
　〇高齢者生活機能調査（スクリーニング）
　　和光市においては、主に介護予防対象者の把握のため、2003（平成15）年度から基礎資料として高齢者の生活機能を中心とした調査を実施している。対象は、一般高齢者及び一部の要支援・要介護認定者で、回答者には生活機能の維持、向上に向けたアドバイス表をお送りし、介護予防の普及啓発を兼ねて調査を実施している。今回の計画策定に当たっては、2008（平成20）年に実施した生活機能調査結果を分析し、計画内容に反映させている。

○シニア世代の安全・安心な暮らしに関する調査の実施
　今回の計画策定に当たっては、高齢者の健康状態、外出や近所づきあいなどの社会活動、各高齢者施策の認知度、相談先、認知度などを把握するため、「シニア世代の安全・安心な暮らしに関する調査」を実施している。2008（平成20）年6月に郵送及び訪問により実施しており、この調査結果も計画に反映されている。

(4)　計画期間
　本計画は、2009（平成21）年度から2011（平成23）年度までの3年間実施することとし、最終年度の2011（平成23）年度に計画の見直しを行う。なお、本計画では、団塊の世代が高齢者（65歳以上）となる2015（平成27）年を見据え、2014（平成26）年度における目標値を設定している。

(5)　和光市の先駆的・独自施策
　前回の介護保険制度の改正では、「予防」と「地域」が重点として大きな見直しが行われたが、和光市では、それ以前の2003（平成15）年度から介護予防事業を本格的に実施しているほか、民生委員などの地域のネットワークを活用しつつ、市としても適時適切に訪問活動を行うなど、積極的に地域における高齢者の生活状況、ニーズの把握、及びそれらを踏まえた施策を展開してきた。
　また、地域密着型サービスである小規模多機能型居宅介護施設についても、全国的にはサービス提供が少ない中で、本市では既に2006（平成18）年度から3つの日常生活圏域（北エリア、中央エリア、南エリア）にそれぞれ1施設を整備して、高齢者の多様なニーズに対応してきた。このように、個々の高齢者の抱える様々な問題、課題に行政が適切に対応するためには、既に定着している介護保険などの既存のサービスを提供するだけでは足りず、市独自の施策や、新しい制度を積極的に取り入れることが重要である。
　和光市では、本計画の4つの基本方針に即して、以下のような先駆的・独自施策に取り組んでおり、これを今後とも積極的に展開していく。

① 介護予防の重視
　■軽度認定者を含めたスクリーニング事業（介護保険による保健福祉事業）
　■介護予防サポーター運営講座（地域支援事業）
　■多様な介護予防事業（地域支援事業）
　　・ふれっしゅらいふパワーアップコース
　　　　歩くことや体を動かすことが少し困難になっている人を対象に機械を使って筋力をつけるための運動を実施
　　・ふれっしゅらいふ（元気アップ、能力アップ、ヘルシーフットコース等）
　　　　器械を使っての筋力をつけるための運動や、フットケアと歩行バランスの改善などを実施
　　・健康運動ふれっしゅらいふ（健康の維持、元気になるための運動を実施）
　　・あくてぃびてぃアップ（アミューズメントカジノを利用した軽度認知症改善プログラムと併行して、運動、栄養、口腔の介護予防事業を実施）
　　・エンジョイクッキング（男性のための料理教室。経済的で健康な食事作りの指導）
　　・ヘルス喫茶サロン（地域の中で気軽に健康チェックができ、健康の自己管理のお手伝いをする場として運営）
　　・廃用症候群・生活習慣病包括型指導包括指導（新規）（生活習慣病に対する栄養管理指導や廃用症候群等に対する筋トレ等の指導）
　　・介護予防ヘルプサービス（生活援助サービスや予防サービスの利用に要する費用の一部を助成）
　　・食の自立・栄養改善（配食サービスを含む管理栄養士による低栄養や疾病を予防するための相談事業）
　　・3B体操（音楽などに合わせボールなどの道具を使用した体操を実施）
　　・うぇるかむ事業（閉じこもり予防事業として、身近な場所で地域の皆さんと交流することを目的に体操や創作活動などを実施）
　　・足裏測定会（足裏の状態を測定し、姿勢や足の健康度を評価）

計画編

　　■第４期事業計画運営期間中に行う検証事業
　　　・健康増進浴場施設等利用補助の予防的効果の検証
② 居宅を中心としたサービスの充実
　　■介護保険利用料助成（一般財源）
　　■高齢者住宅支援
　　　・ケアハウス（地域密着型特定施設）の整備（介護保険・新規）
　　　・高齢者専用賃貸住宅（地域密着型特定施設）の整備（介護保険・新規）
　　　・プラチナハウス（一般財源）
　　　・和光市高齢者支援住宅家賃助成（一般財源）
　　　・介護保険住宅改修助成（一般財源）
　　■高齢者地域送迎サービス費助成（市町村特別給付・地域支援事業）
　　■高齢者紙おむつ等購入費助成（市町村特別給付・地域支援事業）
　　■高齢者栄養改善サービス費助成（市町村特別給付・地域支援事業）
　　■健康増進浴場施設利用補助（保健福祉事業）
③ 地域ケアの充実
　　■和光市長寿あんしんグランドデザインの策定
　　■在宅療養支援診療所の開設支援
　　■北第二地域包括支援センターの設置（新規）
　　■認知症サポーターの育成
　　■高齢者権利擁護サポーターの育成

## 4　介護保険事業計画の概要
### (1) 人口及び被保険者数の推計
① 人口推計

　2005（平成17）年から2008（平成20）年までの住民基本台帳の人口に基づき、コーホート変化率法によって、計画期間中の人口をみると、総人口は増加し、2011（平成23）年10月時点では77,189人になると推計される。

　65歳以上の高齢者人口については、2011（平成23）年では11,322人、2014（平成26）年には13,198人と、2007（平成19）年と比較するとそれぞれ1,659人、3,535人の増加となり、高齢化率は13.0％から14.7％、16.6％に上昇すると推計される。この高齢者人口を、年齢階級別にみると、2011（平成23）年までは75歳以上で、それ以降は75歳未満の高齢者数の伸びが大きいことがわかる。

② 被保険者数推計

表１　被保険者数の推計結果

| | | 18年度 | 19年度 | 20年度 | 21年度 | 22年度 | 23年度 |
|---|---|---|---|---|---|---|---|
| 男 | 第１号被保険者 | 4,105 | 4,355 | 4,570 | 4,767 | 4,924 | 5,091 |
| | 65〜69歳 | 1,554 | 1,627 | 1,680 | 1,745 | 1,749 | 1,725 |
| | 70〜74歳 | 1,256 | 1,320 | 1,352 | 1,349 | 1,365 | 1,428 |
| | 75〜79歳 | 746 | 808 | 872 | 940 | 1,016 | 1,069 |
| | 80〜84歳 | 340 | 380 | 433 | 480 | 518 | 563 |
| | 85歳以上 | 209 | 220 | 233 | 253 | 276 | 306 |
| | 第２号被保険者（40〜64歳） | 11,890 | 12,173 | 12,387 | 12,712 | 13,081 | 13,466 |
| | 小計 | 15,995 | 16,528 | 16,957 | 17,479 | 18,005 | 18,557 |
| | 第１号被保険者 | 5,057 | 5,308 | 5,595 | 5,838 | 6,011 | 6,231 |
| | 65〜69歳 | 1,612 | 1,716 | 1,795 | 1,848 | 1,812 | 1,808 |

| | | 18年度 | 19年度 | 20年度 | 21年度 | 22年度 | 23年度 |
|---|---|---|---|---|---|---|---|
| 女 | 70～74歳 | 1,391 | 1,412 | 1,451 | 1,495 | 1,526 | 1,564 |
| | 75～79歳 | 902 | 968 | 1,045 | 1,106 | 1,198 | 1,281 |
| | 80～84歳 | 586 | 608 | 650 | 701 | 744 | 800 |
| | 85歳以上 | 566 | 604 | 654 | 688 | 731 | 778 |
| | 第2号被保険者（40～64歳） | 10,542 | 10,703 | 10,895 | 11,199 | 11,570 | 11,897 |
| | 小計 | 15,599 | 16,011 | 16,490 | 17,037 | 17,581 | 18,128 |
| 合計 | 第1号被保険者 | 9,162 | 9,663 | 10,165 | 10,605 | 10,935 | 11,322 |
| | 65～69歳 | 3,166 | 3,343 | 3,475 | 3,593 | 3,561 | 3,533 |
| | 70～74歳 | 2,647 | 2,732 | 2,803 | 2,844 | 2,891 | 2,992 |
| | 75～79歳 | 1,648 | 1,776 | 1,917 | 2,046 | 2,214 | 2,350 |
| | 80～84歳 | 926 | 988 | 1,083 | 1,181 | 1,262 | 1,363 |
| | 85歳以上 | 775 | 824 | 887 | 941 | 1,007 | 1,084 |
| | 第2号被保険者（40～64歳） | 22,432 | 22,876 | 23,282 | 23,911 | 24,651 | 25,363 |
| | 小計 | 31,594 | 32,539 | 33,447 | 34,516 | 35,586 | 36,685 |

（2） 要介護（要支援）認定者数の推計

① 性別・年齢階級別認定率

　第4期介護保険事業計画における要介護（要支援）認定者数の推計は、第4期介護保険事業計画サービス見込み量ワークシートにより行っているが、ワークシートでは、計画期間の各年の性別・年齢階級別被保険者数（推計値）に、性別・年齢階級別の要介護（要支援）認定率を乗じて算出される。そこで、直近の性別・年齢階級別の認定率をみると、2006（平成18）年度に比べて2007（平成19）年度では、女性の75歳以上で認定率が顕著に低下していることがわかる。地域支援事業や新予防給付による介護予防効果が、特に女性の75歳以上で顕著に出たものと考えられる。

　そこで、今回の推計では2007（平成19）年度の認定率をベースにしつつ、さらに介護予防事業による追加的効果を見込んで認定者数の推計を行った。

② 要介護（要支援）認定者数の推計

　2007（平成19）年度における性別・年齢階級別認定率を、計画期間の各年の性別・年齢階級別被保険者数に乗じることによって自然体での認定者数を求め、その自然体の認定者数に、地域支援事業の実施及び新予防給付による効果を見込み、介護予防後の認定者数を推計すると、2009（平成21）年度1,112人、2010（平成22）年度1,180人、2011（平成23）年度1,239人となっている。

（3） 各見込み量の推計

① 施設・居住系サービス利用者数

ア　介護3施設

　利用者の実績及び参酌標準等を勘案して、計画期間における1ヶ月当たりの利用者数を推計。和光市の利用者数に占める要介護4及び要介護5の方の割合については、計画期間中は70％前後で推移すると推計しているが、2012（平成24）年度以降その割合を高めていき、2014（平成26）年度では80％前後を目標にしている。

表2　介護3施設の利用者数の見込み（人／月）

| 区　分 | 18年度 | 19年度 | 20年度 | 21年度 | 22年度 | 23年度 | 26年度 |
|---|---|---|---|---|---|---|---|
| 施 設 利 用 者 数 | 219 | 241 | 262 | 258 | 233 | 220 | 207 |
| 介護老人福祉施設 | 69 | 82 | 89 | 89 | 89 | 89 | 89 |
| 　　要介護1 | 0 | 0 | 1 | 0 | 0 | 0 | 0 |

| 区分 | | 18年度 | 19年度 | 20年度 | 21年度 | 22年度 | 23年度 | 26年度 |
|---|---|---|---|---|---|---|---|---|
| | 要介護2 | 5 | 4 | 3 | 3 | 2 | 1 | 1 |
| | 要介護3 | 12 | 17 | 18 | 18 | 18 | 18 | 16 |
| | 要介護4 | 34 | 44 | 50 | 50 | 50 | 51 | 50 |
| | 要介護5 | 19 | 17 | 17 | 18 | 19 | 19 | 22 |
| 介護老人保健施設 | | 106 | 108 | 118 | 118 | 118 | 118 | 118 |
| | 要介護1 | 19 | 17 | 17 | 18 | 19 | 19 | 2 |
| | 要介護2 | 20 | 21 | 20 | 15 | 10 | 5 | 5 |
| | 要介護3 | 35 | 35 | 41 | 37 | 30 | 25 | 17 |
| | 要介護4 | 33 | 36 | 41 | 48 | 58 | 66 | 71 |
| | 要介護5 | 11 | 9 | 8 | 10 | 15 | 20 | 23 |
| 介護療養型医療施設 | | 44 | 51 | 55 | 51 | 26 | 13 | |
| | 要介護1 | 0 | 0 | 0 | 0 | 0 | 0 | |
| | 要介護2 | 1 | 0 | 0 | 0 | 0 | 0 | |
| | 要介護3 | 1 | 1 | 2 | 1 | 0 | 0 | |
| | 要介護4 | 29 | 33 | 41 | 39 | 20 | 10 | |
| | 要介護5 | 29 | 33 | 41 | 39 | 20 | 10 | |
| 要介護4・5の数 | | 138 | 155 | 169 | 176 | 168 | 169 | 166 |
| 要介護4・5の割合 | | 63.3% | 64.3% | 64.5% | 68.2% | 72.1% | 76.8% | 80.2% |

イ　介護専用居住系サービス

特定施設入居者生活介護及び地域密着型サービスとして新たに提供が始められる認知症対応型共同生活介護、地域密着型特定施設入居者生活介護については、施設の供給状況等を勘案して1ヶ月当たりの利用者数を推計する。

和光市の場合は、2008（平成20）年度では41.5％となっているが、2012（平成24）年度以降、その割合を改善し、2014（平成26）年度では30.7％を目標にしている。

表3　介護専用居住系サービス利用者数の見込み（人／月）

| 区分 | | 18年度 | 19年度 | 20年度 | 21年度 | 22年度 | 23年度 | 26年度 |
|---|---|---|---|---|---|---|---|---|
| 介護専用居住系サービス利用者数 | | 39 | 48 | 53 | 62 | 99 | 113 | 132 |
| 認知症対応型共同生活介護 | | 34 | 42 | 47 | 52 | 57 | 57 | 57 |
| | 要介護1 | 10 | 7 | 6 | 5 | 4 | 4 | 4 |
| | 要介護2 | 7 | 10 | 12 | 14 | 16 | 16 | 16 |
| | 要介護3 | 12 | 16 | 18 | 20 | 22 | 22 | 22 |
| | 要介護4 | 3 | 8 | 10 | 12 | 14 | 14 | 14 |
| | 要介護5 | 1 | 1 | 1 | 1 | 1 | 1 | 1 |
| 特定施設入居者生活介護（介護専用） | | 5 | 6 | 6 | 7 | 7 | 7 | 7 |
| | 要介護1 | 2 | 2 | 2 | 2 | 2 | 2 | 2 |
| | 要介護2 | 1 | 1 | 2 | 2 | 2 | 2 | 2 |
| | 要介護3 | 1 | 1 | 1 | 1 | 1 | 1 | 1 |
| | 要介護4 | 1 | 1 | 1 | 2 | 2 | 2 | 2 |
| | 要介護5 | 0 | 1 | 0 | 0 | 0 | 0 | 0 |
| 地域密着型特定施設入居者生活介護 | | 0 | 0 | 0 | 3 | 35 | 49 | 68 |

|  | 要介護1 | 0 | 0 | 0 | 1 | 5 | 8 | 8 |
|---|---|---|---|---|---|---|---|---|
|  | 要介護2 | 0 | 0 | 0 | 1 | 5 | 10 | 10 |
|  | 要介護3 | 0 | 0 | 0 | 1 | 7 | 11 | 18 |
|  | 要介護4 | 0 | 0 | 0 | 0 | 9 | 10 | 16 |
|  | 要介護5 | 0 | 0 | 0 | 0 | 9 | 10 | 16 |
| 施設・介護専用居住系<br>サービス利用者数 |  | 257 | 289 | 315 | 320 | 332 | 333 | 339 |
| 要介護2～5の要介護者数<br>に対する割合 |  | 37.6% | 38.6% | 41.5% | 39.7% | 38.8% | 36.6% | 30.7% |

ウ　介護専用型以外の居住系サービス

　介護付有料老人ホームなど、介護専用型以外の特定施設入居者生活介護や介護予防特定施設入居者生活介護及び地域密着型サービスの介護予防認知症対応型共同生活介護については、施設の供給状況等を勘案して、1ヵ月当たりの利用者数を推計する。

表4　介護専用型以外の居住系サービス利用者数の見込み（人／月）

| 区　　　分 |  | 18年度 | 19年度 | 20年度 | 21年度 | 22年度 | 23年度 |
|---|---|---|---|---|---|---|---|
| 特定施設入居者生活介護<br>（介護専用型以外） |  | 26 | 35 | 39 | 42 | 42 | 42 |
|  | 要介護1 | 9 | 12 | 13 | 13 | 13 | 13 |
|  | 要介護2 | 3 | 6 | 8 | 11 | 11 | 11 |
|  | 要介護3 | 7 | 7 | 7 | 7 | 7 | 7 |
|  | 要介護4 | 6 | 7 | 8 | 8 | 8 | 8 |
|  | 要介護5 | 2 | 3 | 3 | 3 | 3 | 3 |
| 介護予防<br>特定施設入居者生活介護 |  | 2 | 3 | 3 | 3 | 3 | 3 |
|  | 要介護1 | 0 | 1 | 1 | 1 | 1 | 1 |
|  | 要介護2 | 2 | 2 | 2 | 2 | 2 | 2 |
| 介護予防<br>認知症対応型共同生活介護 |  | 0 | 0 | 0 | 0 | 0 | 0 |
|  | 要介護1 | 0 | 0 | 0 | 0 | 0 | 0 |
|  | 要介護2 | 0 | 0 | 0 | 0 | 0 | 0 |

② 標準的居宅サービス・標準的地域密着型サービス受給対象者数の推計

　介護予防後の認定者数から施設・居住系サービスの利用者を減じることにより、標準的居宅サービス等受給対象者数を算出。さらに、標準的居宅サービス等受給等対象者数に実績から推計した受給率をかけることにより標準的居宅サービス等受給者数を算出する。

表5　(1)　標準的居宅サービス等受給対象者数の推計（人／月）

| 要介護度 | 18年度 | 19年度 | 20年度 | 21年度 | 22年度 | 23年度 |
|---|---|---|---|---|---|---|
| 要支援1 | 65 | 37 | 38 | 40 | 42 | 43 |
| 要支援2 | 91 | 53 | 54 | 57 | 61 | 62 |
| 要介護1 | 251 | 163 | 166 | 179 | 192 | 195 |
| 要介護2 | 171 | 161 | 161 | 173 | 186 | 201 |
| 要介護3 | 118 | 146 | 137 | 153 | 167 | 184 |
| 要介護4 | 70 | 86 | 78 | 81 | 78 | 85 |
| 要介護5 | 71 | 65 | 59 | 66 | 78 | 91 |
| 総数 | 837 | 711 | 692 | 748 | 804 | 862 |

(2) 標準的居宅サービス等受給率の推計

|  | 要支援1 | 要支援2 | 要介護1 | 要介護2 | 要介護3 | 要介護4 | 要介護5 |
|---|---|---|---|---|---|---|---|
| 受給率 | 66.9% | 66.4% | 87.7% | 89.4% | 89.1% | 82.0% | 62.8% |

(3) 標準的居宅サービス受給者数の推計（人／月）

| 要介護度 | 平成18年度 | 平成19年度 | 平成20年度 | 平成21年度 | 平成22年度 | 平成23年度 |
|---|---|---|---|---|---|---|
| 要支援1 | 36 | 25 | 25 | 27 | 28 | 29 |
| 要支援2 | 50 | 35 | 36 | 38 | 40 | 41 |
| 要介護1 | 232 | 143 | 146 | 157 | 168 | 171 |
| 要介護2 | 147 | 144 | 144 | 154 | 166 | 180 |
| 要介護3 | 118 | 130 | 122 | 136 | 149 | 164 |
| 要介護4 | 65 | 70 | 64 | 66 | 64 | 70 |
| 要介護5 | 39 | 41 | 37 | 41 | 49 | 57 |
| 総数 | 687 | 588 | 573 | 619 | 665 | 712 |

③ 介護給付に係る居宅サービス等の年間必要量の推計
ア 居宅サービスの年間必要量の推計

　要介護度別の標準的居宅サービス受給者数に推計したサービス・要介護度別の利用率をかけて、サービス・要介護度別の月当たりのサービス利用者数を算出する。さらに、サービス・要介護度別の月あたりの利用者数に推計した利用回数をかけて、サービス・要介護度別の月当たりサービス必要量を算出する。そして、算出したサービス・要介護度別の月当たりの必要量に12をかけたものが、年間のサービス・要介護度別の必要量（回数・日数）となる。なお、居宅療養管理指導、特定施設入居者生活介護、福祉用具貸与については、月当たりのサービス利用者数に12をかけたものが年間のサービス・要介護度別の必要量（人数）となる。

表6 居宅サービスの必要量の推計（回数・日数・人数／年）

| サービス | | 18年度 | 19年度 | 20年度 | 21年度 | 22年度 | 23年度 |
|---|---|---|---|---|---|---|---|
| ①訪問介護 | 回数 | 48,797 | 42,067 | 40,664 | 44,129 | 47,668 | 51,663 |
| | （人数） | 4,316 | 3,459 | 3,344 | 3,629 | 3,920 | 4,248 |
| ②訪問入浴介護 | 回数 | 1,383 | 1,467 | 1,352 | 1,492 | 1,682 | 1,918 |
| | （人数） | 284 | 328 | 302 | 333 | 376 | 429 |
| ③訪問看護 | 回数 | 2,794 | 2,603 | 2,474 | 2,945 | 6,229 | 7,447 |
| | （人数） | 722 | 608 | 578 | 688 | 1,454 | 1,739 |
| ④訪問リハビリテーション | 回数 | 0 | 0 | 0 | 0 | 0 | 0 |
| | （人数） | 0 | 0 | 0 | 0 | 0 | 0 |
| ⑤居宅療養管理指導 | 人数 | 1,361 | 1,468 | 1,583 | 1,708 | 1,842 | 1,987 |
| ⑥通所介護 | 回数 | 17,698 | 15,399 | 15,062 | 16,266 | 17,385 | 18,622 |
| | （人数） | 2,487 | 2,217 | 2,169 | 2,342 | 2,503 | 2,681 |
| ⑦通所リハビリテーション | 回数 | 5,234 | 5,299 | 5,164 | 5,605 | 6,033 | 6,486 |
| | （人数） | 807 | 869 | 847 | 919 | 989 | 1,064 |
| ⑧短期入所生活介護 | 日数 | 4,590 | 4,406 | 4,218 | 4,573 | 4,908 | 5,364 |
| | （人数） | 599 | 521 | 499 | 541 | 580 | 634 |
| ⑨短期入所療養介護 | 日数 | 881 | 827 | 782 | 850 | 922 | 1,022 |
| | （人数） | 121 | 110 | 104 | 113 | 123 | 136 |
| ⑩特定施設入居者生活介護 | 人数 | 367 | 495 | 540 | 588 | 588 | 588 |
| ⑪福祉用具貸与 | 人数 | 3,383 | 2,949 | 2,809 | 3,056 | 3,295 | 3,623 |
| ⑫特定福祉用具販売 | 人数 | 125 | 115 | 111 | 121 | 130 | 140 |

イ 地域密着型サービスの年間必要量の推計
　地域密着型サービスについても、これまでの実績をベースにしつつ、居宅サービスと同様な方法で算出。

表7　地域密着型サービスの必要量の推計（回数・人数／年）

| サービス | | 平成18年度 | 平成19年度 | 平成20年度 | 平成21年度 | 平成22年度 | 平成23年度 |
|---|---|---|---|---|---|---|---|
| ①夜間対応型訪問介護 | 人数 | 0 | 0 | 0 | 0 | 0 | 0 |
| ②認知症対応型通所介護 | 回数 | 151 | 176 | 161 | 169 | 164 | 179 |
| | （人数） | 12 | 22 | 20 | 21 | 21 | 22 |
| ③小規模多機能型居宅介護 | 人数 | 307 | 394 | 506 | 525 | 600 | 600 |
| ④認知症対応型共同生活介護 | 人数 | 407 | 503 | 564 | 624 | 684 | 684 |
| ⑤地域密着型特定施設入居者生活介護 | 人数 | 0 | 0 | 0 | 30 | 414 | 582 |

④　介護予防給付に係る居宅サービス等の年間必要量の推計
ア　介護予防サービス（居宅）の年間必要量の推計
　介護予防サービスについても、居宅サービスと同様な方法で算出する。

表8　介護予防サービス（居宅）の必要量の推計（回数・日数・人数／年）

| サービス | | 平成18年度 | 平成19年度 | 平成20年度 | 平成21年度 | 平成22年度 | 平成23年度 |
|---|---|---|---|---|---|---|---|
| ①介護予防訪問介護 | 人数 | 664 | 414 | 419 | 444 | 473 | 480 |
| ②介護予防訪問入浴介護 | 回数 | 0 | 0 | 0 | 0 | 0 | 0 |
| | （人数） | 0 | 0 | 0 | 0 | 0 | 0 |
| ③介護予防訪問看護 | 回数 | 42 | 70 | 71 | 75 | 80 | 81 |
| | （人数） | 15 | 12 | 12 | 13 | 14 | 14 |
| ④介護予防訪問リハビリテーション | 回数 | 0 | 0 | 0 | 0 | 0 | 0 |
| | （人数） | 0 | 0 | 0 | 0 | 0 | 0 |
| ⑤介護予防居宅療養管理指導 | 人数 | 31 | 22 | 22 | 24 | 25 | 26 |
| ⑥介護予防通所介護 | 人数 | 320 | 262 | 265 | 281 | 299 | 304 |
| ⑦介護予防通所リハビリテーション | 人数 | 80 | 51 | 52 | 55 | 58 | 59 |
| ⑧介護予防短期入所生活介護 | 日数 | 5 | 18 | 18 | 18 | 20 | 20 |
| | （人数） | 1 | 4 | 4 | 4 | 5 | 5 |
| ⑨介護予防短期入所療養介護 | 日数 | 6 | 6 | 6 | 6 | 7 | 7 |
| | （人数） | 1 | 2 | 2 | 2 | 2 | 2 |
| ⑩介護予防特定施設入居者生活介護 | 人数 | 19 | 32 | 36 | 36 | 36 | 36 |
| ⑪介護予防福祉用具貸与 | 人数 | 118 | 53 | 54 | 57 | 61 | 61 |
| ⑫特定介護予防福祉用具販売 | 人数 | 22 | 16 | 16 | 17 | 18 | 19 |

イ 地域密着型介護予防サービスの年間必要量の推計
　介護予防地域密着型サービスについても、これまでの実績をベースにしつつ、居宅サービスと同様な方法で算出。

表9　介護予防地域密着型サービスの必要量の推計（回数・人数／年）

| サービス | | 平成18年度 | 平成19年度 | 平成20年度 | 平成21年度 | 平成22年度 | 平成23年度 |
|---|---|---|---|---|---|---|---|
| ①認知症対応型通所介護 | 回数 | 0 | 0 | 0 | 0 | 0 | 0 |
| | （人数） | 0 | 0 | 0 | 0 | 0 | 0 |

| ②小規模多機能型居宅介護 | 人数 | 5 | 59 | 151 | 180 | 180 | 180 |
| ③認知症対応型共同生活介護 | 人数 | 0 | 0 | 0 | 0 | 0 | 0 |

## 5　高齢者保健福祉事業・サービスの計画

### （1）　介護保険法に基づく事業（保健福祉事業）

　介護保険法115条の47に規定された介護保険特別会計の中で被保険者全員に納付した保険料を還元できる事業で、内容としては、①介護者等への支援事業、②被保険者に対する支援事業、③保険者自ら行う居宅介護支援を含む指定居宅介護サービス事業並びに介護保険施設の運営事業、④被保険者が介護保険サービスを利用する際に発生する費用に対する資金の貸付等となっている。和光市のこれに該当する事業としては、「健康増進浴場施設利用補助」「スクリーニング事業」がある。

### （2）　健康増進法等に基づく成人保健サービス

　人生のライフステージごとの健康課題に応じた保健活動を推進しているが、高齢者については、加齢という条件が加わるため、他の年代とは異なった保健活動が求められている。和光市においては、ヘルスアップ相談、こころの相談、家庭訪問、メタボ対策一日集中講座、メタボ対策実践講座、男性のための料理教室等の様々な成人保健サービスが提供されている。

### （3）　介護保険関連福祉施策（独自施策）

　和光市では、市民本位の介護保険制度を更に充実させるために、和光市独自の施策を始めとする様々な介護保険関連福祉施策を展開している。

① 　介護保険利用料助成事業

　介護保険の低所得者対策として、保険給付利用者負担に対して、一定率（3割～10割）を助成する。ただし、特別対策事業の低所得対策及び障害者にかかる給付はこの事業に優先させる（償還払い）。

② 　介護保険住宅改修助成事業

　居宅の一部を使いやすく改修しようとする高齢者等に対して、改修費用の一部（50万円限度）を介護保険給付に加え助成することにより、高齢者の自立支援を図る（利用者1割負担、償還払い）。

③ 　グループホーム等入居家賃助成事業

　市内のグループホーム等に入居する低所得者を対象に、入居家賃に対して一定率（4割～5割）を助成するものである。

④ 　その他の高齢者福祉事業

　その他の高齢者福祉事業として、「100歳長寿慶祝金」「老人クラブ補助金・連合会補助金」「高齢者支援住宅補助金」「住宅改修費理由書作成手数料」「寝具リース等派遣事業委託」等の事業を行っている。

## おわりに

　地方分権の試金石といわれる介護保険制度施行に当たっては、保険制度の運営主体、地域における責任主体としての市町村の施策形成能力が問われている。国の指針や県の方針等に従いつつも、将来を見据えた市民参加を基本とする行政と地域住民が一体となった取組みが必要となる。

　和光市では、「和光市協働指針」に基づき、市民本位の介護保険事業など、高齢者保健福祉を充実するために、次のような取組みを展開していく。

＜設置会議＞（制度の充実・見直し・機能の適正を図る会議）
■介護保険運営協議会
■高齢者保健福祉推進協議会
■居宅介護支援事業者連絡会及び介護サービス提供事業者連絡会
■コミュニティケア会議（中央地域ケア会議）

（田中　克則）

# Ⅳ 高齢者が暮らしやすいまちをめざして
―第4期練馬区高齢者保健福祉計画・介護保険事業計画―

## 1 練馬区の概要
### (1) 概要
　練馬区は1947（昭和22）年8月1日に板橋区から独立し、特別区23番目の区として誕生した。23区の中では、今なお、みどりや畑が多く存在し、住宅地が広がる中にも、所々に武蔵野の面影を残す住宅都市である。

　練馬といえば、かつては「練馬大根」が有名であったが、日本初のカラー長編アニメが制作された地としてアニメ関連企業が集積し、「日本アニメ発祥の地」ともいわれている。

　人口は、2008（平成20）年4月に70万人を超え、23区の中では2番目に多い区である。都市化や宅地化が進む中でも、緑被率は、23区で第1位であり、みどりに恵まれた住環境となっている。

### (2) 地理的状況
　練馬区は、23区の北西部に位置し、東西約10km、南北約4～7kmのほぼ長方形で、面積48.16km²であり、23区では5番目の広さである。

　区内には、西武池袋線が東西に横断し、南部には西武新宿線、また、西武豊島線、西武有楽町線、東武東上線、東京メトロ有楽町線・副都心線、都営大江戸線が走っている。

### (3) 人口
　練馬の人口は、2011（平成23）年1月1日現在、707,280人であり、23区の中では、世田谷区に次いで2番目の人口規模である。

　年齢構成は、年少人口が89,631人（12.7％）、生産年齢人口が480,587人（67.9％）、高齢者人口が137,062人（19.4％）となっている。

### (4) 人口の高齢化
　2011（平成23）年1月1日現在、練馬区の高齢化率は19.4％であり、その割合は、前期高齢者（65～74歳）が51.8％（70,962人）、後期高齢者（75歳以上）が48.2％（66,100人）となっている。今後も練馬区の高齢者人口は増加していく見込みであり、2013（平成25）年中に高齢化率は20％に達し、さらに、2024（平成36）年には21％に達すると推計している。

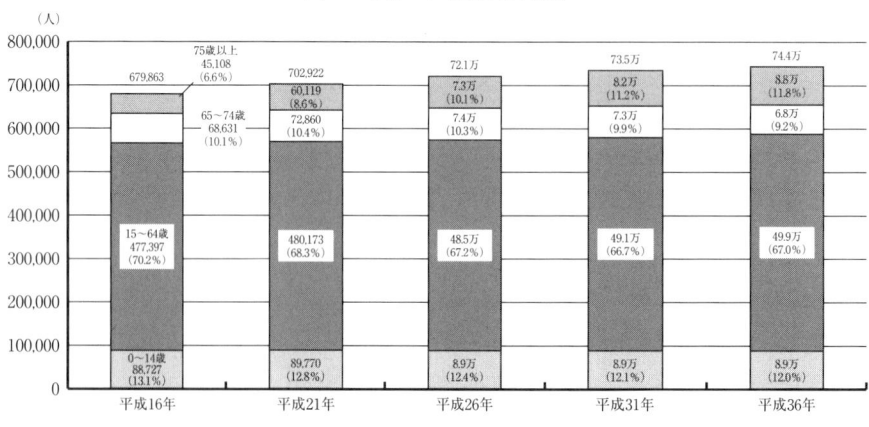

図1　年齢4区分別人口構成

出典：「練馬区長期計画（平成22～26年度）（平成22年3月）」

(5) 新たな基本構想の策定

　練馬区では、平成30年代初頭を目標年次とした新たな「練馬区基本構想」を、2009（平成21）年12月に策定した。基本構想では、練馬区のめざす10年後の姿と、それを実現するための区政運営の基本的指針を示している。新たな基本構想では、練馬区のめざす10年後のあるべき姿として、「ともに築き　未来へつなぐ　人とみどりが輝く　わがまち練馬」としている。

　また、新たな基本構想を実現する施策・事業を体系的に示すものとして「練馬区長期計画（平成22～26年度）」を2010（平成22）年3月に策定した。長期計画では、新たな基本構想における重点事業である、ねりま未来プロジェクトの具体化をはじめ、具体的施策・事業について目標を明示している。

## 2　第4期練馬区高齢者保健福祉計画・介護保険事業計画の策定

(1) 計画策定の主旨・目的

　高齢者保健福祉計画・介護保険事業計画は、高齢化が急速に進行する中、高齢者を取り巻く様々な課題に的確に対応し、高齢者がいきいきと暮らせる社会を実現するため、練馬区がめざすべき基本的な目標を定め、その実現に向けて取り組むべき施策を明らかにすることを目的としている。

　第4期練馬区高齢者保健福祉計画・介護保険事業計画（平成21～23年度）（以下「第4期計画」という。）では、第3期計画（平成18～20年度）の基本理念等を継承しつつ、団塊の世代がすべて65歳以上となる2015（平成27）年の練馬区においてめざすべき高齢社会を念頭に、今後3年間に取り組むべき施策を示している。

(2) 計画の位置づけ

① 法的位置づけ

　　高齢者保健福祉計画は、高齢者の健康と福祉の増進を図るため、老人福祉法第20条の8の規定に基づき策定する計画である。一方、介護保険事業計画は、介護保険事業に係る保険給付の円滑な実施を図るため、介護保険法第117条の規定に基づき策定する計画である。練馬区では、高齢者の保健福祉施策の総合的な推進を図るため、両計画を一体的な計画として策定している。

② 他の計画との関係

　　第4期計画は、練馬区の長期的・総合的な計画である、「練馬区長期計画」の高齢者保健福祉に関する部門的計画として位置づけられるとともに、練馬区の他の関連する計画との整合性を保ち、また、東京都高齢者保健福祉計画と調和を図りながら策定している。

（３） 計画策定の体制
① 練馬区高齢者保健福祉懇談会

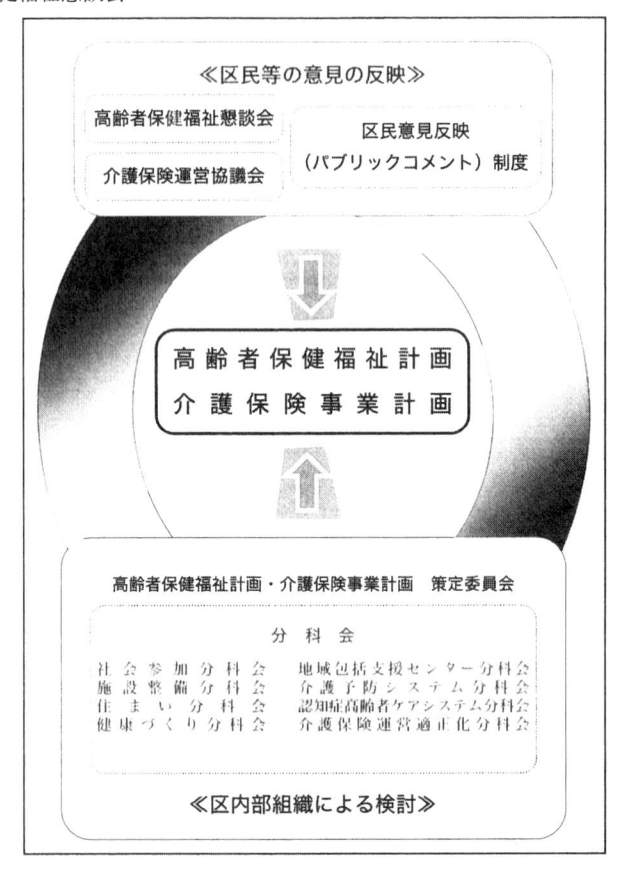

```
≪区民等の意見の反映≫
　高齢者保健福祉懇談会
　介護保険運営協議会
　　　　　　　　区民意見反映
　　　　　　　　（パブリックコメント）制度

　　　　　↓
　　高齢者保健福祉計画
　　介護保険事業計画
　　　　　↑

高齢者保健福祉計画・介護保険事業計画　策定委員会
　　　　　　　分　科　会
社会参加分科会　　　地域包括支援センター分科会
施設整備分科会　　　介護予防システム分科会
住まい分科会　　　　認知症高齢者ケアシステム分科会
健康づくり分科会　　介護保険運営適正化分科会

≪区内部組織による検討≫
```

　練馬区高齢者保健福祉懇談会は、第４期高齢者保健福祉計画の策定にあたり、介護保険分野を除く高齢者保健福祉施策に関する事項を検討するため設置した。2007（平成19）年12月に、区民、高齢者保健福祉関係者、学識経験者の計17名に委員を委嘱した。毎回テーマごとに検討を行い、全７回の懇談会を開催し、2008（平成20）年９月に、区長に報告書を提出した。
② 練馬区介護保険運営協議会
　練馬区介護保険運営協議会は、介護保険事業の運営に関する重要な事項を審議するため、練馬区介護保険条例に基づき設置している練馬区長の附属機関である。2006（平成18）年10月に、区民、福祉関係者、介護サービス事業者、学識経験者の計20名に委員を委嘱し、第３期介護保険運営協議会が発足した。
　2007（平成19）年11月に、区長から第４期介護保険事業計画の策定について運営協議会に諮問した。全14回の会議を開催し、2008（平成20）年９月には中間答申、2009（平成21）年２月には最終答申を区長に提出した。
③ 練馬区高齢者保健福祉計画・介護保険事業計画策定委員会
　第４期計画の策定にあたり、横断的な検討を行うための区職員から構成される練馬区高齢者保健福祉計画・介護保険事業計画策定委員会を庁内に設置した。さらに、重点課題を集中的に検討するため、策定委員会の下部組織として、８つの分科会を設け、検討を行った。
（４） 区民等の意見反映
① 区民意見反映制度（パブリックコメント）
　区民意見反映制度（パブリックコメント）に基づき、第４期計画素案の段階で、2008（平成20）年12

月から2009（平成21）年1月まで、区民から意見を募集した。
② 介護サービス事業者の意見反映
　練馬区内の介護サービス事業者から構成される、練馬区介護サービス事業者連絡協議会から、第4期介護保険事業計画の策定に対する要望・提案書が、2008（平成20）年6月に提出された。
　また、区内の介護サービス事業者を対象に、第4期計画素案についての説明会を2009（平成21）年1月に開催し、様々な意見・提案を受けた。
③ 区民と区長のつどいにおける意見反映
　練馬区では、定期的に地域住民と区長との直接対話の場として、「ともに地域を築く区民と区長のつどい」を開催している。2008（平成20）年11月に、「いつまでもいきいきと暮らすために～高齢者が暮らしやすいまちをめざして～」をテーマに4回開催し、このつどいでの意見等を計画策定に反映させている。

(5) 日常生活圏域の設定
　第3期計画から、高齢者が住み慣れた地域で生活が継続できるよう、練馬区を4地域に区分した日常生活圏域を設定している。日常生活圏域の設定にあたっては、区内に4か所の総合福祉事務所を設置していることを踏まえ、総合福祉事務所の管轄区域と同一としている。
　練馬区では、日常生活圏域ごとに、地域包括支援センターの設置や地域密着型サービス拠点の整備を進めている。

(6) 高齢者基礎調査の実施
　第4期計画の策定にあたっての基礎資料とするため、2007（平成19）年12月に、練馬区高齢者基礎調査を実施した。様々な観点からの意見等を参考とするため、団塊の世代等を主な対象とする調査を含め、5つの調査を行った。
① 高齢者一般調査（65歳以上の区民）
② これから高齢期を迎える方の調査（55～64歳の区民）
③ 介護サービス利用者調査（65歳以上の介護保険サービス利用者）
④ 介護サービス未利用者調査（65歳以上の介護保険サービス未利用者）
⑤ 介護サービス事業所調査（区内の介護サービス事業所）

(7) 計画の点検・評価
　第4期計画に掲げている個別事業の達成度については、練馬区が毎年度実施している行政評価を活用することにより、その把握に努め、次年度以降の見直し等につなげていくこととした。
　また、個別事業のうち介護保険に係るものについては、介護保険運営協議会において、進捗状況の点検・評価を行うこととした。

3　第4期練馬区高齢者保健福祉計画・介護保険事業計画の特徴
(1) 基本施策の設定
　第4期計画の基本理念・基本目標の実現に向けて、6つの基本施策を展開することとした。
① 多様な社会参加の促進
② 健康の保持増進
③ 特定高齢者等への支援
④ 要支援・要介護高齢者への支援
⑤ 住まいの支援と医療・保健・福祉の基盤整備
⑥ 地域で支える仕組みづくり

(2) 重点課題の設定
　第4期計画期間中に、重点的に取り組む必要がある9つを重点課題とし、解決に向けた積極的な施策の展開を図ることとした。
① 地域貢献につながる社会参加の促進
② 「活動的な85歳」をめざした健康づくりの促進

③ 主体的に取り組む介護予防の推進
④ 地域包括支援センターを中心とする相談支援体制の充実
⑤ 認知症になっても安心して暮らせる地域づくり
⑥ 介護人材の確保
⑦ 適切な介護保険制度の運営
⑧ 高齢期の住まいづくり、住まい方の支援
⑨ 介護保険施設および地域密着型サービス拠点の整備促進

(3) 重点課題の解決に向けた取り組み

ここでは、第4期計画における9つの重点課題のうち、課題解決に向けた取り組みを一部紹介する。

① 地域包括支援センターを中心とする相談支援体制の充実

【現状と課題】

2006(平成18)年度の介護保険法改正に伴い、練馬区では、4か所の総合福祉事務所に、区直営で地域包括支援センター(本所)を、2006(平成18)年4月に設置した。2007(平成19)年4月からは、地域包括支援センターの一層の機能強化を図るため、従来の在宅介護支援センターに併設して、地域包括支援センター支所を19箇所設置し、本所と支所が一体となって、区民に対する包括的かつ継続的な総合支援を行うこととした。

一方、高齢化の急速な進展により、認知症高齢者や一人暮らし高齢者が増加し、相談内容の多様化や解決困難な事例の増加など地域包括支援センターの役割は益々重要になってきている。

こうした状況に対応するため、地域包括支援センターの体制強化および地域への周知を一層図っていく必要があるとした。

【主な取り組み】

ア 高齢者を地域で支える仕組みを効果的に機能させるため、法定3職種(保健師・社会福祉士・主任介護支援専門員)の人員確保や支所の担当地域の見直し、新たな支所の設置など、より即応性のある体制を整備する。

⇒2009(平成21)年4月に、支所を19か所から22か所とし、あわせて支所の担当地域の見直しを行う。

イ 地域包括支援センターについて、広く区民に周知を図るため、わかりやすい名称を検討する。

⇒2009(平成21)年4月から、地域包括支援センターの呼称として、「高齢者相談センター」とし、今後は呼称の周知を図る。

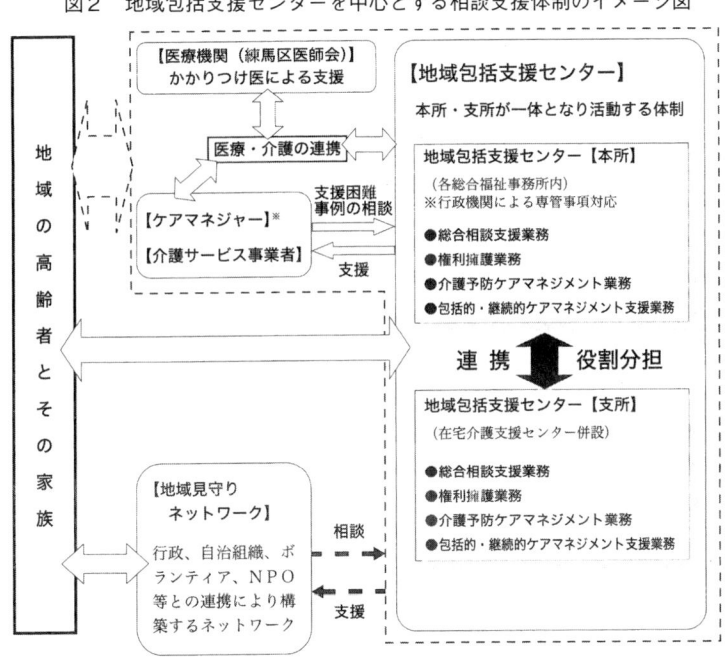

図2 地域包括支援センターを中心とする相談支援体制のイメージ図

図3 練馬区高齢者相談センター（地域包括支援センター）配置図

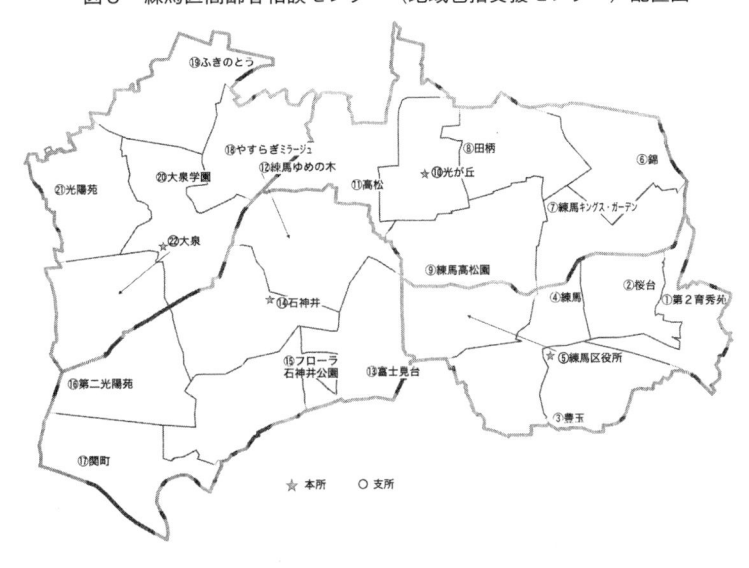

② 介護人材の確保
【現状と課題】
　第3期計画期間中に、介護サービス事業者の人材不足が顕在化し、人材の確保が介護保険制度における喫緊の課題となっていた。練馬区高齢者基礎調査の介護サービス事業所調査では、「スタッフの確保」「スタッフの人材育成」など人材確保・育成が、事業運営上の課題という結果であった。また、第4期計画の策定にあたり、練馬区介護サービス事業者連絡協議会から、研修センターの設置が要望されていた。
　これまで、介護報酬については国、人材育成については東京都の所管であることから、練馬区独自の

事業展開が難しい状況であった。しかし、良質な介護サービスの提供には、人材の確保が基本であり、事業者の責務とするだけではなく、練馬区も保険者として取り組みが求められていた。
【主な取組み】
ア　専門性の高い介護従事者を育成するための研修や、介護人材を確保するための合同就職面接会などを行う、介護人材育成・研修センターを、2009（平成21）年4月に設置する。
　　⇒センターの設置・運営は社会福祉法人練馬区社会福祉事業団が行い、練馬区は保険者として、運営費の一部補助を行う。

③　介護保険施設および地域密着型サービス拠点の整備促進
【現状と課題】
　練馬区高齢者基礎調査において、「今後力をいれてほしい高齢者施策」については、「特別養護老人ホームなどの介護保険施設の整備」が約40％と最も多く、重度化した場合の施設入所に対する期待の大きさが分かった。
　一方、区内の特別養護老人ホームの入所待機者は、2008（平成20）年12月現在、約2,500人を数え、重度要介護者においても、入所までには相当な期間の待機が必要な状況である。しかし、特別養護老人ホームの開設には、数年を要するのが通常であり、その整備を早急に進めるのは難しい状況にある。
　そこで、在宅で充実した介護が受けられる体制の整備が課題であり、特別養護老人ホームの整備は進めつつも、在宅介護と組み合わせて利用することができる介護老人保健施設や地域密着型サービス拠点など、多様な施設・拠点の整備促進が求められていた。
【主な取組み】
ア　様々な施設・拠点の整備を促進するため、都営住宅等の建て替えに際して一定のスペースの確保や、定期借地権制度などによる公有地の活用など、多様な支援策を検討する。
イ　東京都における特別養護老人ホームの整備費補助は、ユニット型個室だけが補助対象であるが、施設規模に対する整備効率や入所者の選択肢を確保する観点からも、従来型多床室も補助対象とするよう東京都に要望する。

## 4　第4期計画期間における介護保険料
### （1）　介護保険運営協議会からの提言
　介護保険運営協議会から、第4期計画期間における介護保険料の設定にあたり配慮すべき事項として、5つの提言を受けた。

①保険料の設定にあたっては、低所得者層に配慮すること。
②多段階制度を活用し、きめ細かな保険料段階となるよう検討すること。
③平成20年度まで実施された、激変緩和措置の対象者の介護保険料について配慮すること。
④介護保険給付費準備基金については、制度の趣旨に基づき積極的に活用すること。
⑤介護従事者処遇改善臨時特例交付金については、制度の趣旨に基づき積極的に活用すること。

### （2）　第4期計画期間における介護保険料
　練馬区では、こうした提言を踏まえ、第4期介護保険料を第1号被保険者の所得区分ごとの人数や、税制改正に伴って実施してきた激変緩和措置の終了等を勘案し、介護保険料の所得段階設定を第3期計画の7段階から12段階に多段階化した。また、これまで区独自で実施してきた生計困難者に対する介護保険料軽減策については、引き続き実施することとした。
　その結果、第4期介護保険料は、第1号被保険者が負担する介護保険料の基準月額を、第3期と同額の3,950円に抑えることとした。

表1　所得段階区分ごとの第4期介護保険料

(単位：円)

| 段階 | 対象者 | 料率 | 年額(月額)※ |
|---|---|---|---|
| 1 | ・老齢福祉年金受給者で世帯全員が特別区民税非課税<br>・生活保護受給者 | 0.5 | 23,700<br>(1,970) |
| 2 | 世帯全員が特別区民税非課税で本人の課税年金収入額と合計所得金額の合計が80万円以下 | 0.5 | 23,700<br>(1,970) |
| 3 | 世帯全員が特別区民税非課税で第2段階に該当しない | 0.7 | 33,180<br>(2,760) |
| 特4 | ・本人が特別区民税非課税で世帯の中に課税者がいる<br>・本人の合計所得金額が80万円以下 | 0.8 | 37,920<br>(3,160) |
| 4 | ・本人が特別区民税非課税で世帯に課税者がいる<br>・「特4段階」に該当しない | 1.0 | 47,400<br>(3,950) |
| 5 | 本人が特別区民税課税で合計所得金額が125万円未満 | 1.1 | 52,140<br>(4,340) |
| 6 | 〃　　　125万円以上　200万円未満 | 1.2 | 56,880<br>(4,740) |
| 7 | 〃　　　200万円以上　300万円未満 | 1.3 | 61,620<br>(5,130) |
| 8 | 〃　　　300万円以上　400万円未満 | 1.4 | 66,360<br>(5,530) |
| 9 | 〃　　　400万円以上　600万円未満 | 1.5 | 71,100<br>(5,920) |
| 10 | 〃　　　600万円以上　800万円未満 | 1.6 | 75,840<br>(6,320) |
| 11 | 〃　　　800万円以上　1,000万円未満 | 1.7 | 80,580<br>(6,710) |
| 12 | 〃　　　1,000万円以上 | 1.8 | 85,320<br>(7,110) |

※（月額）は、年額を12か月で除した場合の参考表示である（10円未満切捨て）。

表2　第4期計画期間中の介護サービス総給付費等見込額と
第1号被保険者が負担する介護保険料の基準月額

(単位：円)

|  | 平成21年度 | 平成22年度 | 平成23年度 | 3年間の計 |
|---|---|---|---|---|
| 予防給付サービス費 | 9億5,700万 | 10億3,000万 | 10億8,200万 | 30億6,900万 |
| 介護給付サービス費 | 178億6,100万 | 183億5,600万 | 186億3,900万 | 548億5,600万 |
| 施設サービス給付費 | 100億7,300万 | 112億600万 | 114億6,300万 | 327億4,200万 |
| 地域密着型サービス給付費 | 21億4,400万 | 25億9,300万 | 32億2,900万 | 79億6,600万 |
| 地域支援事業費 | 9億7,400万 | 10億4,000万 | 10億7,800万 | 30億9,200万 |
| その他 | 18億9,700万 | 19億6,200万 | 20億2,300万 | 58億8,100万 |
| 3年間の介護サービス総給付費等見込額 | 339億700万 | 361億8,700万 | 375億1,300万 | 1,076億600万 |
| 第1号被保険者の介護保険料で賄うべき額 | 60億6,300万 | 62億1,000万 | 62億8,300万 | 185億5,600万 |
| 第1号被保険者が負担する介護保険料（基準月額） | 3,950円 ||||

※実際に徴収する介護保険料額は、その方の所得により変わる。第4期計画では、12段階に区分。
※百万円単位で端数処理しているため、合計数値が合わない場合がある。

（関口　和幸：練馬区区長室広聴広報課長）

# Ⅴ ライフステージに応じた切れ目のない支援の実現に向けて
―新宿区障害者計画・第4期新宿区障害福祉計画―

## 1 計画策定の背景

### (1) 新宿区における障害者施策の計画的推進の経緯

　区は、障害者施策を計画的、総合的に推進するための指針として、障害者基本法に基づき、福祉、保健、医療、教育、就労、まちづくりなど広範な施策分野にわたり、区の障害者施策のあり方について定めた新宿区障害者計画を平成13年度に策定しています。また、平成19年3月には、障害者自立支援法の施行を受けて第1期新宿区障害福祉計画を策定しました。平成21年3月には、新宿区障害者計画・第2期障害福祉計画を、平成24年3月には、制度改革等を受けて「新宿区障害者計画・第3期障害福祉計画」を策定しました。

### (2) 障害者制度改革に向けた国の動向等

　国では、障害者の権利に関する条約の締結に先立ち、「障がい者制度改革推進会議」（平成21年12月～平成24年7月）を設立し、障害者施策の諸改革を進めてきました。一連の整備を経て、平成26年1月には同条約が批准されました。

| 障害者の権利に関係する主な国内法の整備 | |
|---|---|
| 平成23年6月 | 障害者虐待防止法公布（平成24年10月施行） |
| 平成23年7月 | 障害者基本法改正 |
| 平成25年4月 | 障害者総合支援法施行 |
| 平成25年5月 | 公職選挙法等の一部を改正する法律公布（平成25年6月施行） |
| 平成25年6月 | 障害者差別解消法公布（平成28年4月施行） |
| 平成25年6月 | 障害者雇用促進法改正 |
| 平成25年6月 | 精神保健福祉法改正（平成26年4月施行） |

### (3) 新宿区障害者計画・第4期障害福祉計画の策定

　こうした動きの中で、区は、関係法との整合を図るために現在の障害者計画の見直しを行うとともに、平成27年度から平成29年度までの障害福祉サービス、地域生活支援事業及び児童福祉法に基づく障害児通所支援の提供のために必要な量の見込並びにその見込量確保のための方策を定めることを目的として「新宿区障害者計画・第4期新宿区障害福祉計画」を策定するものです。

## 2 基本理念

◇障害者が尊厳を持って生活できる地域社会の実現

　平成26年（2014年）1月、我が国は「障害者権利条約」を批准しました。

　この条約では、「すべての障害者によるあらゆる人権及び基本的自由の完全かつ平等な共有を促進し、保護し、及び確保すること並びに障害者の固有の尊厳の尊重を促進することを目的」とし、障害者の権利の実現のための措置等について定めています。

　区は、この条約や障害者基本法の趣旨を尊重し、すべての障害者が、障害のない人と等しく、個人の尊厳が尊重され、それぞれの自己決定・自己選択によって地域の中で他の人々と共生することが妨げられずに、安心して暮らすことができ、区民一人ひとりが大切にされる地域社会を目指します。

◇バリアフリー社会の実現

　ノーマライゼーションの理念に基づき、障害のある人も障害のない人も地域を構成する一員として共に支えあい、障害者が自ら望む活動に積極的に参加できる共生社会を実現するために、すべての人たちが、障害についての理解を深めることが必要です。

　区はあらゆる機会や場面を通じて、社会的・物理的なバリアフリーを促進し、こころの中のバリアもなくすために必要な合理的な配慮を怠らず、安全で豊かな地域社会を目指します。

◇必要な時に必要な支援が得られる地域社会の実現
　乳幼児期から学齢期、成年期、高齢期に至るまで、障害者が地域の中で生き生きと成長し、その人らしく自立した生活を実現するために、それぞれのライフステージに応じた切れ目のない支援を得られることが必要です。
　区は、障害者やその家族の相談に的確に応じることをはじめ、関係するさまざまな分野にわたる支援・連携を一層強化し、適切な情報や必要なサービスの提供など、総合的な支援を受けられる地域社会の実現を目指します。

## 3　障害者施策の体系

| 基本理念 | 基本目標 | 個別目標 | 基本施策 | 個別施策 |
|---|---|---|---|---|
| ◇障害者が尊厳を持って生活できる地域社会の実現　◇バリアフリー社会の実現　◇必要な時に必要な支援が得られる地域社会の実現 | 1　安心して地域生活が送れるための支援 | 1　個々のニーズに応じた福祉サービスの提供と充実 | 1．地域で日常生活を継続するための支援 | （1）相談支援の充実 |
| | | | | （2）日常生活を支える支援の充実 |
| | | | | （3）保健医療サービスの充実 |
| | | | | （4）経済的自立への支援 |
| | | | | （5）家族への支援 |
| | | | 2．サービスの質の向上のための支援 | （6）利用者支援と苦情相談の充実 |
| | | | | （7）サービスを担う人材の育成 |
| | | | | （8）事業者への支援・指導の充実 |
| | | | 3．地域ネットワークの構築 | （9）相談支援体制の構築　【重点的な取組】 |
| | | | | （10）地域の社会資源ネットワークの有効活用 |
| | | 2　地域生活への移行の推進 | 1．地域生活移行への支援 | （11）施設からの地域生活移行の支援 |
| | | | | （12）病院からの地域生活移行の支援　【重点的な取組】 |
| | | | 2．地域で生活するための基盤整備 | （13）日中活動の充実 |
| | | | | （14）住まいの場の充実 |
| | | | | （15）入所支援施設等の設置及び支援 |
| | | 3　障害者の権利を守り安全に生活できるための支援 | 1．障害者が権利の主体として生活するための支援 | （16）権利擁護の推進 |
| | | | | （17）虐待の防止 |
| | | | | （18）消費者被害の防止 |
| | | | 2．災害等から障害者を守り安全に生活できるための支援 | （19）防災対策の推進 |
| | 2　ライフステージに応じた成長と自立への支援 | 1　障害等の早期発見と成長・発達への支援 | 1．子どもの発達に即した支援の充実 | （20）障害等の早期発見・早期支援 |
| | | | | （21）乳幼児期の子育てに関する相談の充実 |
| | | | 2．障害等のある子どもの療育、保育、教育、福祉の充実 | （22）乳幼児期の支援体制の充実 |
| | | | | （23）学齢期の支援体制の充実 |
| | | | | （24）放課後支援等の日中活動の充実 |
| | | | | （25）療育・保育・教育・福祉施策の連携 |
| | | | | （26）障害等のある子どもへの専門相談の推進　【重点的な取組】 |
| | | | | （27）学校教育修了後の進路の確保 |

| | | | 1．多様な就労ニーズに対応できる重層的な支援体制の充実 | (28) 就労支援の充実 【重点的な取組】 |
| | | 2　多様な就労支援 | | (29) 施設における就労支援の充実 |
| | | | 2．安心して働き続けられるための支援 | (30) 就労の継続及び復職等の支援の強化 |
| | | 3　社会活動の支援 | 1．社会参加の充実 | (31) コミュニケーション支援・移動支援の充実 |
| | | | | (32) 文化・スポーツ等への参加の促進 |
| | | | | (33) 社会参加の促進への支援の充実 |
| 3　地域社会におけるバリアフリーの促進 | 1　こころのバリアフリーの促進 | | 1．障害理解の促進 | (34) 障害理解への啓発活動の促進 |
| | | | | (35) 障害理解教育の推進 |
| | | | | (36) 広報活動の充実 |
| | | | 2．交流機会の拡大、充実による理解の促進 | (37) 互いに交流しあえる機会の充実 |
| | | | | (38) 地域で交流する機会の充実 |
| | | | 3．情報面のバリアフリーの促進 | (39) 多様な手法による情報提供の充実 |
| | 2　福祉のまちづくりの促進 | | 1．人にやさしいまちづくり | (40) ユニバーサルデザインを基本としたまちづくりの促進 【重点的な取組】 |
| | | | 2．人にやさしい建築物づくり | (41) 建築物や住宅のバリアフリーの普及 |

## 4　基本目標

### （1）安心して地域生活が送れるための支援

　区は、障害の内容や程度に応じ、障害者が必要とするさまざまなサービスや社会資源ネットワークを活用することにより、障害者が住み慣れた新宿で安心して生活し続けられるように支援していきます。

　そのために、相談支援体制を充実させるとともに、通所施設やグループホーム等の基盤整備を進め、多様なサービス事業者との連携強化等を通じ、利用者本位の質の高いサービス提供をしていきます。

### （2）ライフステージに応じた成長と自立への支援

　区は、ライフステージに応じて、切れ目のないサービスの提供を行い、障害者の成長と自立を支援していきます。

　そのために、保健、医療、福祉、教育等の連携を一層強化し、障害の早期発見に努め、療育・保育・教育を充実させ、子どもの成長に応じた支援をしていきます。

　また、障害者の希望や状況に応じた多様な就労ニーズに対応する支援をはじめ、日中活動や余暇の過ごし方等についても、さまざまな社会資源の集積する新宿の強みを活かして、社会参加の機会の充実を図っていきます。

### （3）地域社会におけるバリアフリーの促進

　区は、障害のある人と障害のない人との交流を進め、理解し合えるこころ豊かな地域づくりを推進し、安心して生活できる安全で快適な社会を目指します。

　そのために、障害者理解の促進や広報活動を充実するとともに、区民の参加・協力により、地域の行事や活動への積極的な参加を通じ、こころのバリアフリーを促進していきます。

　また、公共施設や公共交通機関等のバリアフリーを進め、福祉のまちづくりをより一層促進していきます。

## 5　重点的な取組

○重点的な取組1　相談支援体制の構築

　一人ひとりの生活に寄り添った支援やサービスが受けられるよう、障害福祉サービスに関するサービス等利用計画やセルフプランの作成を支援するとともに、基幹相談支援センターを軸とした相談支援体制の充実を図ります。さらに、関係機関や団体、支援に協力する地域の人たちとの総合的な相談支援のネットワークを構築します。

○重点的な取組2　病院からの地域生活移行の支援

　精神保健福祉法が改正（平成26年施行）され、これまで以上に退院支援に重きが置かれていることから、区は、入院早期から積極的に関与し、医療機関や障害福祉サービス事業者等と連携して退院支援を行います。また、地域での生活が安定的に継続できるよう、精神科医師や保健師等の家庭訪問や面接などによる相談支援、訪問看護ステーションによる訪問看護等をより充実させることで、精神障害者の保健医療体制の強化を図ります。

○重点的な取組3　障害等のある子どもへの専門相談の推進

　障害のある子どもや発達に心配のある子どもの相談支援環境を整備します。関係機関との連携を充実させ、継続した相談支援を実施します。保健分野では、乳幼児健診等の母子保健事業において、専門相談や療育機関・子育てサービス機関などに結びつける支援を行います。子ども総合センター発達支援コーナーでは、保護者と一緒に、子どもの発達や今後の療育について考えていきます。

○重点的な取組4　就労支援の充実

　就労準備支援、求職活動支援、職場定着支援などに関して、新宿区勤労者・仕事支援センター及び就労支援事業者等と連携し、重層的な就労支援を実施します。また、特例子会社や障害者を受け入れている企業等、関係機関との連携に努め、障害者の受入のさらなる拡大と、障害者が働きやすい環境づくりを進めます。

○重点的な取組5　ユニバーサルデザインを基本としたまちづくりの促進

　平成23年3月に策定した、「ユニバーサルデザインまちづくりガイドライン」を活用して、区民や事業者等に対し、ガイドラインの普及啓発を行い、ユニバーサルデザインの視点に立ったまちづくりを進めていきます。

## 6　障害者・児を対象とした福祉サービスの体系

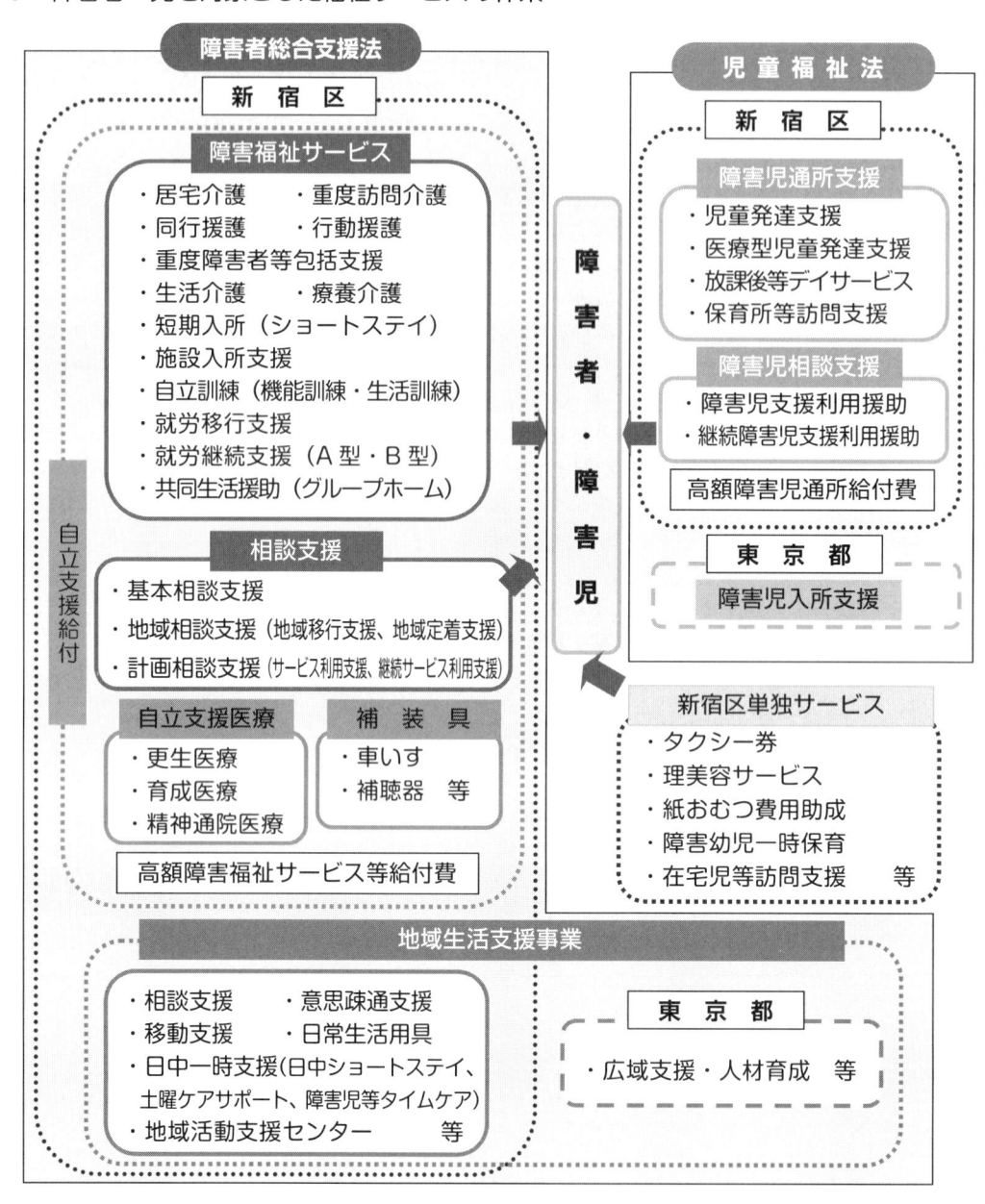

**障害者総合支援法**

【新宿区】

**障害福祉サービス**
- 居宅介護　・重度訪問介護
- 同行援護　・行動援護
- 重度障害者等包括支援
- 生活介護　・療養介護
- 短期入所（ショートステイ）
- 施設入所支援
- 自立訓練（機能訓練・生活訓練）
- 就労移行支援
- 就労継続支援（A型・B型）
- 共同生活援助（グループホーム）

**相談支援**
- 基本相談支援
- 地域相談支援（地域移行支援、地域定着支援）
- 計画相談支援（サービス利用支援、継続サービス利用支援）

**自立支援医療**
- 更生医療
- 育成医療
- 精神通院医療

**補装具**
- 車いす
- 補聴器　等

高額障害福祉サービス等給付費

（自立支援給付）

**地域生活支援事業**
- 相談支援　・意思疎通支援
- 移動支援　・日常生活用具
- 日中一時支援（日中ショートステイ、土曜ケアサポート、障害児等タイムケア）
- 地域活動支援センター　等

**児童福祉法**

【新宿区】

**障害児通所支援**
- 児童発達支援
- 医療型児童発達支援
- 放課後等デイサービス
- 保育所等訪問支援

**障害児相談支援**
- 障害児支援利用援助
- 継続障害児支援利用援助

高額障害児通所給付費

【東京都】
障害児入所支援

→ 障害者・障害児 ←

**新宿区単独サービス**
- タクシー券
- 理美容サービス
- 紙おむつ費用助成
- 障害幼児一時保育
- 在宅児等訪問支援　等

【東京都】
・広域支援・人材育成　等

◆ 障害者総合支援法のサービス（主な自立支援給付）

| 区分 | | サービス名 | サービス内容 |
|---|---|---|---|
| 障害福祉サービス | 介護給付 | 居宅介護（ホームヘルプ） | 自宅で、入浴、排せつ、食事の介護等を行います。 |
| | | 重度訪問介護 | 重度の障害者で常に介護を必要とする人に、自宅で、入浴、排せつ、食事の介護、外出時における移動支援等を総合的に行います。 |
| | | 同行援護 | 視覚障害者に、外出先で代筆、代読、移動、排泄、食事等の支援を行います。 |
| | | 生活介護 | 常に介護を必要とする人に、昼間、入浴、排せつ、食事の介護等を行います。 |
| | | 短期入所（ショートステイ） | 自宅で介護する人が病気の場合等に、短期間、夜間も含め施設で、入浴、排せつ、食事の介護等を行います。 |
| | | 施設入所支援 | 施設に入所する人に、夜間や休日、入浴、排せつ、食事の介護等を行います。 |
| | 訓練等給付 | 自立訓練（機能訓練・生活訓練） | 自立した日常生活または社会生活ができるよう、一定期間、身体機能または生活能力の向上のために必要な訓練を行います。 |
| | | 就労移行支援 | 一般企業等での就労を希望する人に、一定期間、就労に必要な知識及び能力の向上のために必要な訓練を行います。 |
| | | 就労継続支援（B型） | 就労や生産活動の機会の提供を行います。 |
| | | 共同生活援助（グループホーム） | 夜間や休日、共同生活を行う住居で、相談や日常生活上の援助、必要に応じて介助などを行います。 |
| 相談支援 | | 計画相談支援（サービス利用支援） | 利用するサービスの内容等を定めたサービス等利用計画案を作成し、支給決定が行われた後に、当該支給決定等の内容を反映したサービス等利用計画の作成を行います。 |
| | | 地域相談支援（地域移行支援） | 障害者支援施設に入所している障害者または精神科病院に入院している精神障害者に対して、居住の確保その他の地域における生活に移行するための活動に関する相談等の支援を行います。 |
| | | 地域相談支援（地域定着支援） | 居宅において単身等の状況で生活する障害者に対して、常時の連絡体制を確保し、障害の特性に起因して生じた緊急の事態等において相談等の支援を行います。 |
| 補装具費 | | | 義肢や車いす等の購入に際し、補装具費（購入費、修理費）の支給をします。 |

◆ 障害者総合支援法のサービス（主な地域生活支援事業）

| 区分 | | サービス名 | サービス内容 |
|---|---|---|---|
| 必須事業 | | 意思疎通支援事業 | 手話通訳者派遣、要約筆記者派遣、区役所手話通訳者設置等、障害者とその他の者の意思疎通の円滑化を図ります。 |
| | | 日常生活用具給付等事業 | 日常生活上の便宜を図るために、国の告示に定める要件を満たす5種類の用具を給付または貸与します。 |
| | | 意思疎通支援者養成事業 | 手話で日常会話を行うのに必要な手話語彙・手話表現技術を習得した者を養成し、意思疎通に手話を用いる障害者の日常生活・社会生活を支援します。 |
| | | 移動支援事業 | 屋外での移動が困難な障害者等に対して、円滑に外出できるよう移動を支援します。 |
| | | 地域活動支援センター事業 | 創作活動または生産活動の機会の提供、社会との交流等を行います。 |
| 区市町村の判断により実施する事業 | | 身体障害者福祉ホーム 精神障害者福祉ホーム | 住居を必要としている人に低額な料金で、居室等を提供するとともに、日常生活に必要な支援を行います。 |
| | | 日中ショートステイ（日中一時支援） | 一時的に見守り等の支援が必要な方の日中利用のサービスです。 |
| | | 土曜ケアサポート（日中一時支援） | 区内に住所を有する生活介護事業の利用者を対象に、土曜日の日中活動の場を提供するサービスです。 |
| | | 障害児等タイムケア（日中一時支援） | 小中高校生等の障害のある子ども等を対象とした放課後や夏休み等、長期休業時の日中活動の場を提供するサービスです。 |

◇ 主な児童福祉法のサービス

| 区分 | サービス名 | サービス内容 |
|---|---|---|
| 障害児通所支援 | 児童発達支援 | 障害のある子ども等に、日常生活における基本的な動作の指導、集団生活への適応訓練等を行います。 |
| | 放課後等デイサービス | 就学している障害のある子ども等に、授業の終了後または休業日に児童発達支援センター等の施設で、生活能力の向上のために必要な訓練、社会交流の訓練、社会交流の機会を提供します。 |
| 相談支援 障害児 | 障害児相談支援（障害児支援利用援助） | 障害児通所支援を利用する障害のある子ども等を対象に、サービスの内容等を定めた障害児支援利用計画案を作成し、支給決定が行われた後に、当該支給決定等の内容を反映した障害児支援利用計画の作成を行います。 |

## 7 成果目標

### 成果目標1 福祉施設の入所者の地域生活への移行
（1） 平成26年度末の施設入所者のうち、平成29年度までに地域生活へ移行する人数を、10名とします。
（2） 平成29年度末の施設入所者総数について、平成26年度末の施設入所者から4名減少することを目指します。

### 成果目標2 地域生活支援拠点の整備
平成29年度までに地域生活支援拠点を整備します。

### 成果目標3 障害者就労支援施設等から一般就労への移行
（1） 平成29年度末までに重層的就労支援体制において一般就労者数を年間73名以上とします。
（2） 平成29年度末の就労移行支援事業所の利用者数を60名以上とします。
（3） 就労移行率が2割以上の区内の就労移行支援事業所を平成29年度末までに全体の5割以上とすることを目指します。

## 8 サービス必要量見込の設定

> 1 障害福祉サービス等の必要量の見込
> 訪問系サービス、日中活動系サービス等の障害福祉サービス等について見込みます。

> 2 新宿区地域生活支援事業の必要量の見込
> 区が独自に定める地域生活支援事業について見込みます。

> 3 障害児支援の必要量の見込
> 児童に対する放課後等デイサービスなどの支援について見込みます。

◆障害福祉サービスの必要量見込

| | | 平成27年度 | | 平成28年度 | | 平成29年度 | |
|---|---|---|---|---|---|---|---|
| 1 | 居宅介護 | 505人 | 12,197時間 | 505人 | 12,245時間 | 506人 | 12,275時間 |
| 2 | 重度訪問介護 | 36人 | 11,136時間 | 36人 | 11,136時間 | 36人 | 11,136時間 |
| 3 | 同行援護 | 116人 | 2,872時間 | 123人 | 2,971時間 | 130人 | 3,112時間 |
| 4 | 行動援護 | 1人 | 136時間 | 1人 | 136時間 | 1人 | 136時間 |
| 5 | 重度障害者等包括支援 | 0人 | 0時間 | 0人 | 0時間 | 0人 | 0時間 |
| 6 | 生活介護 | | 334人×20日 | | 340人×20日 | | 344人×21日 |
| 7 | 自立訓練（機能訓練） | | 6人×15日 | | 7人×15日 | | 7人×15日 |
| 8 | 自立訓練（生活訓練）【宿泊型自立訓練】 | | 60人×15日【15人×28日】 | | 66人×15日【15人×28日】 | | 72人×15日【15人×28日】 |
| 9 | 就労移行支援 | | 55人×16日 | | 57人×17日 | | 60人×18日 |

| 10 | 就労継続支援（A型） | | 33人×16日 | 36人×16日 | 40人×16日 |
|---|---|---|---|---|---|
| 11 | 就労継続支援（B型） | | 494人×14日 | 499人×14日 | 504人×14日 |
| 12 | 療養介護 | | 25人 | 25人 | 25人 |
| 13 | 短期入所（ショートステイ） | | 81人×7日 | 87人×7日 | 91人×7日 |
| 14 | 共同生活援助（グループホーム） | | 177人 | 184人 | 193人 |
| 15 | 施設入所支援 | 年間利用者数 | 212人 | 210人 | 208人 |
| 16 | 計画相談支援<br>【セルフプラン作成】 | | 509人<br>【1,139人】 | 782人<br>【903人】 | 846人<br>【874人】 |
| 17 | 地域移行支援 | | 3人 | 3人 | 4人 |
| 18 | 地域定着支援 | | 3人 | 3人 | 3人 |

◆地域生活支援事業の必要量見込

| | | | 平成27年度 | 平成28年度 | 平成29年度 |
|---|---|---|---|---|---|
| 101 | 理解促進研修・啓発事業 | 実施の有無 | 実施 | 実施 | 実施 |
| 102 | 障害者福祉活動事業助成等<br>（自発的活動支援事業） | 実施の有無 | 実施 | 実施 | 実施 |
| 103 | 相談支援 | 実施個所数 | 12所 | 12所 | 12所 |
| 104 | 基幹相談支援センター | 設置年月 | 平成24年4月設置 | | |
| 105 | 障害者自立支援協議会 | 設置年月 | 平成19年3月設置 | | |
| 106 | 居住サポート | 実施個所数 | 5所 | 5所 | 5所 |
| 107 | 成年後見制度利用支援 | 年間利用件数 | 延3件 | 延3件 | 延4件 |
| 108 | 意思疎通支援事業<br>（手話通訳者派遣） | 年間利用件数 | 延1,152件 | 延1,246件 | 延1,381件 |
| 109 | 意思疎通支援事業<br>（要約筆記者派遣） | 年間利用件数 | 延90件 | 延100件 | 延110件 |
| 110 | 意思疎通支援事業<br>（区役所手話通訳者設置） | 年間利用件数 | 延140件 | 延145件 | 延150件 |
| 111 | 日常生活用具<br>（介護訓練支援） | 年間利用件数 | 延13件 | 延14件 | 延15件 |
| 112 | 日常生活用具<br>（自立生活支援） | 年間利用件数 | 延82件 | 延96件 | 延107件 |
| 113 | 日常生活用具<br>（在宅療養等支援） | 年間利用件数 | 延90件 | 延108件 | 延130件 |
| 114 | 日常生活用具<br>（情報・意思疎通支援） | 年間利用件数 | 延114件 | 延127件 | 延142件 |
| 115 | 日常生活用具<br>（排泄管理支援） | 年間利用件数 | 延4,426件 | 延4,616件 | 延4,802件 |
| 116 | 住宅改修費 | 年間利用件数 | 延17件 | 延18件 | 延20件 |
| 117 | 意思疎通支援者養成研修事業 | 修了見込者数<br>（登録見込者数） | 70人（5人） | 70人（5人） | 70人（5人） |
| 118 | 移動支援<br>（個別支援・グループ支援） | 年間利用者数<br>時間数 | 延6,230人<br>延81,666時間 | 延6,549人<br>延85,458時間 | 延6,888人<br>延90,632時間 |
| 119 | 地域活動支援センター | 実施個所数<br>年間利用者数 | 4所　延14,600人 | 4所　延14,600人 | 4所　延14,600人 |
| 120 | 身体障害者福祉ホーム | 実施個所数<br>利用定員 | 3所　21人 | 3所　21人 | 3所　21人 |
| 121 | 精神障害者福祉ホーム | 実施個所数<br>利用定員 | 1所　8人 | 1所　8人 | 1所　8人 |

| 122 | 巡回入浴 | 年間回数<br>実利用者数 | 740回 | 26人 | 740回 | 26人 | 740回 | 26人 |
|---|---|---|---|---|---|---|---|---|
| 123 | 日中ショート<br>（日中一時支援） | 実施箇所数<br>年間利用者数 | 9所 | 延240人 | 9所 | 延260人 | 10所 | 延282人 |
| 124 | 土曜ケアサポート<br>（日中一時支援） | 実施箇所数<br>年間利用者数 | 1所 | 延471人 | 1所 | 延481人 | 1所 | 延491人 |
| 125 | 障害児等タイムケア<br>（日中一時支援） | 実施箇所数<br>実利用者数 | 1所 | 96人 | 1所 | 98人 | 1所 | 100人 |
| 126 | 緊急保護居室確保<br>（障害者虐待防止対策支援） | 床数 | | 1床 | | 1床 | | 1床 |
| 127 | 障害支援区分認定等事務<br>（介護給付費等認定審査会） | 年間回数<br>年間審査件数 | 32回 | 793件 | 26回 | 448件 | 26回 | 492件 |

◆障害児支援の必要量見込

| | | 平成27年度 | 平成28年度 | 平成29年度 |
|---|---|---|---|---|
| 1 | 児童発達支援 | 206人×4日 | 226人×4日 | 249人×5日 |
| 2 | 医療型児童発達支援 | 0人 | 0人 | 0人 |
| 3 | 放課後等デイサービス | 65人×7日 | 71人×8日 | 79人×10日 |
| 4 | 保育所等訪問支援 | ― | ― | ― |
| 5 | 障害児相談支援<br>【セルフプラン】 | 11人<br>【409人】 | 23人<br>【427人】 | 34人<br>【446人】 |

## 9 サービス利用における利用者負担と軽減措置

障害者総合支援法では、負担能力に応じた利用者負担とすることが定められています。

区では、障害福祉サービスと地域生活支援事業の一部（移動支援・日中一時支援）を同月に利用する場合においては合算して、障害福祉サービスの負担上限月額を適用しています。また、障害福祉サービス、補装具費、新宿区地域生活支援事業及び障害児通所支援の定率負担10％を3％にして、福祉ホームや地域活動支援センターについては、利用料を無料としています。さらに、区立の通所施設における給食費の負担を原材料費に限る軽減策を実施しています。区は、障害者総合支援法の利用者負担の考え方を基本としたうえで、第4期の計画期間についても、区独自の負担軽減策を引き続き講じていきます。

## 10 計画の評価と見直し

障害者総合支援法においては、計画に定める事項について、定期的に調査、分析及び評価を行い、必要があると認めるときは、計画を変更することその他の必要な措置を講ずること（PDCAサイクル）とされています。国の基本指針を踏まえ、障害福祉計画におけるPDCAサイクルのプロセスは、以下の通りとします。

○成果目標及び活動指標については、少なくとも1年に1回その実績を把握し、障害者施策や関連施策の動向も踏まえながら、計画の中間評価として、分析・評価を行い、必要があると認めるときには、計画の変更や事業の見直し等の措置を講じます。

○中間評価の際には、新宿区障害者施策推進協議会及び新宿区障害者自立支援協議会等の意見を聴くとともに、その結果を公表します。

（西田　玲子）

# Ⅵ 第3次かわさきノーマライゼーションプラン
―まちで暮らそう21世紀―

## 1 川崎市の概要

　川崎市は、東京都と横浜市に挟まれた、人口141万人の政令指定都市である。多摩川に沿った細長い市域をもち、7つの行政区に分けられている。南部の臨海部は、京浜工業地帯の中核をなしており、鉄鋼、化学、石油、金属などの大規模素材系産業、内陸部には多摩川流域の産業集積と深い関わりをもつ機械、エレクトロニクス、精密、情報などの大企業から、中小・中堅・ベンチャー企業が集積している。また、中北部は、新興の住宅地が広がり、東京、横浜のベッドタウンとして毎年2万人近い人口が増加し、出生率も10.5／1000（2006（平成18）年）と全国のトップを争っている。
　2010（平成22）年1月1日現在の人口は1,410,826人である。
　川崎市の障害者人口は、2009（平成21）年3月末現在、身体障害者・児が約31,000人、知的障害者・児が約6,400人、精神障害者保健福祉手帳の交付を受けている人が約5,600人である。2003（平成15）年以降の障害者数の推移をみると、増加傾向にあり、2009（平成21）年3月末における障害者数は、前年3月末に比べ、身体障害者・児では3.7％、知的障害者・児では5.4％、精神障害者保健福祉手帳交付者数では12.1％伸びている。

## 2 川崎市における障害者施策の推移

　川崎市はこれまで、1981（昭和56）年の国際障害者年のテーマであった「完全参加と平等」の理念の実現に向けて、市民とともに取り組んでいくことを基本として障害者施策を進めてきた。その具体的な取組みとして「障害者福祉基本構想」を策定し、①障害者の自立のための援助の体系化、②社会参加の方策の検討、③市民各層への障害者問題に対する正しい理解と認識の醸成を柱としながら、生涯授産構想の具体化や総合リハビリテーションシステム、重度障害者センターとしての機能をもつ「れいんぼう川崎」などの整備を進めてきた。これと合わせて、1986（昭和61）年から、どのような障害があっても地域での日中活動の場所を保障する養護学校卒業生対策を出発させている。
　こうした取組みを着実なものとするため、1997（平成9）年に「かわさきノーマライゼーションプラン」を策定し、①ノーマライゼーションの実現と障害者の社会的自立の促進、②障害者の参画の推進と権利の擁護、③障害者を含むすべての市民のための施策の推進を基本としながら、在宅サービスの充実や権利擁護など、時代の要請にこたえる取組みを進めるとともに、2000（平成12）年の社会福祉基礎構造改革や2003（平成15）年の支援費制度の施行などの変化に対応するため、2004（平成16）年に「新かわさきノーマライゼーションプラン」として改定を行っている。ここでは、入所施設から地域福祉へという潮流のなかで、「まちで暮らそう21世紀」として、①地域での自立した生活の推進、②利用者主体（自己選択、自己決定）の支援、③やさしいまちづくりの支援を基本とした取組みを進めてきた。
　こうした取り組みを進めるには、障害のある人一人ひとりが地域社会の一員として主体的に生きていけるようにしていくとともに、さまざまな形での支え合いが広がっていく地域社会をつくっていくという視点が重要である。地域のなかで育ち、学び、働き、暮らしていくための支援を基本としながら、そうした支援が多くの市民によって担われるようになることによって、真の理解や共感が醸成されていくことが期待される。
　2006（平成18）年に施行された障害者自立支援法では、障害のある人の自立に焦点をあててサービス体系が再編されるとともに、福祉、保健、医療はもとより教育や雇用との連携も重視され、多様な地域資源との結びつきをさらに強めていくことが求められている。そこで川崎市では、①地域の中で必要なサービスが行き届くようにする、②地域の中での多様な生き方を支援する、③地域の中でのつながりを大切にするという基本的な考え方の下に第1期障害福祉計画を策定し、みんなで支え合う地域社会をめざして、障害者施策の推進に取り組んできた。

## 3 第3次かわさきノーマライゼーションプラン策定の背景
### （1） 障害者施策の新たな展開

　今回の計画の改定は、障害者自立支援法の施行などの大きな政策的転換に際し、川崎市の障害者施策全体を総点検し、国の施策動向や市内の実状に合わせたものにつくり変えていこうとするものである。

　障害者自立支援法は、身体障害、知的障害、精神障害の三障害を一元化しながらサービス体系を再編するとともに、入所施設や精神科病院からの地域移行や就労支援の強化の方向性を打ち出している。これらの課題に対応するため、数値目標を伴う第1期障害福祉計画を策定し、その推進に取り組んできた。

　また、これ以外にも、2005（平成17）年に発達障害者支援法の施行、2007（平成19）年に学校教育法等の改正施行などの動きがあった。この背景として、発達障害などにより特別な配慮を必要とする児童・生徒が、小・中学生全体の6.3％であるという調査結果（2002〔平成14〕年・文部科学省調査）が明らかにされ、多くの人が社会生活を営む上での配慮を必要としていることが社会的に認識されてきたにもかかわらず、支援手法の確立や専門的知識をもった人材の確保が進んでいない状況がある。また、周囲の理解の不足による二次障害（障害そのものによる困難さではなく、周囲との関係のなかで形成された身体的・情緒的にあらわれる障害）の発症も懸念されており、障害そのものに対する理解促進も大きな課題となっている。このため、発達障害者支援センター（本市では発達相談支援センター）の設置が進められるとともに、障害児教育の分野では、特別支援教育への転換により、発達障害のある子ども等に対して、一人ひとりの教育的ニーズに応じた支援を行える体制の整備が行われてきている。

　さらに、障害者雇用の分野では、2005（平成17）年に障害者雇用促進法が改正施行され、精神障害者を雇用率算定の対象としたほか、短時間労働者についてもカウントできるようになり、障害者自立支援法と一体となって障害者雇用の促進が期待されているとともに、2006（平成18）年に施行された高齢者、障害者等の移動等の円滑化の促進に関する法律（バリアフリー新法）により、高齢者や障害者への特別な配慮という視点を発展的に解消し、みんなが利用しやすい環境づくりをめざすユニバーサルデザインの考え方を実現するための取り組みも進められてきている。

　このため、今回は第2期障害福祉計画を策定する機会に、障害者施策全般の見直しを行うとともに、障害者基本法に基づく障害者計画と障害者自立支援法に基づく障害福祉計画を一体化し、新たな時代に対応する総合的な施策推進計画を策定することとした。

### （2） 障害者権利条約の締結に向けて

　また、国際的な情勢として、2006（平成18）年に障害者権利条約が国連総会において採択され、障害者の人権と自由を包括的に保護し、差別の禁止と合理的な配慮を社会に求めていくこととして、2008（平成20）年に発効した。日本は、2007（平成19）年に署名したものの、関係法令を整備する準備に時間を要するため、批准には至っていない。しかし、国際的な大きな流れという意味では、障害者権利条約の理念や方向性を踏まえて計画の検討を進めることとした。

## 4 計画の位置づけと計画期間
### （1） 計画の位置づけ

　この計画は、障害者基本法に基づく市町村障害者計画と、障害者自立支援法に基づく障害福祉計画にあたり、川崎市の総合計画や関連する保健医療、福祉、教育、住宅等の計画と連携して推進されるものである。

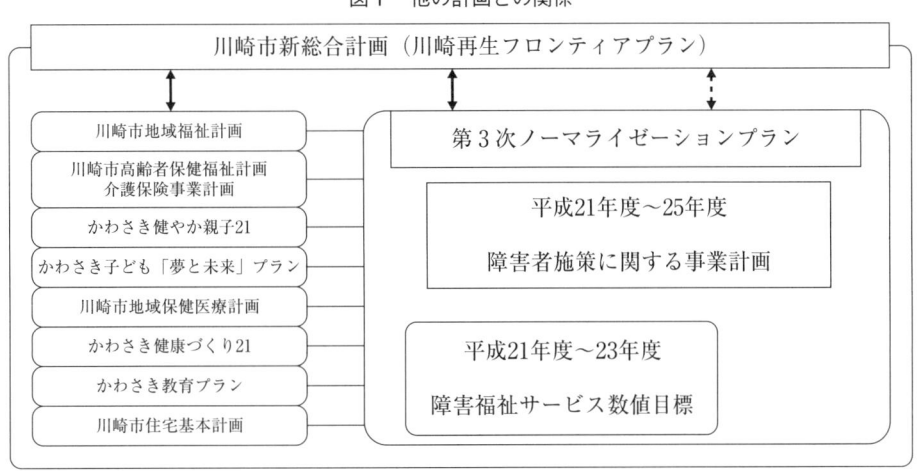

図1　他の計画との関係

```
川崎市新総合計画（川崎再生フロンティアプラン）
├ 川崎市地域福祉計画
├ 川崎市高齢者保健福祉計画
│　介護保険事業計画
├ かわさき健やか親子21
├ かわさき子ども「夢と未来」プラン
├ 川崎市地域保健医療計画
├ かわさき健康づくり21
├ かわさき教育プラン
└ 川崎市住宅基本計画

第3次ノーマライゼーションプラン
　平成21年度～25年度
　　障害者施策に関する事業計画
　平成21年度～23年度
　　障害福祉サービス数値目標
```

（2）計画期間

　この計画は、2009（平成21）年度～2013（平成25）年度までの5か年計画である。ただし、障害福祉サービスの見込量については、第2期障害福祉計画の計画期間である2009（平成21）年度～2011（平成23）年度までの3年分を見込んでいる。

　なお現在、国において障害者自立支援法や障害児施策の見直しが検討されていることから、計画期間内であっても、必要に応じてこの計画を見直す場合がある。

## 5　基本理念

　この計画は、障害のある人もない人も、お互いを尊重しながらともに支え合う、自立と共生が根差した地域社会をめざしている。こうした社会の実現に向けて、障害者支援の基本的な理念であるノーマライゼーションとリハビリテーションの理念の下に、障害のある人やその家族への支援をはじめとして、地域社会への働きかけやまちづくりの推進など幅広い施策に取り組んでいくことが必要である。そこで、「育ち、学び、働き、暮らす」、「地域でふれあい、支え合い」、「やさしいまちづくり」を基本理念として、この計画を策定した。

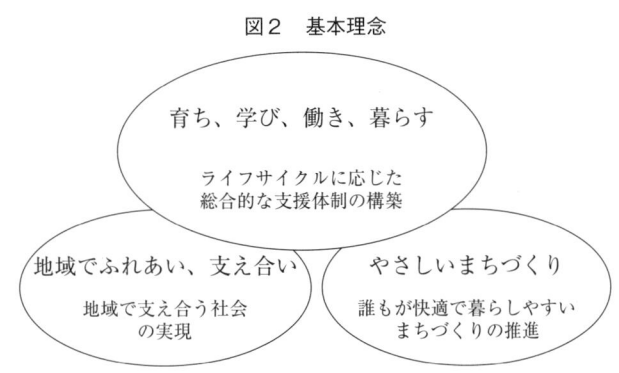

図2　基本理念

- 育ち、学び、働き、暮らす
　ライフサイクルに応じた総合的な支援体制の構築
- 地域でふれあい、支え合い
　地域で支え合う社会の実現
- やさしいまちづくり
　誰もが快適で暮らしやすいまちづくりの推進

## 6　計画推進の方向性

　川崎市はこれまで、障害のある人の自立した地域生活を支えるということを重視して障害者施策に取り組んできた。この計画では、こうした考え方を尊重しながら、「地域生活支援の充実」、「地域生活への移行支援」、「就労に向けた支援」を計画推進の基本的な方向性として定め、障害者施策の充実に向けた取組みを進めていく。

（1）地域生活支援の充実

　障害のある人の地域における生活を支えるためには、日常生活を支援するサービスとともに、住む場

所、活動する場所、働く場所など生活や活動の拠点を整備していくことが必要である。また、福祉、保健、医療、教育、就労などの専門的な支援を身近な地域で受けられるようにしていくことも求められる。さらに、さまざまな障害特性にも対応することも考慮すると、相当多様な支援基盤を地域のなかにつくり上げていくことが必要になってくる。したがって、既存の社会資源を有効に活用しつつ、効率的・効果的な基盤整備を進め、またそれらが相互に連携を強めることにより、必要とする支援が地域のなかに行き届くような支援体制を構築していくことが重要になってくる。特に精神障害については、福祉的な支援の対象となって日が浅いことから、状態に応じた柔軟な支援や医療との連携に配慮した支援といった障害特性に配慮した支援が地域で受けられるようにしていくとともに、地域に対して正しい知識を普及させていくことが必要とされている。また最近では、発達障害や高次脳機能障害などの分野についても、その障害特性に配慮した支援と理解の促進の必要性が指摘されていることから、必要な対応を図っていくことが求められている。

　また、これらの支援を利用する立場からは、多様な生活ニーズに一体的に対応できるような支援が求められることから、各種サービスの利用援助や制度の紹介、事業所や機関との連絡調整と、必要に応じて支援体制の見直しを包括的に行う相談支援（ケアマネジメント）の充実が必要になってくる。これについても、担い手の拡大とともに、質の向上やネットワークの強化、そして地域資源の開発に取り組んでいかなければならない。

　さらに、こうした支援を利用していく上では、必要な情報を手に入れて、的確な判断をしていくことが求められるにもかかわらず、実際には、それが難しい人が支援を利用することになるという課題もあり、障害のある人の権利擁護に向けた取組みも求められている。

　このため川崎市は、地域生活を支援するために必要な基盤整備と相談支援体制を着実に整備するとともに、これらが利用者のニーズに的確に対応できるような支援システムの構築に取り組んでいくこととする。

（２）　地域生活への移行支援

　入所施設や精神科病院で生活している人でも、地域での生活が可能であり、それを希望している人には、地域での生活に移行できるような支援を行っていくことが求められる。そのためには、地域で生活していくために必要な支援を充実させつつ、地域での生活に関する情報提供や体験などを通じて本人や家族が安心して移行できるような仕組みとともに、地域に移行するときに必要になってくる住まいや福祉サービス、日常生活や医療面でのケアなどに関する調整や手続き、フォローアップなどを支援できる体制が必要になってくる。

　このため川崎市は、関係機関と連携して積極的に取り組んでいくとともに、地域生活への移行に必要な支援を充実させていくこととする。

（３）　就労に向けた支援

　働くことをとおして社会経験を積み、また生きがいを見出しながら、社会の一員として成長していくのは、障害のある人でも同じことである。このため最近は、障害のある人に対しても、その人の希望と能力に応じて、働くことを支援していくことが重視されてきている。

　しかし、そのためには、単に就労を奨励するだけでなく、就労するために必要な職業訓練や職業紹介、また職場定着のための支援や日常生活上の支援など、さまざまな支援が総合的に展開されていくことが必要である。また、働く場を広げていくことも重要な視点であり、障害者雇用のより一層の促進が期待されている。

　このため川崎市は、関係機関や企業などとの連携を強化していくとともに、就労支援に関する施策に積極的に取り組んでいくこととする。

## 7 施策体系

表1 施策体系

| 基本理念 | 施策体系 | 施策課題 | 事業名 |
|---|---|---|---|
| 育ち、学び、働き、暮らす | （1）子どもと家庭への支援 | 1）総合的な支援体制の構築 | 障害児支援ネットワークの検討 |
| | | 2）相談支援体制の充実 | 相談窓口の充実 |
| | | 3）専門的な相談支援体制の整備 | 中央療育センターの整備 |
| | | | 地域療育センターの整備・充実 |
| | | | 発達相談支援センターの充実 |
| | | 4）早期発見・早期療育の促進 | 各種健康診査の充実 |
| | | | 障害の発見から療育支援までの連携促進 |
| | | | 質の高い療育の提供 |
| | | | 入所施設における生活支援 |
| | | 5）特別支援教育の推進 | 就学相談の充実 |
| | | | 教育相談の充実 |
| | | | 教員の専門性の向上 |
| | | | 地域の学校における特別支援学級の整備 |
| | | | 通常の学級在籍児への援助と理解促進の充実 |
| | | | 特別支援学校等の機能の充実 |
| | | | 特別支援学校高等部の充実 |
| | | | 職業教育・進路相談の充実 |
| | | 6）高校・大学等における教育 | 一般高校での特別支援教育の充実 |
| | | | 大学等の教育環境の検討 |
| | | 7）家庭への支援の充実 | 保育・療育の場の充実 |
| | | | ファミリーサポートの充実 |
| | | | 地域における放課後や夏休み等の支援 |
| | | | 障害のある中高生への日中一時支援 |
| | | | 子どもと家庭への専門的な支援体制の整備 |
| | | 8）地域における交流の支援 | ともに育つ場の充実（自主的地域活動の支援） |
| | | | 地域の子育てグループなどへの専門的支援 |
| | （2）地域における自立した生活の支援 | 1）総合的な支援体制の構築 | 地域支援ネットワークの整備 |
| | | 2）相談支援体制の充実 | 総合相談窓口の充実 |
| | | | 障害者生活支援センターの整備 |
| | | 3）専門的な相談支援体制の整備 | 総合リハビリテーションセンターの整備 |
| | | | 地域リハビリテーションセンターの整備 |
| | | | 発達相談支援センターの充実（再掲） |
| | | | 在宅リハビリテーションサービス |
| | | 4）生活支援サービスの充実 | 居宅支援サービスの提供 |
| | | | 情報提供の充実 |
| | | | コミュニケーション支援の充実 |
| | | 5）経済的自立の支援 | 障害年金の支給 |
| | | | 各種手当などによる経済支援 |

| 基本理念 | 施策体系 | 施策課題 | 事業名 |
|---|---|---|---|
| | | | 税金・公共料金等の減免や福祉サービス等の負担軽減の実施 |
| | | 6）福祉用具の開発と効果的な利用の促進 | かわさき基準（ＫＩＳ）に基づく福祉産業の振興 |
| | | | 福祉用具の効果的な利用の促進 |
| | | | 福祉用具の提供 |
| | | 7）入所施設や病院等からの地域移行支援 | グループホーム等の基盤整備 |
| | | | グループホーム等の体験利用の仕組みの創設 |
| | | | 入所施設における地域移行支援策の検討 |
| | | | 精神障害者の退院促進 |
| | | 8）多様な支援ニーズへの対応 | 発達障害児・者への支援方策の検討 |
| | | | 高次脳機能障害への対応のあり方の検討 |
| | | | 触法障害者への支援のあり方の検討 |
| | | | 心神喪失者等医療観察法の推進 |
| | | 9）サービスの質の向上 | 第三者評価の推進 |
| | | | 障害者ケアマネジメントの充実 |
| | | 10）サービスの担い手の確保と養成 | 障害者支援従事者の確保 |
| | | | 障害者支援従事者の育成 |
| | | | 専門職の確保・養成 |
| | | | 手話通訳者・要約筆記者などの養成 |
| | (3)障害特性に応じた日中生活の場の整備 | 1）日中活動サービスの提供 | 介護・訓練等サービスの提供 |
| | | | 地域活動支援センター |
| | | | 地域生活支援センター |
| | | 2）日中活動サービスの充実 | 重度障害者への支援の充実 |
| | | | 支援体制の強化 |
| | | | 送迎や食事・入浴サービスの提供 |
| | | 3）サービス基盤の整備 | 総合リハビリテーションセンターの整備（再掲） |
| | | | 特別支援学校卒後対策の推進 |
| | (4)就労支援と雇用の拡充 | 1）総合的な就労支援体制の構築 | 就労支援ネットワークの形成 |
| | | 2）就労移行支援の強化 | 就職相談の充実 |
| | | | 評価機能の充実 |
| | | | 職場体験・実習の場の拡大 |
| | | | 就労移行支援の実施 |
| | | | チャレンジ雇用の推進 |
| | | | 障害者雇用施策の利用促進 |
| | | 3）就労支援基盤の整備 | 総合就労支援機能の充実 |
| | | | 地域就労援助センターの整備 |
| | | 4）就労の継続支援 | フォローアップ支援の充実 |
| | | | 生活支援センター等との連携 |
| | | 5）障害者雇用の拡充 | 雇用の促進 |

計画編

| 基本理念 | 施策体系 | 施策課題 | 事業名 |
|---|---|---|---|
| | | | 官公需発注における優遇 |
| | | | 企業に対する支援の充実 |
| | | | 就労の場の拡大 |
| | | | チャレンジ雇用の推進（再掲） |
| | （5）生活しやすい住まいの整備 | 1）ケア付き住宅の整備促進 | グループホーム等の基盤整備（再掲） |
| | | | グループホーム等のサービスの質の向上 |
| | | | 重度重複障害者対応ケアホームの設置支援の検討 |
| | | | 高齢期における住まいのあり方の検討 |
| | | 2）施設入所機能の充実 | 施設入所支援の提供 |
| | | | 重度障害者への支援の充実 |
| | | | 施設入所サービス基盤の整備 |
| | | 3）公営住宅の整備 | 住みやすい住環境の整備 |
| | | 4）民間住宅への入居促進 | 民間住宅の入居相談の充実 |
| | | | 多様な障害に対応できる住宅ストック形成促進策の検討 |
| | | 5）快適な住まいづくりの支援 | 住宅相談の充実 |
| | | | 住宅改造の充実 |
| | （6）保健医療分野との連携 | 1）医療ケアの提供 | 自立支援医療（育成医療・更生医療）の充実 |
| | | | 重度障害者医療費助成の実施 |
| | | | 在宅リハビリテーションの充実 |
| | | | 訪問看護の提供 |
| | | | 難病患者への支援 |
| | | 2）精神科医療の充実 | 精神科医療の充実 |
| | | | 精神科救急医療体制の整備 |
| | | 3）福祉サービスにおける医療ケアの実施 | 重症心身障害児（者）通園事業の実施 |
| | | | 生活介護における医療ケアの提供 |
| | | | 医療機関における短期入所の提供 |
| | | 4）リハビリテーション医療システムの検討・整備 | 重度障害者に対応できる医療体制の検討 |
| | | | 病院と地域ケアの連携システムの検討 |
| | | | 高次脳機能障害への対応のあり方の検討（再掲） |
| | | | 小児神経科・児童精神科等障害児医療の基幹医療施設の整備 |
| 地域でふれあい、支え合い | （1）地域における交流の促進 | 1）当事者活動の充実 | 障害者団体等の育成と協力関係の構築 |
| | | | ピアサポートの充実 |
| | | 2）地域における多様な支え合いの構築 | 家族や地域に対する支援の充実 |
| | | | ともに育つ場の充実（自主的地域活動の支援）（再掲） |
| | | | ボランティア活動やNPOによる地域支援の充実 |
| | | | 地域との交流を通じた協働体制の構築 |

225

| 基本理念 | 施策体系 | 施策課題 | 事業名 |
|---|---|---|---|
| | | 3）福祉教育の推進 | 学校における福祉教育 |
| | | | 福祉系大学・高校福祉科との連携の検討 |
| | | 4）啓発・広報活動の推進 | 啓発・広報活動の実施 |
| | | | 精神障害への理解促進 |
| | | | メンタルヘルス対策の充実 |
| | | | 自殺対策の推進 |
| | （2）社会参加活動の充実 | 1）文化・スポーツ活動の推進 | 社会参加事業の実施 |
| | | | 文化・芸術活動の推進 |
| | | | 身近な場での文化活動の推進 |
| | | | スポーツ活動の推進 |
| | | | スポーツ施設の利用促進 |
| | | | スポーツ指導者の養成 |
| | | 2）社会教育・生涯教育の実施 | 障害者の生涯学習の場の充実 |
| | | | 地域における社会生活技術の習得支援 |
| | （3）権利擁護の推進 | 1）権利擁護体制の整備 | 成年後見制度の推進 |
| | | | 日常生活自立支援事業の実施 |
| | | 2）サービスの利用援助と苦情解決 | 障害者生活支援センターの整備（再掲） |
| | | | 日常生活自立支援事業の実施（再掲） |
| | | | 苦情解決システムの充実 |
| | | | 事故やトラブル等への対応の充実 |
| | （4）国際交流の推進 | 1）国際交流 | 姉妹都市・友好都市との交流 |
| | | | 文化・スポーツ活動の交流 |
| | | 2）国際協力 | アジアの障害者への支援 |
| | | | 人道支援の推進 |
| やさしいまちづくり | （1）ユニバーサルデザインに配慮した生活環境の整備 | 1）誰もが暮らしやすいまちづくりの推進 | 福祉のまちづくりの推進 |
| | | | まちづくりへの市民参画 |
| | | 2）道路の環境整備 | 歩行空間の改善 |
| | | | 路上放置物の改善 |
| | | 3）公共交通機関のバリアフリー化 | 駅舎のエレベーター等の整備推進 |
| | | | ノンステップバス導入の促進 |
| | | 4）公共設備の改善 | 公園のバリアフリー化 |
| | | | 休憩施設・公衆トイレの整備 |
| | | 5）まちの情報提供の充実 | 案内標識、掲示板の改善 |
| | | | まちの整備状況等に関する情報提供 |
| | （2）防災・防犯対策の充実 | 1）災害時に対応できる環境整備 | 防災拠点の充実 |
| | | | 防災情報の提供 |
| | | | 災害時情報伝達手段の確保 |
| | | | 災害時支援体制の構築 |
| | | | 広域的な支援システムの設置の推進 |
| | | 2）防犯対策の充実 | 非常通報システムの設置の推進 |
| | | | 障害者の消費者トラブルの防止 |

## 8 地域移行と就労支援に関する数値目標

第1期障害福祉計画では、国の指針により、①施設入所者の地域生活への移行、②退院可能な精神障害者の地域移行、③福祉施設利用者の一般就労への移行に重点的に取り組むこととしていた。

表2 地域移行と就労支援に関する目標

|  | 国指針 | 現行計画の数値目標 | 平成19年度までの実績 | 第3次ノーマライゼーションプランの数値目標（23年度まで） |
|---|---|---|---|---|
| 入所施設からの地域移行 | ①施設入所者の1割を地域移行 | 124人 | 61人 | 124人 |
|  | ②施設入所者を7％削減 | ▲32人 | ＋17人 | ▲32人 |
| 退院可能な精神障害者の地域移行 | 平成24年までに退院可能な精神障害者の入院解消 | 282人 | 131人 | 282人 |
| 福祉施設利用者の一般就労移行 | 福祉施設利用者の年間一般就労移行者数の水準を4倍 | 31人／年 | 30人／年 | 36人／年 |

## 9 第1期障害福祉計画の進捗状況

2006（平成18）年度と2007（平成19）年度については3月分、2008（平成20）年度は6月分のサービス提供実績をみると、以下のとおりである。

### （1）日中活動系サービス

- ●新体系への移行が見込みよりも遅れている
- ●予想よりも生活介護が多くなり、その分就労継続支援B型が少なくなっている
  - →障害程度区分の認定結果によって左右されている
- ●一人当たりの利用日数が一定ではなく、日数ベースでの数値が見込みよりも少なくなっている
  - →必ずしも22日利用ではない利用形態が少なからずある
- ●地域活動支援センター利用者が見込みよりも少なくなっている
  - →退院可能な精神障害者の地域移行による日中受け皿が、必ずしも地域活動支援センターではなかったため

表3 サービス種類ごとの実績

（単位：人）

| 区分 | 平成18年度 計画 | 平成18年度 実績 | 平成19年度 計画 | 平成19年度 実績 | 平成20年度 計画 | 平成20年度 実績 |
|---|---|---|---|---|---|---|
| 生活介護 | 455 | 579 | 1,087 | 1,205 | 1,462 | 1,386 |
| 自立訓練（機能） | 10 | 31 | 10 | 26 | 20 | 31 |
| 自立訓練（生活） | 10 | 40 | 15 | 55 | 41 | 68 |
| 就労移行支援 | 42 | 39 | 65 | 51 | 82 | 74 |
| 就労継続支援A型 | 0 | 0 | 0 | 3 | 10 | 4 |
| 就労継続支援B型 | 293 | 223 | 400 | 306 | 677 | 407 |
| 旧法施設支援 | 1,375 | 1,376 | 723 | 733 | 257 | 558 |
| 地域活動支援センター | 239 | 61 | 661 | 360 | 734 | 523 |
| 地域作業所 | 870 | 828 | 455 | 337 | 273 | 197 |

## （2）居住系サービス

● 地域移行は進んでいるが、施設入所者数が減っていない
　→依然として施設入所ニーズが大きい
● CH（共同生活介護）／GH（共同生活援助）の利用者数が見込みよりも少なくなっている
　→報酬基準の少なさが影響している部分もあるが、退院可能な精神障害者の地域移行による住まいの受け皿が、必ずしもCH／GHではなかった部分が大きい

表4　居住系サービスの提供実績

（単位：人）

| 区分 | 平成18年度 | | 平成19年度 | | 平成20年度 | |
|---|---|---|---|---|---|---|
| | 計画 | 実績 | 計画 | 実績 | 計画 | 実績 |
| 施設入所支援 | 5 | 6 | 85 | 103 | 271 | 218 |
| 旧法入所施設 | 566 | 550 | 539 | 492 | 316 | 363 |
| CH／GH | 553 | 483 | 648 | 555 | 795 | 627 |
| 福祉ホーム | 10 | 10 | 10 | 10 | 10 | 10 |

※平成20年度の実績は、平成21年3月時点の見込み。

## （3）訪問系サービス

● 利用見込み者数が予想より大幅に少なく、結果的に利用実績も少なくなっている
　→第1期においては、移動介護利用者がどのように推移するか不明だったため、利用者数、利用時間数とも移動介護を含めた数値により推計していたため

表5　訪問系サービスの提供実績

（単位：時間）

| 区分 | 平成18年度 | | | 平成19年度 | | | 平成20年度 | | |
|---|---|---|---|---|---|---|---|---|---|
| | 計画 | 決定 | 実績 | 計画 | 決定 | 実績 | 計画 | 決定 | 実績 |
| 訪問系 | 38,746 | 36,207 | 23,453 | 42,659 | 37,162 | 24,009 | 46,968 | 41,915 | 23,002 |

## 10　2011（平成23）年度までのサービス見込量（第2期障害福祉計画）

平成21年度から23年度までの1月当たりのサービス見込量と推計の考え方は以下のとおりである。

### （1）日中活動系サービス

＜サービス見込量推計の考え方＞
○現在サービスを利用している人については、引き続きそのサービスを利用することとして見込む。
　（ただし、就労移行支援と自立訓練（機能・生活）については、一般就労や社会復帰する場合と、継続して他のサービスを利用する場合を想定する。）
○特別支援学校卒業者の75％の方が、生活介護、就労移行支援、就労継続支援B型のいずれかのサービスを利用することとして見込む。
○退院可能な精神障害者が年間35人ずつ地域に移行することとし、うち10人が地域活動支援センターを利用することとして見込む。
○中途障害者の方などが年間50人ずつ自立訓練（機能・生活）を利用し始めることとして見込む。
○一般就労している人が離職することや、現在サービスを利用していない人が就労を希望することを想定して、年間50人ずつ就労移行支援を利用することとして見込む。

表6　日中活動系サービス利用者数と利用日数の見込み

(単位：人、人日)

| 区分 | | 平成21年度 | 平成22年度 | 平成23年度 |
|---|---|---|---|---|
| 生活介護 | 利用者数 | 1,747 | 1,837 | 2,167 |
| | 利用日数 | 33,193 | 34,903 | 41,173 |
| 自立訓練（機能） | 利用者数 | 33 | 33 | 33 |
| | 利用日数 | 393 | 393 | 393 |
| 自立訓練（生活） | 利用者数 | 69 | 69 | 69 |
| | 利用日数 | 711 | 711 | 711 |
| 就労移行支援 | 利用者数 | 78 | 80 | 90 |
| | 利用日数 | 1,513 | 1,552 | 1,746 |
| 就労継続支援（A型） | 利用者数 | 4 | 4 | 4 |
| | 利用日数 | 74 | 74 | 74 |
| 就労継続支援（B型） | 利用者数 | 547 | 602 | 695 |
| | 利用日数 | 9,408 | 10,354 | 11,954 |
| 旧法施設支援（入所・通所） | 利用者数 | 287 | 277 | 0 |
| | 利用日数 | 7,276 | 7,119 | 0 |
| 地域活動支援センター（地域作業所を含む） | 利用者数 | 655 | 665 | 675 |
| | 利用日数 | 14,410 | 14,630 | 14,850 |
| 合計 | 利用者数 | 3,420 | 3,567 | 3,733 |
| | 利用日数 | 67,078 | 69,736 | 70,900 |

（2）居住系サービス

＜サービス見込量推計の考え方＞

○現在サービスを利用している人については、原則として、引き続きそのサービスを利用することとして見込む。

○入所施設や病院から年間40人程度地域に移行することとし、半数程度がCH／GHを利用することとして見込む（2009〔平成21〕年度については、リハビリテーション福祉センターの再編整備に伴う移行を別途見込む）。

○このほか、家族と同居している人などが年間50人ずつCH／GHを利用し始めることを想定。

表7　居住系サービス利用者数の見込み

(単位：人)

| 区分 | 平成21年度 | 平成22年度 | 平成23年度 |
|---|---|---|---|
| 施設入所支援 | 374 | 374 | 544 |
| 旧法入所施設 | 201 | 191 | 0 |
| CH／GH | 735 | 816 | 896 |
| 自立訓練宿泊型 | 0 | 0 | 12 |
| 福祉ホーム | 10 | 10 | 10 |

（中山　満）

# Ⅶ 「子育てって楽しいな！」と思えるまちに
―子どもと家庭と地域のネットワークを応援する　安心と協働のまち　きよせ―

## 1　計画策定の背景
　少子化の進展に伴い、2003（平成15）年に「次世代育成支援対策推進法」が成立し、次代の社会を担う子どもが健やかに生まれ育成される環境整備のために、国・地方公共団体・事業主・国民それぞれが取り組んでいくことが責務とされている。

　清瀬市では、きよせ次世代育成支援行動計画「子育てって楽しいな！と思えるまちに」を策定し、当市における子育てを応援している。こうした取り組みが全国でなされているが、一方では、2005（平成17）年には初めて総人口が減少に転じ、今後も一層の少子化・高齢化が進行するとの見通しが示されており、子どもと家族を応援する日本重点戦略（2007〔平成19〕年12月策定）では、「未来への投資」として、「働き方の改革による仕事と生活の調和」と「包括的な次世代育成支援の枠組みの構築」をできる限り速やかに軌道に乗せることとしている。

　清瀬市では、こうした状況を踏まえ、かつ、清瀬市基本計画後期計画の策定が2009（平成21）年度より開始されることに併せ、このたび、次世代育成支援行動計画も前期計画を中間的に見直し、新たに後期計画を策定することとしたものである。

　また、清瀬市では、清瀬市のすべての計画の基礎となる長期総合計画が、2001（平成13）年度〜2015（平成27）年度の15年間を計画期間として定められているが、この長期総合計画の目標実現のための方策を定めている基本計画の前期計画（2001〔平成13〕年度〜2008〔平成20〕年度）が最終年度を迎え、2009（平成21）年度からは後期計画（2015〔平成27〕年度が最終年度）として、前期計画を見直してスタートする。これに伴い、後期基本計画と本次世代育成支援行動計画との整合性を図ることが重要であり、更には清瀬市保健福祉総合計画として同時に策定する他の諸計画とも整合性を図ることが重要となっているといえる。

　以上より、清瀬市後期基本計画の策定と期を一にする必要性から、次世代育成支援行動計画は、前期計画を十分尊重しつつ1年間早く見直しを行い、後期計画を定めることとした。

## 2　計画期間
　後期計画の計画期間は、初年度を2009（平成21）年度とし、最終年度を5年後ではなく清瀬市後期基本計画の最終年度である2015（平成27）年度としている。

## 3　計画の基本的視点
（1）　子どもの視点
（2）　次の世代を育成するという視点
（3）　地域全体で子どもと家庭を支えるという視点
（4）　仕事と生活の調和実現の視点
（5）　すべての子どもと家庭への支援の視点

## 4　清瀬の子どもを取り巻く状況
### （1）　少子化の動向
　清瀬市の人口は、2007（平成19）年10月1日基準外国人登録者を含む総人口は73,621人である。人口の推移をみると2003（平成15）年〜2005（平成17）年にかけて急増したが、その後は73,000人台で推移している。また、人口構成は、65歳以上の割合が徐々に増加し、2007（平成19）年で22.2％となり、その分18〜64歳の割合が低下している。17歳以下の児童人口は16％程度で横ばいで推移している。

　今後、2015（平成27）年までの児童人口を推計すると、0〜5歳の人口が徐々に減り続け、2007（平成19）年と比べると2015（平成27）年には約900人少なくなり、6〜11歳が一時増えるものの2014（平成26）年より減少傾向に転じ、12〜17歳は増加傾向を維持するという推計結果となった。

## （2） 子育て家庭の状況
### ① 6歳未満の子どものいる家庭
　2005（平成17）年の国勢調査結果によると、清瀬市は、6歳未満の子どもがいる世帯の中で、核家族が91.1％を占め、全国平均の81.2％と比較して、10ポイントほど核家族比率が高くなっている。5年前の国勢調査と比較すると、核家族比率が89.4％から、1.7ポイント上昇し急速に核家族化していることが伺える。

### ② 世代別女性労働率
　清瀬市の女性の年代別就労率をみると、M字曲線を描いている。M字の谷は、35～39歳となっており、5年前の30～34歳よりやや高齢化した。ピークは、25～29歳の72.8％と45～49歳の69.3％となっている。

## （3） 子どもの実態
### ① 就学前児童の居場所
　0歳では、86.2％が自宅等で過ごしている。1歳、2歳でも7割台の児童が自宅等で過ごしている。3～5歳までは、自宅等の割合は1割台となり、幼稚園が5割前後を占めるようになる。保育園は、加齢と共にその割合が増加するが、0歳児でも13.8％が保育園で過ごしており、これは、2004（平成16）年の調査結果の10.6％と比べると3.2ポイントの増加。

### ② 放課後の小学生（低学年）の過ごし方
　小学校低学年の児童は、14時以降18時までは、「公園など」戸外で遊んだり、「学童クラブ・放課後子ども教室」など自宅以外で過ごしているが、16時ごろには4分の1前後の児童は家に帰っている。18時以降については、9割以上は自宅で保護者等と過ごしているが、2.5％とごくわずかだが、家で子どものみで過ごしたり、学習塾やスポーツ活動により家以外で過ごしているケースがみられる。

## 5　前期計画の評価（総括）
　清瀬市では、次世代支援に向けて2005（平成17）年に行動計画「子育てって楽しいな！と思えるまちに」を策定し、取組みを行ってきた。妊娠・出産から乳幼児期、児童期、少年少女期にわたる長くそして最も変化の激しい時期の人々を様々な面から支援していく取り組みは膨大で、奥深いものである。

　清瀬市では、大きく「健康づくり・発達支援」「子育て支援」「保育（仕事と子育ての両立や子育て家庭の負担軽減）」「教育」という側面から、様々な従来からの施策を組み合わせ、新たな施策を実施することで取組みを開始した。

　取組みの最初の5ヵ年（前期）は、まずは仕組み・体制を構築し、市民の皆さんに知っていただき利用していただくこと、また、そうした仕組みを運営し、日常的に支える組織や人のネットワークを作りその輪を広げていくこと、その中で、地域として皆が子育てを支援していく意識を少しでも共有することを目指した。中間的に前期を振り返ると、子育て支援の中核的組織である子ども家庭支援センターを設置して、個別の施策に横の連携を持たせ、施策の推進や施策の浸透に大きな力を発揮した。また、施設面でも中央児童館の建設・開設により各種事業の拠点ができ、事業の推進や連携を進めることができた。さらに、児童館は、市民にも好評で、中央児童館はこの2年間入館者が毎年12万人超と連日大賑わいとなっている。

　子育て支援の重要な課題のひとつに、都市化、核家族化の進行の中で母親の孤立化がある。これに対する有力な解決策のひとつは、仲間づくりや気軽に何でも相談できる（話せる）人との出会いとコミュニケーションづくりだが、そうした場や機会を提供するひろば事業も、来場された皆さんには大変好評であり、他の多くの事業についても満足度は高いものとなっている。

　このように、前期の取り組みを中間的に総括すれば、最初の立ち上げは順調に進んでいると評価することができる。その一方、保育ニーズについては、認可保育園の定員増や弾力化の運用、認証保育所の設置などを実施したが、待機児童解消の課題はまだ残っており、今後も待機児童解消に向けた取り組みが必要である。また、女性の多様な能力を子育て期間中も中断させることがないよう、生活と仕事の両立を図るための取り組みや、併せて夫の子育てへの参画（育児休暇の積極的取得を含む）についても、啓発等を含

め十分な取り組みが必要である。

## 6 後期計画の重点課題
　清瀬市内の次世代育成支援の現状を踏まえて、基本施策の中でも、2015（平成27）年度までに特に力を入れて取り組んでいく重点課題を次のように設定した。
　①保育サービスの充実
　②多様な子育て支援サービスの充実
　③子育て支援サービスの総合的な展開
　④子どもたちの遊び場・居場所等の環境づくり
　⑤子どもたちの権利を大切にする取組の充実
　⑥子育て支援のための施策や活動の周知

## 7 後期計画の施策の体系

**基本理念**

「子育てって楽しいな！」と思えるまちに
～子どもと家庭と地域のネットワークを応援する　安心と協働のまち　きよせ～

| 基本目標 | 基本施策 |
|---|---|
| 1　すべての子育て家庭が安心して楽しく子育てできるまちづくり | 1　親と子の健康づくり<br>2　多様な子育て支援サービスの充実<br>3　子育て支援サービスの総合的な展開<br>4　配慮が必要な子どもと家庭への支援の充実 |
| 2　仕事と生活の調和がとれた子育てのしやすいまちづくり | 1　保育サービスの充実<br>2　仕事と子育ての両立の推進 |
| 3　子どもたちがのびのびと豊かに育つまちづくり | 1　乳幼児期の教育・保育環境の充実<br>2　学校教育の充実<br>3　子どもたちの遊び場・居場所等の環境づくり<br>4　地域ぐるみの青少年育成<br>5　図書館活動の充実 |
| 4　家庭・地域の子育て力・教育力を育むまちづくり | 1　子どもの権利を大切にする取組の充実<br>2　家庭・地域の子育て力・教育力向上への働きかけの充実<br>3　地域との協働で進める次世代育成支援 |
| 5　安心して子育てできる環境づくり | 1　子どもの安全確保<br>2　子育てしやすい住宅環境づくり<br>3　子どもと外出しやすい環境の整備<br>4　子育て家庭への経済的支援 |

## 8 目標ごとの現状及び施策の方向性
　次に、「後期行動計画」の目標ごとの現状及び施策の方向性（抜粋）を紹介する。

## 1—1　親と子の健康づくり
＜施策の方向性＞

　今後も前計画に引続き、安全な妊娠・出産を支援するために、「喫煙や飲酒」への対策を含む妊娠から出産までの自己管理、育児準備等の教育や相談等の支援について、母子保健計画と相互に補完しながら連携を図り、推進していきます。

　子ども自身が自分のからだを大切に思うことができるよう、また健康を脅かす薬物や性感染症罹患率の増大に対応するために、教育、保健、医療、福祉等の関係機関と連携し、食育、薬物、性感染症等についての学習機会を提供し、正しい知識の普及を図ります。

## 1—2　多様な子育て支援サービスの充実
＜現状と課題＞

　子どもが育つ環境は、親の生き方や価値観も多様化しています。これに伴い「子育て支援サービス」も、子どもの保育サービスにとどまらず、相談・ひろば・遊び場・情報・仲間づくりなど多様なサービスが必要になっています。また保育サービスも、宿泊、夜間、ファミリーサポートなど日中の一時保育などもニーズが高くなっています。

＜施策の方向性＞

　在宅での子育てであってもゆとりを持って子育てが行なえるよう、一時保育・ショートステイ・ファミリーサポートセンター等より一層利用しやすくなるようサービスを充実します。現在実施していないトワイライトステイ事業も比較的ニーズが強いことが判明しましたので、更に費用の面での詰めを行い、清瀬市でも実施する方向で検討します。

　また子育て家庭が孤立化しないよう、いつでも気軽に親子や児童・生徒が遊びに行くことのできる「ひろば」の機能・活動の充実や、家庭への訪問活動を充実していきます。また、幼稚園・NPOを含めた子育て支援サービスの情報を入手しやすいよう、各情報の提供に努めます。

## 1—3　子育て支援サービスの総合的な展開
＜現状と課題＞

　清瀬市では、平成17年度に「子ども家庭支援センター」を開設し、すべての子どもと家庭を対象とした総合相談窓口として活動を開始しました。また子どもを守る地域ネットワーク（要保護児童対策地域協議会）の機能強化を図る担当部署として、子育てに関する情報発信等の活動も行なっています。

　開設3年を経過した段階では、認知度は約5割程度で、子どものいる家庭保護者には知られてきていますが、その活用という点では、まだ十分機能を発揮できていない状態です。

　また、すべての子どもやすべての家族を応援する観点に立つことも重要であると考えます。

＜施策の方向性＞

　子ども家庭支援センターは、今後とも次世代育成に関わる諸機関とのネットワークを一層強化し、総合相談窓口として、また情報の発信等を強化して行きます。

　また、育児休業から保育そして保育園から学童クラブへの円滑な移行など、すべての子どもの育ちを支える、切れ目のない包括的な次世代育成支援の構築を図っていきます。

## 1—4　配慮が必要な子どもと家庭への支援の充実
（1）　障害のある子どもと家庭への支援

＜施策の方向性＞

　後期計画でも、幼児期から青年期まで、子どもの多様性に応じた支援を行なうと共に、親同士のつながりや各種保育サービスを充実させ、家庭への支援を充実させていきます。また障害についての理解を深める体験学習や、教職員への研修を行ないます。平成21年度に開設予定の「（仮称）子どもの発達支援・交流センター」を有効に活用し、健康センター、子ども家庭支援センター等が連携を図り、「早期発見・早期治療」に取り組んでいきます。

（2）　ひとり親家庭への支援

＜現状と課題＞

清瀬市では、ひとり親家庭に対する支援として、子ども家庭支援センターや母子自立支援員を中心に、相談の受付、ホームヘルプサービス等の支援、就労支援を行なっています。

＜施策の方向性＞

ひとり親家庭等への福祉施策・制度について、より入手しやすくわかりやすい情報提供に努めます。

母子自立支援員を中心に他の関係機関と連携しながら、子育て生活、就労など様々な分野の窓口として、また、福祉関係機関や教育委員会等との連携により、相談に対応するとともにその体制の充実を図ります。

自立のために、保育園・学童クラブへの優先入所、経済的支援、就労支援等を行ない、また就労に当たっては、子どもの保育が併せて重要であるため、保育サービスも同時に充実させていきます。父子家庭については、保育と家事が困難になることが多いため、各種サービスを組み合わせた生活支援を行ないます。

（３）外国人家庭への支援

＜施策の方向性＞

清瀬市では、引き続き日本語学習支援ボランティアの養成を支援していきます。また、語学ボランティア等とも協力し、生活支援や日本語・日本文化の学習機会や相互に文化を理解しコミュニケーションを深める機会の提供を行ないます。

（４）虐待予防と被虐待児と家庭への支援

＜現状と課題＞

近年児童虐待の件数は増加しています。その原因は様々ですが、核家族化、世帯の少人数化、地域社会の変容等の中で、子育て家庭が孤立化しないような支援が重要性を増しています。

清瀬市では、平成17年度に子ども家庭支援センターを設置し、様々な相談に対応しています。また、保育園・学童クラブへの優先入所による保護者の負担軽減や、虐待の早期発見・早期介入等の支援を行なっています。

＜施策の方向性＞

後期計画においても、虐待予防として子育て家庭の保護者の孤立化を防ぐために、訪問活動や子育てひろば等の支援を充実すると共に、子ども家庭支援センターに設置した要保護児童対策地域協議会の活動をとおし虐待の早期発見や適切な対応に努め、市民の皆さんへの「見守りの大切さ」の啓発活動などに力を入れて行きます。被害に遭った児童に対する支援は、専門機関と協力し充実して行きます。

（５）DV被害家庭への支援

＜施策の方向性＞

現在は男女共同参画センター・生活福祉課を中心に、DVに関する受付や「清瀬市配偶者等からの暴力対策連絡協議会」の開催、意識啓発のための広報、講座や学習会を行なっています。今後は、さらにDV被害家庭の把握につとめ、東京多摩地域民間シェルター連絡会等民間ネットワークとの連携も行なうなど支援を充実して行きます。

## ２－１　保育サービスの充実

＜現状と課題＞

女性の社会進出や就労形態の多様化に伴い、保育園をはじめとする保育ニーズは多様化しており、また、今後６歳未満の子どもの人口は横ばいからやや減少傾向にあると予測されるものの、引き続き一定の保育ニーズがあると予測されます。今後も子育てしている人のニーズに応じた利用しやすい保育サービスの提供が必要です。こうした中、前期計画中において認可保育園の69人の定員増、定員弾力化の運用及び認証保育所の１箇所新設等に努めてまいりましたが、待機児童数の解消には至っていない状況であります。

また、学童クラブについては、平成18年度に定員を10人増加しました。この結果待機児童数は、減少しており、平成19年度（当初）は０人となっています。ただ、対象学年の延長（現在原則小学１年生～３年生）、育成時間の延長などの要望があります。

＜施策の方向性＞

後期計画においては、仕事と生活の調和のとれた子育てを目指し、多様化する保育ニーズに対応するために、一時保育、延長保育及び病後児保育等各保育サービスの充実を図るとともに、引続き待機児童の解消のため、認可保育園、認証保育園、家庭福祉員及び認定こども園などの整備・運用を検討し、総合的に対応していきます。

また、学童クラブについても、対象学年の延長及び育成時間の延長など要望について検討するとともに、大規模学童クラブの解消など質の向上・充実を図っていきます。

## 2－2　仕事と子育ての両立の推進

＜現状と課題＞

子育ては母親だけが担うものではなく、父親も参画する権利も責任もあります。特に子育ての負担感が大きくなっている現状では、父親に期待される役割も重要でありまた大きくなっています。実際今回実施したアンケートでも仕事と育児の両立について"配偶者やパートナーが育児に協力してくれること"という回答が8割前後を占めて第1位に挙げられています。とはいえ、育児休暇の取得についても、父親は勿論、母親でもままならない状態も厳然とあることもアンケート調査結果に出ています。

＜施策の方向性＞

働きながら子育てがしやすい環境づくりのため、保育サービスの充実のほか、父親の育児への参画が推進されるよう、今後も「パパと遊ぼう！」及び「ほやほやパパママ講座」など子育てパパ応援事業を開催するなど啓発活動を行ないます。また、短時間労働制度、子どもの急な病気の看護のための休暇制度、育児休業制度の普及定着や育児休業給付の給付水準引き上げなどの就労環境の改善が一層進展するよう、商工会等を通じて企業等への情報提供や啓発活動に努めます。また、特定事業主としての清瀬市役所の特定事業主行動計画についても、本計画等の趣旨に則り後期行動計画として改定いたします。

## 3－1　乳幼児期の教育・保育環境の充実

＜現状と課題＞

実際に幼稚園においては、教育活動及び教育環境の充実という本来のテーマに加えて、「幼稚園における子育て支援の充実」が期待され、清瀬市の7つの学校法人立幼稚園でも預かり保育、未就園児教室、施設の開放、子育て相談などを行なっており、預かり保育も、「早朝預かり」「放課後」「長期休暇期間中」などが行なわれ、それらの需要は年々増えているといわれています。

また、平成18年に成立した「就学前の子どもに関する教育、保育等の総合的な提供の推進に関する法律」に基づき、就学前児童に幼児教育と保育を提供し、且つ地域における子育て支援を行う機能をも併せ持った清瀬市で最初の認定こども園が、平成20年4月よりスタートし、その成果が注目されています。

＜施策の方向性＞

子育てについては、女性が就労しているか否かを問わず、母親である女性に大きな負担がかかります。一方で、スムーズに小学校に移行できるような幼児期の保育や教育も強く求められています。このような社会的ニーズに対応して、清瀬市として、保育園と幼稚園両者の連携を一層促進し、この両施設における小学校就学前の子どもに対する教育及び保育など総合的な支援を提供することを目指します。

## 3－2　学校教育の充実

＜施策の方向性＞

今後、市では教員の指導力をさらに向上させることを通して、子どもたちの学習意欲をより高め、「生きる力」を身に付ける教育や信頼される学校づくりなどの推進を目指します。また、保護者と地域・学校が一体となって子どもたちの成長を見守り・支援していき良好な学習環境の充実を図ります。

## 3－3　子どもたちの遊び場・居場所等の環境づくり

＜現状と課題＞

現在市内には、3つの児童館があり、103箇所の公園・児童遊園が設置されています。特に、平成17年度の開設した神山公園内の児童センターは、市民の皆様の評判も良く連日大勢の皆様にご利用いただいています。また、「歩いていける距離に乳幼児親子の広場を」のニーズに答え、清瀬市では平成19年度までに各中学校区に1箇所「つどいの広場」を開設し喜ばれています。今後も子育てアドバイザーの力量を高

めるなど、子育て家庭への支援の一層の充実を図っていきます。さらに、小学生の安心・安全な居場所づくりとして平成20年度までに市内6校で開設された放課後子ども教室は、登録児童が約600人を超えるほどの好評を得ております。

一方、市民ニーズ調査では、「子どもの遊び場はどちらかといえば不足」が65％近くを占め、3年前の75％より改善されているものの、十分といえる数値ではありません。今後の児童人口の推移や、公園・児童遊園の利用状況を踏まえ柔軟に対応していきたいと思います。

＜施策の方向性＞

各地域の児童人口の状況や放課後子ども教室の動向を考慮しつつ、事業拡張を行っていきます。さしあたって、平成21年度は放課後子ども教室を市内全9校で拡大実施していきます。また、児童センター（中央児童館）の野塩・下宿児童館・竹丘地域市民センターへの出前事業の一層充実を図っていきます。

### 3－4　地域ぐるみの青少年育成

＜施策の方向性＞

青少年の健全育成のためには、家庭・地域・行政がそれぞれの役割を明確にしてこれまで以上に連携を深め、社会全体で取り組んでいくことが大切です。具体的には、現在ある組織の青少年問題協議会、青少年問題協議会地区委員会、健全育成委員会等の組織を生かすと共に、青少年を取り巻く社会環境の向上並びに青少年の健全育成を効果的に推進するための関係機関連絡会議を実施し連絡・調整を図っていきます。

また、思春期の健康・医療の問題は、学校、教育委員会、医療関係と協議・連携を強化するとともに、特に、覚せい剤や未成年者の喫煙、飲酒等の課題については、子ども家庭支援センターが平成19年度より開始した「清瀬子ども電話相談」の充実や、その他の機能（ボランティアなどによる訪問・面談など）の拡充を検討していきます。

### 3－5　図書館活動の充実

＜施策の方向性＞

清瀬市では、子どもたちのための読書環境の整備や施策の推進を目的に、「清瀬市教育総合計画」（平成18年7月）及び「清瀬市教育総合計画マスタープラン」（平成18年12月）を踏まえ、平成20年3月に「清瀬市子ども読書活動推進計画」を策定しました。この計画は清瀬市の子どもの、読書活動推進に関する施策の方向性と取り組みの体系を示すもので、図書館でもこの計画に沿って、読書活動推進のために児童サービス全体の一層の充実を図り、市内の各学校、学童クラブ、保育園や児童センターとの連携をより緊密にし、読書環境の充実に努めていきます。

### 4－1　子どもの権利を大切にする取組の充実

＜現状と課題＞

現在、「児童虐待」や「いじめ」など子どもの権利を侵害する問題が多発しています。清瀬市を含む9市を所轄とする小平児童相談所の統計によると、管内9市における「児童虐待」は年間に292件（うち清瀬12件）発生しています。（平成19年度）また清瀬市内の小・中学校における「いじめ」も少数ではありますが報告されています。

清瀬市では、虐待については、健診の場・保育園・小中学校・学童クラブやひろば事業等で早期発見に努めると共に、関係機関による個別ケース検討会議（要保護児童対策地域協議会）の開催を随時行っています。

また、学校内でのいじめについては、子どもたちに指導を行うとともに、相談室やフレンドルーム、スクールカウンセラー、派遣相談員等で子ども自身や家庭からの相談窓口の体制づくりを行っています。

また、学校でのいじめに対して、教員の対応等についての課題が明らかになりました。今後は、問題行動の防止及び対応マニュアルを至急検討し、教員の研修等もより一層充実させる予定です。

＜施策の方向性＞

子どもへの権利侵害である「いじめ」「児童虐待」については、決して許されるものではないという認識の下、早期発見、早期対応等を徹底し関連機関で連携していきます。特に学校内での問題行動防止対策

計画編

及び対応マニュアルについて至急検討を行うと共に、教員の研修等もより充実していきます。
　また、すべての子どもが権利を行使する主体として捉えられるよう、子どもの権利についての教育・意識啓発を行い、子どもも大人も子どもの権利についての理解を深めるように努めます。そして、「清瀬版子どもの権利条約」についても引き続き検討していきます。同時に子ども自身が利用する施設のあり方や運営について、意見が反映されるような体制づくりを推進していきます。
　具体的には児童センター創立以来活動している『ジュニアスタッフ委員会』や30年余の活動実績のある『ジュニアリーダーズクラブ』などの児童の主体的な活動組織を一層活かし、それらの連携を図り、「子ども会議」の実現を目指します。

### 4―2　家庭・地域の子育て力・教育力向上への働きかけの充実
＜施策の方向性＞
　引き続きサークル支援や子育て支援関連事業の充実を図ります。また、地域においても子どもたちの問題行動について声かけ、指導を行うことができるよう、啓発活動を推進します。平成17年度に開設された児童センターを中心として、年齢の異なる子ども同士の交流や、高齢者等あらゆる年代の人との交流を促進し、社会参加機会の拡充に努めていますが、その活動を一層充実していきます。

### 4―3　地域との協働で進める次世代育成支援
＜現状と課題＞
　現在清瀬市では、行政機関の他に保育園、幼稚園、PTA、保護者の会、民生・児童委員、健全育成委員会、青少年問題協議会地区委員会、自治会、老人クラブ、NPO法人、民間団体、ボランティアなど多様な主体により、独自あるいは市との協議により次世代育成に関わる様々な取り組みが行われています。清瀬市では平成14年にまちづくり等への市民の参加を推進し、行政と市民の協働を図り、市民のボランティア活動等を支援していくために市民協働課を設けました。清瀬市民活動センターは公設市民運営という考え方により、市民と一体となった活動を支援しています。特に小学校では、ボランティアの方たちによるサタデースクールが定期的に運営されています。
　また、地域で子育てを支える環境、つまり地域の大人たちが地域の子どもをみていくことは重要であり、思春期の世代にとってもとても効果的であります。しかしながら現在、地域の自治会・互助会・共同体が失われつつある状態であり、この地域ぐるみの組織の創出又は再生が課題となっています。

＜施策の方向性＞
　今後は次世代育成を市民と共に支援していくために、地域組織活動を行う「子ども家庭支援センター」を中心として、清瀬市民活動センターと協力しながら子育て支援活動や子どもの健全育成活動を行っている多様な運営主体と情報の交換を行っていきます。
　また、子どもの権利条約等の理解を深めてもらうために、こういった子育て支援活動や健全育成活動を行っている多様な運営主体（団体）に対する啓発事業にも取り組んでいきます。

### 5―1　子どもの安全確保
＜現状と課題＞
　清瀬市内でも子どもの日常生活において、子どもが犯罪や事故に巻き込まれる事件が発生しており、子どもの安全を守る取り組みの重要性が増加しています。これまでに清瀬市では清瀬市安全・安心なまちづくり条例に基づき、緊急に実施するべき具体的な行動計画を策定しております。
　この計画により、学校区パトロール、夜間パトロール、地域安全市民パトロール及びスクールパトロールを実施し、併せて防犯ブザーの貸与、セーフティ教室及びスクールガードリーダーの実施、清瀬市不審者・痴漢出没マップの作成など交通安全や防犯に関する活動を市や警察、PTA・保護者の会と地域が連携して行い、子どもの安全を守っていくこととしています。

＜施策の方向性＞
　今後も行政と家庭・地域が一体となって、子どもの安全を守る活動や、犯罪の起こりにくい環境づくりを推進していきます。

## 5-2 子育てしやすい住宅環境づくり

<現状と課題>

子育て家庭が安心して暮らし、ゆとりを持って住み続けられる居住環境の整備などがより一層求められています。ニーズ調査によると、児童保護者の7割以上（就学前児童保護者の81.2％、就学児童保護者の72％）の方が、清瀬市が子育てしやすい理由として「住環境」を評価する結果となっています。市は、平成18年度に清瀬市住環境の整備に関する条例を制定し、良好で快適な住みよいまちづくりを実現し、居住環境の向上を図っています。

<施策の方向性>

清瀬市では、市の地域特性を活かした良好な都市景観の形成や多様な居住空間に富み年齢各層に応じた良質な民間住宅建設に努めていきます。また、公的住宅及び民間住宅の新築・建替に際しては、ユニバーサルデザインに配慮した福祉対応型住宅の整備・拡充を要望していくなど、子育てしやすい住環境の整備を目指します。

## 5-3 子どもと外出しやすい環境の整備

<現状と課題>

就学前児童保護者に対するニーズ調査結果によると、子どもを連れて外出する際に困っていることに、「歩道が狭く安全に不安がある」（54.6％）「歩道に段差がある」（38.6％）など「歩道」の整備関連の意見が多く寄せられました。安心して子どもと外出できるようにまちづくりを考えていく必要があります。また、子育てしやすい環境として市民が多くあげているのが武蔵野の面影を残す市の財産といえる自然環境の保護です。市は平成18年にみどりの環境をつくる条例を制定し、豊かな自然環境を次の世代へ継承するため、積極的なみどりの保全と創生に努めています。

<施策の方向性>

子育て家庭が安心して生活できるように、子どもの視点、子育て家庭の視点に立った道路・歩道整備や外出先でも安心して授乳・おむつ交換などができるスペースなど公共施設の整備を推進し、併せて豊かな自然を生かした環境を目指します。

## 5-4 子育て家庭への経済的支援

<現状と課題>

各種調査によると、子どもを生み育てることをためらう理由の1つに従来より「経済的負担」が指摘されています。国では児童手当の支給対象が「小学校修了前」までに拡充されました。

<施策の方向性>

児童手当・児童扶養手当等の経済的支援については、制度の充実や拡充を国や都に要望していくと共に制度の広報活動を積極的に行います。

## 9 後期計画の目標事業量

※ 表中の現在とは平成20年4月1日時点

| 区分 | 項目 | 目標事業量 | 施策の方向性、考え方 |
|---|---|---|---|
| | ファミリーサポートセンター事業 | 事業の対象年齢は2ヶ月から18歳までだが、主に使う年齢を0歳から小学校4年生までの10年間、各年齢600人として6,000人を対象として定める。<br>平成20年　提供会員130人・依頼会員710人<br>平成21年　提供会員140人・依頼会員730人<br>平成26年　提供会員200人・依頼会員780人<br>平成27年　提供会員210人・依頼会員800人 | 利用した人の評価が高いことからも、口コミ等の効果も期待される。今後の利用意向も高いことから、提供会員の確保及び質の維持を行っていきます。<br>また、ファミリーサポート・きよせの事業が広く周知されることで、実際に依頼する会員が増えその結果在宅で子育てをする市民にとっては育児の負担感が軽減され、多様な勤務形態を求められる家庭にあっても勤務にあわせた支援を気軽に受けら |

計画編

| 区分 | 項目 | 目標事業量 | 施策の方向性、考え方 |
|---|---|---|---|
| 多様な就労形態の家庭及び在宅家庭への支援 | | | れる制度として市民の中に根付いていくよう取り組んでいきます。 |
| | 一時保育事業 | 平成21年度　7施設について、定員を設定<br>平成26年度　検討を継続<br>平成27年度　検討を継続<br>（現在、認可保育園13箇所で実施） | 今後も引続き一定の保育ニーズがあると予測されます。現在空き定員の範囲で実施している施設は、恒常的な受入れができません。このため、一時保育のための定員の確保など充実を図っていきます。 |
| | トワイライトステイ事業<br>（子育て短期支援事業） | 一定のニーズは認められるが、今後もショートステイ事業で対応をしていきます。<br>（現在、ショートステイ事業で一部対応） | トワイライト事業のニーズ調査の結果は高いが、利用料金とあわせて考えた時、需要が高まるかについては検討を要するところである。しかし、延長保育で補えない22時までの預かり事業についてショートステイ事業の活用がさらに進むよう検討をしていきます。 |
| | ショートステイ事業<br>（子育て短期支援事業） | 平成21年度　150人<br>平成26年度　150人<br>平成27年度　150人<br>（現在、社福児童養護施設に委託） | この事業のニーズ推計は、現在の利用の約3倍である。<br>しかし、現在の利用状況は、定員2名の枠で年間利用枠の1／6の稼働状況である。今後は、この事業のニーズ推計に見られるニーズ量を事業に結びつけるための広報活動を積極的にすすめていきます。 |
| | 病後児保育<br>（施設型） | 利用動向を把握して検討していきます。<br>（現在、私立認可保育園1ヵ所において実施。定員は、4人） | 17年度に事業を開始して、19年度の利用実績は39人ですが、小学校3年生までを対象としているため、今後認知度が上がればニーズは高まると予測されます。今後も啓発に努め、利用状況を把握しながらあり方について検討していきます。 |
| | 病児・病後児保育<br>（派遣型）<br>※変更 | 平成21年度　200人<br>平成26年度　200人<br>平成27年度　200人<br>（現在、NPO法人1ヵ所に委託） | 病児・病後児保育（派遣型）は、平成21年度からファミリー・サポート・センター事業が拡充される中で実施される方針が厚生労働省から示された。このため今後は、病児・病後児保育（派遣型）について市の事業として取り組む予定であります。<br>就労する家庭にとって仕事が休めない時の大きな支援になり、需要も一定量増加することが見込まれます。病児を預かるという非常に大きな事業であり事業の展開にあたっては、医療機関との連携など充分な体制づくりに努めていきます。 |
| | 特定保育事業 | 前期計画に引続き、利用動向を把握して検討します。<br>（現在、一時保育事業で対応） | 現在、特定保育のための施設の整備はできていません。<br>後期計画においても特定保育は、一時保育、ファミリーサポート事業などの利用状況を把握しながら、検討していきます。 |

| 区分 | 項目 | 目標事業量 | 施策の方向性、考え方 |
|---|---|---|---|
| | 家庭福祉員<br>※新規 | 制度の設置について検討します。 | ニーズはあるものの、高いニーズはないと予測されます。<br>今後は、子育て支援のひとつの選択肢として、通常保育事業及びファミリーサポート事業の利用実績やニーズ等を勘案して制度の設置を検討していきます。 |
| 在宅家庭への支援 | 子育てひろば事業<br>（A型） | 公立7施設（3拠点）で実施<br>（継続実施） | 実施園数は現状のままですが、実施回数や内容を充実させていきます。<br>特に、保育園は、市内各所に点在している地域の身近な施設として、まず子育ての相談や子育て支援の事業全体の啓発・PRに努めていきます。 |
| | 子育てひろば事業<br>（B型）<br>（人口10万人に1ヵ所） | 継続して実施<br>（現在、私立保育園1園で実施） | 今後は、子育てひろば事業の拠点施設として実施回数や特に内容を充実させていきます。また、引き続き児童センターと連携して効果的な支援が行えるよう推進します。 |
| | 子育てひろば事業<br>（C型） | 継続して実施<br>（現在、5ヵ所で実施。3ヵ所直営、2ヵ所はNPO法人委託） | 身近で親子が気軽につどえる場所として、また、出産を控えた母のいる家庭等に乳児健診等の情報の提供を行っていきます。 |
| | 産前・産後支援<br>ヘルパー派遣事業<br>（育児支援ヘルパー派遣事業）<br>※変更 | 継続して実施<br>（現在、育児支援ヘルパー事業で対応） | 清瀬の産前産後ヘルパー派遣事業では「育児支援ヘルパー派遣事業」として12歳までの児童が対象とされています。日中、育児や家事の手助けをしてくれる人がいない時が派遣対象となることから、利用したい市民からの直接の利用申し込みはもとより他機関からの利用調整にも応えていくことが求められています。<br>「こんにちは、赤ちゃん事業」と連携して、他機関・他事業との調整を行いながらこの事業を必要としている家庭へ事業の紹介及び実施を進めていきます。同時に産前産後の育児支援に特化したサービスとして利用料・利用回数の検討をしていきます。 |
| | 訪問型一時保育事業 | ―<br>（現在、ファミリーサポートセンター事業で対応） | 訪問型の病児・病後児保育については緊急サポートネットワーク事業のうち病児病後児保育がファミリーサポートセンター事業に拡充されて実施される予定。ファミリー・サポートセンター事業で補えない訪問型の一時保育については、現在子ども家庭支援センターで行われている事業や健康推進課・障害福祉課・生活福祉課で行われている事業との調整を行い検討をしていきます。 |

計画編

| 区分 | 項目 | | 目標事業量 | 施策の方向性、考え方 |
|---|---|---|---|---|
| 働く家庭への支援 | 通常保育 | | | 推計によれば、今後未就学の子どもの人口は減少傾向に向かいますが、後期計画期間の後半までは現在の定員を超えるニーズがあると予測されます。<br>また、女性の社会進出や就労形態の多様化などから、今後も引き続き一定の保育ニーズがあると予測されます。<br>後期計画においても、引続き質を確保しつつ様々な運営主体を検討して、総合的に保育ニーズに対応していきます。 |
| | | 認可の公立・私立保育園 | 平成21年度　定員1,102人　13ヵ所<br>平成26年度　定員1,102人　13ヵ所<br>平成27年度　定員1,102人　13ヵ所<br>（現在、13ヵ所。定員1,052人） | |
| | | 認証保育所 | 定員の弾力的運用を図り、今後の保育ニーズを把握しながら検討します。<br>（現在、A型　1ヵ所。定員30人） | |
| | 認定こども園<br>※新規 | | 平成21年度　定員60人　2ヵ所<br>平成26年度　検討を継続<br>平成27年度　検討を継続<br>（現在、定員30人　1ヵ所） | 今後、保育園においては幼児教育が、幼稚園においては長時間保育が求められると推測され、子育て支援の新たな選択肢として、この制度の導入を図っていきます。 |
| | 延長保育事業 | | 平成21年度　13ヵ所において実施<br>平成26年度　検討を継続<br>平成27年度　検討を継続<br>（現在、認可保育園8ヵ所で実施） | 今後、就労形態の多様化から延長保育のニーズは高まると予測されます。現在実施していない公立の保育園（5園）において、午後7時までの延長保育を実施する方向で検討します。 |
| | 休日保育 | | 前期計画に引続き、利用動向を把握して検討します。<br>（現在、ショートステイ事業で対応） | 就労形態の多様化から一定の潜在ニーズがあると予測されますが、前期に引続きファミリーサポート事業等の利用実態を把握しながら、検討していきます。 |
| | 夜間保育 | | 前期計画に引続き、利用動向を把握して検討します。<br>（現在、ショートステイ事業で対応） | 就労形態の多様化から一定の潜在ニーズがあると予測されますが、前期に引続き延長保育、ショートステイ事業、ファミリーサポート事業等の利用実態を把握しながら、トワイライトステイ事業と併せて検討していきます。 |
| | 学童クラブ<br>（放課後児童健全育成事業） | | 平成21年度　定員の弾力的運用で対応<br>9ヵ所　定員560人<br>平成22年度　大規模施設の解消<br>14ヵ所　定員560人<br>平成26年度　検討を継続<br>平成27年度　検討を継続<br>（現在、9施設　定員560人） | 推計によれば、今後小学校低学年の児童の人口は、横ばいから減少傾向に移行しますが、女性の社会進出や就労形態の多様化などから、今後も引き続き一定のニーズがあると予測されます。<br>今後は、社会情勢等を把握しながら整備について検討していきます。また、引続き対象年齢の拡大や長期休暇中の児童への対応及び運営主体について検討し、併せて大規模施設の解消についても対応していきます。 |
| | | | | 清瀬子ども家庭支援センターは、清瀬で育つ子どもたちが安心して生 |

241

| 区分 | 項目 | 目標事業量 | 施策の方向性、考え方 |
|---|---|---|---|
| 総合的な支援 | 子ども家庭支援センター<br>※虐待防止ネットワーク事業含む。 | 18歳までの子どもとその家庭のあらゆる相談、各サービス事業の対象の家庭及び要保護児童対策地域協議会により支援を必要としている市民にサービスの提供が行われるよう、継続実施します。<br>（平成17年7月に先駆型1ヵ所開設） | 活できるよう、子ども・家庭に関する総合相談や在宅サービスの調整・提供を行っていきます。特に、子ども自身からの相談に応じる身近な機関として周知するとともに、子どもの話に耳を傾け、子どもを支援するシステム作りを進めます。<br>　子ども家庭支援センターに設置された要保護児童対策地域協議会は、子育て・教育・医療等子どもに係る機関と連携して、虐待の早期発見・適切な対応・未然防止につながるよう努めていきます。<br>　アンケート調査によれば子ども家庭支援センターの認知度は低く、事業等の理解が市民の中に行き届いていない状況があります。ひろば事業調整会や要保護児童対策地域協議会関係機関への協力を求め情報の発信を行うとともに子ども家庭支援センターが関係機関・市民から信頼を得て活動ができるよう機能の充実に努めます。 |
| | 子育て支援ネットワークの拡充<br>※新規 | 子育てひろばフェスタの継続実施 | 「子育てひろばフェスタ」は、毎年の積み重ねの中で充実した盛り上がりを見せている。清瀬の子育て支援の輪を広めるとともに、市民、行政及び専門家などと「子育て」「子育ち」についても考える場作りにも取り組んでいきます。 |
| | 子どもの遊び場「ミニひろば」<br>※統合 | 平成21年度<br>子ども家庭支援センター（清瀬市子育てネットワーク支援事業）の一部に位置づける（現在、つどいのひろば事業で対応）。 | |
| | 放課後子ども教室<br>※新規 | 平成21年度　小学校全9校で実施<br>（3校追加：第三小学校、第六小学校、第十小学校）<br>平成26年度　土曜、長期休業日の実施<br>平成27年度　土曜、長期休業日の実施 | 　平成19年度から小学校2校で実施の放課後子ども教室は、児童の安全で安心な居場所として、平成20年度は6校で実施、登録児童が現在657名で、事業が保護者に好感を持って理解されてきています。平成21年度全9校実施の予定であるが、登録児童が1,000名を超えることが予想されます。今後はニーズ調査を踏まえ、事業内容の充実をはじめ、施設の拡充や土曜日と長期休業日の実施が可能か検討していく必要があります。 |
| | 青少年育成事業<br>※新規 | 平成21年度までに青少年育成に関わる各委員会の連絡会議を開催し、特に中高生と大人との接点を探り、話し合う場づくりや交流へのアプローチを図る。<br>平成22年度から | 　青少年への支援を社会全体で組織的に行っていくことで、青少年と大人との接点を見い出し、ともに住み |

| 区分 | 項目 | 目標事業量 | 施策の方向性、考え方 |
|---|---|---|---|
| | | 各委員会の連絡会議の開催（年2回）<br>平成26年度まで<br>　地域活動の推進<br>　各委員会の連絡会議の開催（年4回）<br>　各委員会合同事業の開催・実施 | よい社会を創造していくよう働きかけます。 |
| | 中高生の居場所づくり<br>※新規 | 平成21年度<br>　話し合う場づくりや交流へのアプローチ<br>平成26年度<br>　自由にスポーツや音楽活動ができる場の設置 | 青少年の交流事業を支援したり、音楽活動等健全な活動ができるよう支援及び場づくりに努めていきます。 |
| | 子どもの意見を尊重する仕組みづくり（子どもの参加支援）<br>※新規 | 平成22年度　子ども会議の設置<br>　（現在、ジュニアスタッフ委員会等） | 「私たちのまち」「私たちの児童館」という意識を持つことはまちづくりにとって重要であり、ジュニアリーダーズクラブやジュニアスタッフ委員会などに参加し、経験することにより意識の構築を図っていきます。 |
| | 子育て情報誌の発行 | 隔年度に改訂版を発行<br>　発行予定　平成22年度<br>　　　　　　平成24年度<br>　　　　　　平成26年度 | 子育て支援に関わる情報をわかりやすく掲載したガイドブックの発行とともに活用を図っていきます。 |
| | 子育て家庭への経済的支援<br>※新規 | 制度の設置について検討します。 | 子育て家庭への経済的支援も重要な施策と考えており、クーポン券制度や地元の小売店で利用証を提示して割引などの優遇サービスが受けられる子育て支援カード制度について検討していきます。<br>　特に子育て支援カードは、経済的支援のほかに地域の地元商店等が顔見知りになり孤立化防止に寄与し、地域における子育て支援に有効であると思われます。 |
| | 安心して外出できる環境づくり<br>※新規 | 平成21年度　現在可能な場所の周知<br>平成26年度　新規2ヵ所<br>平成27年度　新規設置の検討を継続 | アンケート調査の結果、外出先でも安心して授乳・おむつ交換などができるスペースを求める声があることから、スペースの確保及び可能な場所等の周知を実施して、安心して外出が楽しめる環境づくりを進めます。 |

## 10　今後の取り組み

### （1）　推進体制の整備

　2009（平成21）年度からの7年間、清瀬市におけるすべての子どもと家庭を対象にした次世代育成支援策を集中的・計画的に推進していくために、以下の基本的な考え方により、この計画に示した目標の実現を図っていく。

#### ア　行政の推進体制

　市は、ホームページ・次世代育成支援行動計画概要版等を利用して、市民及び関係機関への計画の周知徹底を図る。計画の推進にあたっては、子ども家庭部をその中核とし、他の関係組織と連携して、円滑な推進・運営のための情報交換や進行管理を行っていく。

イ　利用者の視点に立った計画の点検・評価等

　本計画は10年間の時限立法に基づくものだが、次世代支援という長期的で国家的に重要な課題であるため、法律が終了しても基本的な仕組みが機能するようにすることが、後期計画期間中の重要な課題となる。

　そのため、課題解決として、①施策・事業の中で運用上の改善・必要点があるかを定期的に確認すること、②サービス提供を受ける当事者及び支援活動に携わる団体等に参画を求めること、③計画目標達成に向けて、利用者本位のPDCA（計画立案→実践→チェック（点検）→改善）サイクルの確立を目指すことを方向性とする。また、評価については、主要な個別事業単位及び複数の個別事業で構成される主要な施策単位で行い、個別事業は、認知度、利用度及び達成度の3つの視点で評価を行うこととする。

（2）　地域との協働

本計画を推進していくために、行政機関だけではなく市民活動センター、社会福祉協議会、子育て家庭、地域の子育て関連団体、NPO・ボランティア団体及び事業者との協働を進めていく。

(石川　智裕)

# Ⅷ 資生堂の次世代育成支援行動計画
~ワーク・ライフ・バランス実現を目指すアクションプラン~

## 1 はじめに
　当社は、化粧品業界という特性上、お客さまの9割が女性、また社員の7割以上を女性が占めている。このことから、女性社員が活躍できる職場環境を整備してきた。

　また、1921（大正10）年にまとめられた社是ともいえる「資生堂五大主義」があり、この精神を受け継ぎつつ1989（平成元）年に「資生堂は何をもって世の中に役立っていくのか」という企業使命と事業領域を定め、行動規範を明文化した「企業理念」を制定。1997（平成9）年にはこの企業理念を実現するための活動指針を明文化した企業行動宣言「THE SHISEIDO WAY」を制定した。さらに、具体的な行動基準「THE SHISEIDO CODE（資生堂企業倫理・行動基準）」を制定し、社員を重要なステークホルダーであると位置づけている。

図1　資生堂の五大主義と企業理念

【資生堂五大主義】
1. 品質本位主義　2. 共存共栄主義　3. 消費者主義
4. 堅実主義　5. 徳義尊重主義

【企業理念】
■企業使命・事業領域
私たちは、多くの人々との出会いを通じて、新しく深みのある価値を発見し、美しい生活文化を創造します

■行動規範
1. お客さまの喜びをめざそう
2. 形式にとらわれず結果を求めよう
3. 本音で語りあおう
4. 広く深く考え、大胆に挑戦しよう
5. 感謝の心で行動しよう

（ピラミッド図：企業理念／THE SHISEIDO WAY（資生堂企業行動宣言）／THE SHISEIDO CODE（資生堂企業倫理・行動基準））

## 2 これまでの取り組み
　資生堂は、社員の7割以上、お客さまの9割が女性であることから、女性の価値観や生活の現状を理解した上で新たな商品やサービス提供していくことが必須である。

　そのためにはお客さまと同じ目線を持つ女性社員が経営・事業活動において中核的役割を果たすことが求められている。女性社員の更なる活躍を促進するため、1990（平成2）年以降仕事と育児・介護を両立するためのさまざまな支援策を導入してきた。

表1　資生堂がこれまでに導入した主な育児・介護との両立支援策

| 支援名称 | 導入年 | 内　容 |
|---|---|---|
| 育児休業制度 | 1990 | 子どもが満3歳になるまで、通算5年まで取得可。（特別の事情がある場合は、同一子につき3回まで取得可。）【2009年改定】 |
| 育児時間制度 | 1991 | 子どもが小学校3年生まで、1日2時間まで勤務短縮可。【2009年改定】 |
| 介護休暇制度 | 1993 | 一人の家族につき、1回につき1年以内。通算3年以内。 |
| 介護時間制度 | 1993 | 1日2時間以内。一人の家族につき、1回につき1年以内。通算3年以内。 |
| カフェテリア制度育児補助（年間定額） | 1998 | 子どもを保育園などに預け、保育料補助を希望する社員に対する年間定額補助。 |

| | | |
|---|---|---|
| カフェテリア制度育児補助（随時） | 1998 | 小学校3年生以下の子どもが、ベビーシッター及び保育所などの延長保育を利用した場合の保育料補助を希望する社員に対する随時補助。 |
| チャイルドケアプランの導入 | 1999 | 妊娠から職場復帰の流れを上司と確認し合えるコミュニケーション体制を整備。 |
| カンガルーム汐留の開設 | 2003 | 従業員向け事業所内保育施設。定員枠の一部を近隣他企業にも開放。 |
| 短期育児休業の運用開始 | 2005 | 主に男性の取得促進をねらって、従来の育児休業制度を改訂し、子が満3歳になるまで、連続2週間の「短期育児休業」（有給）の運用を開始。 |
| 看護休暇制度 | 2005 | 小学校入学前の子どもの病気・ケガによる看護休暇。子が一人であれば年間5日、二人以上であれば10日まで（有給）半日単位での取得も可。【2010年改定】 |
| チャイルドケアサポートセンターの開設 | 2006 | 本社医務室スタッフが、妊娠・出産・育児に関するさまざまな不安や疑問について、健康面を中心にサポート。 |
| マタニティ制服の導入 | 2006 | 美容職社員のマタニティ制服を導入 |
| カンガルースタッフ体制の導入 | 2007 | 育児時間を取得する美容職社員の短縮勤務分を代替要員で対応する制度。 |
| 育児・介護期にある社員の転居を伴う異動に関するガイドライン | 2008 | 育児時間、介護時間を取得中の社員は、転居を伴う異動の対象外とする。 |
| 育児を目的とした配偶者同行制度 | 2008 | 育児期（小学校3年生以下の子を持つ）社員の配偶者に国内転勤が発生した場合、配偶者の転勤地への同行を希望できる。 |
| 配偶者の海外転勤に伴う休業制度 | 2008 | 社員の配偶者に海外転勤が発生した場合、配偶者の勤務地への同行を前提に、3年以内の休業を認める。 |
| 出産後8週間以内の父親の育児休業取得の促進 | 2010 | 配偶者の出産後8週間以内に父親が育児休業を取得した場合には、育児休業を再度取得できる。 |
| 介護のための短期休暇制度 | 2010 | 介護状態にある家族の通院の付き添い等に対応するため、介護のための短期休暇制度。年5日で半日単位での取得可。（対象者が2人以上であれば年10日） |

　仕事と育児・介護の両立支援とともに、<u>ポジティブアクション（※）</u>の取り組みを2000（平成12）年度に開始した。
※ポジティブアクションとは
　ポジティブアクションは、単に女性だからという理由だけで女性を「優遇」するためのものではなく、これまでの慣行や固定的な性別の役割分担意識などが原因で、形式的に機会が男女に均等に開かれているだけでは女性は男性よりも能力を発揮しにくい環境におかれている場合に、こうした状況を「是正」するための取組み
≪ポジティブアクションの展開≫
　・ポジティブアクション5つの目標
　　①ジェンダーフリーに対する正しい認識の定着
　　②管理職の意識・行動改革
　　③女性社員自身の意識改革
　　④人事制度の改革
　　⑤女性社員の管理職への積極的登用
　・ポジティブアクションのこれまでの成果
　　①仕事と育児の両立ができる社内風土へ
　　②女性社員の平均勤続年数が伸長

③優秀な女子学生の応募が増加
④「女性も男性も自分らしさを発揮している」と感じる社員が増加
⑤女性管理職が増加

これら継続的な取り組みが評価され、2004（平成16）年度に均等推進企業厚生労働大臣優良賞を受賞した。

## 3 第3次「男女共同参画行動計画」（2010～2012年度）策定について

2005（平成15）年度からは「男女共同参画」への取り組みを強化するため、①男女共同参画の概念を社内に浸透させ、社員の意識と行動変革を求める風土の醸成、②女性の経営参画の加速を視野に入れた女性リーダーの育成・登用、③ワーク・ライフ・バランスの実現を3本柱とする「男女共同参画行動計画」を立案・推進してきた（第1次：2005～2006年度／第2次：2007～2009年度）。その結果、2010年度（10月時点）における育児休業取得者数は1,218名、育児時間取得者数は1,415名となり、仕事と育児を「両立」できる段階まで至った。

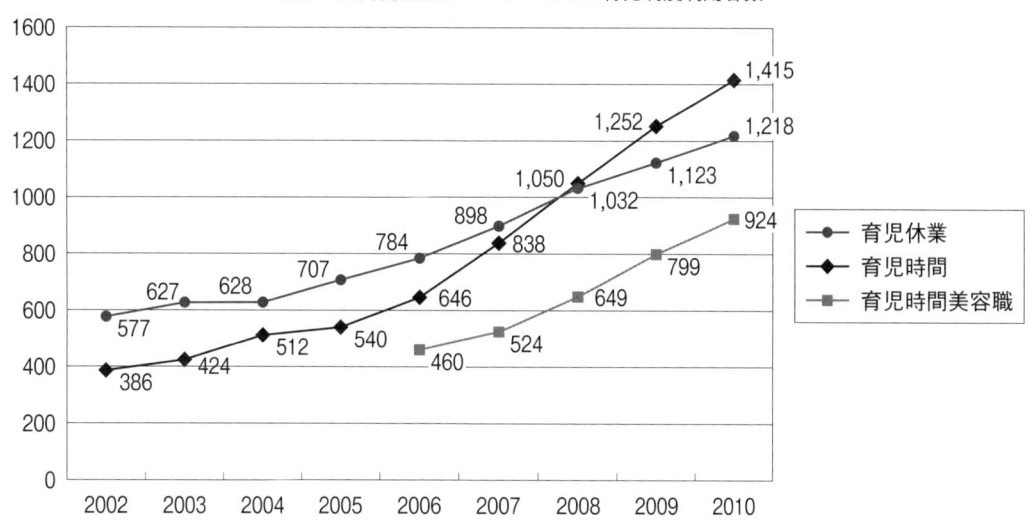

図2　国内資生堂グループにおける育児制度利用者数

| 年 | 育児休業 | 育児時間 | 育児時間美容職 |
|---|---|---|---|
| 2002 | 577 | 386 | |
| 2003 | 627 | 424 | |
| 2004 | 628 | 512 | |
| 2005 | 707 | 540 | |
| 2006 | 784 | 646 | 460 |
| 2007 | 898 | 838 | 524 |
| 2008 | 1,050 | 1,032 | 649 |
| 2009 | 1,252 | 1,123 | 799 |
| 2010 | 1,415 | 1,218 | 924 |

2005年度から開始した男女共同参画活動では、男女を問わず全社員が一人ひとりの能力・意欲を高め、これを最大限に引き出すことによって組織を活性化し、会社の成長に寄与することを目的とした取り組みを進めてきた。そうした両立支援への強力な取り組みにより、「かろうじて仕事と子育てを両立」の段階に到達したが、この先に続く「男女ともに子育て・介護等をしながらしっかりキャリアアップ」の段階には到達できていない。

第3次男女共同参画行動計画の概要

2010（平成22）～2012（平成24）年度の第3次「男女共同参画行動計画」においては、活動テーマを「女性リーダーが恒常的に輩出される社内風土の完成」とし、「女性のリーダー任用と人材育成強化」「生産性向上に向けた働き方の見直し」の2つを重点課題とした具体的なアクションプランを構築した。

今後更なる組織能力の活性化を図るため、「男女ともに育児・介護をしながらキャリアアップ」ができる段階に到達することを目指していく。

図3　資生堂が考える女性活躍の3ステップ

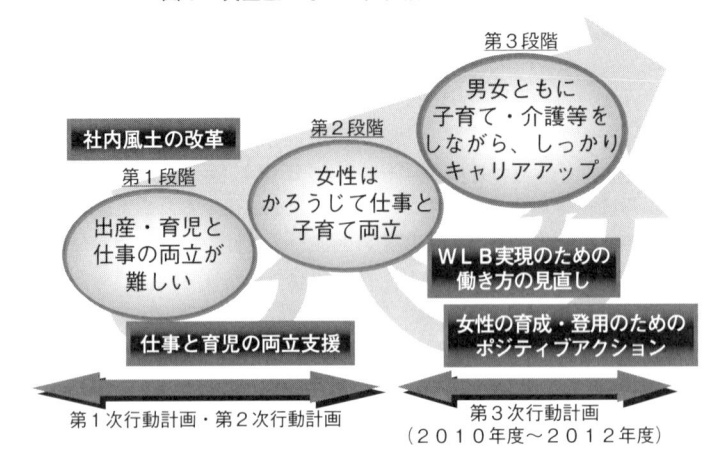

第1段階：出産・育児と仕事の両立が難しい
第2段階：女性はかろうじて仕事と子育て両立
第3段階：男女ともに子育て・介護等をしながら、しっかりキャリアアップ

社内風土の改革
仕事と育児の両立支援
WLB実現のための働き方の見直し
女性の育成・登用のためのポジティブアクション

第1次行動計画・第2次行動計画　　第3次行動計画（2010年度～2012年度）

## 『男女共同参画アクションプラン』（2010～2012年度）

＜（女性の）リーダー任用と人材育成強化＞

■基本スタンス

　30％達成の目的は組織能力の向上という経営的課題として捉えたものであり、ポジティブ・アクションとはいえ、能力・適性のない社員を昇進させるものではない。"周囲の社員が認める"社員、つまり、担当者としてしっかり成果を出すと同時に、マネジメント能力を兼ね備え、今後、リーダーとしての成長が見込める人材を新たに任用するという軸をもって、ポジティブ・アクション「女性社員の人材育成強化」を全社的課題として推進する。

■アクションの軸は「OJT」（人は仕事を通じて育つ）

　これから3年間でやるべきことは、リーダー任用候補となる女性社員を至急に選抜し、高いレベルの業務課題を与える（業務の与え方）、また職域を広げる（異動）などを通じて、"しっかりと実績を上げ""マネジメントの基本を学ぶ"という経験を積ませるための一人別育成に尽きる。

■アクション・プランは、「次期女性リーダーの早期育成」と「次に続く人材の育成と意識改革」の2方向から構築

　特に人材の育成と意識改革の部分においては、女性活躍支援の方向を「両立支援に引き続き取り組みながらも、次なる課題として、キャリアアップを追加する」ことを社内外に発信し、女性社員の自立的キャリア形成に対する意欲向上につなげていくための具体策を盛り込む。

＜テーマ1：女性のリーダー任用と人材育成強化＞

| No. | アクションプラン |
|---|---|
| 1 | 2013年度までに女性リーダー比率30％達成を目標に（2010年度19.9％）、一人別人材育成計画の立案と推進、及び組織能力向上に向けた女性のポスト任用促進 |
| 2 | 職域経験の拡大を目的とした、女性社員の人事異動強化 |
| 3 | 女性社員のキャリアに対する意識向上を目的とした、「キャリアサポートフォーラム」の全国開催 |

＜生産性向上に向けた働き方の見直し＞

■女性の活躍と働き方との関係

　「時間が限られている、イコール成果も限定的」と反射的に反応される傾向があることは、仕事と育児・介護の両立などを行っている社員にとって、仕事の与えられ方、評価などキャリア全般にわたっての障壁となる。

これは、評価する側の上司の働き方軸との違いが大きな要因であるが、この壁を破るためには、「時間当たりの生産性が高い社員を評価し、成果の総量がそれなりにあっても時間当たりの生産性が低い社員は評価に値しない」という姿勢を浸透させることに尽きる。この考えは、「時間をかければかけるほど、残業手当という形でコスト（収入）が増加する」という成果と経済性の不整合を解決する上でも重要な視点である。

■アクションは「働くスタイルの改革と意識づけ」と「業務改革の確立」の2方向から構築

第3次行動計画では、これまでの職場単位における「魅力ある人づくり・職場づくり」の取り組みや、全社的な「業務改革」及び22時消灯施策など、「働くスタイルの改革と意識づけ」の2方向からの取り組みを継続・充実することと併せて、業務プロセス改革、職務権限規定・職務記述書の作成を契機に、部門・事業所における「業務改革の確立」を目指し、働き方の見直しにつながる施策を強化していく。

＜テーマ2：生産性向上に向けた働き方の見直し＞

| No. | アクションプラン |
| --- | --- |
| 1 | 2007年度から取り組んできた、魅力ある人づくり・職場づくりと連携した「働き方見直し」の継続・充実による業務改革の確立～残業時間短縮、定時退社、業務内容の再定義、管理・報告業務の基準づくり　等 |
| 2 | 職場における業務生産性の向上の尺度づくりと業績評価・人事評価への反映 |
| 3 | 育児・介護との両立社員を対象とした在宅勤務制度の導入 |

これまでの取り組みにより、当社では、すべての職種において、女性社員が出産や子育てを理由に退職する事例はほとんどなくなり、大きな成果をあげている。

次に目指すステージは、「女性が働きやすい会社」という段階から、「女性が組織の中核として生き生きと活躍している会社」である。企業としての成長を続け、存続していくために必要不可欠な経営課題と位置づけ、「組織としての力の最大化」へ向け、さらにチャレンジするべく、社員の意識と行動変革を図り、風土の醸成をしっかりと推進していく。

## 4　次世代育成支援行動計画について

一方国は、急速な少子化の進行に対する総合的な取り組みを推進するため、2003（平成15）年7月「次世代育成支援対策推進法」を制定し、2005（平成17）年度より10年間にわたり「次世代育成支援行動計画」の策定を義務化した。

国の要請する「次世代育成支援行動計画」の策定については、推進中であるアクションプランの「社員のワーク・ライフ・バランス実現」へ向けた取り組みそのものが、資生堂としての「次世代育成支援行動計画」であると位置づけ、"資生堂の次世代育成支援行動計画「ワーク・ライフ・バランス」実現を目指すアクションプラン"として策定。CSR委員会、経営会議の承認を得て2005年4月に全社員へ案内した。

ワーク・ライフ・バランスの主旨は、子どものいる人もいない人も、社員一人ひとりが働きがいのある仕事に就き、労働時間の生産性を高めて個人裁量の時間を創出し、その時間で仕事以外の生活を充実させ、そこから得た知識、感性、価値観を仕事に反映し成果を出すということであり、ワーク・ライフ・バランスの実現は、社員の生きがいの向上と個人生活の充実を目指すと同時に、生産性の高い多様な人材を確保することにより、競争力のある強い会社づくり目指すものである。

また資生堂グループ全体で次世代育成支援行動計画を推進することが大切であり、策定を義務づけられた301人以上の事業所に限定せず、資生堂の国内連結対象事業所はすべて、各々アクションプラン（行動計画）を策定することとし、2005年4月には、対象事業所はすべて所轄労働局へ行動計画の提出を終了した。

その後第2次（2007～2009年度）を経て、第3次（2010～2012年度）の3ヵ年では、「次世代育成支援行動計画」は企業の社会的責任であり、継続推進すべきテーマであることから、「次世代育成支援対策推

進法」などの法対応や行政の動向を注視し対応を図っていく。また、これまでの取り組みから浮かび上がってきた諸課題に対する解決策を盛り込み、従来の「働き方の見直し」「仕事と出産・育児・介護の両立支援」「次世代育成に向けた支援」の3本柱を策定する。

≪次世代育成支援行動計画≫
① 長時間労働の是正に向けた取り組み（働き方の見直し）
　第3次男女共同参画アクションプランの中から長時間労働の是正に向け「22時消灯」の継続と「20時消灯週間」の拡大を行動計画として提出する。
② 仕事と出産・育児・介護の両立支援
　今後増加することが想定される「育児休業」「育児時間」取得者に加えて、今後は「介護休業」「介護時間」のニーズも高まることが想定されることから、これら制度取得者の代替要員策に取組む。
■『育児・介護休業』については、補充もなく、業務の削減・効率化もなければ、純粋に他メンバーの業務負担増になることから、業務状況などを確認の上、ローテーションによる補充、もしくは、代替要員として「有期契約社員」または「派遣社員」を手当する。
■『育児・介護時間』について、総合職の場合は、ある時間を境に業務がバトンリレー的につながるということが極めて困難であることから、当該制度の取得者との入れ替わりの代替要員策は、必ずしも有効であるとは言いがたい。
　しかし、今後は、育児・介護時間取得希望者数も増加し、組織・個人の双方でより一層の業務の効率化が求められることが想定されることから、当該制度取得者が一定数を超えた場合に限定し、組織の業務効率化を支援するための要員として「有期契約社員」もしくは「派遣社員」を手当てする方向で、今後運用ルールを策定し対応を図る。
　なお、育児・介護休業法の改正に伴い、「子育て期間中の働き方の見直し」「父親も子育てができる働き方の実現」「仕事と介護の両立支援」の3つのねらいに対応した社内制度の改訂を行う。
③ 次世代育成のための支援
　これまでも実施してきた「子どもを資生堂に招待する日」については、今後、販売会社や関係会社へと実施場所を拡大することも検討する。

表2　㈱資生堂　次世代育成支援行動計画（計画期間2010年4月1日～2013年3月31日）

| 目的 | 具体的アクションプラン | 時期 |
|---|---|---|
| 長時間労働の是正 | ■22時消灯の継続と20時消灯週間の拡大<br>（第3次男女共同参画行動計画アクションプラン） | 2010年度～<br>2011年度 |
| 仕事と出産・育児・介護の両立支援 | ■女性社員のキャリアサポート策「女性社員のキャリアサポートフォーラム」の開催<br>（第3次男女共同参画行動計画アクションプラン） | 2009年度～<br>2012年度 |
| | ■総合職社員の育児休業利用時の代替要員体制の整備<br>2010年度より、原則として代替要員として「有期契約社員」もしくは「派遣社員」を手当てする。 | 2010年度～ |
| | ■育児及び介護を理由とした「所定外労働の免除の義務化」<br>時間外・休日労働の適用除外請求の範囲を子が小学校4年生になる直前の3月31日までに拡大（就業規則の改訂）。<br>なお、当該制度の適用対象に「介護時間取得者」を追加することについては、2010年度中に労使協議をふまえて検討を進める。 | 2010年4月<br>制度導入 |
| | ■子の看護休暇の拡大<br>子1人：5日（有給）、子2人以上：10日（有給）<br>半日単位での取得回数：最大20日／年<br>※予防注射接種、健康診断も可（厚生労働省令（案）） | 2010年4月<br>制度導入 |
| | ■パパ・ママ育休プラス（仮称）<br>有期契約社員についても、父母ともに育児休業を取得する場合、子が1歳2ヵ月に | 2010年4月<br>制度導入 |

| | | |
|---|---|---|
| | 達するまで休業することを可能とする。<br>※社員は対応済み | |
| | ■出産後8週間以内の父親の育児休業取得の促進<br>配偶者の出産後8週間以内に父親が育児休業を取得した場合には、育児休業を再度取得できる。 | 2010年4月<br>制度導入 |
| | ■介護のための短期休暇制度の創設<br>介護状態にある家族の通院の付き添い等に対応するため、介護のための短期休暇制度を創設する。半日単位での取得を可能とする。<br>（年5日、対象者が2人以上であれば年10日） | 2010年4月<br>制度導入 |
| 次世代支援の<br>ための対策 | ■資生堂に子どもを招待する日の開催<br>資生堂は、国の次世代育成支援対策推進法に対応し、2005年度より毎年夏休みの時期に「子どもを資生堂に招待する日」として、社員の小・中学生の子どもを会社に招き、社長との交流会や親の職場を訪問する等の活動を行っている。<br>この活動は、「会社からの社員と家族への感謝」、「ワーク・ライフ・バランスの推進」、「子どもたちの仕事への理解や興味を深める」等を目的として、毎年、さまざまなプログラムを開催している。 | 2010年度〜<br>2012年度 |

（久保　光司）

## Ⅸ 高齢者の居住安定確保プラン
―基本的方針と実現のための施策― （抜粋）
2010（平成22）年9月　東京都

### 第1章　高齢者の居住安定確保プランについて
#### 第1節　プラン策定の背景と目的
○東京都において、高齢化が急速に進行する中、高齢者がいきいきと暮らすことのできる社会の実現を図ることが重要です。
○そのためには、生活の基盤となる住宅や老人ホームなどの「すまい」について、高齢者が多様なニーズに応じた居住の場を選択できるようにするとともに、住み慣れた地域で安全に安心して暮らすことのできる環境の整備を図ることが求められます。
○高齢者の居住の安定確保に向け、住宅施策と福祉施策が連携し、総合的・計画的に推進するため、基本的な方針と実現のための施策を示すものとして、本プランを策定します。

#### 第2節　プランの位置付け等
○本プランは、「東京都住宅マスタープラン」、「東京都高齢者保健福祉計画」及び「『10年後の東京』への実行プログラム」を踏まえて策定
○また、「高齢者の居住の安定確保に関する法律」に基づく「高齢者居住安定確保計画」としての位置付け持つ。
○本プランの期間は、2010（平成22）年度から概ね5年間とし、今後の高齢者を取り巻くすまいの状況等の変化に対応し、必要がある場合は適宜見直し行う。

### 第2章　東京の高齢者を取り巻く状況
#### 第1節　人口構造の状況
（1）　東京都の高齢者の人口推計
○都内の65歳以上の高齢者は、2010（平成22）年1月1日現在約256万人で、総人口に占める割合（高齢化率）は20.3％となっています。
○東京都の高齢者人口は、2015（平成27）年まで急速に増加し、高齢化率は、2015（平成27）年には24.2％、2035（平成47）年には30.7％に達し、都民のおよそ3人に1人が65歳以上の高齢者という極めて高齢化の進んだ社会が到来することが見込まれています。
（2）　首都圏で急速に進む高齢化
○2005（平成17）年から2035（平成47）年までの65歳以上の高齢者人口の増加率の上位10位について見ると、神奈川県や埼玉県、東京都などの大都市圏の都府県でほぼ占められていることが分かります。

＜都道府県別の高齢者人口増加率＞

| 順位 | 都府県名 | 2005年<br>（平成17年）<br>（千人） | 2035年<br>（平成47年）<br>（千人） | 増加率<br>（％） |
|---|---|---|---|---|
| 1 | 神奈川県 | 1,487 | 2,718 | 82.9 |
| 2 | 埼玉県 | 1,160 | 2,115 | 82.3 |
| 3 | 沖縄県 | 219 | 395 | 80.2 |
| 4 | 千葉県 | 1,064 | 1,880 | 76.6 |
| 5 | 東京都 | 2,325 | 3,895 | 67.6 |
| 6 | 愛知県 | 1,254 | 2,077 | 65.5 |

| 7 | 滋賀県 | 250 | 401 | 60.7 |
| 8 | 栃木県 | 392 | 586 | 49.5 |
| 9 | 茨城県 | 577 | 862 | 49.5 |
| 10 | 大阪府 | 1,645 | 2,457 | 49.4 |

資料：国立社会保障・人口問題研究所「日本の都道府県別将来推計人口」
（2007（平成19）年5月推計）
（出典：2009（平成21）年度版　内閣府「高齢白書」）

（3）　要介護度別認定者数の推移
○2000（平成12）年の介護保険制度開始以来、要介護認定者数は確実に増加しています。

＜要介護度別認定者数の推移＞

凡例：要支援　要支援1　要支援2　経過的要介護　要介護1　要介護2　要介護3　要介護4　要介護4

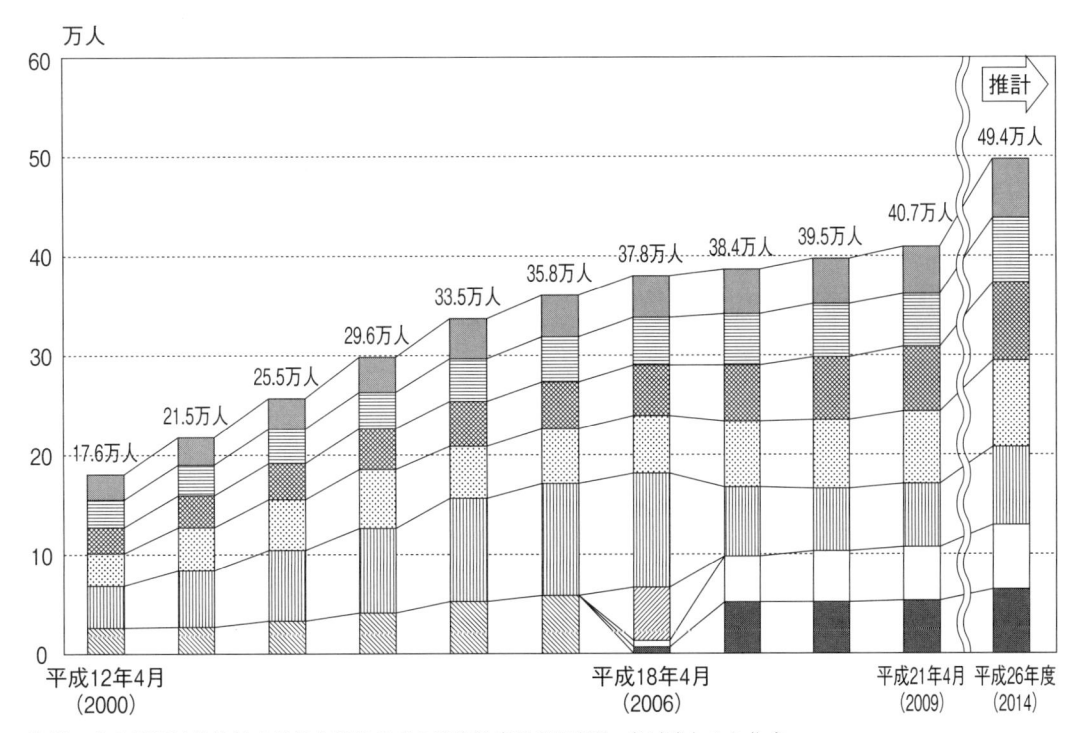

- 平成12年4月（2000）：17.6万人
- 平成（2001）：21.5万人
- 平成（2002）：25.5万人
- 平成（2003）：29.6万人
- 平成（2004）：33.5万人
- 平成（2005）：35.8万人
- 平成18年4月（2006）：37.8万人
- 平成（2007）：38.4万人
- 平成（2008）：39.5万人
- 平成21年4月（2009）：40.7万人
- 平成26年度（2014）：49.4万人（推計）

資料：東京都福祉保健局高齢社会対策部「介護保険事業状況報告（月報）」より作成
（2014（平成26）年度は見込値）

（4） 後期高齢者の要介護認定率と人口増加
○後期高齢者の要介護認定率は、前期高齢者の約6.7倍となっています。

<年齢階級別要介護認定率>

|  | 人口（第1号被保険者数） | 要介護認定者数[1] | 要介護認定率 |
|---|---|---|---|
| 前期高齢者（65～74歳） | 1,406,195人 | 61,285人 | 4.4% |
| 後期高齢者（75歳以上） | 1,183,663人 | 347,514人 | 29.4% |

約6.7倍

資料：東京都福祉保健局高齢社会対策部「介護保険事業状況報告（月報）」
（2010（平成22）年3月）

○後期高齢者は、2015（平成27）年に都内総人口の1割を超えて約152万人となり、2020（平成32）年には後期高齢者の数が前期高齢者の数を上回ることが見込まれています。

## 第2節　高齢者のみ世帯の状況
（1）　単身（一人暮らし）・夫婦のみ世帯の推移
○65歳以上の単身（一人暮らし）世帯は2005（平成17）年の約50万世帯から、一貫して増加傾向となることが予測されています。2030（平成42）年には約90万世帯に達し、65歳以上の単身世帯の総世帯数に占める割合は、14.4%と推計されています。
○また、世帯主が65歳以上の夫婦のみ世帯は、2005（平成17）年の約45万世帯から2020（平成32）年の約62万世帯まで増加した後は大きな増加は見られず、2030（平成42）年には約61万世帯となると推計されています。
○東京都監察医務院によれば、高齢者が地域社会から孤立したまま亡くなる、いわゆる「孤立死」が増加しています[1]。

## 第4節　高齢者のすまい等の状況
（1）　高齢者のすまいの現状
○都内において住宅に居住している世帯約594万世帯のうち、65歳以上の世帯員のいる世帯（約164万世帯（27.6%））について見ると、持家は約7割、借家は約3割となっており、その他の世帯約430万世帯（72.4%）に比べ持家の比率が高くなっています。
○また、上記の住宅以外に高齢者施設等[2]の入所者は約10万人となっています。

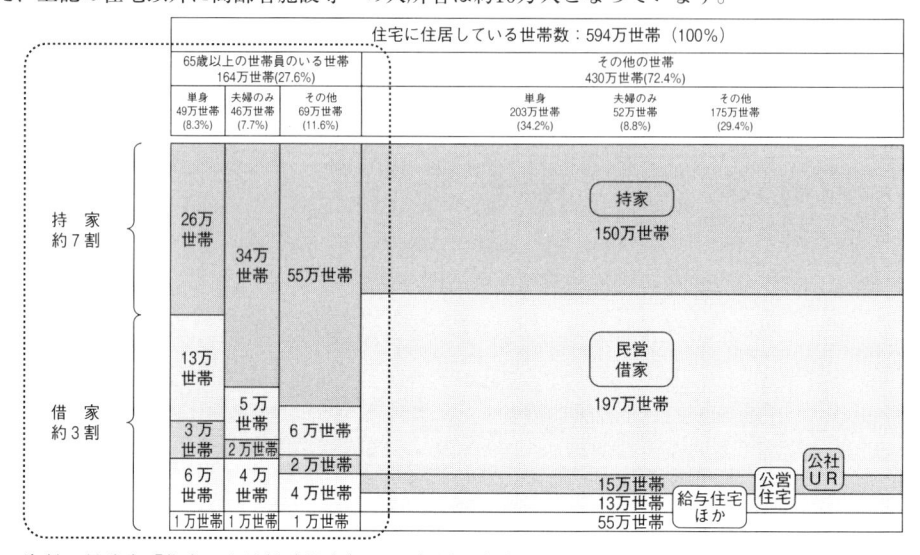

資料：総務省「住宅・土地統計調査」2008（平成20）年

## 計画編

### （5） 民間賃貸住宅における入居制限の状況

○民間団体の調査によると、民間賃貸住宅において入居制限を行っている家主の割合は15.8%であり、そのうち約1／2が、単身の高齢者や高齢者のみ世帯は不可としています。

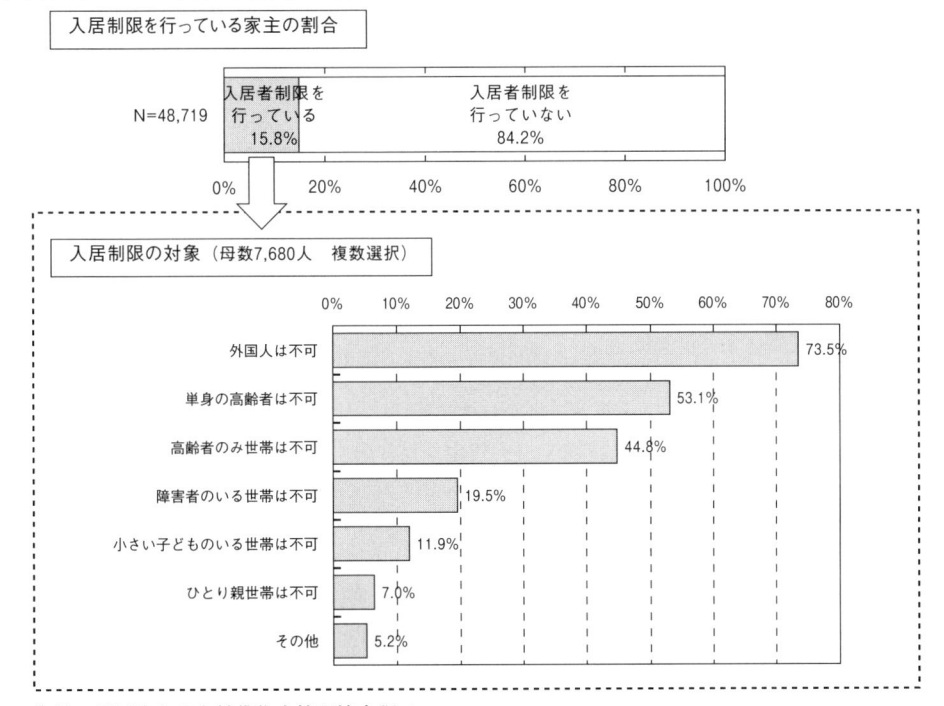

**入居制限を行っている家主の割合**

N=48,719
- 入居者制限を行っている 15.8%
- 入居者制限を行っていない 84.2%

**入居制限の対象（母数7,680人 複数選択）**

| 対象 | 割合 |
|---|---|
| 外国人は不可 | 73.5% |
| 単身の高齢者は不可 | 53.1% |
| 高齢者のみ世帯は不可 | 44.8% |
| 障害者のいる世帯は不可 | 19.5% |
| 小さい子どものいる世帯は不可 | 11.9% |
| ひとり親世帯は不可 | 7.0% |
| その他 | 5.2% |

資料：財団法人日本賃貸住宅管理協会調べ
備考：
1. 調査期間2006（平成18）年3月20日～4月3日
2. 調査対象財団法人日本賃貸住宅管理協会の賃貸住宅管理業に携わる会員916社
3. 調査地域全国
4. 回収状況114社（家主48,719人）（回収率12.4%）

### （6） リフォームや建替え・住替えの意向

○都内の65歳以上の在宅高齢者のリフォームや建替え・住替えの意向について、いずれも行わないと回答した割合は66.4%と高齢者全体の7割弱となっています。また、リフォームや建替えを行いたいと回答した割合は10.7%、住替えを行いたいと回答した割合は5.7%となっています。

### （7） 介護が必要となった場合に望む対応

○都内の65歳以上の在宅高齢者のうち、今後、介護などの支援が必要になった場合に自宅での介護を希望する人は、66.0%と高い傾向にあります。

自宅での対応を希望　66.0%

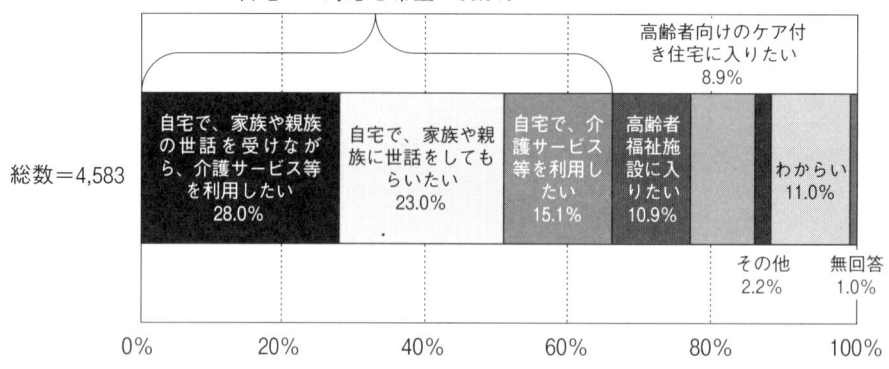

総数＝4,583

- 自宅で、家族や親族の世話を受けながら、介護サービス等を利用したい　28.0%
- 自宅で、家族や親族に世話をしてもらいたい　23.0%
- 自宅で、介護サービス等を利用したい　15.1%
- 高齢者福祉施設に入りたい　10.9%
- 高齢者向けのケア付き住宅に入りたい　8.9%
- わからない　11.0%
- その他　2.2%
- 無回答　1.0%

資料：東京都福祉保健局「2005（平成17）年度東京都社会福祉基礎調査「高齢者の生活実態」」

（8）　高齢者向け賃貸住宅の整備状況

　都内の高齢者向け賃貸住宅（高齢者円滑入居賃貸住宅、高齢者専用賃貸住宅、適合高齢者専用賃貸住宅、高齢者向け優良賃貸住宅、シルバーピア）の整備状況は以下のとおりです。

○高齢者円滑入居賃貸住宅とは、「高齢者の居住の安定確保に関する法律」に基づき、高齢者の入居を拒まない賃貸住宅として登録されたもので、2009（平成21）年度末の整備状況は22,587戸です。

○高齢者専用賃貸住宅とは、高齢者円滑入居賃貸住宅のうち、専ら高齢者又は同居の配偶者を賃借人とする賃貸住宅で、2009（平成21）年度末の整備状況は1,513戸です。

○適合高齢者専用賃貸住宅とは、高齢者専用賃貸住宅のうち、面積、設備及びサービスなどについて、厚生労働大臣が定める基準[3]に適合するものとして知事に届け出ている賃貸住宅です。介護保険法の規定する「特定施設入居者生活介護[4]」の指定の基準を満たしている場合には、「特定施設入居者生活介護」の事業者として指定を受けることが可能です。2009（平成21）年度末の整備状況は、754戸です。

○高齢者向け優良賃貸住宅[5]とは、バリアフリー化され、緊急時対応サービスの利用が可能な賃貸住宅で、「高齢者の居住の安定確保に関する法律」に基づくものです。2009（平成21）年度末の整備状況は5,712戸です。

○シルバーピアとは、バリアフリー化され、緊急時対応サービス及び安否確認システムなどが整備された公的賃貸住宅（都営住宅、区市町村住宅等）です。2009（平成21）年度末の整備状況は10,093戸です。

＜高齢者向け賃貸住宅の整備状況＞

| 高齢者円滑入居賃貸住宅 | | 22,587戸 |
|---|---|---|
| | うち高齢者専用賃貸住宅 | 1,513戸 |
| | うち適合高齢者専用賃貸住宅 | 754戸 |
| 高齢者向け優良賃貸住宅 | | 5,712戸 |
| | 民間事業者 | 606戸 |
| | 都市再生機構 | 5,106戸 |
| シルバーピア | | 10,093戸 |
| | 都営住宅 | 4,275戸 |
| | 区市町村住宅 | 5,578戸 |
| | 都市再生機構 | 240戸 |

2009（平成21）年度末現在

(9) 老人ホームの整備状況

都内の老人ホームの整備状況は以下のとおりです。

○特別養護老人ホーム（指定介護老人福祉施設）は、身体上又は精神上著しい障害があるために常時の介護を必要とし、かつ、居宅においてこれを受けることが困難な要介護者を対象に、入浴、排せつ、食事等の介護その他の日常生活上の世話、機能訓練、健康管理及び療養上の世話を行うことを目的とする施設です。

2009（平成21）年度末で397施設あり、定員総数は35,504人です。

○軽費老人ホームは、低額な料金で、家庭環境、住宅事情等の理由により居宅において生活することが困難な老人を入所させ、食事の提供その他日常生活上必要な便宜を供与することを目的とする施設です。

2009（平成21）年度末で50施設あり、定員総数は2,737人です。

また、都市型軽費老人ホームは、都市部を中心とした地域において居室面積基準や職員配置基準の特例を設けて利用料を低廉化し、見守り機能を備えた施設で、2010（平成22）年度からの新しい制度です。

○養護老人ホームは、65歳以上の者であって、身体上若しくは精神上又は環境上の理由及び経済上の理由により居宅において養護を受けることが困難なものを入居させ、養護することを目的とする施設です。

2009（平成21）年度末で都内に32施設あり、定員総数は3,904人です。

○有料老人ホームは、老人を入居させ、入浴、排せつ、食事の提供、洗濯、掃除等の家事、健康管理を提供することを目的とする施設です。入居者との介護に係る契約によって、介護付（ケア付）有料老人ホーム[6]、住宅型有料老人ホーム[7]、健康型有料老人ホーム[8]の3類型に分類されます。

2009（平成21）年度末で452施設あり、定員総数は29,021人です。

＊健康型有料老人ホームを除く。

○認知症高齢者グループホームは、要介護者であって認知症であるもの（その者の認知症の原因となる疾患が急性の状態にある者を除く。）について、入浴、排せつ、食事等の介護その他の日常生活上の世話及び機能訓練を行うものです。

2009（平成21）年度末で、322施設、定員総数は4,789人です。

<老人ホームの定員2009（平成21）年度末>

| 施設種別 | 定員（人） |
| --- | --- |
| 特別養護老人ホーム | 35,504 |
| 軽費老人ホーム | 2,737 |
| 養護老人ホーム | 3,904 |
| 有料老人ホーム | 29,021 |
| 認知症高齢者グループホーム | 4,789 |
| 計 | 75,955 |

その他の介護保険施設
【介護老人保健施設】
　急性期の治療後、在宅生活への復帰を目指す要介護者に対し、施設サービス計画に基づき看護、介護、医療、日常生活上の世話を行う施設です。
2009（平成21）年度末の定員数：16,694人
【介護療養型医療施設（介護療養病床）】
　比較的長期にわたって療養を必要とする場合に入院して利用する施設です。
2009（平成21）年度末の病床数：7,294人分

# 第３章　高齢者の居住の安定確保に向けた基本的方針
## 第１節　基本的な考え方

（１）　高齢化の動向やすまいの現状と課題

○東京は今、本格的な高齢社会を迎えようとしており、今後、65歳以上の高齢者人口は急速に増加し、とりわけ、75歳以上の後期高齢者が急増し、2015（平成27）年には総人口の１割を超えることが見込まれています。後期高齢者の要介護認定率は、前期高齢者の約6.7倍となっていることから、介護や支援が必要な高齢者が増加し、今後、高齢者に対する介護サービスの需要は大幅に増大することが見込まれます。

○高齢者福祉施設や高齢者向けのケア付き住宅など在宅以外を望む方も約２割と一定の割合で存在することから、このような施設や住宅を整備する必要もあります。

○東京は地価が高く土地取得コスト等が高額になるため、結果的にこれらのコストが家賃や施設の居住費等に反映され、利用者負担が高額になる傾向にあります。また、土地の確保が困難な地域では施設の整備率が低く、都内においても地域による施設の偏在があります。

○特別養護老人ホームに入所を希望している都民は、43,746人であり（2009（平成21）年）、そのうち要介護度４及び５で在宅の方は8,440人おり、依然として高いニーズがあります。また、有料老人ホームのうち、介護専用型については、要介護者の居住の場として重要な役割を担っていますが、設置が進んでいません。

○民間賃貸住宅においては、高齢者の入居を拒まない住宅や高齢者専用の賃貸住宅も供給されている一方、単身の高齢者や高齢者のみ世帯は不可とするなどの入居制限が行われている状況が依然として見られます。

○高齢者専用賃貸住宅の中には、緊急時対応や安否確認などの生活支援サービスや食事、入浴の介助などの介護サービスを提供するものも見られます。しかし、生活支援サービスについては、法律による基準等がないため、提供されるサービスの運営形態が分かりにくいなどの事態が発生しています。

○また、高齢者が居住する住宅のうち、「手すりがある」「廊下などが車椅子で通行可能な幅」「段差のない室内」など高齢者のための設備がある住宅の割合は持家で66.1％、借家で31.3％となっており、高齢者が安全に暮らすことのできるバリアフリー化された住宅ストックが十分には形成されていない状況です。

○このような高齢化の動向やすまいの現状を踏まえると、高齢者が多様なニーズに応じた居住の場を選択できるようにするとともに、身体状況等に応じて必要なサービスを受けることができる環境の整備やサービスの質の確保を図り、安全・安心なすまいを実現していくことが求められていると考えられます。

（２）　課題解決に向けた取組

（１）の課題に的確に対応するため、以下の取組を重点的に推進していくことが求められています。

①高齢者向けの賃貸住宅・老人ホーム等の供給促進

○多様なニーズを持つ高齢者が、安全・安心に暮らせるすまいの選択肢を増やすため、高齢者向け優良賃貸住宅やシルバーピアなど緊急時対応や安否確認などのサービスが利用可能な高齢者向けケア付き賃貸住宅の供給を促進します。

　　このような賃貸住宅の供給に当たっては、高齢者への円滑で的確なサービスの供給による安心確保などの観点から、住宅と介護関連施設等の併設の促進を図ります。

　　また、都営住宅などのストックを活用し、バリアフリー化や高齢者福祉施設等の整備促進など高齢者の居住安定確保のための取組を推進します。

○特別養護老人ホーム、介護専用型有料老人ホーム、認知症高齢者グループホーム等の整備に加え、居室面積要件の緩和等の施設基準を設けた都市型軽費老人ホームの設置等により老人ホームの供給促進を図ります。

②高齢者の入居支援とサービスの質の確保

○民間賃貸住宅における高齢者の入居の円滑化を図るため、高齢者の入居を拒まない住宅である高齢者円滑入居賃貸住宅の登録を促進することや、こうした住宅の情報を高齢者に広く提供することなどにより、高齢者の入居支援を図ります。
○高齢者向け賃貸住宅において提供される緊急時対応、安否確認や食事の提供などの生活支援サービスについて事業者に届出を求め、生活支援サービスに係る契約書等を公表することにより、サービスの質の確保を図ります。

③地域で高齢者を支える仕組みの構築
○核家族化の進行や地域が担う「共助」の機能が低下している東京においては、地域の安心・安全を確保できる仕組みとして、サービスの付いた高齢者向けすまいと同様の安心を地域全体に提供することが求められています。
○このため、医療・介護のサービスをはじめ、緊急時対応・安否確認や配食サービスなどの生活支援サービスを、NPOやボランティア団体などの多様な社会資源との連携等により、総合的、継続的に提供できる体制の整備を推進します。

④高齢者の居住の安定の確保に向けたその他の取組
○高齢者が自宅において自立した生活を送ることができるよう、新築住宅のバリアフリー化や既存住宅のバリアフリー改修を促進します。
○高齢者の資産を活用した居住の安定確保に資する制度や多様な高齢者向けすまいについての情報提供や普及啓発を行っていきます。

(3) 施策展開の視点
○ハードとソフトの組み合わせによる適切な対応
○住宅施策と福祉施策の連携による総合的な取組
○区市町村の取組との連携
○限られた土地資源や既存ストックの有効活用

## 第2節 高齢者の居住の安定確保のための目標

　高齢者の居住の安定確保に向け、住宅施策と福祉施策の連携を図りながら、総合的かつ計画的に施策を推進していくため、2つの目標を掲げます。

> 目標1
> 　住宅施策と福祉施策の連携を図りながら、高齢者の多様なニーズを踏まえ、賃貸住宅や老人ホームなどのすまいが適切に供給されるよう環境を整備し、高齢者が安心して暮らせるすまいの供給を促進します。

賃貸住宅等
○高齢者向けケア付き賃貸住宅の供給促進（高齢者向け優良賃貸住宅・適合高齢者専用賃貸住宅等）
　バリアフリー化され、緊急時対応や安否確認等のサービスの質が確保されるとともに、高齢者が適切な負担で入居可能な高齢者向け賃貸住宅の供給を促進します。あわせて、医療・介護関連施設等の併設を促進するなど、安心して暮らすことができるすまいを提供します。
　高齢者向けケア付き賃貸住宅（東京モデル1）については、2009（平成21）年度から2014（平成26）年度までに約6,000戸の供給を目指します。
○高齢者の入居の円滑化
　民間賃貸住宅について、高齢者が不合理な入居制限を受けることなく、市場を通じて、それぞれの状況に適したすまいを円滑に確保できるよう、高齢者円滑入居賃貸住宅の登録の促進などの環境整備を行います。
○公共住宅ストックの活用
　都営住宅の建替え等に合わせ、地元区市等と連携し、高齢者福祉施設やシルバーピアなどの整備を促進するとともに、建替えにより創出した用地を活用し民間活用事業に取り組むなどストックの活用を図

ります。
　また、東京都住宅供給公社住宅においても、一般賃貸住宅の建替えや既存ストックの再生に合わせ、高齢者が適切な負担で入居できる賃貸住宅を整備するとともに、建替えの際に生み出される用地や大規模団地におけるオープンスペースに、高齢者福祉施設を地元区市等と連携しながら誘致していきます。

○バリアフリー化の促進
　新築住宅のみならず既存住宅も含め、持家及び賃貸住宅のバリアフリー化を促進します。
　高齢者が居住する住宅については、2015（平成27）年までに75％で一定のバリアフリー化[9]、25％で高度なバリアフリー化[10]が図られることを目指します。
　また、共同住宅の共用部分については、2015（平成27）年までに25％のバリアフリー化が図られることを目指します。

|老人ホーム|

　老人ホームの整備については、区市町村が算定した利用者数の見込みの合計値に基づき、都全体の必要入所利用定員総数を設定して施設整備に努めています。
　これに加えて、介護基盤緊急整備等臨時特例基金[11]を活用して介護施設・地域介護拠点の整備を進めていきます。

○特別養護老人ホームについては、2011（平成23）年度末の必要入所定員総数40,455人分[12]の確保に努めます。
○都市型軽費老人ホーム（東京モデル2）を2010（平成22）年度から2012（平成24）年度までに240か所、2,400人分整備します。
○介護専用型特定施設[13]は、2011（平成23）年度末の必要利用定員総数として、4,310人分の確保に努めます[14]。
　また、混合型特定施設については、2011（平成23）年度末の必要利用定員総数24,734人分[15]の確保に努めます。
○認知症高齢者グループホームは、定員を2011（平成23）年度末までに7,200人[16]に増員します。

> 目標2
> 　東京の多様な社会資源の活用により、高齢者が日常生活を営むために必要なサービスを提供する体制を整備します。

○地域における相談支援体制等の整備
○在宅サービスの充実
○地域における生活支援サービスの充実

## 第4章　目標実現のための施策
### 第1節　高齢者向けの賃貸住宅・老人ホーム等の供給促進

|賃貸住宅|

（1）　高齢者向けケア付き賃貸住宅の供給促進（東京モデル1）

　住宅施策と福祉施策との連携により、バリアフリー化など住宅の質を確保するとともに、緊急通報や安否確認など質が確保された生活支援サービスを提供し、高齢者が適切な負担で入居可能なケア付き賃貸住宅の整備を促進します。財政支援や既存ストックの有効活用により、入居者の負担軽減や経営者の事業コスト縮減を図り、区市町村と連携しつつ、東京モデル1となる高齢者向け優良賃貸住宅や適合高齢者専用賃貸住宅等の供給を促進します。

○バリアフリー化された住宅（ハード）と提供されるサービス（ソフト）の質の確保による安全・安心の提供
　・バリアフリー化
　・緊急通報や安否確認システムの提供
　・必要に応じ利用可能なその他の生活支援サービス、介護関連サービス、医療サービスなどを提供

・都が定める「高齢者向け住宅における生活支援サービス提供のあり方指針」に基づき質を確保
○高齢者が適切な負担で入居可能
　・都有地等の土地資源や、民間建物・学校等の既存ストックを有効活用
　・区市町村と連携し、住宅部分の共同施設整備費等への建設費補助や家賃減額補助等を実施
　・家賃などについて、適切な負担となるように設定
　　（活用可能な事業の例）高齢者向け優良賃貸住宅供給助成事業[17]
　　　　　　　　　　　　　サービス付適合高齢者専用賃貸住宅供給助成事業
○高齢者向け賃貸住宅と介護関連施設・診療所等の併設の促進による安心の提供
　・関連する都や国の補助事業などを活用しながら、高齢者向け賃貸住宅に介護関連施設や診療所等を併設
　　（活用可能な事業の例）医療・介護連携型高齢者専用賃貸住宅モデル事業
　　　　　　　　　　　　　高齢者等居住安定化推進事業[18]
○多様な主体による供給促進
　　民間事業者のみならず、東京都住宅供給公社や社会福祉法人、医療法人など多様な供給主体による供給を促進します。
○高齢者向け優良賃貸住宅の面積基準の緩和
　　既存建物を改修して高齢者向け優良賃貸住宅を整備する場合、各住戸の面積基準を緩和します。
　　25㎡以上→20㎡以上
　　18㎡以上→13㎡以上（居間・食堂・台所その他の住宅の部分が高齢者が共同して利用するため十分な面積を有する場合）
　　あわせて、既存建物を改修して高齢者向け優良賃貸住宅を整備する場合は
　・高齢者円滑入居賃貸住宅の面積基準
　・終身建物賃貸借制度[19]に係る面積基準
　　についても、同様に緩和します。

（2）　シルバーピアの整備
○バリアフリー化された公的賃貸住宅に、日常の生活指導・安否確認等の生活支援を行うLSA[20]（生活援助員）等を配置するシルバーピア事業について、整備・運営が適切に促進されるよう、事業の実施主体である区市町村を支援します。

（3）　都営住宅のバリアフリー化や優先入居等
○既存都営住宅（中層住宅）へのエレベーターの設置や、改修事業及び建替事業におけるバリアフリーへの配慮など、都営住宅のバリアフリー化を推進します。
○巡回管理人により、窓口に自ら出向くことができない高齢者に対する相談や申請書類の取次ぎのほか、希望者に対する定期訪問を行います。
○都営住宅の入居者選考において、高齢者世帯等を対象とする「ポイント方式[21]」や「優遇抽せん制度[22]」を実施します。
○居住者の高齢化が進行していることを踏まえ、団地及び周辺地域の活力の維持向上を図る観点から、若年ファミリー世帯や多子世帯について、期限付き入居制度等により入居機会拡大を図ります。

（4）　都営住宅ストックを活用した高齢者向け施設等の整備促進
○都営住宅の建替えに当たり、事業に支障のない範囲で、地元区市等が事業主体となる高齢者福祉施設やシルバーピアなどの整備を促進します。
○都営住宅の建替えにより創出した用地を民間事業者に定期借地権方式で貸し付け、民間住宅の供給に合わせ、高齢者福祉施設や高齢者向けケア付き賃貸住宅などの整備を促進します。
○既存の都営住宅においても、事業に支障のない範囲で、地元区市等と連携しながら、高齢者支援施策を推進します。

（5）　東京都住宅供給公社住宅等の有効活用

○公社住宅（東京都住宅供給公社の一般賃貸住宅）について、公社では、従来よりファミリー世帯向けの住宅を中心に供給するとともに、少子高齢社会に対応し、建替えによるバリアフリー化や高齢者世帯等を対象とする優先入居制度の導入などに取り組んできました。

○今後、公社住宅については、一般賃貸住宅の建替えや既存ストックの再生に合わせ、高齢者が適切な家賃負担で入居でき、緊急時対応や安否確認など日常的に必要なサービスを利用できる高齢者向け賃貸住宅等の整備を進めるとともに、各種の入居優遇制度の拡充を図っていきます。

○また、一般賃貸住宅の建替えにより創出した用地や、大規模団地におけるオープンスペースに、高齢者福祉施設などを区市等の協力を得ながら誘致していくことなどにより、少子高齢社会に対応した取組を一層進めていきます。

○機構住宅（都市再生機構の賃貸住宅）について、都市再生機構では、少子高齢社会に対応し、バリアフリー化や高齢者向け優良賃貸住宅の供給、高齢者の入居優遇を行うとともに、区市等の協力を得ながら高齢者福祉施設等の誘致などに取り組んでいます。機構賃貸住宅及び賃貸施設のストックが、今後とも必要に応じ、都民の住生活の安定向上のために有効に活用されるよう、都市再生機構と連携していきます。

（6） 高齢者等居住安定化推進事業の公的賃貸住宅団地型の活用

○高齢化の進展に伴うニーズを踏まえ、生活相談サービスや介護関連などの高齢者生活支援施設の供給を促進するには、限られた土地資源や既存ストックの利活用が不可欠です。

　このため、必要に応じて、高齢者等居住安定化推進事業等を有効活用し、公的賃貸住宅等と高齢者生活支援施設を一体的に整備促進していきます。

[老人ホーム]

（1） 特別養護老人ホーム等の供給促進

○特別養護老人ホームについては、ユニット型での創設だけでなく、既存施設の増改築や既存建物を改修する場合にも、プライバシーに配慮するなど一定の条件の下、ユニット型でない施設についても補助の対象とします。

○また、従来型個室・多床室で新設する場合であっても、多床室による整備が定員の3割以内であれば補助対象とし、区市町村の実情を踏まえた整備を進めます。

○さらに、整備が進んでいない地域での設置促進のため、整備費補助を加算することにより、都全体の整備率の向上を図ります。

○施設等用地確保のために、定期借地権を設定した場合の一時金の一部を助成することにより、整備促進を図ります。

○老朽化した特別養護老人ホームの改修や入所者等のニーズに合わせた施設の改修の経費の一部を補助します。

○養護老人ホームについては、外部サービス利用型特定施設入居者生活介護の指定や建替え時に介護保険施設等に転換する場合は、整備費の補助対象とします。また、上記の指定を受ける施設については、大規模改修費についても補助対象とします。

（2） 軽費老人ホームの供給促進

○介護専用型ケアハウスの整備を行うため、その経費の一部を補助します。

○地価の高い東京の実情を踏まえ、居室面積要件の緩和等により創設された都市型軽費老人ホーム（東京モデル2）を整備します[23]。

（3） 有料老人ホームの供給促進

○介護専用型有料老人ホームについて、社会福祉法人及び医療法人による整備に加え、オーナー型[24]に対する施設整備費の一部を補助します。

（4） 認知症高齢者グループホームの供給促進

○多様な設置主体による認知症高齢者グループホームの整備を進めるとともに、整備率の低い区市町村に対する補助単価の加算や公有地の活用など、より多様な整備手法を駆使して事業者の負担軽減を図り、

整備を引き続き促進します。
○既存の認知症高齢者グループホームに対して、消防用設備設置のための経費を支援することにより、グループホームの防火安全対策を強化します。

(5) 公有地の活用
○未利用の都有地を活用し、特別養護老人ホーム等を整備することにより、地域に密着した介護サービス基盤の整備を進めています。
○学校跡地など区市町村の未利用地の積極的な活用を推進するため、公有地の貸付けと独自の施設整備費補助により介護基盤を整備する区市町村に対して、補助基準額を引き上げるなど財政支援を拡充します（高齢社会対策区市町村包括補助事業[25]）

## 第2節 高齢者の入居支援とサービスの質の確保

高齢者の入居支援

　高齢者が不合理な入居制限を受けることなく、可能な限り市場を通じて、それぞれに適したすまいを円滑に確保できるよう、環境整備を行います。

(1) 高齢者円滑入居賃貸住宅登録閲覧制度の運用・普及
○高齢者円滑入居賃貸住宅登録閲覧制度については、制度の意義やメリット（財団法人高齢者住宅財団による家賃債務保証制度の利用が可能、独立行政法人住宅金融支援機構のバリアフリー対応高円賃登録賃貸住宅融資の対象等）などを、関係団体と連携して貸主に周知することにより、住宅の登録を促進します。
○登録された住宅については、関係団体や区市町村等と連携し、民間賃貸住宅への入居を希望する高齢者に広く情報提供します。
○都における登録基準の追加
　　高齢者円滑入居賃貸住宅については、平成21年度に策定した「高齢者向け住宅における生活支援サービス提供のあり方指針」に基づいたサービス提供が行われることを目的に登録基準として以下の基準を追加します。
　・生活支援サービスの提供がある場合「生活支援サービスの附帯した高齢者向け住宅におけるサービス内容届出・公表事業実施要綱」に基づく届出を行うもの。

(2) 東京シニア円滑入居賃貸住宅情報登録閲覧制度の運用・普及
○高齢者等の多様なニーズに対応するため、高齢者円滑入居賃貸住宅の登録・閲覧制度を補完する制度として、高齢者の入居を拒まない賃貸住宅について、都が独自に実施する情報登録閲覧制度により、高齢者等に広く情報提供を行います。

---

主な登録基準
①原則として、各住戸に台所、水洗便所及び洗面設備を備えたものであること。（共用部に確保されていれば可）
②前払家賃等を受領する場合は、保全措置が取られていること。
③生活支援サービス等の提供がある場合、「生活支援サービスの附帯した高齢者向け住宅におけるサービス内容届出・公表事業実施要綱」に基づく届出を行うもの。

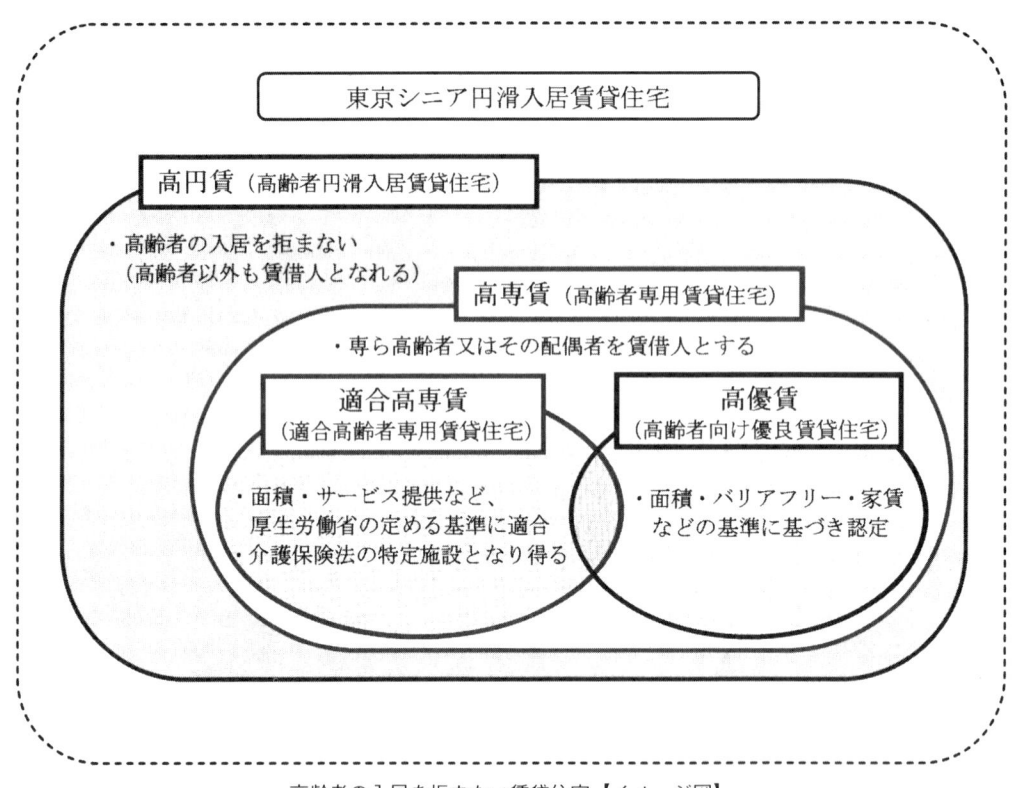

```
┌─────────────────────────────────────────┐
│         東京シニア円滑入居賃貸住宅          │
│  ┌───────────────────────────────────┐  │
│  │ 高円賃（高齢者円滑入居賃貸住宅）       │  │
│  │ ・高齢者の入居を拒まない              │  │
│  │  （高齢者以外も賃借人となれる）        │  │
│  │   ┌─────────────────────────────┐   │  │
│  │   │ 高専賃（高齢者専用賃貸住宅）    │   │  │
│  │   │ ・専ら高齢者又はその配偶者を賃借人とする │
│  │   │ ┌──────────┐ ┌──────────┐ │   │  │
│  │   │ │ 適合高専賃  │ │  高優賃   │ │   │  │
│  │   │ │(適合高齢者  │ │(高齢者向け │ │   │  │
│  │   │ │専用賃貸住宅)│ │優良賃貸住宅)│ │   │  │
│  │   │ │・面積・サービス│ │・面積・バリア│ │   │  │
│  │   │ │提供など、厚生│ │フリー・家賃 │ │   │  │
│  │   │ │労働省の定める│ │などの基準に │ │   │  │
│  │   │ │基準に適合    │ │基づき認定   │ │   │  │
│  │   │ │・介護保険法の│ │           │ │   │  │
│  │   │ │特定施設となり│ │           │ │   │  │
│  │   │ │得る          │ │           │ │   │  │
│  │   │ └──────────┘ └──────────┘ │   │  │
│  │   └─────────────────────────────┘   │  │
│  └───────────────────────────────────┘  │
└─────────────────────────────────────────┘
```

高齢者の入居を拒まない賃貸住宅【イメージ図】

（3） 終身建物賃貸借制度の運用・普及
○高齢者が終身住み続けられ、家賃の前払いが可能な「終身建物賃貸借制度」の普及を図り、高齢者の終身にわたる居住の安定を確保します。

■注
1） 一人暮らし高齢者における不自然死数〔23区〕　東京都監察医務院（事業概要2009（平成21）年版）
　：2004（平成16）年／2,191人、2005（平成17）年／2,511人、2006（平成18）年／2,611人、2007（平成19）年／3,093人、2008（平成20）年／2,954人
2） 高齢者施設等の整備状況については、参照
3） 厚生労働大臣が定める基準（2006（平成18）年厚生労働省告示第264号）：①高齢者の居住の安定確保に関する法律施行規則第3条第6号に規定する高齢者専用賃貸住宅であること。②各戸の床面積が25㎡以上（居間・食堂・台所その他を共同利用する場合は18㎡以上）。③原則として各戸に台所、水洗便所、収納設備、洗面設備及び浴室を設置（共用部分に共同して利用するため適切な台所、収納設備又は浴室を備えた場合は、各戸が水洗便所と洗面設備を備えていれば可）。④前払家賃を徴収する場合は保全措置が講じられていること。⑤入浴、排泄若しくは食事の介護、食事の提供、洗濯、掃除等の家事又は健康管理をする事業を行う賃貸住宅であること。
4） 特定施設入居者生活介護：有料老人ホーム、ケアハウス、適合高齢者専用賃貸住宅等で、一定の人員配置等を行うことにより都道府県知事の指定を受けた施設を特定施設といい、特定施設に入居している要介護者について、当該特定施設が提供するサービス、入浴、排せつ、食事等の介護その他の日常生活上の世話であって厚生労働省令で定めるもの、機能訓練及び療養上の世話をいう。
5） 高齢者向け優良賃貸住宅：本プランにおける高齢者向け優良賃貸住宅とは、高齢者の居住の安定確保に関する法律第31条に掲げる基準に適合するものとして認定された供給計画に基づき整備及び管理を行う賃貸住宅並びに同法第49条、第51条、第52条及び第53条に基づき整備及び管理を行う賃貸住宅をいう。
6） 介護付有料老人ホーム：介護保険の特定施設入居者生活介護の指定を受けており、介護サービスは施設が直接

7）住宅型有料老人ホーム：介護が必要になった場合には、訪問介護等の外部の在宅サービスを利用する。
8）健康型有料老人ホーム：介護が必要になった場合には、退去する。
9）一定のバリアフリー化：「手すりの設置（2箇所以上）」又は「段差のない屋内」を満たす住宅
10）高度なバリアフリー化：「手すりの設置（2箇所以上）」、「段差のない屋内」、「車いすで通行可能な廊下等の幅」のすべてを満たす住宅
11）介護基盤緊急整備等臨時特例基金：厳しい経済・雇用情勢の中、介護機能強化と雇用の創出が緊急に求められていることを踏まえ「未来への投資」として2009（平成21）年度の国補正予算に盛り込まれた「介護施設や地域介護拠点の整備に対する助成及び融資の3年間拡大」における基金
12）必要入所定員総数40,455人分：東京都高齢者保健福祉計画（2009（平成21）年度～2011（平成23）年度）で定めた40,084人分に、介護基盤緊急整備等臨時特例基金を活用し、上乗せして整備する371人分の合計
13）介護専用型特定施設と混合型特定施設：有料老人ホーム、ケアハウス、適合高齢者専用賃貸住宅等で、一定の人員配置等を行うことにより都道府県知事の指定を受けた施設が、要介護認定を受けた入居者に介護を提供した場合に、特定施設として介護保険の給付対象となる。原則要介護者のみ入居可能な「介護専用型特定施設」と、要介護者ではない者も入居可能な施設である「混合型特定施設」に区分される。
14）必要利用定員総数4,310人分：有料老人ホームの他にケアハウス、適合高齢者専用賃貸住宅等分も含む。
15）必要利用定員総数24,734人分：有料老人ホームの他にケアハウス、適合高齢者専用賃貸住宅等分も含む。
16）定員7,200人：東京都高齢者保健福祉計画（2009（平成21）年度～2011（平成23）年度）で定めた6,200人分に、介護基盤緊急整備等臨時特例基金を活用し、上乗せして整備する1,000人分の合計
17）高齢者向け優良賃貸住宅供給助成事業・サービス付適合高齢者専用賃貸住宅供給助成事業：高齢者向け優良賃貸住宅及び高齢者専用賃貸住宅に対する東京都の助成事業。区市町村は事業者募集や補助を行い、東京都は区市町村への補助を行う。住宅部分の共同施設整備費等への建設費補助に加え、高齢者向け優良賃貸住宅については、家賃減額補助等も行うことができる。
18）高齢者等居住安定化推進事業：高齢者、障害者及び子育て世帯（以下、「高齢者等」という。）の居住の安定確保を図るため、高齢者等が生活支援サービスの提供を受けられる賃貸住宅の整備に関する事業や、高齢者等の居住の安定確保に資する先導的な事業の提案を、国が公募し、先導性や普及性等に優れた提案に対して、事業の実施に要する費用の一部を国が補助するもの。
19）終身建物賃貸借制度：「高齢者の居住の安定確保に関する法律」に基づき、高齢者が賃貸住宅に安心して住み続けられる仕組みとして、バリアフリー化された住宅を高齢者の終身にわたって賃貸する事業を行う場合に、知事の認可を受けて、賃借人が死亡したときに賃貸借契約が終了する旨を定めることができるとした制度
20）LSA（ライフサポートアドバイザー・生活援助員）：高齢者に対し、日常の生活指導、安否確認、緊急時における連絡等のサービスを提供する、専門知識を有する生活援助員
21）ポイント方式：都営住宅の入居者選考において、抽せんによらないで住宅困窮度を点数化し、点数の高い者から順に入居させる制度
22）優遇抽せん制度：都営住宅の応募に当たり、多子世帯、高齢者世帯、心身障害者世帯等の区分に応じて、当選率を一般応募者に比べ5倍から7倍高くすることにより、真に住宅に困窮する都民等に対して入居機会の拡大を図る制度
23）モデルケース（23区内で整備した場合）：定員（10人）、職員配置（施設長（生活相談員と兼務）、介護職員、宿直専門職員、事務員）、利用料約10.4万円（居住費約5万円、食費4.4万円、利用料1万円、地域のケアハウス以下の利用料で、かつ低所得者（低年金等）でも入居が可能な水準とする。）
24）オーナー型：社会福祉法人や医療法人等への貸付けを目的として、法人又は個人が整備するもの。
25）高齢社会対策区市町村包括補助事業：区市町村が地域特有のニーズを捕らえ、地域の多様な社会資源を活用して施策を展開できるよう、創意工夫を凝らして実施する福祉・保健・医療サービス事業を支援するもの。

# X 「地域福祉市民計画策定マニュアル—市民の福祉活動計画・○○（仮称）をつくろう！—」（抄）／生活クラブ運動グループ福祉事業連合

## 1　はじめに

### （1）　私や私たちが参加してつくる「地域福祉市民計画」

1）「社会福祉法」によって方向づけられた自治体の「地域福祉計画」は、現状では行政主導による自治体総合的計画に陥りがちです。しかし、本来の目的である、市民生活をたすけあいにより豊かにし、人間性を回復する計画にするためには、企業・企業組合、商店街・商業グループ、学校・教育団体、市民が各種所属するグループ・団体、団地・地域コミュニティ、福祉事業者グループ・ボランティア団体など多種多様な団体が、それぞれの事業や活動の中でできる市民福祉活動計画を策定する事が必要です。

2）行政は、市民・各種団体が自らの地域福祉計画を策定する事を支援するために、策定に必要な自治体の基礎データを準備し、いつでも市民の要請に応えることが、求められます。

3）これら自治体内各種市民・団体が策定した「市民福祉活動計画」を取り入れて行政の「地域福祉計画」に反映させるのは、議会の力関係や首長の政策判断になります。

### （2）「地域福祉市民計画」は市民の参加と責任によってつくる

1）旧来の役所が主導する「市民参加」は、策定委員会などに各種団体の代表を集めて、意見を言い合い（言わせて）、専門家を交えた単発のフォーラムなどを開き、その結果、行政主導による計画の文章化が行われてきました。通常ではコンサルタント業者に丸投げして計画策定が行われています。「地域福祉計画」は、国によりコンサルタント業者への丸投げを禁止されていますが、市民の生活を互いに支援する計画を作ろうとするならば、社会福祉協議会も含めた行政主導のままでは主体が形成されず、「絵に描いたもち」になるのはまぬがれません。

2）無理な全体計画を書きあげるのではなく、市民や企業や各種団体が、それぞれの活動を通してニーズを発見し、相談を受け、支援・サービスの提供または創出へつなぐ小さくて温かい計画を策定し、そのことで自分の町のありように責任を持つ市民計画が生まれます。

### （3）「地域福祉計画」は自治体の総合計画の性格を持つ

1）地域福祉計画は、自治体の総合計画の性格を持っています。今まで個別課題に沿って作られた「高齢者保健福祉計画」「介護保険計画」「障害者計画（プラン）」「子供（未来）計画」「女性計画（男女共同参画プラン）」などを総合して策定する事が求められています。さらに今日的課題である外国人、ホームレス、子供の虐待、DVや、過去から継続している各種人権問題の被害者救済などを総合的に支援する計画でもあります。

2）地域福祉計画を推進するには、虐待や差別を受けている人々や、支援を必要とする人々のもつ課題の発見、相談、支援・サービスの提供が求められます。特に「発見」が重要です。この発見は、旧態以前の申請主義である役所には困難であり、日常的な市民の「たすけあい」を基礎とした生活感性が重要です。

3）私たちは、市民の参加と責任による福祉活動計画が多種多様に生み出されることを支援するために策定マニュアルを作り、意志ある人々の計画つくりを支援したいと考えます。自治体が策定した高齢者保健福祉計画を始めとする各種の自治体計画は、自治へのチャンスとなるはずでしたが、ほとんどの自治体は、国の指針や指導を待ち、結果全国一律の計画が生まれています。今回自治体の地域福祉計画策定に対して対案を提示することを、自治体改革へのチャレンジの一歩とするために、このマニュアルが生かされることを期待します。

（プロジェクト座長　又木京子）

## 2 地域福祉市民計画策定にあたって

### (1) 「市町村地域福祉計画」と「都道府県地域福祉支援計画」の法的根拠と問題点

1) 2000年6月、社会福祉事業法が改正され、「社会福祉法」が制定されました。改正の目的は、進行する少子・超高齢社会を前に、社会福祉の理念・方法を、社会的弱者に対し税金をもって救済する「措置」制度から、対象を社会全体に拡げ、利用者が選択する制度へ社会システムを転換することと、総合的な地域福祉を推進することでした。しかし、現状では生活福祉のサービスは不十分で、利用者の選択権はないに等しく、地域福祉の実態はありません。

2) こうした現状の中で、地域福祉を推進するための「市町村地域福祉計画」「都道府県地域福祉支援計画」の策定が求められています。計画策定は住民参加を条件にし、地域福祉計画策定委員会の設置やパブリックコメントを義務付け、市民が小地域における地域課題探しの話し合いから、サービスの供給主体になることを期待していますが、市民の自治権をおかす行政主導の市民参加が成功した例はありません。

3) 一方、2000年4月からは「介護の社会化」を目的に、自治体を保険者とする公的介護保険制度がスタートし、サービス供給は自由化され、「福祉の市場化」は福祉の効率化の問題を生みだしています。

4) また、2000年には、地方分権一括法とNPO法（特定非営利活動法）が施行され、福祉政策の分権化とNPO法人を介護保険事業者として参入させる法的根拠づくりが行われましたが、国の指導を待つ自治体に自治権はあるとは言えません。一方、NPO法制定によって市民活動の拡がりが期待されましたが、税制優遇制度はなく、行政主導の色合いも濃く、現状ではもうひとつの行政となっている社会福祉協議会が福祉の市民活動を抱え込み、NPOの参加は促進できているとは言えません。

### (2) 生活クラブ運動がめざしてきた地域福祉の充実とノーマライゼーション社会形成へのチャレンジ

1) 政治や行政、社会の思惑がうまくいかない状況の中で、生活クラブ運動グループは17年前より、消費生活の自治から福祉の自治をめざして「参加型福祉」「非営利・協同の市民福祉事業」をコンセプトに、コミュニティ・オプティマム福祉（たすけあいによる地域福祉の最適基準）の運動・事業を拡げる、市民のまちづくり政策を実践してきました。その多様な主体の中心はW.Coです。

2) この運動を拡げ、社会化をはかり、政策形成力を高めるために、生活クラブ運動グループ福祉協議会や神奈川W.Co連合会、かながわ福祉NPO事業センター等を設立し、W.CoやNPOの支援、育成をはかるしくみをつくってきました。

3) 生活支援サービスの提供者も利用者も、ともに私たちであり、保護が必要な人たちや高価なサービスを買える人たちより、圧倒的多数の中間層です。

4) 事業は、自らの資源（出資や参加）を活用し、介護にとどまらない助け合い・支え合いのヒューマンサポートを地域に拡げてきました。

5) 「非営利・協同」の市民福祉事業は、使う側に立った使用価値を最優先に、お金では買えない価値をコミュニティ価格として自己決定し、サービスを提供する側と利用する側を交換しあう仮決済のシステムなど、独自のシステムによって、たすけあいの社会化をすすめています。

6) 市場化されたシルバービジネス（産業資本セクター）や公的福祉システム（公的税金セクター）は、効率優先・採算主義、制度等によって限界があります。そうした中「非営利・協同」の市民福祉事業（市民資本セクター）は必要不可欠ですが、公的介護保険以外に行政委託事業や支援制度はすすんでいません。

7) この社会的目的は、人権・自由・民主主義が尊重され、すべての人が同じように社会参加の機会が保障される市民社会、ノーマライゼーション（生産分野とヒューマンサポート分野がバランスあるワークシェアリングをつくりだす）の実現をめざしています。

（3） 私たちが実践する非営利・協同の市民事業の実績
1） 現在、生活クラブ運動グループがつくりだした社会福祉資源は、特別養護老人ホーム1、24時間ケア型のサービスハウス1、高齢者デイサービス9、子どもミニデイサービス15、在宅福祉部門のワーカーズ・コレクティブ（W.Co）が100団体で、W.Coメンバーは3,500人、利用者数は15,000人、活動時間は100万時間、事業高は20億となっています。（2001年度末）
　W.Co全体では、食部門11団体、生協受託部門41団体、情報文化部門10団体、ショップ部門16団体、（02.3.31現在）があります。その参加者総数は5,500人、総事業高は42億円（01年度実績）にまで拡がっています。（資料編参照）
2） さらに神奈川の非営利・協同の市民福祉事業は、社会的弱者である、多重債務者やDVなどの被害者、路上生活者、化学物質過敏症患者などへの支援施設や相談事業を開設するなどヒューマンサポート分野を拡充してきました。

（4） ニーズの発見や掘り起こしに活躍する事業現場の課題
1） 福祉W.Coは家事サービスから始まりました。W.Coは、サービス提供の現場から、地域の生活福祉ニーズの発見、相談、支援・サービス提供など、柔軟にニーズに向き合い、地域のコーディネート機能を担ってきました。
2） 厚木では、家事介護サービスの設立が基盤となってデイサービス事業、移動サービスや食事サービス、コミュニティごとの家事介護サービス、相談事業、保育、障害児保育等を生み出し、福祉現場のニーズ発見を総合的な地域福祉へと展開させてきました。さらには、高齢者住宅が全く不足する状況に対して、新たな24時間型サービスハウスを生み出すなど、コミ・オプ福祉事業の重層的展開によって、公的福祉に対する上乗せや横出しを実現してきました。
3） こうした事業を可能にしたのは、事業の立ち上げを支援するしくみをつくってきたからです。生活クラブ生協が20周年記念事業として組合員と生協の寄付で社会福祉法人施設「ラポール藤沢」と「ケアセンターあさひ」の設立を支援しました。また最近では「ケアセンターあさひ」のW.Coがコミ・オプ対策費としてプールした1千万円を拠出し、24時間型サービスハウス「ポポロ」の設立支援を行っています。「ポポロ」の建設費1億1千万円のうち、個人の貸付金は6,000万円にもなりました。また、市民が出資した金融、WCC（女性・市民信用組合設立準備会）の設立等、多様な市民資本の結集に成功してきました。このことは、土地や住宅の寄付や提供、また改修費の提供など社会貢献する市民の意志をもつないできました。
4） また、ケアカンファレンスの必要性から、地域の医療、保健との連携をつくり出すなど、多様な福祉資源をコーディネートする機能やオンブズパーソン機能を創り出すなど、社会福祉法人を拠点とした総合的な地域福祉システムが形成され、これからめざす市民福祉地域モデルが形成されてきました。
5） この間、「非営利・協同」の市民福祉事業は、介護保険事業者としても事業活動をすすめ、地域の福祉ニーズに対して、生活支援サービスを供給しながら問題や課題を蓄積してきました。
6） 福祉クラブ生協の「世話焼きW.Co」と家事介護W.Coによる待機型福祉ネットワークづくりの模索や生活クラブ生協の班やクラブ組織によるネットワークづくりもともに、生活支援サービスニーズを発見して対応する力を発揮しています。
7） このように、非営利・協同セクターとしての実践は、「市民がつくるパブリック」として、地域に根ざした福祉ニーズの発見に対する持続的解決システムとして、今やその質と量の実績からも必要不可欠な存在となっており、このことを証明することは福祉政策上重要です。

（5） 市町村（行政）計画への対応
1）「市町村地域福祉計画」の実施は、2003年4月以降とされています。現在、県下の5つの地域でモデル策定が行われていますが、おおかたの自治体は、国の指針を待って7月ごろから計画策定を開始する予定です。計画期間は、5年間で、3年ごとに見直すことになっています。

2）策定方法は、厚生労働省の社会保障審議会福祉部会の「地域福祉計画策定指針の在り方について」（資料編参照）によると、市民参加を重視し、策定委員会の設置やパブリックコメントなどが義務づけられています。私たちは、市民計画の策定をすすめながら、行政計画へも積極的に参加し、地域福祉計画の考え方とすすめ方を提案していきます。
3）全国社協は、各市町村の社会福祉協議会が「地域福祉活動計画」を策定することを方針化しています。これを取り寄せて、計画の趣旨、概要などを把握し、対応を検討します。

## 3 域福祉市民計画策定マニュアル

市民の福祉活動計画・○○（仮称）をつくろう！

＜目的＞

「非営利・協同」による地域福祉力の実績とその可能性をもとに、シビルミニマムを超えて、（たすけ合いによる地域福祉の最適基準）の拡充を政策化する地域福祉市民計画市民策定のためのマニュアルを提示する。

＜コンセプト＞

1. 近隣（地域）社会の福祉ニーズを捉え、ヒューマンサポート（サービス提供者と利用者の）ミスマッチを克服する。
2. コミュニティ福祉資源を掘り起こして、課題発見・対応・持続・安価のクオリティを追求する。
3. 利用者・市民のコミ・オブ福祉づくりでノーマライゼーション社会を拓く
4. 個人資源を活用して「参加型福祉」運動・事業を持続展開する。
5. コーディネート力を開発して、福祉コミュニティの成熟をはかり自治社会形成に寄与する。

| ステージ | テーマ及びステップ | ポイント | 参考資料など | 備　考 |
|---|---|---|---|---|
| 1 | 策定プロジェクトの組織化 | ①新ユニット案を生かして協議テーブルを設定<br>PJメンバー構成、運営のために世話人会をつくり協議する。 | ①「新たなユニット単位について」素案<br>②策定マニュアル<br>③自分たちの活動実績 | ①提案権者＝プロジェクト座長<br>②議事録を作成して確認する。<br>③参画者を広く募り、実感を大切に一人一人が意見をいう。<br>偏っても気にしない。 |
| | ニーズの発見と把握 | ②ニーズを発見し、もらよう、着地イメージをつくる。 | | |
| | 私たちの市民福祉計画のイメージをつくる | ③社会状況の変化の特徴を捉える。<br>④街全体の人口、高齢化率、人口構成などを調べる。<br>⑤今あるサービスなどを小地域、中地域、広域等において、サービスや特長をチェックし、地域特性を把握する。（発見する機能、たまり場、コーディネートやネットワーク機能も含む）<br>⑥現在の地域福祉計画の枠組みを知る。 | ④チェック表（別紙） | ④ニーズの発見は、地域へのヒアリング（W.Co、組合員リーダー、民生委員、自治会、お店など）も行う。<br>⑤基礎データは、自治体に出してもらう。<br>・小地域ごとの年齢別人口構成（高齢化率、最多世代等、福祉施設、学校、保育園、幼稚園、地区センター等所在地など |
| | コーディネート力を活用して「参加型福祉」運動・事業を持続展開する。 | ⑦自分の町の地域福祉計画はどうなっているか調べる。 | ⑤市町村地域福祉計画及び都道府県地域福祉支援計画策定指針の在り方について（厚生労働省社会保障審議会福祉部会 H14.1.28） | ⑥坂の上である、公園が少ない、団地がいつできたかなど生活にかかわる項目を調べる。<br>⑦自治体の公募に積極的に応募し、メンバーになったら作成方法の提案を行う。 |

計画編

| ステージ | テーマ及びステップ | ポイント | 参考資料 | 備　考 |
|---|---|---|---|---|
| 2 | 「地域福祉市民計画策定フォーラム」の開催 | わたしたちの地域福祉市民計画のイメージの共有化 | | ①イメージを共有するためにメンバーを増やす。おおぜいの人に呼びかける。 |
| | 先進事例研究・見学 | コミュニティコーディネーターの発掘 | | 創ろうとするサービスについて学習する。 |
| 3 | 「市民の福祉活動計画案・○○」策定素案をまとめる | ①「市民の福祉活動計画案・○○」策定骨子<br>a.チャートを検討<br>b.自分たちの学習のまとめ、調査や学習のために必要なものに優先順位をつける<br>c.自分たちのためにいるものなど具体的に（構成は、款、項、目で整理する。）<br>資金計画を必ず入れる | 市民の福祉活動計画・○○の構成（表） | ①今までの話し合いをもとに丁寧に議論する。調査や自分たちの生活のなかから、どうしても必要なもの、緊急度のたかいもの、あるいらないものなど具体的にピックアップする。自分たちの力量をはかる。<br>②目的（なぜ地域福祉市民計画をつくるのか）の確認・文章化<br>③計画素骨子の作成（必要に応じてアンケート実施計画をたてる） |
| | 「市民の福祉活動計画案・○○」推進フォーラム開催 | ①素案の提案、検討<br>非営利・協同による市民事業の可能性を第1に、公的、民間、ボランティア等の役割にわけ、実施方針、計画案をたてる。 | | 実施に向けて様々な人に参加をお願いする。他団体、自治体職員等にも声をかける。 |

活動計画に基づいて実行する

| ステージ | テーマ及びステップ | ポイント | 参考資料 | 備　考 |
|---|---|---|---|---|
| 4 | 「03年度地域福祉市民計画策定フォーラム」開催 | ①社会状況とニーズの変化を把握する。<br>②実行状況を点検・評価し、次年へ向けた提案を再提案 | チェックシート | できるだけ毎年見直しを行う。 |
| オプション1 | 市町村計画への対応 | チャートや素案の基本的な考え方を確認し、対応方針を確定する。 | 市町村の地域福祉計画案 | 提示・提案方法及び展開をシミュレーションする。<br>①計画、対案③陳情④政策要求⑤要望などの具体案を決定 |
| オプション2 | 世代別、男女別の生活要求調査（地域を歩く）など | 調査票の設計及び策定方針及び・調査方針及び予算の検討 | | 計画をより裏付ける根拠として必要な場合に行う。<br>何をあきらかにしようとするかはっきりさせる。 |

271

<参考資料>　○○年度エリア別サービス事例チェックシート（サービスの種類調べ）

（このシートのフォームは、継続して使用します。）

| エリア | 必要なサービスやボランティア | 経営形態 | | | | 今後必要と思われるもの |
|---|---|---|---|---|---|---|
| | | ボラ | 市民事業 | 公的 | 企業 | |
| 近隣地域 | お買い物 | | | | | |
| | ごみ出し | | | | | |
| | 声かけサービス | | | | | |
| | 犬の散歩 | | | | | |
| | | | | | | |
| | | | | | | |
| | | | | | | |
| 小地域<br>（1～2万人） | 家事介護サービス | | | | | |
| | デイサービス | | | | | |
| | 幼児保育 | | | | | |
| | 子供デイサービス | | | | | |
| | 宅配サービス（食事） | | | | | |
| | たまり場型レストラン | | | | | |
| | お稽古学習つき学童保育 | | | | | |
| | パソコン教室 | | | | | |
| | 何でも相談所 | | | | | |
| （介護保険事業） | 居宅介護支援 | | | | | |
| | 訪問介護 | | | | | |
| | 通所介護 | | | | | |
| | 通所リハビリ | | | | | |
| （自治体（委託）<br>事業として） | 在宅介護支援センター | | | | | |
| | 配食サービス（高齢者） | | | | | |
| | 保育所 | | | | | |
| | 子育て支援事業 | | | | | |
| | 学童保育 | | | | | |
| | | | | | | |
| | | | | | | |
| 中地域<br>（10万人以下） | 家事介護サービス | | | | | |
| | 移動サービス | | | | | |
| | 障害者支援事業 | | | | | |
| | 子供人権相談支援センター | | | | | |
| | 在日外国人（児童）の学習塾 | | | | | |
| （介護保険事業） | 訪問入浴介護 | | | | | |
| | 訪問看護 | | | | | |
| | 短期入所生活介護 | | | | | |
| | 短期入所療養介護 | | | | | |
| | グループホーム | | | | | |
| （自治体委託<br>事業として） | | | | | | |
| | | | | | | |
| 広域<br>（自治体規模） | 24時間型サービスハウス | | | | | |
| | 精神障害者支援事業 | | | | | |
| | 女性人権シェルター | | | | | |
| | ユニバーサルデザイン用品の店 | | | | | |
| | 住宅リフォーム改造など相談センター | | | | | |
| | 点訳ボランティアなどボランティア団体 | | | | | |
| | 野宿生活者支援事業 | | | | | |
| | | | | | | |
| （介護保険事業） | 特定施設入所者生活介護 | | | | | |
| | 福祉用具貸与 | | | | | |
| | 特別養護老人ホーム | | | | | |
| | 介護老人保健施設 | | | | | |
| | 介護療養型医療施設 | | | | | |
| （自治体委託<br>事業として） | | | | | | |
| | | | | | | |
| 県域 | | | | | | |
| | | | | | | |
| | | | | | | |
| | | | | | | |
| | | | | | | |
| | | | | | | |

**計画編**

<参考資料> 市民の福祉活動計画・○○の構成（案）

| 項　目 | 内　容 |
| --- | --- |
| 地域分析 | |
| 市民の活動計画に位置づける市民事業等の種類 | |
| サービス内容と事業形態 | |
| 地域 | |
| 主体形成（だれが） | |
| 設立PJの形成 | |
| 資金計画 | |
| チャート | |
| 政策・制度提案 | |
| その他必要事項 | |

出典：『地域福祉市民計画策定マニュアル―市民の福祉活動計画・○○（仮称）をつくろう！―』生活クラブ運動グループ福祉事業連合　2002年5月

# プログラム編

Ⅰ．在宅生活を支える夜間対応型訪問介護の取り組み
Ⅱ．市民の協力を得て悪徳商法を撃退し、福祉後見サポートセンターで財産や生活を守る
Ⅲ．地域における孤立死ゼロの取り組み
Ⅳ．障害者雇用・特例子会社の現状と課題
Ⅴ．障害児・者の地域生活支援

# Ⅰ 在宅生活を支える夜間対応型訪問介護の取り組み
### 夜間対応型訪問介護事業所サクラ

運営主体の概要

| 施 設 種 別 | 夜間対応型訪問介護事業所サクラ |
|---|---|
| 経 営 主 体 | 社会福祉法人　幼老育成会 |
| 設立年月日 | 1978年3月20日 |
| 所 在 地<br>連 絡 先 | 〒857-0028　長崎県佐世保市八幡町1-2<br>ＴＥＬ0956-23-1802／ＦＡＸ0956-23-8290 |
| 施設の定員 | 訪問介護　165人、夜間対応訪問介護　40人 |
| 施設職員数 | 常勤　12人、非常勤　51人 |
| 事 業 内 容 | 身体介護、家事援助、通院介助 |

## 1　佐世保という街

　港街佐世保は、2002（平成14）年に市制百周年を迎えた。佐世保バーガー、ハウステンボス、九十九島はご存知の方も多いと思う。実は佐世保は海軍が創った街なのである。地震や水害がなく、入組んだ地形が外敵から攻めにくく適地とされ、明治時代に鎮守府が設置された。それまで人口千人余りの寒村だった佐世保が、急速に海軍施設の街として整備され発展していったのである。現在は、人口約25万人弱で、長崎県では長崎市に次いで2番目、九州でも9番目に人口を擁する自治体である。65歳以上人口が約63万人、高齢化率24.8％である。医療の面では、長崎労災病院をはじめ、佐世保市立総合病院・国家公務員共済組合連合会佐世保共済病院・民間の佐世保中央病院、基地のなかの自衛隊佐世保病院と大きな病院が5つも有り、人口の割りには恵まれているといえる。福祉の面では、早くから福祉自治体ユニットに加入し、介護保険法制定以前から住民サイドの福祉行政を進める自治体として、主導的に地域ケアシステムの構築に努めてきた。

## 2　夜間対応型訪問介護事業の導入まで

　社会福祉法人幼老育成会は、1978（昭和53）年に定員90名のアトム保育園を設立後、1992（平成4）年にケアハウス和楽園（デイサービスセンター併設）を設立し、まさに法人の名前とおり、子ども（幼）からお年寄り（老）まで携わるようになった。

　1998（平成10）年に老人保健施設サクラ（デイケア併設）・在宅介護支援センターを設立後、訪問介護・訪問入浴・配食サービス・グループホーム開設と在宅分野を一気に拡充させていった。2003（平成15）年に特別養護老人ホーム花ぞ野を開設し、その中の診療室を利用して、診療所の指定を受け、在宅支援診療所とし、ターミナルまで看取ることができる体制にした。こうして、佐世保市の中心部の一角に、総合的な福祉サービスを提供する法人として、注目を集めるようになった。介護保険は導入から数回の改定を経て、①可能な限り住み慣れた地域で暮らせること、②在宅で365日・24時間の安心を確保する目的で、地域密着型サービスが創設された。そして、地方自治の観点から、市町村みずからが計画し、事業者を選定・監督する新たな時代に突入した。私どもの法人も、本人や家族の状態の変化に応じて、様々な介護サービスが切れ目なく、適時適切に届けられるようにと、小規模多機能ホームを開設し、また、今までの訪問介護事業に加え、夜間対応型訪問介護事業に参入することにした。

## 3　夜間対応型訪問介護導入から現在まで

　当法人の夜間対応型訪問介護事業所は、約1年位の準備期間を経て、2008（平成20）年10月に開設した。開設前には、佐世保市内でのサテライトを含む4ヶ所の訪問介護事業では、約180人の方がご利用者

として登録し、日々訪問介護サービスを受けておられた。まず、この登録者の方たちに、事業の周知とニーズの有無を把握する目的で、アンケート調査を行った。その結果では、約4割の方から、「こういったサービスが開始されれば利用したい」という回答をいただいた。ご利用希望者として約70名、少なく見積もっても約50名位の方が、すぐにご利用になるのではないかと想定した。2008（平成20）年11月に、開設後約1ヶ月で20名程の利用の登録あり、1年後の現在で、ほぼ倍近い40名という登録者数である。想定したご利用者数に至っていない理由として、①事業そのものの認知度が低い、②中・重度者は短期間で入院、入所してしまい長期利用に結びつかない、③緊急通報システムとの競合、④介護保険の限度額との兼ね合い、⑤想定した利用者数には要支援者が含まれていた、という5点が挙げられる。

## 4 具体的な取組み

夜間対応型訪問介護は、読んで字の如く、夜間帯における介護ニーズに対して、定時または、随時に訪問して介護サービスを提供する事業である。

○定時訪問（ケアマネジャーのプランに予定された定時の巡回サービス）
○随時訪問（利用者からの通報を受けて、随時に行う訪問サービス）

以上の2とおりのサービスがある。病院のナースコールと同様に、ケアコール端末機のペンダントか本体のボタンを押すと事業所のオペレーションセンターに通報が入り、会話が可能となる。

これまでの訪問介護では、身体介護か生活介護かをはっきり区別して計画しなければならなかった。しかし、この夜間対応型訪問介護のサービスでは、身体介護と生活介護の枠が取り外されて、利用者が何らかの理由で不安を感じて、ヘルパーの訪問を希望されケアコールのボタンを押すと、ヘルパーの派遣が可能である。なかには、オペレーターと会話をするだけで不安が解消される場合もある。また、時には緊急を要し、救急車の出動を要請することもある。ここからは、具体的な事例をとおして説明する。

〈事例紹介1〉

M氏　男性　ALS　要介護5
主な疾患及び既往歴：脳動脈瘤op施行
　　　　　　　　　　ALSと診断される
　　　　　　　　　　咽頭気管分離術施行
家族状況：妻と長女の3人暮らし
性格：几帳面　きれい好き　神経質　涙もろい
身体状況：食欲あり　部分義歯　経管栄養　呼吸器LTV900装着
入浴・保清：全面的な援助が必要
更衣・整容：全面的な援助が必要
排泄：全面的な援助が必要
移動：全面的な援助が必要　車椅子にはカラー装着し、30分程乗車可能
認知：知覚は正常

睡眠：頚部、背部痛が有り不良
コミュニケーション：文字版・パソコン・瞬き等で行う
サービスの利用状況
　訪問介護…週2回　月・金　全身清拭等を訪問看護師と一緒に行う
　緊急時訪問介護加算を利用し排便処理を実施
　夜間対応型訪問介護…随時訪問
　訪問入浴…週1回　水
　訪問リハビリテーション…週2回　月・木
　往診…週1回　水
　レスパイト入院…必要時

Mさんは、ALSの診断を受けた後、急速に呼吸状態が悪化していき、診断後5ヶ月で人工呼吸器を装着することになった。その2ヶ月後には胃ろう造設となり経管栄養が始まった。Mさんの強い希望で在宅生活をおくることになったが、介護者の妻はリウマチという持病があり、退院後の介護には不安を抱いていた。そのため、退院前に担当者会議を開き、関係者の顔合わせ、援助方針の統一、緊急時の対応、各々の役割を認識する話し合いがもたれた。また、ヘルパーが痰の吸引をやむを得ず行うことが予想されたため、病院にて吸引の手技の指導を受けた。退院後、当初計画していた訪問介護では、毎朝30分間の保清・体交・排泄を計画していたが、定時の時間どおりには排泄が行われないことと、限度額を超えてしまうため見直しを行い、2009（平成21）年4月より新設された緊急時訪問介護加算を利用し、排泄のあった都度、訪問し援助することになった。一時、妻の介護疲れとリウマチの悪化による入院のため、M氏は2週間のレスパイト入院をし、その後は、1ヶ月間在宅、2週間のレスパイト入院を繰り返し利用するこ

とにより在宅生活を継続している。夜間対応型訪問介護は、妻やM氏が求めた時の随時訪問としている。24時間の見守りと緊急時の派遣により、いつでも援助の手が差し伸べられるということは、在宅ケアを支える必要不可欠な条件であるといえよう。

〈事例紹介2〉

S氏　男性　全盲（身障1種1級）　要介護3
主な疾患及び既往歴：失明
　　　　　　　　　　心筋梗塞
　　　　　　　　　　通風　胆嚢炎　肝機能低下
家族状況：全盲の妻（身障1種1級）と二人暮らし
職歴：マッサージ師
性格：一本気　感情の変化が激しい
身体状況：認知症で盗られた妄想あり
　　　　　　移動は家の中は問題なし
　　　　　　コミュニケーションは耳が遠いが可

サービスの利用状況
　　訪問介護…毎日朝1時間　買物・服薬・食事セッティング
　　　　　　　夕1時間　洗濯・掃除
　　夜間対応型訪問介護…定時20時から30分
　　　　　　　服薬・Ｐトイレ処理・食事セッティング
　　障害者移動支援…必要時

　S氏は10代の時に失明した。マッサージ師の資格を取るために学校に通っていた頃に、妻と知り合い結婚した。その後佐世保に移り住み、マッサージ院を営んでいたが、心筋梗塞を患い、主治医より仕事を辞めるように言われ、夫婦共年金暮らしとなった。係わり始めてから、昼夜を問わずケアコールが入り、また、夜中に一人で外出していると近所の人から通報があったりしていた。時には盗られ妄想のせいか不穏が強く、ナイフを所持していたり、包丁を持ち出したりすることもあり、警察署に連行されたこともあった。妻からケアコールが押されることも多く、40℃以上の発熱や、腹痛で体を「く」の字に曲げ、脂汗が出ていて救急車を要請し、胆嚢炎で緊急入院したりもした。自分が思うようにならないと、妻に八つ当たりをするので、妻は鐘棒で叩かれたり、拳で殴られたりして、痣が絶えなかった。妻がM内科を受診した時は、主治医より「DVに注意」とカルテに記述された。S氏が妻を叩いたり、首を絞めようとし、妻が「夫と一緒にいたくない」とのことで、高齢者虐待防止法の適用を受け施設入所となった。妻がいなくなり、S氏は「うちのは何処いったんや」と頻回にケアコールを押してきたが、周囲からの説明で、渋々状況を受け入れざるを得なかった。数日後「自分で死のうかと考えちょる。何もかも忘れてしもうた」と言っていた。その後、少しずつ落ち着いてこられていたが、夜中に騒いで近所の方から通報が入ったり、ヘルパーに暴力をふるうことや、本人からのケアコールで病院受診・入院（腹水・肝機能低下）したりすることが時々あった。夫婦2人の年金で何とか生計が立っていたが、単身世帯となり生保を受給するに至った。S氏がしみじみと「オレはここで独りなんだなぁ」と言われた時には、何と言葉をかけてよいのか、S氏の心情が伝わってきた。現在、施設入所を希望されていないS氏に対して、昼夜を問わず、訪問介護で対応している。ほとんどの高齢者が、最後まで住み慣れた自宅で暮らしたいという想いを抱いているが、それを阻むものに、孤独感と病気が挙げられる。S氏にケアコールの誤報が多いのは、もしかしたら淋しいのかもしれない。24時間体制での訪問介護は、特に深夜帯の派遣は容易ではないが、「私たちが支えているから、この方は在宅で暮らしていける」という自負もある。多くの高齢者が「最後まで住み慣れた我が家で暮らしたい」と思うのは当然だろう。「ボタンひとつで、誰かが駆けつけてくれる」と思えることで、ひとりでも多くの方の在宅生活が可能となれば、それはまた、私たちのやりがいでもある。

## 5　今後の方向性

　WAM NETへの登録情報によれば、夜間対応型訪問介護の2009（平成21）年12月31日現在の登録事業者数は111件であった。1事業所あたりの登録利用者数は2008（平成20）年12月31日現在で、28.8人である（24時間在宅ケア研究会「夜間対応型訪問介護事業の適正な普及のための調査研究事業報告書」〔2009年3月〕より）。ほとんどの事業所が赤字経営であり、なかには運営を休止する事業所も出てきている。当初、国が想定していた利用者は、中重度者とあったが、実際の登録利用者は軽中度者であり、中重度者

は他の介護サービスで限度額いっぱいに使っているケースが多く、必要性があっても導入できない場合が散見される。また、事業そのものの認知度が低く、必要としている人に情報が届いていないというのが現状である。当事業所が係わった事例で、本人・家族が利用の意思を示した事例でも、ケアマネジャーがケアプランに基づく夜間帯のヘルパー派遣が可能なことから、夜間対応型訪問介護との違いが理解されず、サービス利用につながらなかったこともあった。とはいえ、手をこまねいても事態は改善しないので、事業の安定性・継続性を高めるために、以下のことに力を注ぎたい。

(1) 事業の認知度を高める

　事業全体が知られていないのは致命傷に近いので、ことある毎に事業の名称・内容を普及してもらうよう行政に働きかける。

(2) 利用者の口コミで広める

　利用者を通して、口コミで広まっていくのが、一歩づつではあるが一番確実な方法といえよう。登録利用中である方々から、「利用してよかった」と言ってもらえるように支援し、それが、ケアマネジャー・主治医に伝わっていけば、必ず次のご利用者へと結びついていくだろう。

(3) 地域への浸透を図る

　介護教室の時に、短時間の「劇」仕立てにして紹介すると、見ている方はとても受け入れ易く、解り易いことがわかった。今後は老人会や民生委員等への集会の場を利用して、紹介する回数を重ねて行きたい。

(4) 訪問介護を実施している他事業所との連携を深める

　現在、佐世保市には訪問介護事業所としての登録は55ヶ所（平成21年度版佐世保市介護サービスガイドより）あるが、24時間対応可能とうたっているところでも、実際は夜間帯の稼動が困難なところが少なくない。このような事業所と連携して、夜間の対応を当事業所が請け負うことで、他事業所の役に立つ事ができれば、これもまた、利用者数の増加につながるのではないかと考える。

(5) 消防署や警察署と連携する

　消防署や警察署には、頻回に電話をかけてくる高齢者がいると聞く。夜間の孤独と不安感がつのると、電話をするらしい。このような高齢者がすべて要介護というわけではないだろうが、中には認知症があったり、要介護の方も含まれていると思うので、糸口をみつけて、地域の安全・安心を見守る機関として、連動していければ効果があるだろう。

（土井　直子）

## Ⅱ　市民の協力を得て悪徳商法を撃退し、福祉後見サポートセンターで財産や生活を守る

相談・支援に関する概要

| 施設の概要 | 社会福祉協議会 |
| --- | --- |
| 運営主体 | 伊賀市社会福祉協議会（伊賀市および名張市から受託） |
| 併設施設 | 伊賀地域福祉後見サポートセンター、ふくし相談支援センター、伊賀地域権利擁護センター、居宅介護支援事業所 |
| 関連機関 | ふれあい・いきいきサロン　市内約160カ所<br>市民チーム「悪徳バスターズ」<br>伊賀相談ネットワーク（法律、福祉、医療、教育、警察、労働分野の専門家） |
| 担当相談員 | 社会福祉士 |

### はじめに

　高齢化の進行による認知症者の増加や、知的または精神障害のある人の高齢化は、意思判断が困難な高齢者の増加を意味する。近年ではこのような高齢者が悪徳商法の被害を受け、多額の負債を抱える事態となったり、親族間のトラブルで高齢者の財産が無断で処分されたり、虐待を受けるなどの事件が多発している。この傾向は有効な対策をとらない限り今後いっそう増加すると予想される。

　2004（平成16）年11月1日に6市町村が合併して伊賀市が誕生した。合併時点での高齢化率は25％であり、意思判断能力が低下した人の権利が侵害される状況が増加することが合併以前から懸念されていた（2009年度末時点で26％）。

　高齢化傾向が顕著になりはじめ、危機感から2003（平成15）年度、合併前の上野市社会福祉協議会が全国社会福祉協議会のモデル事業として「地域福祉権利擁護事業と成年後見制度の連携に関する研究モデル事業」を実施した。成年後見制度の課題を明らかにし、権利侵害を受けやすい人の権利擁護と、各人の自己実現を支援するしくみづくりの研究協議を行った。2004（平成16）年度には、よりいっそう研究目的をしぼり、厚生労働省の「未来志向研究プロジェクト」の指定を受け、「福祉後見サポートセンター」設立のための調査研究委員会を設置した[1]。そこでは、福祉サービスの利用が措置から契約へと移行する中で、契約能力が低い人たちの契約の支援と権利擁護のしくみが必須であることが明らかにされた。

　そして、2006（平成18）年度には、再度厚生労働省「未来志向研究プロジェクト」の指定を受け、法律家、医師、学識経験者、現場従事者、行政担当者などをはじめとする「権利侵害を受けやすい人の権利擁護のしくみづくりに関する実践的研究」委員会を組織し、この課題解決の実践的研究によって成果が結実するに至った[2]。

### ■悪徳商法対策■

　社会福祉協議会は、さまざまな生活上の相談に応じて地域が抱える福祉課題を解決する機関である。昔からときどき消火器の販売などの悪質な商法の相談に応じてきたが、最近は明らかに高齢者や障害者をねらって、高額な商品を売りつけていると感じる。

　このことから合併後間もない2004（平成16）年度末頃から、伊賀市社会福祉協議会（以下「伊賀市社協」と表記）の全組織を上げて悪徳商法に立ち向かう決意で、以下の種々の取組みを開始した。

① 相談を受ければ情報収集（書類や現地確認、場合によっては1級建築士と訪問）
② その時点で可能な手続き支援（クーリングオフや内容証明での協議・交渉）
③ 本人の代弁をして業者と直接交渉

④ 悪徳商法相談概要一覧表を作成し民生委員など関係者に周知
⑤ ホームページ（ブログ）や広報でPR
⑥ ふれあい・いきいきサロンなどでPR
⑦ 弁護士や民生委員等で消費者トラブル対策検討委員会を組織し、対策を検討
⑧ 担当者が相談情報を共有し、問題解決のたらい回しを避ける「伊賀相談ネットワーク」を構築
⑨ 市民参加の対策チームを養成
⑩ 日常生活自立支援事業[3)]や成年後見制度の普及・支援

こうした取り組みの結果とは一概に言えないかもしれないが、2006（平成18）年度相談件数78件、相談総額80,849,452円、阻止額31,443,427円（阻止率38.9%、交渉継続中を除く）であったものが、2009（平成21）年度は、相談総額13,274,590円、上限額5,203,890円となっている。

なお、伊賀市社協がこうした取組みを行うのは、市民である会員が被害を受けており、とりわけ相手業者に対して不服を訴えることが困難な人が対象となっており、その財産や生活を守るために代弁することは我々の使命だからである。

## 1 悪徳商法の特徴

近年、高齢者などを標的にした悪徳商法による被害の報告が多くなっている。訪問販売員らの勧めに従って安易に高額な契約を結び、解決方法を見いだせず困ってしまっている人も少なくない。事業者はだまされやすい人の名簿を売買しており、一度だまされると次から次へと訪問販売される例が多いので注意が必要である。また、多くは分割払いの形態をとり、現金がなくても契約させられる。

特に認知症のある人等は、記憶力や判断力に支障があるため、契約の内容を理解しないまま相手のいいなりに契約を行ってしまっている事も少なくない。周囲が気づいたときには多額の債務を負っており、生活を圧迫し公共料金、介護保険のサービス利用料等の滞納に陥っている事もある。なかには、購入を断ったところ訪問販売員から暴力を加えられたという例も複数あった。

このように悪徳商法は、高齢者や判断能力があいまいな人たちを主な対象として、悪意のある事業者によって組織的に行われる経済的・精神的虐待である。

また、悪徳商法は以下のさまざまな問題と関連する。

① 気を許させて巧妙に近づいたり、被害者意識を抱かないように進めていく心理的な問題
② 消費者としての正しい知識の学習といった教育的な問題
③ その問題が社会全体に影響を与える社会的問題
④ 生活を圧迫するという経済的な問題
⑤ 場合によっては詐欺などの犯罪あるいは契約としての法的な問題
⑥ その対象が高齢者や障害者などという福祉的な問題

今後、悪徳商法はいっそう増加することが予想される。その背景としては、団塊世代の高齢化、若年性認知症者の増加、精神障害者の病院からの大量退院[4)]、家族形態の変化（少子高齢化による単世帯化）、地域の扶助機能低下によって悪徳業者らが活躍しやすい環境が整うことがあげられる。

したがって、本腰を上げて悪徳商法対策に取り組まなければ、これまで爪に火をともすようにして貯めてきた貴重な財産や、団塊世代が大量に持ち出す退職金を根こそぎかすめとられてしまうことになる。場合によってはそれが犯罪の財源になったり、貴重な市民の財産が市外に流出し保険料や租税の滞納等、行政にとっても由々しき社会的な問題となることを認識すべきであろう。

表1 伊賀市での相談事例からみる悪徳業者の特徴

【悪徳業者の特徴】
①電話帳に掲載しない。
②住所を転々とする、または住所を明かさない。
③遠方から来る場合が多い。
④すぐ社名を変える。

⑤OEM販売（製造元とは異なる企業のブランドで売られる）の場合が多い。
⑥高齢者や知的障害者などをねらってくる。
⑦年金支払い月の支払われた後に来ることが多い。
⑧時間帯では午後1時から3時頃に来ることが多い。

【悪徳業者の契約】
①契約を何度も変更して混乱させる。
②最初は穏やかな口調で接近してくる。
③ローンを組ませる。
④ローンは1回あたりの支払い額を少なくし、長期化させる。
⑤執拗に勧める。
⑥不安をあおる。
⑦催眠的な手段で商品価値を信じ込ませる。
⑧メーカーを明かさない（仮にメーカーに問い合わせても、販売価格等の詳細を教えてもらえない）。
⑨契約書は署名だけさせて詳細は業者が記入する。

【悪徳リフォームの特徴】
①近所で施工例や実績があると誇張する。
②無料で点検、無料で見積もりがうたい文句。
③訪問販売のかたちで、突然勧めにくる。
④執拗に工事を勧める。
⑤すぐ工事にかかりたがる。
⑥放置すれば家が壊れるとか、シロアリにやられるなどと脅す。
⑦見積書を作成しない。
⑧契約書を作成しない、またはあまりにも簡単。
⑨今回だけサービスする、モデルとして工事するなどと割安感をアピールする。

## 2　悪徳商法防止の具体策──市民による市民のための悪徳商法撲滅活動──

### （1）悪徳商法の早期発見

クーリングオフ期間中に発見できれば簡単な手続きで解約することができることから、できるだけ早期に発見することが重要である。早期発見のチェックポイントは、以下のとおり。

① 見慣れない人物が出入りしていないか。
② 見慣れない段ボール箱や新しい商品、契約書を見かけることはないか。
③ 訪問や電話におびえている様子はないか。
④ 債務などのため、急にお金に困っている様子は見受けられないか。

最も発見しやすい立場にあるのが家族、ホームヘルパーやケアマネジャー、民生委員、近隣者など、本人の自宅を訪問する人たちである。したがって、これらの人々が悪徳商法に関心を寄せ注意し合うことで早期に発見することができる。これを目指して、さまざまな機会を捉えて学習会を開催することが必要であると考えられている。

### （2）悪徳商法撃退のための注意喚起

高齢者同士が気軽に情報を交換できる場があれば、互いに悪徳商法に気づくことがある。市内に約200カ所ある高齢者のふれあい・いきいきサロン[5]や聴覚障害者などを対象に、悪徳商法をテーマにした講話を開催している。実際にサロンへの参加者が、講話を聞いてから相談につながる例も多い。

一方、地元ケーブルテレビの番組で具体例を取り上げたり、伊賀市社協の広報でも、悪徳商法への注意を呼びかけている。さらには、2005（平成17）年10月からは「悪徳商法撃退ブログ」を開設し、日々の相談や対応の方法を書き込み、市民への注意を喚起するとともに、業者にも伊賀市の取り組みをみせることで、伊賀市へ入ることを牽制している。1日平均約400人がここを訪れている。

## （3） 発見後の対応

相談を受けると、所定の様式で相談を受理する。必要に応じクーリングオフ期間中であれば、手続き等の支援を行う（場合によっては、自宅などを訪問し、書類や現物の調査を行う。リフォームなどの場合は一級建築士に同行してもらい、必要な工事か妥当な金額かどうか判断を仰ぐ）。期間が経過していたり判断能力が低下しているなど、情報提供だけで解決できない場合は、内容証明の作成を支援したり、必要に応じて弁護士への紹介と接続なども行う。

相談の概要や販売された物品名、相手業者の住所や連絡先の一覧表を民生委員やケアマネジャーなど関係者に提供することで注意を促す。この取組みの結果、ケアマネジャーが訪問中に一覧表にあった業者と出会い、撃退した実例もある。悪徳商法等を発見した場合は、防災無線を活用した注意喚起や、メールの配信による注意呼びかけなどを実施している。

## （4） 悪徳商法を撃退する市民参加型チーム「いが悪徳バスターズ」の養成

悪徳商法被害の早期発見と解決を容易にし、市民参加で悪徳商法の撃退を行うため、2006（平成18）年度から市民を対象に「いが悪徳バスターズ養成講座」を開催している。講座では、悪徳商法の実例のほか、法制度や解約の方法、具体例を通じた演習も行う。平成18年度から、これまで7回の講座を開催し、約200名の市民が講座を修了している。実際の活動は基本的に本人主体で行うが、催眠商法などの情報は全メンバーに伝えて撃退してもらう。市民参加とした理由は、

① 身近な人が発見しやすい。
② 被害数があまりにも多いため、市民相互に注意し合うことで防げる可能性がある。
③ 本人の身近な人で専門相談窓口につなぐ役割が必要。
④ 学習することで被害を減らせる。
⑤ 学習した内容を口コミで伝えてもらえる。

などである。

いが悪徳バスターズは、

① 悪徳商法の発見と相談窓口への紹介役、② 契約時の同席人、③ クーリングオフの支援役、④ 悪徳商法事例の伝達役、⑤ マルチ商法の不買運動、⑥ 催眠商法の撃退チームとしての役割

が期待できる。活動はすべてボランティアである。

実際、養成講座終了直後に現れた催眠商法の店（貸店舗を利用して3ヵ月営業を行う予定であった）に、悪徳バスターズのメンバーが潜入した。知人や友人にも声をかけて、タダで商品を配ったり安価で販売しているときだけ入店し、実際に高額なものの販売を始めると入店をストップするとともに、口コミで店に行かないよう呼びかける活動を行った。その結果、早期にで退散した実例もある。

また、別の活動として、養成講座を修了した、「いが悪徳バスターズ」の会員からの提案で、平成22年7月に「劇団：いが悪徳バスターズ」が発足した。

これは、寸劇等を用い広く悪徳商法の啓発をしていこうとするもので、いが悪徳バスターズの会員から有志を募り、現在、約30名が登録・活動している。高齢者サロン・自治協議会の行事等で講演するなど、月2回のペースで啓発活動を行ってる。

伊賀市社協では"伊賀市民総悪徳バスターズ"を目指している。

これは、悪徳商法を見抜ける市民を育て、市民相互に助け合い、悪徳商法を自分たち市民で撃退しようという取り組みである。

"市民総悪徳バスターズ"を目指すのは、悪徳商法を見抜ける市民が増えることで確実に悪徳商法の被害は減ると確信しているからである。多くの市民が、悪徳商法の怖さ・撃退法を知っていることで、騙されない市民が増え、「騙されない市」になれると考える。

これは、全ての市民に講座や研修を受講してもらうといった、途方も無い事ではなく、講座を受講した市民がキーパーソンとなり、口伝えに啓発していくことを目指している。すなわち、逆マルチ商法と言えるのではないだろうか。悪徳商法でよく紹介されるマルチ商法では、商品を友人・知人・親戚等の知り合いに次から次へと連鎖的に販売していくものである。それと同じ要領で、次から次へと悪徳商法を啓発し

ていけば、いずれは全市民が"騙されない市民"になると考える。
### (5) 専門家集団　いが悪徳商法なんでも鑑定団

次に、より一層、伊賀市全体で悪徳商法撲滅に取り組んでいきたいとの思いで、生まれたのが、「いが悪徳商法なんでも鑑定団」である。

増加する悪徳商法による被害の未然防止・拡大防止・早期解決を伊賀市社協と共に考えていける地域住民・専門家を増やし、悪徳商法の撲滅を目指して設立した。

多種多様な専門機関の協力を得て、鑑定団を設置することで、暴利販売・不必要な販売等を見抜くことを可能とし、悪徳商法被害の早期解決につなげられると考える。具体的には、被害にあったと思われる人の相談にのり、必要に応じて商品の価値判断を行うことで解決の促進を図っている。

また、この鑑定団を設置し、啓発することにより、潜在的な悪徳商法被害の掘り起こしになると考えている。

伊賀管内の関係職種に協力依頼を行い、現存48箇所の事業所に協力を得ている。

これらの事業所より、「同業者の横のつながりがない業種であったので、今回、同業者とのつながりがもてて良かった。」「悪徳商法の話を聞いて業務を行っていく上で、身が引き締まる思いがした。十分注意して、業務を行いたい。」「予防方法も、いろいろな見地から意見を出し合って考えていきたい。」など、意外な意見も出ている。今後、一層充実を図っていきたい。

いが悪徳商法なんでも鑑定団!?

協力メンバー
①一級建築士　⑦骨董品店
②医師　　　　⑧証券会社
③薬剤師　　　⑨貴金属店
④布団店　　　⑩印章店
⑤電器店　　　⑪呉服店
⑥質屋　　　　⑫その他

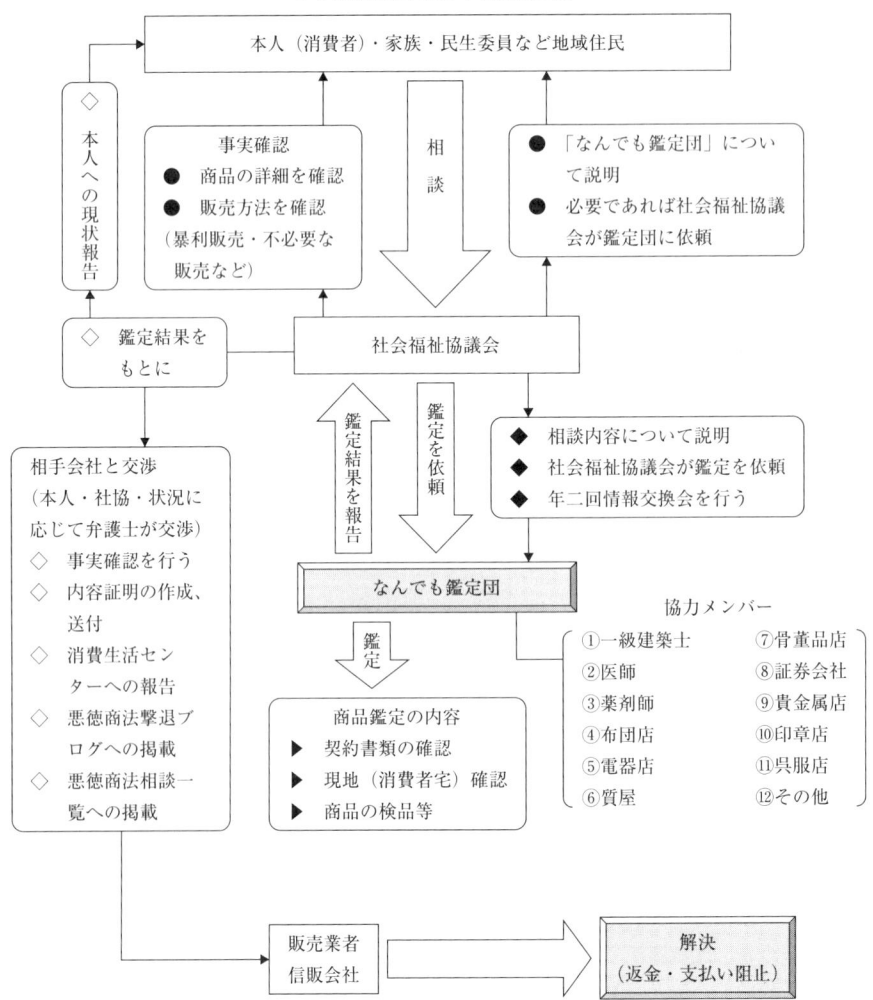

（6） 相談担当者相互の連携を深める「伊賀相談ネットワーク」
　相談を受ける場合、その内容は必ずしも担当者の専門領域のことだけとは限らない。従来は、専門領域以外のことについてうまく解決につなげられないことがあった。これまでも機関間のネットワークはあったが、多くは代表者の集まりで形式的なものであり、実際は機能しないものだった。
　折しも、他の相談機関の担当者から、「相談内容によっては、他の専門家や窓口に相談すべき問題ではないかと感じても、それら専門家の所在や適当な行政窓口がわからず、途方に暮れることがある。また、窓口担当者の知識不足で、なかなか適当な窓口にたどり着けず、たらいまわしになってしまっている相談者もいるのではないか」という趣旨の意見が出された。そこで2004（平成16）年9月から各種相談機関の担当者に呼びかけて、誰がどのような相談に応じられるかを月例で紹介し合う集まり「伊賀相談ネットワーク」を組織した。
　各種の相談に直接携わっている関係者がどのような内容の相談に応じられるのかを相互に共有することで、より問題解決能力を高めることを目的として結成した。メンバーは法律、外国人、福祉（老人、障害、児童、民生委員、児童委員、社会福祉協議会など）、医療（精神科を含む）、教育（養護学校）、警察、労働など実に多様な分野の方々である。
　こうしたことが発端となって、相談担当者が困った場合に相互に助け合う形ができあがってきた。

■福祉後見サポートセンターの設置■
　認知症の人の判断能力が低下した場合、生活支援や財産の管理を行うしくみが必須である。特に、少子高齢化が進み核家族化が進行すると家族の扶助機能は極端に低下するので、生活支援や財産管理が大きな課題となることは自明である。
　また、社会福祉基礎構造改革によって、福祉サービスの利用は契約が基本となっている。ところが、意思判断能力の低下した人は契約が困難であり、サービスの利用ができないことになってしまう。
　こうした問題を解決するため2000（平成12）年度から民法が改正され、成年後見制度を本人の権利を擁護する視点で使えるようになったが、介護者である親族も高齢化していたり、後見を担える扶養義務者が少ないなど、後見人の不足が大きな課題となっている。また、その利用手続きも複雑で使いづらい状況となっており、成年後見制度を必要とする人は急増していてニーズはあるが、実際には使えないということになりかねない。
　同様に、認知症者などの日常生活費の支払いやサービス利用支援ができるしくみとして日常生活自立支援事業があるが、本人との契約が原則となっているため、重度の認知症者は利用できない。また、財産管理もその業務の対象とはなっていないことから、成年後見制度は必要である。2006（平成18）年8月1日、伊賀市および名張市の委託を受けて伊賀地域福祉後見サポートセンターを設置した。その機能は次のとおりである。

1　福祉後見サポートセンターの機能
（1） 成年後見制度利用支援
　成年後見を必要とする人や、申立てをしようとする人に対して、後見を利用しやすくするための業務を行う。具体的には、
① 市民や関係機関からの相談を受け助言を行う。
② 市民や関係機関への権利擁護に関する情報を提供する。
③ 成年後見制度等申立て手続き方法について支援する。
④ 成年後見制度利用支援事業の利用を含む市長申立てについての連絡・調整および支援を行う。

（2） 福祉後見人材バンク
　地域で福祉後見活動に関心のある人に対して研修を行い、後見人等の候補者として推薦する。人材としては、定年後のサラリーマンや行政職員、元専門職、ボランティアなど市民より、幅広く考えることができる。
　これらの人たちは障害者や高齢者に対する理解、援助のあり方について理解を深めてもらうことによって、福祉的支援を必要とする人に対して身上監護面での配慮を適切に行える福祉後見人としての役割を発

揮して頂くことが期待できる。

　また、福祉後見人候補者の登録を進め、実際に福祉後見人として活躍いただく方への支援を積極的に行う。すでに養成研修を開催し、団塊世代を中心とした平成21年度現在173名が修了した。1年以上の日常生活自立支援事業の生活支援員の活動等を通じて福祉後見人候補者として登録し、裁判所などからの照会に応じて推薦を行う予定である。

（3）　後見人サポート

　これは、後見人等になった人に対するサポート機能である。この機能が充実するかどうかは、後見人等がよりよい支援を行えるかどうかに関わってくる。

　ここで行う内容は、後見人等が本人に対して行っている援助の状況が適切かどうかのチェック、どのような援助を行っていくべきなのかの相談・助言などを行う。被後見人等が抱える生活課題は多様であるため、その後見人等への支援内容もまた多様な情報が必要となる。

　具体的な方法としては、まず事務局スタッフが相談に応じ、法律や医療など、より専門的な内容については、専門家等で構成された運営委員会メンバーに助言を求めることができる。特に、後見人等を受任した親族の後見人の活動支援にも取組んでいる。

（4）　啓発・研修

　成年後見制度を広く市民や関係機関に啓発するための取組み、具体的には講師派遣や研修会・学習会の開催などを行っている。

　後見人等には、後見人等の役割に関する正確な理解とともに、本人の身上監護と財産管理の知識、本人の権利擁護のための人権感覚などスキルをもつことが求められる。このため、研修プログラムとしては理念を中心に学び、関連する知識や技術を習得する。

（5）　法人後見支援

　社会福祉法人やNPO法人などが後見を担う場合に、手続きや適切な後見についての助言等を行う。場合によっては後見を担うNPO法人等の設立を支援する。

　サポートセンターが直接後見を担うものではない。しかし、他の適切な後見受任者がみあたらず、被後見人等と社会福祉協議会との関係にサービス提供などの利益相反関係がない場合は、社会福祉協議会として法人後見を担う（平成21年度現在3件受任）。

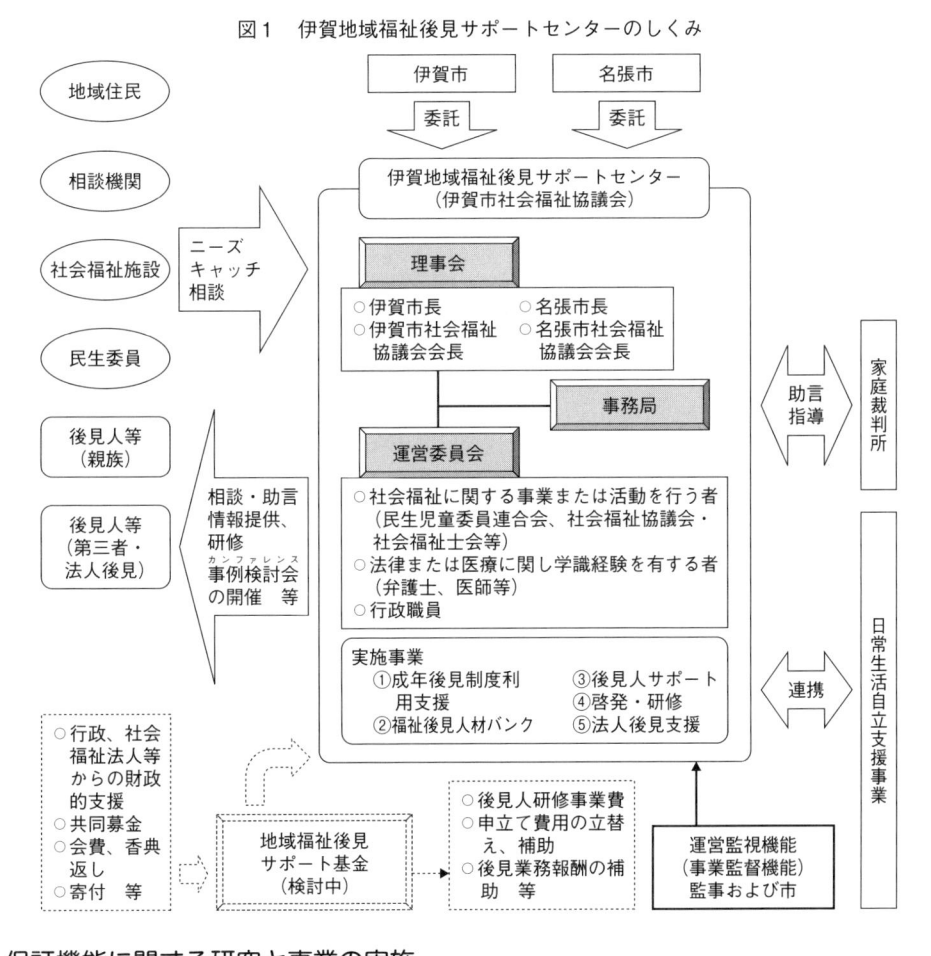

図1 伊賀地域福祉後見サポートセンターのしくみ

## 2 保証機能に関する研究と事業の実施

　福祉後見サポートセンターや地域福祉権利擁護事業（日常生活自立支援事業）に取り組む中で、住宅や施設、病院への入居・入院、就職等における「保証人」（保証人、身元保証人、身元引受人等）が、生活支援上の課題となることがある。
　こうした実例に基づき、地域の課題として、これら「保証」に関する課題を明確に位置づけ、研究事業[6]を行った。この研究事業の成果をもとに、「地域福祉あんしん保証事業」に取り組んでいる。
　具体的には、高齢や障がいなど日常生活に支援が必要な人が、「保証人」を求められた際、保証を求める側（事業者）と協議し、保証等が必要とされる要因について、個別的に課題や対応を検討し、たとえば家賃の滞納防止や見守り支援等の本人を支援する事業等を組み合わせることで、本人が事業所と契約を締結できるように支援するものである。
　結果として、保証人等がいなくても安心して暮らし続けることができる地域づくりを目指すものである。

### ■おわりに■

　悪徳商法は意思判断能力が低下した人を対象としており、高額な費用が流出することから問題が深刻化してきている。これを防ぐためには、この問題に関心や理解が深いほど悪徳商法に気づきやすいことが明らかである。そのためにもたえず市民に情報を開示し、市民参加で撃退することが最も有効な手段ではなかろうか。

（奥田　誠二）

■注
1）詳しくは、『厚生労働省未来志向研究プロジェクト「福祉後見サポートセンター」設立研究事業　平成16年度報告書』を参照。伊賀市・社会福祉法人伊賀市社会福祉協議会「福祉後見サポートセンター」設立に関する調査研究委員会、2005（平成17）年3月発行。http：//www.hanzou.or.jp/archives/cat 10/cat 18/からダウンロードできる。
2）悪徳商法や虐待などの権利侵害を受ける人々は高齢者に限るものではなく、知的障害者、精神障害者、身体障害者もその対象である。報告書では、高齢者に視点をおきながらも、さまざまな障害者にも読み替えが可能なしくみとして提案している。報告書は2007（平成19）年3月発行。
http：//www.hanzou.or.jp/dl/houkoku.htm からダウンロードできる。
3）法律上の事業名は「福祉サービス利用援助事業」。第2種社会福祉事業に位置づけられており、2006（平成18）年度までは「地域福祉権利擁護事業」と呼ばれていた。この事業は、社会福祉協議会が認知症高齢者をはじめ知的障害者、精神障害者等を対象に、福祉サービスの利用援助や日常的な金銭管理の援助を行うことにより、地域の中で安心して生活ができるよう支援することを目的としている。
4）障害者基本計画に基づく、社会的入院を解消するための「精神障害者退院促進事業」。2003（平成15）年以降10年間でおよそ72,000人が退院の見込み。
5）高齢者をはじめ、障害をもつ方や子育て中の親などの地域住民が身近な地域を拠点に、民生委員やボランティアと共同で企画し運営していく仲間づくりの活動。
6）平成20年度　厚生労働省社会福祉推進事業『地域福祉の推進における「保証機能」のあり方に関する研究事業』
平成21年度　厚生労働省社会福祉推進事業『「地域福祉あんしん保証システム」構築事業』http：//www.hanzou.or.jp/archives/cat 10/cat 70/

■本稿は、「市民による市民のための悪質商法撲滅活動──伊賀悪徳バスターズの取り組みから──」『国民生活』（独）国民生活センター、2007年4月号に修正・加筆したものである。

# Ⅲ 地域における孤立死ゼロの取り組み
## ～愛西市孤立死防止・早期発見対策事業～

## はじめに

　愛知県愛西市は、2005（平成17）年4月1日に海部郡佐屋町・立田村・八開村・佐織町が合併して誕生した。名古屋市の西方約20km、愛知県の最西端に位置し、木曽川を境に岐阜県および三重県と隣接している。ここでは古くから濃尾平野の肥沃な土壌を活用した農業が盛んで、自然も豊富である。また、近年は名古屋大都市圏の住宅地域としても発展を続けている。

　愛西市の人口は2008（平成20）年をピークに若干減少傾向にある。これに対し、65歳以上の高齢者人口、高齢化率は年々上昇しており、65歳以上の一人暮らし世帯および高齢者世帯の急激な増加がみられる。

|  | 人口 | 65歳以上人口 | 高齢化率 | 世帯数 | 65歳以上の一人暮らし世帯 | 65歳以上の高齢者のみの世帯 |
|---|---|---|---|---|---|---|
| H18．4．1 | 67,072人 | 13,371人 | 19.9% | 20,914世帯 | 965世帯 | 1,372世帯 |
| H19．4．1 | 67,112人 | 13,986人 | 20.8% | 21,160世帯 | 1,035世帯 | 1,450世帯 |
| H20．4．1 | 66,882人 | 14,600人 | 21.8% | 21,410世帯 | 1,193世帯 | 1,657世帯 |
| H21．4．1 | 66,853人 | 15,230人 | 22.8% | 21,639世帯 | 1,241世帯 | 1,790世帯 |
| H22．4．1 | 66,823人 | 15,753人 | 23.6% | 21,885世帯 | 1,345世帯 | 1,965世帯 |

※一人暮らし・高齢者世帯数は、民生委員による一人暮らし・高齢者世帯調査（毎年3～5月実施）によるもの

## 1　取り組みまでの経緯

　愛西市では、これまで住民同士の見守りや緊急事態への対応、そして、市役所への住民や関係機関からの通報を機に行う安否確認や緊急対応等によって、孤立死の防止・早期発見に一定の成果をあげてきた。その際、主に一人暮らし高齢者を対象に実施されている乳酸菌飲料給付、配食サービス、緊急通報システム等の事業も有効に作用した。しかし、一人で亡くなった人が何日も経ってから発見されることは皆無ではなく、その都度親族、近隣住民、関係者が強い衝撃を受けた。

　このようななか、近年一人暮らし高齢者等が地域から孤立した状態で亡くなり、死後何日も経ってから発見される「孤立死」が社会問題となり、厚生労働省が2007（平成19）年度に「孤立死ゼロ・モデル事業」を全国78の自治体（13都府県・9政令指定都市・56市町村）をモデル地区に指定して実施した際、愛西市もその一つとなった。この事業を実施するにあたり、市では実行委員会を設置するとともに、市内モデル地区を設定した。そして、実行委員会メンバーである副市長、大学教員、市内モデル地区役員（総代、自治会長、民生委員、老人クラブ会長）、警察署地域課長、社会福祉協議会事務局長、市役所職員（福祉部長、福祉部次長、高齢福祉課長、高齢福祉課課長補佐、地域包括支援センター所長補佐、地域包括支援センター社会福祉士）、消防署職員が中心となり、事業内容を検討し、①孤立死に関する調査・研究、②孤立死防止・早期発見のための体制整備、③孤立死防止・早期発見のための啓発を行った。なお、これら事業を行う際、地区を限定して行う方が効率的であると考えられるものについては、市内モデル地区を対象に実施した。この実行委員会は1年間のみの設置であったが、その後も市役所高齢福祉課、地域包括支援センターが中心となり、市全体を対象とした取り組みを継続的に展開している。

　ここでは、これまでに取り組んできた愛西市孤立死防止・早期発見対策事業について紹介する。

## 2　愛西市孤立死防止・早期発見対策事業の目指すところ

　愛西市が行うこの事業の目的は次のとおりである。

| 孤立死防止 | ・高齢者等が孤立しないよう予防したい<br>・孤立死に至る過程において、助かる命であれば助けたい |
|---|---|
| 孤立死早期発見 | ・死亡後はなるべく早く発見したい |

## 3 愛西市孤立死防止・早期発見対策事業の実際

ここで愛西市における実際の取り組みを紹介する。

### 3－1 孤立死に関する調査・研究

(1) 事例収集、要因分析

1) 一人で亡くなっている状態で発見されたケース

愛西市では孤立死防止・早期発見に役立てるため、事例収集および分析を行っている。今のところ、孤立死に関する明確な定義や統計がないことから、「一人で亡くなっている状態で発見されたケース」を市役所職員、民生委員を通じて得られる範囲で収集している。下の表はその結果把握できた事例の数を示したものである。このなかで2006（平成18）年以降の件数が多いのは、事例収集をはじめた時期が2007（平成19）年度であり、過去の情報を十分に把握し切れなかったことによるものである。

| 平成10年以前 | 平成11年 | 平成14年 | 平成15年 | 平成16年 | 平成17年 | 平成18年 | 平成19年 | 平成20年 | 平成21年 | 平成22年 | 合計 |
|---|---|---|---|---|---|---|---|---|---|---|---|
| 4件 | 2件 | 1件 | 2件 | 3件 | 1件 | 9件 | 10件 | 6件 | 4件 | 6件 | 48件 |

2) 分析結果

これらの分析結果は次のとおりである。

① 発見された人の性別は男性31名（65％）、女性17名（35％）である。そして、年齢は65歳以上が39名（81％）、65歳未満が9名（19％）で、65歳未満はすべて男性であった。

② 死亡から発見されるまでの期間については、当日ないしは2、3日以内がほとんどであったが、なかには死後1ヶ月というものもあった。

③ 家族形態は一人暮らしが45名（94％）で、その他に高齢者世帯、同居家族がいる世帯もあり、家族が認知症や障害により異変を理解することができず、適切な対応をとることができなかった。

④ 異変に気づいた人（発見した人を含む）は親族（38％）、近隣の人（21％）、訪問介護員・介護支援専門員（13％）、民生委員（6％）のほか新聞販売店・乳酸菌飲料販売店（4％）などであった。

⑤ 発見場所は浴室11名（23％）、寝室9名（19％）、居間8名（17％）の割合が高く、1日の生活時間に占める割合が短いにも関わらず、入浴中に亡くなることが多いということがわかった。

⑥ 発見された人のうち13名（27％）は、自宅に緊急通報システムが設置されていたにも関わらず、それを活用することなく亡くなった。

3) 問題点と課題

以上のことからわかる問題点と課題について述べる。

まず第1に、一人で亡くなっている状態で発見されたのは高齢者ばかりでなく、50歳代が3名、50歳未満が3名であった。社会の変化に伴い、未婚・離婚、失業、転居等により人や社会との関わりをなくした比較的若い世代にも目を向けていく必要があると思われる。現在の福祉制度は主に「高齢」「障害」「児童」「母子」「生活保護」等に該当する人を支援の対象としており、例えば40歳代、50歳代の男性はその対象とはなりにくい。この人たちが、未婚、離婚等で家庭を持たず、未就業や失業等により社会からも孤立すると、孤立死に至る危険性も高くなると考えられる。住民一人ひとりに孤立死問題を意識してもらい、適度な交流や見守りが存在する環境づくりをしていく必要がある。

第2に、発見場所は浴室が多かった。生活時間に占める割合が少ないにもかかわらず、入浴時に死亡する確率が高く（23％）、入浴という行為についてのリスクの高さを感じる。市内モデル地区高齢者からも要望があったように、入浴安全（安全な入浴の仕方）を周知し、少しでもリスクを回避する必要がある。

第3に、緊急通報システムを設置していたにも関わらず、それを使用することなく亡くなった人が13名（27％）いた。これは、利用者がペンダントをあまり手元に置いていないことが原因であると考えられる。愛西市では消防署職員が利用者宅を年2回訪問しており、その際にペンダントをなるべく手元に置くよう指導している。また、利用者に接する機会の多い民生委員や介護支援専門員等の関係者にも依頼し、その旨声をかけてもらっている。

（2）　モデル地区や住民の実態把握等のための調査
1）調査の対象者・内容等
　モデル事業の際に、市内モデル地区を設定し、その地区に住んでいる一人暮らし高齢者（25名）、高齢者のみの世帯の高齢者（25世帯・50名）を対象に、親族・友人・近所との関わりや地域活動への参加の状況、外出の状況等に関するアンケート調査を実施した。このモデル地区は、昭和40年代初めにできた戸建住宅団地で、当時の現役世代が高齢化し、一人暮らし・高齢者世帯が多くなり、一人で亡くなった高齢者が何日も経ってから発見されたことが過去に4回あった。

2）調査結果
　ここでは、孤立死対策として注目されている近隣関係に関する項目を中心に紹介する。

① 　近所付き合いについて
　一人暮らし、高齢者世帯ともに、「よく付き合っている」「ある程度付き合っている」と回答したのは60％前後で、「あまり付き合っていない」「全く付き合っていない」と回答したのは30％前後であった。

② 　今後の付き合い方に関する希望
　「現在と同じ程度の付き合い」を希望する人は75％程度であり、「これまで以上に地域でのつながりを持ちたい」「地域での付き合いはあまり持ちたくない」という希望は少なかった。この点に関する自由回答の一部を紹介する。

ア「これまで以上に地域でのつながりを持ちたい」と回答した人
　・高齢とともに相互に助け合いが必要になってくるから
　・高齢者同士でいろいろなことをして楽しみたい
　・地震、降雪、台風などの自然災害を考えたとき

イ「現在と同じ程度の付き合いを希望」と回答した人
　・近所に娘、家族がいますが、色々な面で近所は大事にして付き合いたい
　・お互いにトラブルを持つことは嫌です。交際範囲は多いのに越したことはありませんが、その分摩擦もあり、気を遣わなくてはならない
　・深入りしすぎるとプライバシーが侵害される。あまりお互いの家庭に入り込まないことが長続きする秘訣と思います
　・一人暮らしに慣れ、且つあまり健康ではないので出るのが億劫になる
　・現在の身体状況であれば「つかず、離れず」の状態が良いと思います
　・万一の場合に備えて近隣世帯とは今程度の接点は維持したい

　また、「災害時には助け合いたい」という意見が何件かあり、緊急時には遠い親戚よりも近隣の人との関係を重視する傾向が見られた。

ウ「地域での付き合いはあまり持ちたくない」と回答した人
　・年が違う人の考え方についていけない

③ 　孤立死に関する意識
　孤立死に関する自由回答を一部紹介する。
　・孤立死を避けたいと思えば、近所付き合いしかないと思います
　・このアンケートで若い人たちとの交流も必要だと思いました
　・今までは死後の面倒は家族の責任であったが、これからは死後の責任を自分自身でとる時代であるとも言えます。死に対する各々の教育が必要かと思います
　・孤立死とは他人に迷惑をかける行為ではないでしょうか。そのように考えれば少しは孤立死も減ると

思いますが…
3）問題点と課題
　この調査からわかる問題点と課題について述べる。
　第1に、一人暮らし高齢者ばかりでなく、高齢者世帯の高齢者のなかにも、親族や友人との交流、近所付き合いなどから孤立している人がいる。このことから、一人暮らし高齢者だけでなく、高齢者世帯も含めた対策が必要である。
　第2に、孤立死対策には近所づきあいによる見守りが有効であるという指摘がなされているなか、このアンケート調査結果では、近所とのつながりを大切に考えながらも、お互いにプライバシーを守りながら生活したいという気持ちから、近所づきあいにはあまり積極的ではないということがわかった。このことから、孤立死問題への対応は近隣関係を中心とした地域コミュニティだけに任せるのではなく、行政、関係機関も一緒になって取り組んでいく必要があると考える。
　このような現状を踏まえ、次のような取組みを行った。

## 3－2　孤立死防止・早期発見のための体制整備
### （1）　相談・連絡窓口の設置
　愛西市では、孤立死に関する相談・通報窓口を市役所高齢福祉課・地域包括支援センターとし、市民や関係機関に周知している。

### （2）　地域支援ネットワークの構築
　孤立死問題は、特定の人や機関が努力すれば解決できる問題ではなく、私たち一人ひとりが、当事者として、地域住民として、関係機関や役所等の職員として、それぞれにできることを行うことが重要である。そのため、愛西市では下の図のような協力体制の構築を目指し、次のような取り組みを行っている。

1）新聞販売店、牛乳販売店、乳酸菌飲料販売店の見守り・通報協力
　愛西市内の新聞販売店、牛乳販売店、乳酸菌飲料販売店に対し、新聞等がたまっているなど日常業務において異変を感じる場合には、市役所高齢福祉課・地域包括支援センターに連絡してもらうよう依頼している。通報があった場合には、市役所高齢福祉課、各庁舎の総合支所、地域包括支援センターにて親族への連絡および確認を行ったり、対象者宅へ出向くなどして安否確認を行っている。

### （3）　緊急時のための情報網・連絡体制の整備
1）ひとり暮らし高齢者台帳への「鍵を預けている人」追記
　愛西市では民生委員が毎年3月から5月に65歳以上の一人暮らし高齢者および高齢者のみの世帯を訪問

し、希望者に関しては、基本情報、緊急連絡先、健康状態、主治医、利用している福祉サービス等を記載する「ひとり暮らし高齢者台帳」等の登録を行うことで緊急時に備えている。そして、現在は台帳内に「鍵を預けている人」という欄を作成し、鍵を預けている相手も登録することができる。プライバシー意識が高まるなか、一部高齢者からは台帳登録、「鍵を預けている人」の登録に対し否定的な意見もあるが、民生委員はこれら登録制度の趣旨を説明しながら理解を求めている。

|  | 平成19年度 | 平成20年度 | 平成21年度 | 平成22年度 |
|---|---|---|---|---|
| 実施地域 | 市内モデル地区 | 佐織地区 | 市内全域 | 市内全域 |
| 一人暮らし高齢者数 | 25名 | 428名 | 1,241名 | 1,345名 |
| 鍵を預けている人登録者数 | 17名<br>(68.0%) | 112名<br>(26.2%) | 358名<br>(28.8%) | 386名<br>(28.7%) |

2）愛西市緊急時対応フローチャート

　緊急時に迅速に対応できるよう、連絡・協力体制を示した「愛西市緊急時対応フローチャート」を作成し、関係者に配付している。

(4) 孤立している高齢者への支援
1）関係機関の相談、支援、見守り

　孤立死問題を考える際には、孤立死の防止・早期発見ばかりでなく、高齢者等を孤立させない支援も重要である。市では地域包括支援センターと高齢福祉課を中心に、在宅介護支援センター、民生委員等と協力して、支援を必要としている高齢者に対する相談、支援、見守りを行っている。今後も業務の中に、「孤立の予防」「孤立死防止・早期発見」という視点を入れながら、また、必要に応じて地域住民や関係機関とも連携し、各種制度・サービスも活用しながら行う。

2）傾聴ボランティア訪問事業

　一人暮らし高齢者のなかで、外出の機会や人との関わりが少ない「孤立している高齢者」を訪問し、安否確認および話し相手をする傾聴ボランティア訪問事業を企画しており、2011（平成23）年7月頃の開始を予定している。

3-3　孤立死防止・早期発見のための啓発
(1) 市民・関係機関への啓発、講演会等

　3-2(2)地域支援ネットワークの構築でも示したとおり、孤立死防止・早期発見のためには、住民や関係者一人ひとりが孤立死問題に関する知識や意識を持つことが重要であると考え、講演会を開催したり、老人クラブ勉強会、民生委員や介護支援専門員を対象とした研修会など、機会を見つけながら周知している。

　このうち、2007（平成19）年度に実施した市内モデル地区老人会での勉強会では、「孤立死の問題を考える際、一人暮らしや高齢者世帯ばかりを対象とするのではなく、高齢者すべてを対象にしてほしい」「行政主導型での取り組みを希望する」「入浴中に亡くなっている方が多いので、「入浴安全」（正しい入浴の仕方）を教えてほしい」等、貴重な意見を得ることができた。また、この勉強会やシンポジウムに参加した何人かの市民からは、後日「私は一人暮らしです。今後どのようなことに気をつけていくといいでしょうか」「何か利用できる制度はありますか」との相談や、「新聞販売店の見守りを受けたいです」との要望が寄せられた。

4　まとめ

　これら事業を行うことによりわかったこと、感じたことを述べる。

　第1に、住民や関係者一人ひとりが「孤立」や「孤立死」に関する問題を意識し、それぞれの孤立死対策ができるよう支援していく必要があると考える。人は誰もが「プライバシーを守りたい」、「人から干渉されずに生活したい」という気持ちを持っている。人との関わりを持とうとしない人でも、決して「孤立

死」したいとは思っていないであろう。このことから、「孤立」や「孤立死」に関する問題を周知し、その人が必要とする、そして希望する、各々のライフスタイルに合った孤立死対策ができるよう、相談機関や資源に関する情報提供およびコーディネートを行う必要がある。なお、市内モデル地区アンケート調査で「災害時には助け合いたい」という記述が何件か見られたことから、「災害時のための対応」ともリンクさせていくと受け入れやすいのではないかと考え、今後検討していく。

　第2に、現在の福祉制度の対象からもれている人に対する支援が重要である。3—1（1）でも述べたが、現在の福祉の対象である「高齢」「障害」「児童」「母子」「生活保護」等に該当しない、例えば40歳代や50歳代で、家庭を持たず、失業等により社会との関わりも失った男性が、そのまま誰とも関わりを持たずにいた場合、孤立死に至る危険性が高いと考えられる。このことから、この問題はもはや福祉だけで対応できる問題ではないと言える。そして、行政ができることにも限界があることから、地域住民、関係機関等がお互いに協力しながら取り組むことが重要である。これまで愛西市でも、孤立死問題への取り組みを高齢福祉担当部署である高齢福祉課と地域包括支援センターが中心となって、主に民生委員と一緒に取り組んできた。今後は自治会、町内会の機能を活用した取り組みも視野に入れる必要がある。

　第3に、関わりを拒否する人たちへの支援も必要である。個人主義の浸透、個人情報保護法の影響からか、人々のプライバシー意識が高まっており、民生委員等が地域で活動する際に戸惑いを感じたり、必要な情報が得にくくなっているとのことを耳にする。この点について、元愛西市佐織地区民生児童委員協議会副会長で愛西市孤立死ゼロ・モデル事業実行委員会副委員長の新美功氏は「支援を拒否される傾向が強くなってきたなか、信頼関係を得るには、積極的な訪問が必要です。最初の訪問では話もしてくれなかった人が、何度か訪問するうちに顔と名前を覚えてくれて、そのうちに家に上げてくれるようになります。このようにしてだんだん信頼関係ができてくるのです」と言う。このように、個人を尊重し、権利を守るために制定された個人情報保護法に過剰に縛られることなく、また、地道に関わりを持つことで、必要な支援をしていけたらと考える。

　最後に、孤立死対策は、相談窓口の設置、ひとり暮らし高齢者台帳への「鍵を預けている人」追記、新聞販売店等による見守り・通報協力、福祉サービス、関係機関の連携等、今あるものを工夫して活用すれば、多額の費用をかけることなくかなりの効果が得られるであろう。関係者が地道に努力し、できる部分から継続して事業展開していくことが重要である。

## おわりに

　愛西市でこの取り組みを始めてから、すでに4年が経過した。この間市役所の高齢福祉の担当部署である高齢福祉課と地域包括支援センターとが中心となって取り組んできたが、孤立死は、高齢者ばかりでなく、福祉の対象とはなりにくい比較的若い世代にも起こっていること、そして、そのことに行政だけで対応するには限界があることから、今後は地域住民、関係機関、市役所の福祉担当以外の部署等とさらに連携を強化した取り組みを行う必要があるであろう。また、孤立死問題に関しては、取り組みを始めたからといってすぐに結果が出るものではない。今後も地道に継続し、また工夫した事業展開をすることで、愛西市民の幸せのために貢献できればと考える。

（鷲野　明美）

【参考文献】
1）愛西市福祉部高齢福祉課・地域包括支援センター編『平成19年度愛西市孤立死ゼロ・モデル事業のまとめ』2008年
2）松宮朝・新美功・鷲野明美「「孤独死」・「孤立死」をめぐる地域的対応—愛知県愛西市の事例を中心に—」『愛知県立大学文学部社会福祉学科紀要』2008年
3）全国社会福祉協議会『民生委員・児童委員のひろば』（660：2—5）2006年

# Ⅳ　障害者雇用・特例子会社の現状と課題

## 1　障害者雇用の状況

　私たちの国では、障害者の雇用の促進等に関する法律（以下、「雇用促進法」と呼ぶ。）において、社会連帯の理念のもと、民間企業においても障害者を雇用する義務を課している。そしてこの雇用義務の仕組みは、2004（平成16）年頃から、社会に着実に浸透し始めている。図1は、過去10年間、民間企業における障害者の雇用数と実雇用率の推移をまとめたものである。

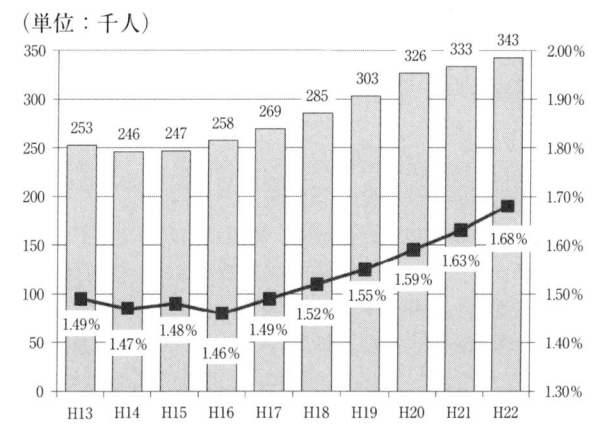

図1　障害者雇用数と実雇用率の推移
（単位：千人）

| 年 | H13 | H14 | H15 | H16 | H17 | H18 | H19 | H20 | H21 | H22 |
|---|---|---|---|---|---|---|---|---|---|---|
| 雇用数 | 253 | 246 | 247 | 258 | 269 | 285 | 303 | 326 | 333 | 343 |
| 実雇用率 | 1.49% | 1.47% | 1.48% | 1.46% | 1.49% | 1.52% | 1.55% | 1.59% | 1.63% | 1.68% |

出典：平成22年障害者雇用状況の集計結果（平成22年6月1日現在）（厚生労働省）を元に著者作成

　この図からは、最近の不安定な経済・雇用環境にもかかわらず、障害者雇用数ならびに実雇用率が着実に伸びていることがわかる。2006（平成18）年以降は、どちらの数字も過去最高記録を更新中である。
　ただし、民間企業の法定雇用率は1.8％である（従業員56人以上の規模が対象）。残念ながら、2010（平成22）年6月1日時点における実雇用率は1.68％であり、法定雇用率には達していない。到達するには、0.12％、人数にして約24,000人の障害者の雇用が必要である。
　また、公的な機関については、率先して障害者雇用に取り組むことが求められており、国、都道府県、市町村、特殊法人、独立法人は2.1％、そして教育委員会には2.0％と民間企業より高い法定雇用率が設定されている。公的機関の平均実雇用率は、国2.29％、都道府県が2.50％、市町村が2.40％、特殊法人・独立行政法人が2.24％であり、法定雇用率を超えている（個々の機関では未達成が存在する）。また、教育委員会は都道府県・市町村を平均すると1.78％と、法定雇用率を下回っている。

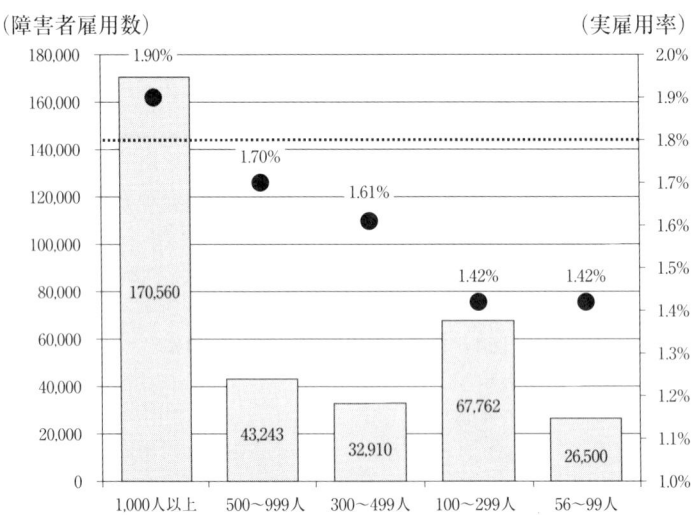

図2　企業の従業員規模別の障害者雇用数と実雇用率

（障害者雇用数）　　　　　　　　　　　　　　　　　　　　　　　（実雇用率）

1,000人以上：170,560　1.90%
500〜999人：43,243　1.70%
300〜499人：32,910　1.61%
100〜299人：67,762　1.42%
56〜99人：26,500　1.42%

出典：平成22年障害者雇用状況の集計結果（平成22年6月1日現在）（厚生労働省）を元に著者作成

　図2は、現時点の民間企業の従業員規模別にみた障害者雇用数と実雇用率である。従業員規模が大きい程、障害者の実雇用率が高い傾向にあることが明らかである。特に、従業員1,000人以上の企業では、実雇用率が法定雇用率を上回っており（1.9%）、雇用数も17万人を超えている。この雇用数は、1,000人未満企業の合計にほぼ匹敵する。ちなみに、実雇用率が高い公的機関の雇用数は、国、都道府県、市町村、特別法人、教育委員会すべてを合計しても5.5万人弱で、民間企業の雇用数に比べると小さな数字である。

図3　ハローワークの職業紹介による就職件数と年間の新規求職申込件数の推移

就職件数／新規求職申込件数

昭和45年：14,743
昭和50年：21,891
昭和55年：30,043
昭和60年：27,168
平成2年：29,590
平成7年：27,361
平成12年：28,316
平成17年：38,882
平成21年：45,257

出典：障害者白書（内閣府）平成13年版、平成22年版を元に著者作成

　日本では、最近になり、たくさんの障害者が企業等で働くようになった。しかし、就職できない障害者が減っているわけではない。むしろ、その数は、以前より増していると推測される。図3は、年度単位の就職件数と求職者数の変化の代表的なサンプルである。この図の棒グラフは、1年間に公共職業安定所（ハローワーク）の職業紹介により就職した障害者の件数を表している。折れ線グラフは、その年に新規に求職申込の登録を行った障害者数である。昭和45年から5年単位で、直近のデータまでまとめると以下のことが推理できる。

- 平成17年前後から、毎年の就職する障害者件数が増えている
- 同時に、就職を希望する障害者も急激に増えている
- 求職者数と就職件数との格差は、平成７年頃から広がりだしており、その傾向は今も続いている

つまり、より多くの障害者が働ける社会になったと同時に、さらに多くの障害者が就職を希望するようになっている。障害者の就労可能性が高まり、より多くの障害者の就労希望を喚起したと考えることができる。年々増え続ける障害者の就労希望に応えるべき対策は、重要性が増している。

特例子会社とは、民間企業において、より多くの障害者の就労を実現するための、日本固有の制度である。以下には、特例子会社の仕組みと現状をまとめる。

## 2　特例子会社とは
### （１）　特例子会社とは

雇用促進法における雇用義務、つまり障害者の雇用機会の確保は、個々の事業主（企業）ごとに義務づけられている。たとえば、資本関係が密接な親会社・子会社であったにしても、別法人である以上、それぞれ個別に障害者雇用を行う義務を負っている。しかし、特例として、障害者の雇用促進ならびに雇用の安定を図ることを目的に、事業主が障害特性に特別に配慮した子会社を設立し、一定の要件を満たす場合には、その子会社で雇用されている障害者を親会社で雇用したものと同等にみなすことができる。この雇用促進法上の特別な会社が、「特例子会社」である。

特例子会社の要件とは、①株式会社（既に有限会社であったものを含む）である、②雇用障害者が５人以上でうち３割以上が重度身体障害者か知的障害者か精神障害者である、③全従業員のうち２割以上が障害者である、④障害のある従業員の特性にあわせ施設・設備の改善や職業生活の指導員配置などの特別な配慮を行うことである。一方、親会社は特例子会社に関して、①資本の40％以上を保有する等の意思決定機関を支配、②役員・従業員の出向等の人的交流が密であることが求められる。また、現在では、親会社が特例子会社と他の子会社も含めて障害者雇用の促進に責任を有すると認められた場合、親会社が中心となって、特例子会社と他の子会社をあわせてグループで障害者雇用率の算定が行える。

### （２）　特例子会社における障害者雇用の状況

特例子会社の歴史は古く、最初に認可された会社は35年以上前である。その後、雇用促進法の改正とともに、次第にその数が増えていき、平成22年６月時点における特例子会社数は283社である。

表１　全国の特例子会社における障害者雇用数の概要（平成22年６月１日時点）

| 特例子会社数 | | 283社 | 特例子会社の全従業員数 | | 13,684人 |
|---|---|---|---|---|---|
| 身体障害者 | | 知的障害者 | | 精神障害者 | 合計 |
| 重度障害者 | 重度以外 | 重度障害者 | 重度以外 | | |
| 3,194人 | 1,394人 | 1,940人 | 2,508人 | 480人 | 9,516人 |

出典：平成22年障害者雇用状況の集計結果（平成22年６月１日現在）（厚生労働省）を元に作成

特徴をまとめると次のようになる。

- 特例子会社で雇用されている障害者は、全従業員の約70％を占めており、その数も実数で9,516人と比較的大きな数字である。この数字は、障害福祉サービスにより、比較的生産性の高い就労を保証する就労継続支援事業Ａ型の利用者数に匹敵している（同サービスの平成22年６月の利用者数は10,484人）。
- 雇用されている身体障害者のうち重度障害者の割合が多い。重度身体障害者の割合は70％にのぼる。民間企業全体で雇用されている身体障害者のうち重度障害者の割合は42％、国や地方自治体では32％程度であり、特例子会社は明らかに重度障害者雇用の受け皿となっている。
- 知的障害者の雇用数も多い（4,448人）。従業員56人以上規模の民間企業全体で雇用されている知的障害者は実数で４万９千人程度であり、そのうち９％が特例子会社で雇用されていることになる。また、国や地方自治体で雇用されている知的障害者数は586人に過ぎないことから、特例子会社は知的障害者にとって働きやすい環境になっていることが推測される。

## （3） 親会社の特徴

平成22年4月1日時点で認可されている特例子会社は281社である。そのうち、親会社が学校法人であるもの2社、宗教法人であるもの1社、生活協同組合であるものが3社ある。また、ひとつの親会社が特例子会社を複数（2社～4社）設立している事例が12社あった。この重複した数を1社とカウントすると、株式会社等の民間企業は259社である。そのうち、インターネットの会社概要等で、従業員数（連結決算対象含む）を情報開示している親会社251社について集計した結果が図4である。また、この251社の資本金別に集計したものが図5である。

図4 従業員規模別の特例子会社の親会社（単位：会社数）

（従業員規模）

| 従業員規模 | 会社数 |
|---|---|
| 100,001人以上 | 15 |
| 50,001～100,000人 | 15 |
| 10,001～50,000人 | 65 |
| 5,000～10,000人 | 35 |
| 1,001～5,000人 | 93 |
| 1,000人以下 | 28 |

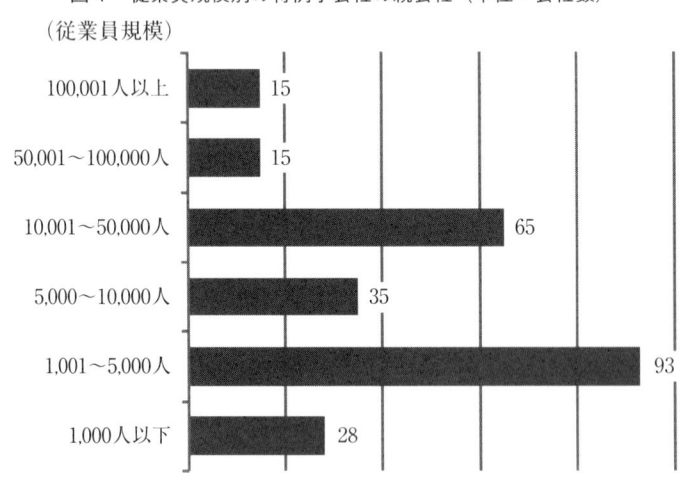

図5 資本金規模別の特例子会社の親会社（単位：会社数）

（資本金規模）

| 資本金規模 | 会社数 |
|---|---|
| 100,00億以上 | 5 |
| 1,000～10,000億 | 47 |
| 500～1,000億 | 29 |
| 100～500億 | 68 |
| 50～100億 | 24 |
| 10～50億 | 31 |
| 1～10億 | 32 |
| 1億以下 | 14 |

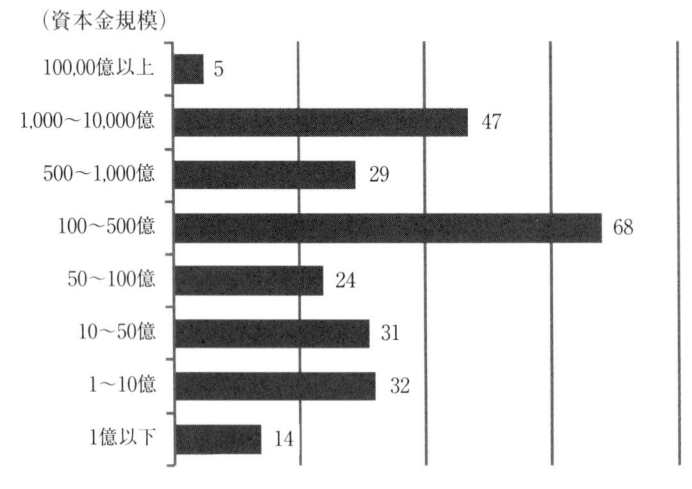

従業員規模ならびに資本金の状況から、特例子会社を設置している親会社の大多数は、大企業であり、それもいわゆる日本のトップグランドの企業が多数運営している。

## （4） 特例子会社の地域的な偏り

表2は平成22年4月1日時点の特例子会社の所在地による集計結果である。左側が、特例子会社が存在する都道府県とその件数、そして右側が特例子会社ゼロの都道府県である。特例子会社全体の55％（154社）が、上位3都府県に集中しており、逆に12県には特例子会社が存在しない。特例子会社は、全国の障害者雇用の大きな受け皿になっているが、あくまでも営利法人であり、組織の経営的な視点が重視されると考えられる。結果的に、大企業が設置する特例子会社の所在地は、都市部に偏りがちになる。

表2 所在地別の特例子会社件数と特例子会社件数ゼロの都道府県
(平成22年4月1日時点)

| 特例子会社の所在する都道府県 | (件数) | 特例子会社ゼロの都道府県 |
|---|---|---|
| 東京 | 88 | 青森 |
| 神奈川 | 40 | 岩手 |
| 大阪 | 26 | 秋田 |
| 埼玉 | 16 | 福島 |
| 兵庫 | 13 | 新潟 |
| 愛知 | 12 | 富山 |
| 千葉・大分 | 9 | 石川 |
| 福岡 | 8 | 福井 |
| 静岡・広島 | 7 | 奈良 |
| 北海道 | 5 | 島根 |
| 宮城 | 4 | 徳島 |
| 茨城・滋賀・京都・岡山・香川 | 3 | 沖縄 |
| 栃木・群馬・長野・岐阜・佐賀 | 2 | |
| 山形・山梨・三重・和歌山 鳥取・山口・愛媛・高知 長崎・熊本・宮崎・鹿児島 | 1 | |

(5) 特例子会社設立時の公的補助

特例子会社の設立に対して、助成等を実施する自治体が存在する。例えば、東京都の「特例子会社設立支援事業助成金」では、新規に特例子会社を設置した場合の必要経費のうち上限300万円まで、都が助成するものである。東京以外にも、数県で類似した助成金がある。

しかし、これはごく例外であり、多くの特例子会社では、特定求職者開発助成金や障害の種類によっては作業施設設備等助成金、重度障害介助等助成金などを活用している。これらの制度は、親会社における雇用でも同様に活用できるものである。

一方、より大規模の施設・設備設置を検討する場合には、重度障害者多数雇用事業所施設設備等助成金を利用する場合がある。この重度障害者多数雇用事業所とは、特例子会社とは別の助成金受給資格条件を満たす必要がある。

## 3 特例子会社の経営と雇用管理

特例子会社の経営や障害者の雇用管理等に関する調査研究が、最近は増えてきている[1)2)]。また、特例子会社の設立方法やQ&A形式のマニュアル本も増えてきている[3)4)]。さらに、独立行政法人高齢・障害者雇用支援機構が発行している「働く広場」では、頻繁に特例子会社のルポが登場している。数年前に比べ、比較にならないほど特例子会社の情報が入手しやすくなっている。

### (1) 特例子会社における雇用の状況

特例子会社は、企業の法定雇用率の達成と社会的責任を果たすことに設置された会社である。平成22年6月時点で、283社の特例子会社に13,684人が働いていることから、平均すると1社あたりの従業員数は48人程度の比較的小規模な組織である（従業員の70％は障害者）。

障害者の職務としては、事務、軽作業、CADプログラミング、営業、クリーニング、清掃、社内メール、印刷・製本、ヘルスキーパー等、比較的多様な仕事が用意されている。少々古い資料となるが、2004

年に東京経営者協会が中心となり調査した結果では、特例子会社の1日の所定労働時間は平均で7時間45分、週所定労働時間は38時間40分であった。障害者の雇用形態（77社の個人データで集計）は、図6の通りである。様々な雇用形態を採用しているが、正社員の割合が大きいことがわかる。

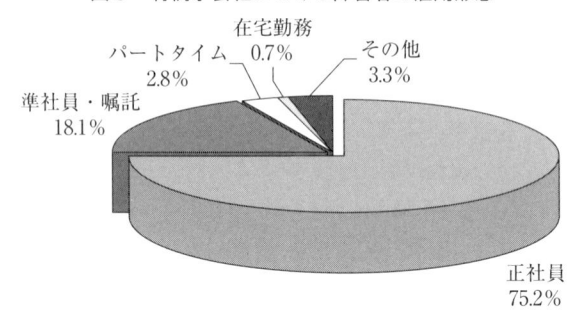

図6　特例子会社における障害者の雇用形態

- 在宅勤務 0.7%
- パートタイム 2.8%
- その他 3.3%
- 準社員・嘱託 18.1%
- 正社員 75.2%

　図7は、調査対象月の賃金の分布を示したものである（実際に支給された賃金をベース：休職中等で賃金ゼロの者を除く）。この結果から、特例子会社で雇用されている障害者の4人のうち3人は、月額の賃金が10万円台であることがわかる。

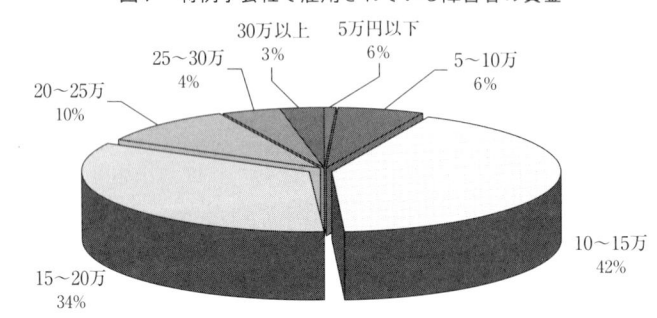

図7　特例子会社で雇用されている障害者の賃金

- 30万以上 3%
- 5万円以下 6%
- 25～30万 4%
- 5～10万 6%
- 20～25万 10%
- 10～15万 42%
- 15～20万 34%

## （2）　特例子会社のメリット

　特例子会社の設立数ならびに特例子会社で雇用されている障害者数が増え続けているのは、それなりのメリットがあるからだと推測される。以下には、特例子会社のメリットとして代表的なものをリストする。

・法定雇用率の達成：親会社が法定雇用率1.8%を達成するため。
・納付金の減額等：法定雇用率に到達しなくても、親会社が障害者不足数に応じて支払っている雇用納付金を減額できる。また、法定雇用率以上の場合、雇用調整金が入る。
・企業グループ全体の障害者雇用の検討：法人単位ではなく企業グループ全体で障害者雇用を検討する場合は、特例子会社制度の活用が有利である（平成21年より特例子会社を含まないグループ算定が可能になったが、グループ算定の会社をそれでは選ぶことはできない）。
・障害者の能力に合わせた処遇・労働条件の設定：別法人である特例子会社の経営状況に合わせ、また雇用している障害の状況に合わせて親会社とは別の独自の処遇・労働条件が設定可能。
・専門部門の創設による雇用管理上のノウハウ蓄積：障害者雇用の専任者を配置することにより、採用から退職まで障害者に特化した雇用管理ノウハウが蓄積される。また、地域の障害者支援機関とのネットワークなど、従来の企業では蓄積が難しい情報も集約される。
・設備や人的環境の集中化によるコスト軽減：障害に配慮した設備の設置や改善、さらには業務遂行のための指導者配置など、特例子会社に集中することによりコスト軽減が図れる。

・障害者の定着率が高まり能力の向上が見込める：障害特性に応じた雇用管理ノウハウの蓄積は、採用した障害者の定着率を高める。また、同様な障害者が集まる職場は、それ自体が、障害者にとっての安心感を得る効果がある。
・外部委託事業の内製化など社内業務体制の合理化・効率化：親会社全体で、障害者雇用を前提とした業務内容の見直しを行い、内製化等で外部流出していたコストを軽減することも可能。
・特例子会社の自助努力による経営の安定化：特例子会社も原則的には親会社と別法人である。経営の安定化へ向けて、特例子会社独自の努力を求めることが可能。
・特例子会社所在地域に貢献と企業のイメージアップ：特例子会社の設立は、その地域の障害者雇用の大きな役割を果たすこととなり、社会貢献としてのイメージアップに貢献する。

　一方、特例子会社制度ができた当初、特例子会社は障害者のみを集中し雇用管理するため、ノーマライゼーションの理念に反すると批判されることがあった。この批判に対して、マクロ的には、次のように反論されている。

　「従来は重度身体障害者や知的障害者が雇用される職場が非常に少なく、特例子会社がこのような現実的な雇用の場の拡大に大きく貢献している。この障害者の雇用の場の確保・拡大は、ノーマライゼーションの理念に沿っているし、十分に評価されるものである。」

　しかし、一定数の障害者を集中して管理する方法に、理念だけではなく現実的なデメリットも存在する。例えば、障害者が大多数の環境においては、作業能率等の標準的基準が見えにくくなり、さらに仲間同士の甘え等が加わることで、低い生産性で満足する可能性がある。このような場合、親会社との給与水準がさらに大きく広がってしまうかもしれない。また、分散的に雇用される環境への転職や異動に際して、新たな職場での順応が難しくなる可能性もある。このようなデメリットは、特例子会社を親会社の法定雇用率達成の手段にしか過ぎないと考えて運営する場合に生じやすい。特例子会社の経営責任者は、たとえどんなに小さな組織であったにしても、障害者が働くことに誇りを持ち、喜びを感じ、そして常に高い生産性を目指す職場を作る責任を持つ。

## 4　まとめ

　障害者の雇用をより促進するためには、「障害者労働力を有効に活用する技術革新やノウハウの蓄積が重要である」と言われている[6]。特例子会社は、障害者を雇用するために、その特性等に配慮した雇用管理を行うことが使命である。さらに、大企業が経営的なバックボーンとなり、全従業員の能力や人柄を把握しやすい小規模な組織で経営されている。障害者の生産性向上に向けての様々な試行的取り組みが行える環境である[7]。今後は、民間企業の割り当て雇用の制度の問題だけでなく、経済学的、経営学的、さらには保健福祉の領域から、働く障害者の充実した人生に向けて日本独自の特例子会社がどのように貢献できるか、幅広い調査研究が待たれるところである。

（志賀　利一）

【参考文献】
1 ）畠山千蔭　「特例子会社における精神障害者の雇用状況に関するアンケート調査結果報告―企業における雇用の場の拡大のための考察―」　第15回職業リハビリテーション研究発表会抄録集、98―101、2007。
2 ）島田肇・三宅章介　「特例子会社の福祉経営に関する考察―障害者雇用拡大へ向けて経営上の課題―」　名古屋経営短期大学紀要　48、33―47、2007。
3 ）秦政　「特例子会社設立マニュアル―光と影を検証する―」　UDジャパン、2006。
4 ）東京労働局・ハローワーク・(社)東京都雇用開発協会　「特例子会社を創ろう―障害者の雇用を促進するために―（平成20年度版）」　2008。
5 ）社団法人日本経営者団体連合会　「特例子会社の経営・労働条件に関するアンケート調査結果報告」2004。
6 ）中島隆信　「障害者の経済学」　東洋経済新報社、2006。
7 ）眞保智子　「特例子会社における知的障害者の職業能力創出と本業への貢献について―特例子会社IS社の事例から―」　高崎健康福祉大学紀要、7、123―139。2008。

# V　障害児・者の地域生活支援

| 団体名<br>（設置主） | 甲賀地域ネット相談サポートセンター<br>サービスセンターれがーと<br>（社会福祉法人オープンスペースれがーと） |
|---|---|
| 所在地<br>TEL・FAX | 〒520-3202　　　滋賀県湖南市西峰町1－1<br>TEL0748―75―7182／FAX0748―75―7183 |
| 活動の概要 | 1996（平成8）年より甲賀郡と県から事業委託を受け、県下発の24時間対応できる総合的な地域生活支援の拠点として稼働。新事業体系下で、障害児・知的障害者への相談支援事業や居宅介護事業・行動援護事業、県・市の事業としてナイトケア事業等を実施している。 |

## はじめに

「施設から地域へ」「措置から契約へ」という利用者主体への流れが、2003（平成15）年4月「支援費制度」導入によって動き始め、2006（平成18）年4月からの障害者自立支援法により障害のある人の地域生活支援を基本として「地域移行」「自立（自律）支援」の方向が明確になった。サービス利用に原則1割負担を課したこと、「自立」が一面的にとらえられたことなど、制度としての不備が指摘され、毎年変更を重ねた同法は、2009（平成21）年政権交代によって廃止が決まり、「障害者総合福祉法」の制定に向けた議論が始まった。障害者自立支援法の理念は、高く評価されるべきものであったと考えられるが、制度改革が急であったこと、所得保障が無いままに負担増になったこと、利用者主体の日割り利用が施設運営にとっては従来の経営基盤を大きく変化させるには準備期間が不足していたことなどが課題となった。新しく導入される「総合福祉法」では、障害当事者を中心にした議論が行われており、相談支援事業を含むこれまでの施策の流れを大きく変える内容が示されようとしている。

滋賀県では、1996（平成8）年より全国に先駆けて「24時間対応型総合在宅福祉事業」をモデル事業として実施し2001（平成12）年には、県内すべての地域で地域生活支援事業の運用が始まるなど公的な仕組みとして地域生活支援に取り組んできた。あわせて、相談支援事業を核にした地域生活支援システムの構築に取り組んできた。

## 1　地域生活支援を形づくる～使えるサービスが地域にあること～

利用者主体の地域生活支援の実現には、使い勝手のいいサービスが地域にあるということが前提となる。滋賀県では、地域生活を送る障害児・者に対して、日々の暮らしをサポートするために、「介護」という枠組みを越えて、障害児・者の属する家庭へヘルパーを派遣してそれぞれのニーズにあった支援や障害当事者の活動支援などを安定して届ける仕組みとして県内50市町村を7つの福祉圏に分け、それぞれに相談とサービスの拠点となる「障害者生活支援センター」を設置し、総合的な地域生活支援を始めた。この第1号モデル事業所が、甲賀郡障害者生活支援センター「OPEN　SPACEれがーと」（当法人の前身となる拠点事業）であった。

滋賀県甲賀郡は、近江学園に代表される戦後の混乱期から知的障害のある人への援護に取り組んできた施設が多く存在する。あわせて信楽では窯業を中心とした障害者の地域就労や生活ホーム（現在のグループホーム）による地域生活支援の歴史も古い。このように、施設を中心とした援護の資源に恵まれた地域であるが、一方で地域で暮らす障害のある人へは、入所施設における短期入所以外にはサービスがない状況であった。このような状況の中で、信楽に拠点を置き地域就労やホームへの移行に積極的に取り組んでいた信楽青年寮が、1994（平成6）年より私的契約による「レスパイトサービス」事業を始めたことが、地域生活支援のスタートとなった。

障害のある人の介護は家族が行うことが当たり前で、それが困難になれば施設に預けるしかなかった中で、いつでもどんな内容でもスタッフを派遣して対応しますというサービスは当初は戸惑いを持ってしか受け入れられなかった。そんな中で、母子家庭で母親の仕事の時間を確保するためにサービスがないと施設に入らざるを得ない人や、家業の都合で障害のある本人と十分な時間が持てないといった方々から徐々にサービス利用が始まった。そのうちに、地域の養護学校（特別支援学校）の保護者を中心にサービス利用の輪が広がり、2年後には43世帯の方々の契約をいただくサービスになった。

国の障害者基本法の制定、障害者福祉計画策定の流れもあり、1996（平成8）年7月には、県のモデル事業になり、国庫補助事業と県市町村の単独補助事業を組み合わせて私的契約から公的な地域生活支援サービスへと発展した。

使い勝手のいいサービスを実現するために、モデル事業では、私的契約でスタートした「レスパイトサービス」事業のよさを取り込むことになった。

利用希望者は、年1回・市町村福祉課へ登録申請を行い、認定（利用者カードの発行／程度区分や支給時間の制限はなし）後は、必要なときに電話やファックスで支援センターに派遣申し込みを行う。支援センターでは、月まとめの実績報告を市町村に行い、市町村がそれぞれの利用実績に応じて世帯ごとの負担金（当時は応能負担）を請求するというシンプルな流れで、サービスが受けられるように配慮された。

支援費制度、障害者自立支援法を機に、多くの市町村で地域生活を支援するサービスが始まったが、運用面においては、利用者のニーズが十分に反映されていないという報告も多い。援護の主体である市町村が、障害のある人とその介護者の生活のしづらさに対してどのように向き合うかが問われている。

各家庭の事情や障害のある人の生活のしづらさに対してサービスを提供していくあり方は、介護保険のような要介護認定やそれに基づくパッケージ化されたサービスや利用計画に基づくサービスだけでなく、個々の暮らしの実情やアクシデントなどニーズに寄り添う形で、家族や障害のある人の生活のあり方、暮らしの志向性も含めて支援していくものでなければならない。

## 2　地域にネットワークがあること～サービス調整会議の設置～

高齢者に比べて対象者数や財源に差があり、地域の実態としてサービスが限られている中で、障害児・者やその家族のニーズに応じたサービスメニューを開発し、実施していくためには、行政を含む関係機関の連携が求められる。

滋賀県では、1982（昭和57）年より、県下50市町村を7つのブロックに分けて、障害者・高齢者・児童の福祉課題に対応していく「福祉圏構想」を進めてきた。この流れを受けて「障害者サービス調整会議」（後に、障害者自立支援法における「地域自立支援協議会」につながる事業）の取組みは始まった。

1995（平成7）年、福祉圏の一つである甲賀福祉圏域において、高齢者サービス調整会議に習い、県の福祉事務所を事務局として「甲賀郡心身障害児・者サービス調整会議」（以下、サービス調整会議という）の実践が始まった。障害者自立支援法以降も、障害者相談支援体制が機能していないとの指摘は多いが、甲賀地域におけるサービス調整会議では、当時知的障害分野において不十分であった相談支援体制の整備や在宅障害者へ提供できるサービスがない等の課題に対して、訪問活動を軸に丹念な拾い上げを行い、明らかになった生活ニーズに対して「ケアプランの作成」、「ケア体制の確認」を行ってきた。また、これらの活動を通じて新しい仕組みや資源の開発にも取り組んできた。各機関がそれぞれに解決に向かい合うスタイルから、地域の関係者がチームを組んで解決にあたるという「チームアプローチ」へ相談支援やケアのあり方を変えてきた。この甲賀地域の取組みは、その後1997（平成9）年に策定された「滋賀県淡海障害者プラン」において全県下に設置が唱えられ、全県下に普及した。

サービス調整会議は、個人のニーズに基づく「個別サービス調整会議」、個人の課題検討からみえる圏域の課題の共有の場としての「定例サービス調整会議」、施策提言に向けた「圏域課題検討会」（プロジェクト会議）、そして施策提言の場としての「全体会議」の機能に分けることができる。サービス調整会議の活動を通じて、地域の現状やサービスへの評価、内容の充実など具体的なニーズに即したサービスが求められるようになってくる。現状のサービスの運用上の課題や新しいシステムづくりは、「課題検討会」を構成し、必要に応じて外部のアドバイザーを招きながら、課題解決に向けて集中的に検討する。

この仕組みから甲賀地域では、所属や出身にとらわれない「運営委員会方式」によるグループホームの運営や、知的障害者に特化した財産の保全や管理を行う「障害者財産管理委員会」の設置と運用、さらに就労している障害者の余暇支援活動「ふれあいサロン」や、障害者雇用事業所の情報交換や研修を行うための母体として「障害者雇用事業所協会」などを生み出してきた。

### 3　支援費制度から障害者自立支援法へ～地域生活支援の変化と課題～

滋賀県では「24時間対応型」の地域生活支援サービスが、すでに全県下で実施されていたことで、多くの障害児・者及びその家族は、必要なサービスを受けて生活を組み立てることに慣れていた。支援費制度以降に事業が始まった全国の多くの市町村に比べて、サービス利用や制度への素地が既に地域の中に存在していたわけである。学校の長期休暇中に膨らむ利用ニーズや、暮らしの保険として「まさかの時」に頼りたいニーズなど、障害特性に応じたサービスの利用傾向を、行政側も既に細かく把握していた。そのため利用者の生活実態に応じた支給決定を行い、支給量への不安をあらかじめ取り除くなど、圏域内の自治体が統一した申し合わせを行うことで、大きな混乱を招くことなく支援費制度がスタートした。また、サービス利用に際しそのマネジメントを必要とする家族等へは、相談支援事業に関わるスタッフが、行政と連携して支給決定やサービスのマネジメントを行うことで安心してサービスを利用できる。このような地域ケアシステムとしての『サービス調整会議』（障害者自立支援法では「地域自立支援協議会」）が位置付いたこともあり、制度の導入はスムーズであった。

障害者自立支援法は、3障害を一元的に運用する法律となり障害種別により類似した事業が整理され、財源の不安定だった居宅介護に係る経費が「義務的経費」とされたなど歴史的な転換となった。また相談支援事業を含む地域生活支援事業が創設され運用が始まった。甲賀地域では、地元自治体と法人が協議を重ねて地域生活支援事業の要綱づくりを行い事業化するなど積極的に体制を整えてきた。

一方で、様々な課題も明らかになってきた。性急な制度改革であったことで、原則一割の利用者負担について大きな不安を与えたこと、利用契約により「サービスを受ける権利」のみが高揚し、サービスの需要と供給のバランスが崩れつつあること等制度の枠組みについては課題も多い。

サービス利用の拡大を考えれば、サービスの必要性をどのような形で受け止めていくのかが問われる。たとえば、制度上はじめて就労支援を謳った「日中一時支援事業」がマンツーマンのサービスを必ずしも必要としない利用を前提としたため、本来個別支援が必要な利用者にも、居宅介護で溢れたニーズの受け皿になっている現状や、就労を理由にすればすべての依頼に応えるべきであるという「サービスの既得意識」など、事業所を疲弊させる状況も見受けられる。また「移動支援事業」も、自宅から一歩でも外に出るサービスは「居宅介護」ではなく「移動支援」でなど、障害特性に配慮しない運用も多く見うけられる。個々の障害や心身の状態に応じたサービスが地域にあることを前提として、地域生活支援における「サービスの多様化」と「選択性」、そして「利用者モラル」が問われている。

### 4　おわりに～街づくりの視点から、ユニバーサルなサービスを～

あるお母さんからこんな話を聞いた。「近所の友達から『あんたん家は障害があっていいよね、れがーとに頼めるから』って言われたんですよ」。この話は子育て期のお母さん達がどこかで抱える正直な気持ちなのかもしれない。確かに2歳の健常児といわれる子どもと2歳のダウン症の子どもの介護の負担の違いを聞かれても即座には答えが準備できない。地域社会の中で孤立しがちな子育てを共有でき、まさかの時に頼りになるサービスが地域にあること。誰もが高齢者になるように誰もが障害者になるリスクを抱える。また、一時的な「障害状態」を抱える人は多い。このような時に誰もが使えるサービスが地域では求められている。

今後は地域特性に応じたユニバーサルなサービス事業が創出される時期にきている。地域で生活をしている障害のある人は、乳幼児から高齢者まで幅広い。それぞれの年代や家庭、地域を取り巻く環境、本人の障害等により複雑かつ複合的なニーズも多い。医療的なケアを必要とする人もあれば、就労に向けたサポートをニーズに持つ人もいる。また、精神障害者の地域生活を支えるサービスは立ち遅れていると言わざるを得ない。そして、地域に事業所が多ければ生活の質が確保されるわけでもない。

サービスを地域の中でどのように位置づけ、その街全体の福祉をいかにして醸成していくのか。コスト

感覚をなくした制度は倒れる。サービスを必要とする人たちすべてが豊かになっていかなければならない。そのためにはどんな財源に裏打ちされた制度が必要なのか。「街」を主体にした取組みに終わりはない。

(牛谷　正人)

# 索 引

## あ
新しい公共 53

## い
依存人口比率 37
一次医療圏 143
一次予防 145
一部事務組合 18
一般会計 24
一般財源 64
一般事業主行動計画 131
一般政府支出 32
一般病床 143
医療安全 144
医療安全支援センター 144
医療計画制度 142
医療圏 142,143
医療対策協議会 143
医療との連携 70
医療法 142
医療保険者 145
医療連携 142

## え
ＮＰＭ 52
ＮＰＯ（特定非営利活動法人） 122
エンゼルプラン 130

## か
介護給付等 84
介護支援専門員 95
介護保険 29,38,57
介護保険事業計画 74,84,118
介護保険制度 18,27
格差社会 150
がん医療専門病院 143
官から民へ 11
完全雇用 138
感染症病床 143
官民競争入札 11

## き
機関委任事務 9
「機関委任事務制度」の廃止 48
技術的助言 50
基準病床数 143
規制改革 10,53
基礎構造 12
基礎年金 27,30,40,126

## 
義務付け・枠付け 51
逆進性 39
休日保育 136
92条 8
行政と市民との協働 52
業務委託 11
許可、認可又は承認 50
居住サポート 125

## く
苦情対応窓口 117
国と地方自治体の関係 9
国と地方自治体の基本的な関係 8

## け
ケアホーム 106,125
結核病床 143
健康休暇 146
健康寿命 145
健康増進計画 108,145
健康増進事業実施者 146
健康増進法 145
健康日本21 142,146
健康福祉部 19
憲法 8

## こ
小泉政権 10
広域連合 18
公益法人改革 124
公会計の改革 53
後期高齢者医療制度 27
公共サービスの民間開放 10
合計特殊出生率 130
更生相談所 18
厚生年金 30,38
厚生部 19
厚生労働省 14
交付金 9
高齢者住まい計画 97
高齢者住まい法 78,97
高齢者保健福祉推進十か年戦略 68
国民皆年金 40
国民健康保険 29,30,57
国民健康保険法 26
国民年金 29
国民年金法 26
国立大学や国立病院などの独立行政法人化 10

5事業 143
個人の尊厳の保持 116
子ども手当 60
子どもの貧困 150
子ども・子育て応援プラン 130
子ども・子育てビジョン 134
コミュニティケア 127
雇用均等・児童家庭局 14
混合経済（Mixed Economy）システム 3

## さ
最終評価 146
財政赤字 32
在宅ケアの推進 70
最低生活保障の原理 59
差別禁止 113
三次医療圏 143
参酌すべき基準 51
参酌標準 88
三位一体の改革 9,11

## し
事業主行動計画 119
市場化テスト 52
市場原理の活用 53
次世代育成支援行動計画 119
次世代育成支援対策推進法 119,125,130
次世代育成支援対策地域協議会 131
従うべき基準 51
自治事務 9,49
自治体 8
市町村 12,18
市町村健康増進計画 120
市町村行動計画 132
市町村障害者計画 100,118
市町村地域福祉計画に盛り込むべき事項 117
市町村保健センター 20
市町村優先の原則 61
指定管理者 11
指定管理者制度 52
児童相談所 18,20
児童手当 60
児童福祉費 63,64
児童福祉法 20
ジニ係数 39
市民参加モデル 154

# INDEX

社会計画　*3*
社会支出　*32*
社会的養護　*137*
社会福祉関係8法の改正　*18*
社会福祉基礎構造　*12*
社会福祉基礎構造改革　*61*
社会福祉士及び介護福祉士法　*12*
社会福祉施設等施設整備費補助金　*9*
社会福祉施設への補助金の交付　*21*
社会福祉費　*24,62,64*
社会福祉法　*12*
社会福祉法人の設置認可　*21*
社会福祉法人の認可　*9*
社会保険費　*24*
社会保険料　*28,29,35,36,38*
社会保障関係費　*24*
社会保障関係予算　*65*
社会保障給付費　*27*
社会保障審議会　*14*
社会保障と税のあり方　*2*
社会・援護局　*14*
住民参加　*87*
障害者基本計画　*100*
障害者基本法　*100*
障害者計画　*100*
障害者控除　*25*
障害者自立支援費　*64*
障害者自立支援法　*18,27,102*
障害者の権利条約　*113*
障害福祉計画　*102,118*
障害老人日常生活自立度（寝たきり度）
　判定基準　*73*
上下・主従関係　*48*
少子化　*130*
少子化社会対策基本法　*125*
消費課税　*36*
消費税　*38,40*
条例委任　*51*
条例委任の基準　*51*
条例による規制　*50*
資料提出の要求　*50*
新生児集中治療管理室（ＮＩＣＵ）
　*136*
身体障害者更生相談所　*19,20*
身体障害者福祉法　*20*
新地方自治法　*48*

## す

スウェーデン　*42*
数値目標　*145*

## せ

生活協同組合（生協）　*122*

生活支援サービス　*78*
生活保護　*58*
精神病床　*143*
精神保健福祉センター　*20*
政府間関係　*4*
整理合理化法　*9*
政令指定都市　*19*
是正の勧告　*50*
是正の指示　*50*
是正の要求　*50*

## そ

総合規制改革会議　*142*
総合的ケアシステム　*70*
ソーシャル・インクルージョン（Social Inclusion）　*127*

## た

第一号及び第二号法定受託事務　*9*
退院可能な精神障害者の退院　*105*
待機児童ゼロ作戦　*130*
第3期障害福祉計画　*109*
第三次勧告　*51*
代執行　*50*
対等・平等　*48*
第二次臨時行政調査会　*10*
団体委任事務　*9*

## ち

地域移行　*104*
地域における事務　*49*
地域包括ケアシステム　*92*
地域防災　*120*
地域密着型サービス　*91*
地域連携クリティカルパス　*142*
地域・職域連携推進協議会　*145*
小さな政府　*10*
知事の部局　*19*
知的障害者更生相談所　*19,20*
知的障害者福祉法　*20*
地方健康増進計画　*145*
地方公共団体　*8*
地方財源の保障　*65*
地方自治体　*18*
地方自治法　*8,14*
地方社会福祉審議会　*19*
地方消費税　*153*
地方の財政主権　*9*
地方分権　*11*
地方分権一括法　*9,48,101*
地方分権改革推進委員会　*51*
地方分権推進　*11*
地方分権の推進を図るための関係法律の

　整備等に関する法律　*9*
チャイルド・ビジネス　*138*
中央集権的な行財政モデル　*9*
中核市　*19*
中間評価　*146*

## と

同意　*50*
特別会計　*25*
特別区　*18,19*
特別児童扶養手当　*60*
独立行政法人　*53*
独立行政法人福祉医療機構法　*12*
特例市　*19*
都道府県　*12,19*
都道府県医療計画　*96,120*
都道府県介護保険事業支援計画　*142*
都道府県行動計画　*133*
都道府県障害者計画　*100*
都道府県障害福祉計画　*142*
都道府県知事　*19*
ドメスティック・バイオレンス　*20*

## な

内閣　*8*
内閣の行政機能　*8*
ナショナル・ミニマム　*52*

## に

二次医療圏　*143*
2000（平成12）年の社会福祉事業法等
　改正　*18*
日常生活圏域の設定　*124*
日本国憲法　*8*
任意計画　*145*
認定こども園　*136*

## ね

年金特別会計　*25*

## の

農業協同組合（ＪＡ）　*122*
脳卒中医療専門病院　*143*
ノーマライゼーションの理念　*10*

## は

売春防止法　*20*
ハウジング（住宅）サービス　*127*
パブリックコメント　*121*
バリアフリー新法　*121*
パートナーシップ　*122*

307

## ひ

東日本大震災　*2,41,120*
ビスマルク型　*35*
ひとり親家庭への支援　*137*
標準　*51*
病床規制　*142*
病児・病後児保育　*136*
貧困率　*39*
ＰＦＩ　*52*
ＰＦＩ（Private Finance Initiative）　*10*
ＰＰＰ　*52*

## ふ

ファミリー・サポート・センター　*138*
福祉関係手当の支給　*9*
福祉元年　*26*
福祉三法体制　*9*
福祉事務所　*18,20*
福祉に関する事務所　*20*
福祉部　*19*
福祉見直し　*10*
福祉目的税　*153*
婦人相談所　*20*
婦人保護事業　*20*
分煙　*147*

## へ

平均寿命　*145*
平成26年度目標値の設定　*77*

平成の地方分権改革　*9*
ベバリッジ型　*35*
Healthy People 2000　*145*

## ほ

保育所　*63,64*
保育所の面積要件　*52*
防煙　*147*
法定計画　*145*
法定受託事務　*9,49*
保健所　*20*
保健福祉部　*19*
補助負担金　*9*
補足性の原理　*59*
ボランティア　*122*
ホームレス支援法　*116*

## ま

まちづくり　*120*

## み

民営化　*10*
民営化（所有権移転）　*11*
民間委託　*10*
民間事業者　*95*
民間事業者への施設の管理の委託　*11*
民生委員　*121*
民生委員法　*12*
民生費　*25,60*
民生費の財源構成　*64*

民生部　*19*

## む

無差別平等の原理　*58*
無年金者　*39*

## め

メタボリックシンドローム　*145*

## や

夜間保育　*136*

## よ

予算編成の際のシーリング（天井）　*10*
4疾病　*143*

## ら

ライフステージ　*146*

## り

リスク・マネジメント　*120*
利用者の利益の保護　*116*
療養病床　*143*

## ろ

老健局　*14*
老人福祉費　*63,64*
老人保健制度　*27*
老人保健福祉計画　*72,118*

# 編集・執筆者一覧

## ◆編集代表
村川　浩一（日本社会事業大学社会福祉学部教授）

## ◆編集委員
村川　浩一（東京福祉大学教授）
澤井　勝（奈良女子大学名誉教授）
田中　秀明（政策研究大学院大学客員教授）
蟻塚　昌克（立正大学社会福祉学部教授）

## ◆執筆者及び執筆分担（執筆順）
村川　浩一（日本社会事業大学社会福祉学部教授）……………序章　第5～9章　終章
蟻塚　昌克（立正大学社会福祉学部教授）………………………………………第1章
田中　秀明（政策研究大学院大学客員教授）……………………………………第2章
澤井　勝（奈良女子大学名誉教授）……………………………………………第3～4章
河原　和夫（東京医科歯科大学大学院医歯学総合研究科　環境社会医歯学系専攻医療
　　　　　政策学講座　政策科学分野教授）…………………………………第10章

## ◆計画編執筆・資料提供
清瀬市市役所地域福祉課……………………………………………………………Ⅰ
伊丹市健康福祉部地域福祉課………………………………………………………Ⅱ
和光市保健福祉部長寿あんしん課…………………………………………………Ⅲ
練馬区福祉部高齢対策課……………………………………………………………Ⅳ
新宿区役所障害者福祉課……………………………………………………………Ⅴ
川崎健康福祉局障害保健福祉部……………………………………………………Ⅵ
清瀬市役所子育て支援課……………………………………………………………Ⅶ
株式会社資生堂人事部………………………………………………………………Ⅷ
東京都福祉保健局高齢社会対策部…………………………………………………Ⅸ
生活クラブ運動グループ福祉事業連合……………………………………………Ⅹ

## ◆プログラム編
社会福祉法人幼老育成会夜間対応型訪問介護事業所サクラ……………………Ⅰ
伊賀市社会福祉協議会………………………………………………………………Ⅱ
愛西市福祉部地域包括支援センター………………………………………………Ⅲ
独立行政法人国立重度知的障害者総合施設のぞみの園事業企画局研究部……Ⅳ
社会福祉法人オープンスペースれがーと…………………………………………Ⅴ

### サービス・インフォメーション

──────────── 通話無料 ────────────
①商品に関するご照会・お申込みのご依頼
　　　　　　TEL 0120(203)694／FAX 0120(302)640
②ご住所・ご名義等各種変更のご連絡
　　　　　　TEL 0120(203)696／FAX 0120(202)974
③請求・お支払いに関するご照会・ご要望
　　　　　　TEL 0120(203)695／FAX 0120(202)973

●フリーダイヤル（TEL）の受付時間は、土・日・祝日を除く
　9:00〜17:30です。
●FAXは24時間受け付けておりますので、あわせてご利用ください。

---

**新大学社会福祉・介護福祉講座**
## 日本の福祉行財政と福祉計画

平成23年8月10日　　初版発行
平成29年5月1日　　初版第3刷発行

編　著　　社会福祉・介護福祉講座編集委員会

　　　　　村川浩一・澤井　勝・田中秀明・蟻塚昌克

発行者　　田　中　英　弥

発行所　　第一法規株式会社
　　　　　〒107-8560　東京都港区南青山2-11-17
　　　　　ホームページ　http://www.daiichihoki.co.jp/

---

新講座福祉行財政　ISBN978-4-474-02689-6　C2036　(8)